祁志祥 著

中國現當代人學史

思 想 演 變 的 時 代 特 徵 及 其 歷 史 軌 跡

目次
CONTENTS

前言　「人學」的概念闡釋、學科發展及其主要構成

一、「人學」概念的涵義及其學科發展

　　「人學」概念最早是由文藝復興時期人文主義先驅、義大利桂冠詩人彼特拉克（1304—1374）提出的。在一部假託他自己和奧古斯丁對話的拉丁文著作《祕密》中，他把中世紀的基督教文化稱為「神學」，把自己研究的古希臘、羅馬充滿世俗人性色彩的文化及其追求的人文主義稱為「人學」，宣稱：「我不想變成上帝，或者居住在永恆之中，或者把天國抱在懷抱裡。屬於人的那種光榮對於我來說就夠了。這正是我所祈求的一切，我自己是凡人，我只要求凡人的幸福。」[1]可見，「人學」是為取代「神學」提出的一個人文主義概念，它與「神學」截然對立。

　　19世紀中葉，法國的文學史家丹納（1828—1893，又譯為泰納）在《英國文學史》（1864—1869）序言中提出：「Literature，it is the study of man.」意即「文學是研究人的學問」，或「文學是人學」。

　　前蘇聯季摩菲耶夫《文學原理》指出：「高爾基曾經建議

---

[1]　北京大學西語系資料組：《從文藝復興到十九世紀資產階級文學家藝術家有關人道主義人性論言論選輯》，商務印書館1973年版，第11頁。

把文學叫做人學」。[1]該書1934年在蘇聯出版，1948年莫斯科教育—教學書籍出版局再版，此後直到七十年代不斷再版，是新中國建立初期對中國文藝學界影響最大的著作之一。

1957年5月，在「百家爭鳴、百花齊放」高潮中，針對建國以來文學創作中人物形象的概念化傾向，錢谷融發表了《論「文學是人學」》[2]，以高爾基的「文學是人學」命題為據，要求文學創作塑造的人物形象更加鮮活豐滿、真實生動。儘管這篇文章後來遭到批判，但它標誌著「人學」概念最早在中國學界出現。

20世紀八十年代，伴隨著對極左時代特別是「文化大革命」中摧殘人性的「階級鬥爭」和「無產階級專政下繼續革命」理論的撥亂反正，中國思想界掀起了類似西方文藝復興時期反對神性、提倡人性的人道主義思潮。「人性論」、「人道主義」、「人本主義」、「人文主義」乃至「人權」問題成為哲學界和文藝理論界討論的熱點。著名哲學家李澤厚發表談話、論著，聲稱哲學的主題是人的「命運」，他的哲學主要研究「人如何活？為什麼活？活得怎樣」和「人的社會化、社會的人化、自然的人化、人的自然化」，因此叫「人類學本體論」[3]。無論「人性論」、「人權論」、「人類學本體論」，還是「人道主義」、「人本主義」、「人文主義」，都是關於「人」的研究。有沒有

---

[1] 該書和畢達可夫的《文藝學引論》，是建國初期對中國文藝學建設影響最大的兩本著作。季摩菲耶夫的《文學原理》，查良錚譯，平明出版社1953年12月版；畢達可夫的《文藝學引論》，北京大學中文系文藝理論教研室譯，高等教育出版社1958年出版。

[2] 錢谷融：《論「文學是人學」》，《文藝月報》1957年5月號，收入《錢谷融文集》第一卷，上海人民出版社2013年版。

[3] 李澤厚：《哲學問答》，陳冬蘭1988年3月記錄整理；《主體性的哲學提綱之二》，《中國社會科學院研究生院學報》1985年第1期。

一個更富概括性的概念把這些關於「人」的研究的學問統籌起來呢？那就是歷史上曾經使用過的「人學」範疇。1988年8月16日，《人民日報》發表高清海、孟憲忠《從人的研究到人學》一文，「人學」作為與類似「神學」一般的「革命學說」對峙的概念重新被提出。

　　進入九十年代以來，「人學」作為新興的交叉學科和各門人文社會科學的邏輯起點，激起了中國學界的探究熱情。1990年，黃楠森、夏甄陶、陳志尚主編的《人學詞典》由中國國際廣播出版社出版；1991年，李青春撰寫的《美學與人學》由法律出版社出版；1992年，成複旺、李文海撰寫的《中國古代的人學與美學》由中國人民大學出版社出版，郭正元在《中山大學學報》第2期發表《藝術反映與文學的人學內容》；1995年，尚明著的《中國人學史》由對外經濟貿易大學出版社出版；1996年，袁貴仁撰著的《馬克思的人學思想》由北京師範大學出版社出版；1997年，鐵源編著的《人學》由華齡出版社出版，「當代人學與文化叢書」由吉林教育出版社出版。與此同時，《光明日報》曾就「人學」問題發表專訪，《哲學動態》、《學術月刊》、《文史哲》和中共中央編譯局主辦的《馬克思主義與現實》等著名刊物開闢了「人學」欄目，北京大學、北京師範大學、中央黨校、首都師範大學、黑龍江大學等高校紛紛開設「人學」課程。1995年，北京大學成立人學研究中心。一些省市也相繼成立人學研究會。在此基礎上，中國人學學會於1996年5月宣告成立。北京大學哲學系教授黃楠森、陳志尚相繼擔任會長。新世紀以來，「人學」研究得到了法理的支援。2004年3月14日，「國家尊重和保障人權」明確寫入中華人民共和國憲法修正案。從此，在中國

再不必談「人」色變。2005年，北京出版社出版了由黃楠森擔任
總主編的《人學的理論與歷史》三卷本叢書，即陳志尚主編的
《人學原理》，趙敦華主編的《西方人學觀念史》，李中華主編
的《中國人學思想史》。不僅哲學領域將研究的著力點聚焦於
「人」，文藝理論和美學研究領域也追根溯源，將「人學」引
入研究視野。2000年第3期《文藝理論研究》發表李鴻祥的《人
學：中國文論的選擇》，2004年第4期《新疆師範大學學報》發
表李沛的《文論研究的人文化和人學化趨向》，2010年11月底，
上海市美學學會召開「美學研究的人學維度」年會，就是這方面
的鮮明例證。

　　筆者原先研究文學。上世紀七十年代末八十年代起步的時
候，恰逢文藝理論界重提高爾基、錢谷融「文學是人學」命題的
思想解放時機。既然「文學是人學」，不思考「人是什麼」的人
學問題，勢必無法認清「文學」的本體問題。文學作為藝術的
一種門類，其特點是「美」，在八十年代盛行的《美學基本原
理》教材中，美被界定為「人的本質力量的對象化」。而「人的
本質」是一直爭論不休、沒有統一定論的概念。顯然，要認清
文藝的審美特徵，必須搞清「人的本質」、「人性」之類的問
題。於是，在文藝理論和美學研究之始，筆者就關注「人」的問
題，搜集與「人」有關的資料。可以說，從事學術研究三十年
來，筆者的文藝理論和美學研究始終與人的研究相生相伴，互相
促進。研究發現，人們研究「人是什麼」的人性論，並非只是
出於抽象玄思的需要，更多是出於指導人生、為生活提供依據的
現實需要。可以說，有什麼樣的人性觀、人的本質觀，就有什
麼樣的人生意義觀、人生法則觀。不僅如此，人性觀還為治人的

政治觀、自治的人格觀以及適合人類生存的社會理想觀提供指
導和根據。於是，這些包含人性論、人生觀、人治觀、人格觀、
社會觀的思想資料就不是「人性論」範疇所能包容得了的，稱
為「人學」更為合適。為了給自己認識「人學」的基本問題提供
前期的資料準備，筆者先撰寫了47萬字的《中國人學史》（上海
大學出版社2002年版，下迄「五四」）和26萬字的《中國現當代
人學史》（學林出版社2006年版），主編了約100萬字的《國學
人文讀本》（上海文化出版社2008年版），發表了《中國人學思
想歷史演進的總體把握》（加拿大《文化中國》2001年6月號，
《書屋》2002年第6期，獲《書屋》2002年度讀者評選的十佳論
文）、《從先秦至清末：中國人文思想史上的四次啟蒙》（《學
術月刊》2007年第8期）、《中國人文思想史上的六次啟蒙》
（連載於《浙江工商大學學報》2008年第4期、第5期，該文入選
上海市社會科學第六屆學術年會優秀論文，收入上海人民出版社
2008年版的《現代人文：中國思想‧中國學術》），以及關於人
學範疇體系橫向思考的《俗諦生存與理想之光——我之人學觀》
（山東大學《青年思想家》1999年第2期）、《國學人文精神的
現代傳承》（《文藝理論研究》2008年第4期）。2008年，當筆
者完成了國家社科基金專案終端成果《中國美學通史》後，便全
身心投入到《人學原理》的建構中來。2012年6月，筆者完成的
40多萬字的《人學原理》由商務印書館出版。

　　關於「人學」的表述多種多樣，筆者的理解自有不同。在
我看來，廣義的「人學」包括一切人文學科。哲學研究人的本質
和命運，倫理學研究人的意志和道德，美學研究人的情感規律和
快感特徵，政治學研究治人之道，經濟學解決人的生存問題，生

理學研究人的生理結構，心理學研究人的心理本質及其規律，文學描寫人的心靈和性格、塑造人物形象，等等。這些人文學科從某一側面看都可以說是「人學」，然而又不是「人學」的全部。本書所說的「人學」指狹義的「人學」，它與其他人文科學呈交叉狀態，又比其他人文學科更具有概括性，是其他人文社會科學的綜合。簡明地說，「人學」就是關於人的思想學說，是研究人的社會科學。具體一點說，「人學」就是由「人性觀」、「人生觀」、「人治觀」（政治觀）、「人格觀」（道德觀）和「社會理想觀」組成的思想理論體系。其中，「人性觀」是核心，涉及人的地位論、共同人性論、差等人性論、人性內涵論、人獸異同論。「人生觀」包括人生真諦觀、人生意義觀、人生態度觀以及生死觀、是非觀、真假觀、善惡觀、美醜觀、情理觀、義利觀、公私觀、禍福觀、榮辱觀、貴賤觀、名實觀、知行觀，等等。「人治觀」包括政治理念、管理方法論。「人格觀」主要指個人的道德修養論。「社會觀」主指對人類社會狀態的認識，既包括對理想社會的憧憬，又包括對現實社會的批判。

以下讓我們簡要地分而論之。

二、人性論

如果說「人的科學是其他科學的唯一牢固的基礎」[1]，那麼，人性論就應當是「人的科學」——「人學」的核心部分和邏輯起點。

---

[1] 休謨：《人性論》，關文運譯，商務印書館1983年版，第8頁。

　　人性論回答「人是什麼」的問題。由此引出人性內涵論、人獸異同論、人性關係論、人性善惡論、共同人性論、差等人性論以及人的價值地位論諸問題。

　　所謂「人性內涵」，有兩個層面的意思。一是指「人性」的語義內涵。「人性」既不是人與生俱來的生物屬性，也不是人區別於其他動物的特殊屬性，而是人的生物屬性與非生物屬性的對立統一。生物屬性是人的基本屬性，非生物屬性是人的特殊屬性。僅以人的生物屬性為人性，「人性」就變成了「獸性」，「人學」就異化為「動物學」，事實上就降低了「人」，造成「人」的矮化；僅以人的特性為人性，「人性」就變成了「神性」，「人學」就異化為「神學」，表面上抬高了「人」，實際上恰恰踐踏了「人」。「人」作為動物界的一個物種，界定人性，應當把「人」置於與動物的聯繫中去考察。聯繫就是對立統一。從與動物的對立統一來看，「人性」就是人的基本屬性與特殊屬性、動物屬性與非動物性的對立統一。這種觀點，體現了人與獸的異同觀。

　　「人性內涵」的另一層涵義是，「人性」的語義內涵具體指什麼，就是說，人的基本屬性與特殊屬性、動物屬性與非動物性具體指什麼。人的基本屬性、動物屬性是人維持肉體生命存在延續的食欲和性欲，就是動物的本能、感性、個體性。什麼是人的特殊屬性、非動物屬性？傳統西方哲學認為是「意識」，馬克思認為是決定「意識」的「勞動」和在勞動中結成的「社會關係」，當代西方哲學認為是「文化」，等等。其實，「勞動」作為人類特有的「有意識的謀生活動」，必須以勞動主體具有「意識」為前提。人的謀生活動為什麼是不同於其他動物的「勞動」

呢？根本原因就在於在長期的本能謀生活動中產生了人腦的「意識」機能。活動主體的大腦先有「意識」，而後才有「有意識的謀生活動」——「勞動」。人的「社會性」，究其實是人類意識認識自然、駕馭自然的產物。至於「文化」，不外是人類在「意識」指導下創造的一切物質文明與精神文明。所以，意識、理性、智慧是人區別於其他動物的根本特性，勞動特徵、社會屬性、文化屬性等等都是由「意識」派生出來的亞特性。因此，人的本質的二重性就體現為本能與意識、感性與理性、個體性與社會性的對立統一。

「人性關係論」是指人性二重性之間相反相成的辯證關係。人的特性使人區別於一般動物，位於一般動物之上；人的動物屬性粗鄙不已，俗不可耐，是諸惡之源，但卻是人作為非動物存在賴以生存的基礎，所以是人的基本屬性。古語說：「皮之不存，毛將焉附？」動物屬性是人的特性之「毛」依附的「皮」。只有首先滿足人的動物存在，然後才能實現人的非動物存在。

「人性善惡論」是指對人性二重性的善惡評價。有一種流行的誤解，認為本能、欲望、自私性等人的動物性是惡的，意識、理性、社會性等人的非動物屬性是善的。人的善惡屬性是人的非動物屬性與動物屬性、理性與本能、社會性與個體性二重性的自然延伸。其實這種觀點是似是而非的。人的動物性並不等於惡，否則，何以解釋人類合理的謀取個人利益的利己行為？何以解釋婚姻內的性行為？人的理性也不等於善，否則，何以解釋人類對剷除欲望、扼殺個性、滅絕人寰的極端「理性」的批判與詛咒？無論感性還是理性、自私還是利他、獸性還是神性，都不能簡單地貼上「惡」或「善」的標籤。自然人性本身並無所謂善

惡，善惡並不是人性本身的客觀屬性，而是人們加在客觀人性身上的主觀評價。「善」是人們約定俗成、普遍認同的行為規範，「惡」是對這種規範的突破。符合規範的，無論理性還是欲望、利他性還是利己性，都是「善」；突破規範的，無論欲望還是理性、利己性還是利他性，都屬於「惡」。當然，就自然傾向而言，本能要求突破道德和法律規範，理性會考慮恪守道德和法律規範，因而，人的動物性包含作惡的潛能，人的理性包含為善的潛能。這就是人性善惡的辯證法。

所謂「共同人性論」，指人性二重性是針對每一個人而言、對人人都適用的人性論。堯舜之於盜蹠、君子之於小人、聖人之於凡人，「其性一也」。聖人不曾高，眾人不曾低。雖為君子，亦有小人之心；雖為凡夫，亦有成聖之性。「共同人性論」是充滿積極意義的平等人性論。「差等人性論」與「共同人性論」背道而馳。在中國古代叫「性三品」，在古印度叫「種姓制度」，在現代中國叫「階級人性論」。它把人性分為上下幾等，認為上等人純善無惡，中等人有善有惡，下等人純惡無善，人類社會就應該讓上等人統治下等人、改造中等人。歷史上的差等人性論，不是出於對客觀人性的科學揭示，而是出於功利—實用主義的政治需要對人性真實的歪曲，不僅不符合事實，而且充斥著不平等精神，是亟待清除的。

「人的價值地位」，是指人在宇宙萬物中的高貴位置。《尚書‧周書》說：「惟人萬物之靈。」人是萬物中的神靈。《孝經》說：「天地之性人為貴。」《禮記》讚美：人是「天地之心」、「五行之秀」。莎士比亞禮讚：人是「宇宙的精華，萬物的靈長」。人憑藉什麼做到這一點呢？是因為人有智慧。儘管

研究發現某些動物也有智慧，但其品質不可與人類相提並論。誠如康有為早已指出的那樣：人「智多思深」，「腦筋尤靈」。依據高度發達的聰明智慧，人類創造了其他動物無法比擬的物質文明和精神文明，上長天地、下長萬物，成為萬物的主宰、宇宙的中心。這恰恰是人比其他動物高貴的尊嚴之所在。

三、人生觀

人們為什麼思考「人是什麼」的問題？因為這與人們的生活息息相關。人為什麼活？怎樣活才像個人？這些人生的基本問題，都離不開對「人性」的理解和對「人的本質」的拷問。人生觀乃是人性觀的邏輯推演和自然延伸。其中，人為什麼活，構成人生意義論；人怎樣活，構成人生法則論。

人為什麼而活？或者說，人生的意義是什麼？這關涉到如何看待人生的本質，而人生的本質觀又取決於對生死的看法。

人之生，極為偶然。人之死，卻是必然。生的偶然性和死的必然性註定了生命的空幻感和悲劇感，所以，佛教說：「人生即痛苦」。西方現代哲學說：「存在即荒謬」。羅素曾經指出：「當人類創造的一切文明最終將隨地球的毀滅而毀滅時，人類文明的創造顯得多麼無意義」！同理，當一個人一生創造的財富和爭得的榮譽最終將隨死亡離你而去時，人生的奮鬥就顯得毫無意義。死亡解構了人生的意義，給人生注入了空幻的痛苦的本質。

人生雖然本質上是空幻痛苦、無意義的，但既已出生，就不能自殺，因為按照人好生惡死的自然本性，死亡比活著更為痛苦。相對死亡的痛苦而言，人生又有好多現世的快樂。在死亡降

臨前，生命又是有血氣心知的、實實在在的鮮活存在，就有「如何能更好地活著」這種有限的意義。如果無視人生的意義及其法則，為所欲為，破罐子破摔，違法亂紀，失去人生的現世快樂和有限意義，就會使人生雪上加霜，變得更加痛苦和無意義。報刊披露，許多死囚從人生的無意義出發作奸犯科打入死牢，臨終前痛感生的美好，就是典型的說明。

因此，生命的本質既「非真」亦「非幻」，人生的意義既「非有」亦「非無」。人生是大前提無意義與小前提有意義、或者說是長遠的無意義與當下的有意義、絕對的無意義與相對的有意義的對立統一。面對無法改變的有限人生，應當抱著超然物外的遊戲態度，以「無可為」的通透眼光，盡可能地「為可為」之事，一方面珍惜只有一次的此生，在世俗通行的規範內追求人生的幸福，另一方面又能勘破人生無意義的真諦，走紅得勢時不猖狂，遭遇挫折時不絕望，洞破此中的遊戲三昧。

就現世的有限的人生意義而言，人的此生的最大意義是什麼呢？就是人的物質和精神二重屬性的全面實現。物質富有而精神貧乏，或精神充實而物質貧窮，都是有缺憾的人生。只有物質富足而又精神豐盈，才活得像個「人」，在離開人世時才可以說：「我這一生沒有白活。」

人生的行為準則是由對人生意義的認識決定的。既然我們認為人的現世意義不能一筆勾銷，那麼，面對生活中出現的種種矛盾，我們就必須按照一定的法則去認識處理。比如生死。生死是不以人的意志為轉移的自然命定之事，我們唯一能做的就是善待生、善待死。真、善、美與假、惡、醜是我們一生要分辨取捨的價值座標，什麼是真、善、美與假、惡、醜？它們與是、非是

什麼關係？通常，人們會不自覺地將「是非」與「真假」或「善惡」混為一談，其實，「是非」既不能等同於「真假」，也不能簡單對應於「善惡」。「是非」的外延遠大於「真假」、「善惡」，凡是正確的真假觀、善惡觀、美醜觀，都可以叫「是」；反之，則都叫「非」。「是非」者，正確與錯誤也。做人既要有明確的是非感，能夠明辨是非，堅持正道直行，不能隨波逐流，同流合污，又不能把現實想像成純淨的真空。在某些情況下，心知肚明而表面糊塗也是一種生存智慧。真，是主觀認識對客觀物理的符合；假，是主觀認識對客觀物理的背離。做人應當絕假存真，不可指鹿為馬，睜著眼睛說瞎話。不過，有時虛與委蛇也是一種人生技巧。什麼是善惡？善惡是主體對人事而非物體的某種評價。對於個體而言，「可欲」謂之「善」；放到整個社會中，大家「可欲」了，公意都說好，才是社會通行的「善」。反之為「惡」。「善惡」中體現的「公意」既有普世性、繼承性，又有地域性、民族性、歷史性。「善惡」不是事物的客觀屬性，而是人們因時因地作出的主觀評價。這種善惡評價常常會因時因地發生南轅北轍的變化，因而不必僵化固執地看待善惡。若說「善惡」相對於生存欲望而存在，「美醜」則相對於情感苦樂而存在。審美實踐中常見的現象，是悅情者謂之「美」，痛苦者謂之「醜」。人類認可的美是事物中能夠普遍、必然地喚起愉快感的特徵和屬性，是普遍令人五覺愉快和中樞享受的對象。簡單地說，美是普遍令人賞心悅目的對象。當然，人類情感的苦樂不僅由五覺感官和心靈中樞產生，還由內部機體帶來。面對人生時刻遭逢的苦樂，我們應當敢於直面痛苦、默默承受痛苦、仔細咀嚼痛苦，找到化苦為樂的良方，努力笑口常開，擁有一份「談笑間

強虜灰飛煙滅」的淡定與笑容。

此外，人生要處理的矛盾還有很多。諸如理與欲、義與利、公與私、凡與聖、榮與辱、貧與富、貴與賤、窮與達、禍與福、名與實、知與行等等。如何認識處理呢？筆者的看法是，在理欲觀上，一方面看到理由欲生，理是欲使用的實現自己的手段，欲具有合理性；另一方面也注意到不加限制的欲的危害性，從而以理導欲。在義利觀上，明道而後計功、正義而後謀利。在公私觀上，從人人為我的個人利益出發，走向我為人人的利他主義、集體主義。在凡聖觀上，既承認聖人君子與凡夫俗子一樣具有七情六欲，同時又肯定高尚的道德君子能夠以理節情，從而克己自律，爭取超凡入聖。在榮辱觀上，行己有恥，活出尊嚴，為人不齒的事情堅決不做。在貧富觀上，「君子愛財，取之有道」，即便富有了，也不以超過需要的過度消費傷害人性和生命。在貴賤觀上，不是僅僅以財富多、官位高為貴，以物質貧窮和地位低下為賤，而是以德能的崇高為貴，以人格的卑鄙為賤。在窮達觀上，窮不失義，達不離道；窮則獨善其身，達則兼濟天下。在禍福觀上，充分體認人生禍福相倚的辯證法，永遠居安思危，謹慎從事，防患於未然。在名實觀上，由實求名，堅持名實相稱，拒絕欺世盜名。在知行觀上，以誠信為本，學以致用，知行合一，言行合一，不做「語言的巨人，行動的矮子」。

四、人治論

這裡所謂的「人治」，意指對人的治理，也就是通常所說的「政治」。政治之道是由人性、人本、民本、革命、民主、憲

政、仁政、民生、民心、德治、法治、用才若干範疇組成的思想
系統。

首先，治人之道必須符合、順應人性實際。韓非提出：
「凡治天下，必因人情。」[1]董仲舒揭示：「明於情性乃可與論
為政，不然，雖勞無功。」[2]「民無所好，君無以權也；民無所
惡，君無以畏也。……故聖人之制國也……使民有欲，不得過
節；使之敦樸，不得無欲。」[3]李贄概括說：「至人之治，因乎
人者也。」[4]

順應人性而治人，就必須「以人為本」。「人本」是文明
政治的基本理念。這個「人本」不是以單數的人為本，而是以複
數的人為本。複數的人即「民」。於是，「人本」自然過渡到
「民本」。夏禹有言：「民惟邦本，本固邦寧。」如果一種政治
造成民不聊生，人民就有權利發動「革命」，替天行道，推翻這
種暴政。「革命」成功後，為了防止重蹈覆轍，自然應當實行
「民主」。西方政治主張的「民主」是「公民自主」，中國古代
儒家政治主張的「民主」是國君為民作主，養民教民。兩者雖有
不同，但存有對人民有利的交叉面，不宜片面抬高西方現代「民
主」，貶低中國古代「民主」。

西方「革命」成功後實行的「民主」政體是決策管理權力
相互制衡的「憲政」。中國古代「革命」成功後實行的「民主」
體制是愛民如子的「仁政」。「憲政」也好，「仁政」也罷，有

---

[1]　《韓非子‧八經》。
[2]　《春秋繁露‧正貫》。
[3]　《春秋繁露‧保位權》。
[4]　《焚書‧論政篇》。該篇又主張「順其性而不拂其能」。

兩個要點是不變的，一是利民富民，使人民豐衣足食，滿足人的物質屬性和欲求；二是尊重民意，順應民心，傾聽民言，滿足人的精神屬性和訴求。

順應人性而治人，不僅要求保障「民生」、尊重「民心」，物質文明與精神文明一起抓，而且要求「德治」與「法治」並舉，以德導善，以法懲惡。

政治之道說到底是通過任用層層級級的官員對人民大眾實施有效管理。如果沒有德才兼備的人才充當各層各級的管理者，最高當政者再好的政治理念和理想也會在實施中變形落空。因此，人才的尊崇、培育和使用就成為大有講究的方法論話題。

五、人格論

「人格」，這裡指人的道德品格和能力素質；「人格論」指關於人的道德品格修養和能力素質培養的基本觀念。

人類進入文明社會以來，注重人格塑造成為源遠流長的歷史傳統。中國古代社會強調「選賢與能」的傳統為人所共知，而古代希臘思想家也以靈魂的崇高、知識的提升為做人的基本要求。當前，在中國健全市場經濟、實現經濟騰飛、建設和諧社會、走向世界融合的歷史進程中，繼承中國傳統的道德精粹，按照普世價值進行人格修養、重塑公民道德，同時吸收現代科技文明成果，通過不斷學習提升自己的競爭能力，就顯得更加重要。

人格修養可以講出好多，擇其大者可從「務本」、「從善」、「自強」、「謙虛」、「改過」、「誠信」六個方面入手。

首先是「務本」，以道德修養為立身之本，在道德意識的培育上多下工夫、多花氣力。古人說：「立人之道，曰仁與義。」，「仁義」等道德意識是人與其他動物的主要區別。人要想告別衣冠禽獸，必須樹立道德意識。道德意識的核心是什麼呢？是「從善」，做對人有利的善事。善良是至高無上的美德，具體說來就是「與人為善」、「成人之美」。

當然，光對人行善是不夠的，還必須「自強」。如果一個人心地善良，但能力平庸，對社會的發展來說絕對不是一件好事。平庸的人多了，這個社會就很難有大的發展進步。因此，我們在提倡每個人向著較高的道德境界奮發向上的同時，還要宣導每個人向著較高的能力目標積極進取，不輕言失敗，不輕易放棄，百折不撓，堅韌不拔，鍥而不捨，自我超越，做一個社會的有用之才。

當我們通過拼搏努力在道德和事業方面有所建樹，就要保持一份「泰而不驕」的「謙虛」，具有「功成弗居」的大度。「謙虛」不是表演秀，而來自於內心深處的一份清醒。金無足赤，人無完人；即便是再崇高的君子，也可能有道德上的瑕疵；再傑出的人才，也存在這樣那樣的不足。「人非聖人，孰能無過？過而能改，善莫大焉。」真正的道德君子，不是沒有過錯，而是善於發現過錯，勇於承認過錯，能夠及時改正過錯；真正的傑出人才，不是無所不能，而是善於發現自己的不足，勇於承認自己的不足，能夠不斷彌補不足，擴展所能。

最後，還有一個要求，即「誠信」修養。誠是做人之本。人無信不立。人而無信，不知其可。不講誠信，文過飾非，自欺欺人，自然無法與人為善，無法向上進取，無法謙虛改過。誠信

為本，就是要對自己推誠不欺，對他人守信不疑。以此立身，令人尊敬；以此交友，和諧無間；以此行事，天下太平。

六、社會理想論

社會是由人構成的，人是在社會中生存的，而社會又依據對全體社會成員的政治管理體制呈現為不同的社會形態。這些現實的社會形態總是存在著這樣或那樣的缺陷，從而引發思想家提出這樣或那樣的社會理想。其中有符合人性欲求、反映普遍願望的合理成分，也有不切實際的空想成分，值得我們甄別取捨。

中國古代社會經歷了以三皇五帝為標誌的上古公天下社會、夏朝至周朝的封建社會、秦朝至清朝的皇權專制社會的歷史更迭。上古公天下社會傳說非常美好，但沒有留下時人的文字記載。現在看到的上古公天下社會記載出自後人之手。不能說這些記載沒有歷史依據，但因為時過境遷，充滿大量的主觀想像成分卻是不爭的事實。上古的「公天下」社會到底怎麼樣呢？大概有三種形態。一是老子為代表的道家描述的「小國寡民」社會：無私無欲、沒有爭鬥、自然生息、相安無事。阮籍描述的「無君無臣」的「太初」社會，嵇康描述的「大樸未虧」的黃帝、伏羲、唐堯、虞舜之世，鮑敬言嚮往的「無君」無剝削的「曩古之世」，無能子嚮往的「任其自然，遂其天真，無所司牧，濛濛淳淳」的上古社會即是如此。二是《禮記》為代表的儒家學者描述的「大同社會」：「天下為公」、君主愛民、選賢與能、人人相親、和睦安康。王禹偁讚美的「以民為先」、「以百姓為天」的有巢氏、唐堯、大禹之世，鄧牧稱頌的上古仁君聖王為天下無私

服務的「至德之世」大抵也是這樣。還有一種對上古社會的描述是道家的無私無欲、純樸自然與儒家的「天下為公」、相親相愛二者的混合體,如《六韜》提出的「天下同利」的唐堯之世,《淮南子》描繪的「公而不阿」、「正而無私」、貴賤平等、人人禮讓、沒有盜賊、沒有忿爭的黃帝之世和不用心機智謀、聽憑自然行事、沒有勾心鬥角的伏羲之世,《文子》描繪的不用心智,隨順自然,天人和諧,五穀豐登,沒有剝削、沒有壓迫,人人勞動,分配平等,「正而無私」,「公而不阿」,「田者讓畔,道不拾遺,市不預賈」,安居樂業的三皇之世。

在對上古「公天下」社會充滿美化色彩的描述讚頌之外,中國古代思想家還分別從道家角度、儒家角度、儒道混合的角度提出了自己的社會理想。類似於道家遠離世俗、沒有紛爭的「小國寡民」社會模型的,有《列子》的「終北國」和「華胥國」,陶淵明的「桃花源」,王禹偁的「海人國」,康與之的「西京山聚落」等。對儒家「大同」之世做出進一步充實的有孟子提出的「仁政」理想、何休提出的「太平世」學說、譚峭的「大和」社會、《水滸傳》提出的「八方共域,異姓一家」理想、何心隱實驗的「聚和堂」等。融合儒道的社會理想有《尉繚子》的「使民無私」、「天下一家」、「共寒共饑」的均平社會理想,陸賈借用莊子概念、注入儒家內涵的「至德之世」。此外,道教提出的具有仙境色彩的「太平」世界、傳入中國並在中國流行的佛經描繪的「淨土」、「佛國」,洪秀全雜取儒道學說和西方基督教思想提出的「天下一家」、「無處不均勻,無人不飽暖」的「太平天國」,康有為繼承儒家學說、借鑒西方思想提出的「大同社會」理想,都為中國古代社會觀增添了新的品種。

　　近代，孫中山融貫中西社會理想，以「三民主義」重新注釋「天下為公」內涵，通過發動「辛亥革命」，建立了資產階級專政的民主國家。不過孫中山的理想是美好的，落到現實中卻變了樣。不久，辛亥革命的成果被北洋軍閥篡奪，社會現實像魯迅筆下的「未莊」一樣依然如故。從「五四」運動開始，中國的仁人志士開始尋求新的社會理想。「十月革命」一聲炮響，給我們送來了共產主義。當時，形形色色的「共產主義」學說湧入中國大地，劉師復的「無政府共產主義」宣言、惲代英的「新村」實驗、王光祈的「工讀互助團」實踐等等曇花一現。中國共產黨則率領中國人民踏上了建立社會主義新中國的漫漫征程。1949年新中國成立後，通過「人民公社化」、「大躍進」、「文化大革命」等運動，我們指望「跑步進入共產主義」，結果卻事與願違，造成了極其嚴重的後果。直到鄧小平宣導改革開放，才告別「階級鬥爭」和「不斷革命」，將工作重心轉移到「小康社會」、「和諧社會」的建設上來。

　　西方社會經歷了古希臘奴隸制社會、西元5世紀至17世紀歐洲封建社會、18世紀以來的資本主義社會的歷史更迭。在西方社會的發展歷程中，有感於現實社會的不完美，不少思想家提出了對於理想社會的種種憧憬。如柏拉圖提出的「共妻」、「共子」、「共產」的「理想國」，莫爾描繪的「烏托邦」、康帕內拉描繪的「太陽城」、溫斯坦萊提出的「土地公有」、摩萊裡主張的「平等共用」、馬布利的「平等共產」、巴貝夫的「平等共和國」、聖西門的「實業制度」、傅立葉的「和諧制度」、歐文的「公社制度」、馬克思恩格斯的「共產主義」、克魯泡特金的「無政府共產主義」等。這些理想以平等、共產為基本特點。

20世紀初，俄國在列寧領導下第一次將馬克思的共產主義理想變成了蘇維埃政權的現實，在世界上建立了第一個社會主義國家——蘇聯，從此，國際共產主義運動風起雲湧，社會主義國家紛紛創立。不過，社會主義作為比資本主義更先進的社會制度、更美好的社會，在實踐中卻發生了許多波折。20世紀70年代末，柬埔寨共產黨政權垮臺；80年代末，世界上第一個社會主義國家蘇聯解體，東歐社會主義國家紛紛發生巨變，國際共產主義運動跌入低潮。目前，世界上社會主義國家都面臨著民主改革、經濟轉型、所有制改造的嚴峻挑戰。

在當下實現中華民族偉大復興的歷史進程中，回顧中外歷史上現實和理想的各種社會形態的利弊得失，想必會得到有益的借鑒[1]。

---

[1] 詳參祁志祥：《人學原理》，商務印書館2012年版。

緒論　中國人學思想史上的六次啟蒙

　　中國現當代人學的發展是建立在古代人學思想發展演變的基礎上的。如果我們在清除荒謬、發現真理、開發蒙昧的意義上使用「啟蒙」一詞[1]，就不難發現，在「五四」以前的中國古代人學思想領域，曾經發生過四次啟蒙思潮。第一次啟蒙出現在周代，其特徵是對「人」自身地位、屬性及其意義的自覺，以對抗和取代夏商的神本主義蒙昧觀念。第二次啟蒙出現在六朝，其標誌是自然適性、鍾情任欲，以糾正與清除漢代「陽善陰惡」、「性善情惡」、「聖人無情」的蒙昧思想。第三次啟蒙出現在明清，其標幟是在理欲相兼、義利合一、公私互滲、凡聖平等等人生最基本的問題上還原常識，破除的蒙昧對象是隋唐宋元儒家道學—理學構成的似是而非的唯理性主義。第四次啟蒙是近代，特點是借鑒西方人文價值理念，綜合中國古代啟蒙思想資源，抨擊中國古代維護皇權專制的整個荒謬無理的綱常理念體系。而自「五四」開始的中國現當代人學史則展開了第五次、第六次啟蒙思潮。「五四」運動繼承近代啟蒙思潮方向，全盤借鑒「個性」、「自由」、「民主」、「人道」等西方價值觀念，徹底批判中國古代的人文資源，矯枉過正地走向激進主義，掀起了中國人學史上第五次啟蒙運動。鄧小平宣導的思想解放運動則是第六

---

[1]　《風俗通・皇霸》：「每輒挫衄，亦足以袪弊啟蒙矣。」《辭海》（上海辭書出版社1990年12月第一版）將「啟蒙」解釋為「開發蒙昧」。

次啟蒙。其批判的蒙昧對象是中國現代新民主主義革命中由來已久、「文革」中登峰造極的極左觀念。讓我們立足於中國古代人學思想否定之否定向前發展形成的四次啟蒙，來鳥瞰和把握中國現當代人學史發展所呈現的第五、第六次啟蒙。

一、周代：「天」、「神」的退場、「人」的覺醒和「民」的凸顯，第一次啟蒙思潮的掀起

　　夏代的狀況無文字記載。從後代典籍中的側影可以遙想，那是一個圖騰、神話盛行的時代，它具有初民原始思維——神學蒙昧主義的基本特徵。這是任何一個民族走向文明必須經歷的階段。

　　殷商思想界神學蒙昧主義特點，在殷商文化典籍中可見到明顯的表徵。在殷商卜辭中，沒有一個關於「人」的道德智慧的術語，有的是「上帝」和占卜「上帝」後獲得的「吉」、「不吉」、「禍」、「咎」、「不利」等結果的大量用語。《禮記·表記》說明殷商文化的特點：「殷人尊神，率民以事神，先鬼而後禮。」殷代國王做任何事情都先請示鬼神。於是，從事請示鬼神、溝通人神旨意的專職人員「巫」、「史」應運而生。「巫」通過占卜的方式代鬼神發言，這些占卜的記錄就是殷商甲骨卜辭；「史」記載國王根據鬼神旨意發表的講話，收羅在《尚書》中的殷商文誥即是如此。人們崇拜天帝神鬼，匍匐在「上帝」、「鬼神」面前，一切聽命於「天」和「神」。在高高在上的「天」、「神」面前，「人」顯得十分渺小，微不足道。「殷

人尊神」的特徵也遺留在《周易》中。《易》卦及卦、爻辭相傳為殷末周文王所作。這是一部卜筮之書。雖然它以超驗的方式揭示了某些自然和人生的真理，但無可否認，《周易》的卦爻辭還是披上了神靈設教的外衣，籠罩著神學色彩。

　　然而，就整體狀況來看，周代特別是東周的春秋戰國時代，思想文化界的情況卻出現了與殷商很大的不同。這就是「人」的覺醒和「民」的凸顯。《禮記・表記》揭示周代文化的特點：「周人尊禮尚施，事鬼敬神而遠之，近人而忠焉。」周人雖然仍然尊天敬神，但更切近人事，更重視禮教道德。

　　周代「人」的覺醒，具體說來表現在如下幾個方面：首先是對人在宇宙萬物中的地位的認識。過去將「天」奉若神明，這時人們發現：「天命靡常。」[1]、「天難忱（通諶，相信）斯。」[2]、「皇天無親，唯德是輔。」[3]「天意」往往以「人」的道德為轉移。於是「人」的地位大大提高。周初的文獻說：「惟人萬物之靈。」[4]春秋初期的《老子》說：「域中有四大：道大、天大、地大、人亦大。」《管子》對抗「神本」，提出「人本」概念：「夫霸王之所始也，以人為本。本理則國固，本亂則國危。」《左傳》則說：「夫民，神之主也，是以聖王先成民而後致力於神。」[5]、「國將興，聽於民；將亡，聽於神。神，聰明正直而壹者也，依人而行。」[6]戰國末期的《孝經》響亮地提

---

[1]　《詩・大雅・文王》。
[2]　《詩・大雅・大明》。
[3]　《尚書・周書・蔡仲之命》。
[4]　《尚書・周書・泰誓》。
[5]　《左傳・桓公六年》。
[6]　《左傳・莊公三十二年》。

出：「天地之性人為貴。」於是，「人」的地位取代了「天」的
位置，被視為宇宙萬物中的「神靈」；天地間所有物性中，人性
最為高貴。過去人們的一切行動聽命於「天」，現在則應當聽命
於「人」。

　　其次是對人性、人的本質的認識。關於人的特性，今天常
見的觀點論及人的意識性、社會性、勞動性。而這些在春秋戰國
時期的諸子著作中都有所觸及。關於人的意識特性，孔子說：
「哀莫大於心死。」[1]、「人心之靈莫不有知。」[2]孟子說：「心
之官則思。」[3]人與其他動物最根本的區別是人有「心」的活
動。「心」這種器官最大的功能就是「思」、「有知」。先秦儒
家將人的道德意識視為人的特性，正是建立在人具有意識性這一
基礎上的。由此孟子說：「無惻隱之心，非人也；無羞惡之心，
非人也；無辭讓之心，非人也；無是非之心，非人也。」[4]、
「人之有道也，飽食暖衣、逸居而無教，則近於禽獸。」[5]荀子
說：「水火有氣而無生，草木有生而無知，禽獸有知而無義；人
有氣、有生、有知、有義，故最為天下貴也。」[6]

　　馬克思1845年《關於費爾巴哈的提綱》指出：人「在其現
實性上是一切社會關係的總和」。這是關於人的社會性的著名論
斷。這裡的「社會性」即「群體性」的意思。而孟子早有類似精
闢的論斷：「百工之事，固不可耕且為也。」、「一人之身，而

---

[1]　《莊子・田子方》引孔子語。
[2]　《中庸》引孔子語。
[3]　《孟子・告子上》。
[4]　《孟子・公孫醜上》。
[5]　《孟子・滕文公上》。
[6]　《荀子・王制》。

百工之所為備。」[1]在社會分工日益細化、專門化的社會中，一個人的生活必須由社會上「百工」創造的生活資料才能維持。人成了「社會性」的集結點。不僅如此，人的社會性、群體性還體現為人在謀取生活資料的活動中發揮群體的力量共同對付自然。荀子說：人「力不若牛，走不若馬，而牛馬為用，何也？曰：人能群，彼不能群也。」[2]《呂氏春秋·恃君》指出：「凡人之性，爪牙不足以自守衛，肌膚不足以捍寒暑，筋骨不足以從利避害，勇敢不足以卻猛禁悍，然且猶裁萬物、制禽獸、服狡蟲，寒暑燥濕弗能害，不唯先有起備而以群居邪？群之可聚也，相與利之也。利之出於群也。」

馬克思在《1844年經濟學—哲學手稿》中指出，物種的謀生活動方式決定著該物種的全部特性，人這個物種的特性就在於人的謀生活動方式是自覺的、自由的。這自覺、自由的謀生活動就是「勞動」。恩格斯《自然辯證法勞動在猿向人轉變過程中的作用》進一步發揮說：把「人」從動物界分離開來的第一個歷史行動是「勞動」，「勞動創造了人」。於是，人能夠「勞動」，成為「人」區別於被動地接受自然的一般動物的根本屬性。對此，墨子的相關論述是：「今人固與禽獸……麋鳥……異者也。今之禽獸……麋鳥……，因其羽毛以為衣裘，因其蹄蚤以為絝履，因其水草以為飲食，……衣食之財故已具者矣。今人與此異者也，賴其力者生，不賴其力者不生。」[3]再清楚不過地說明了：動物只是被動地接受自然、等待自然的恩賜，而人則懂得能動、積極

---

[1]　《孟子·滕文公上》。

[2]　《荀子·王制》。

[3]　《墨子·非樂上》。

地通過自己的努力改造自然、創造生活資料。

人的基本屬性即生物屬性、自然欲求。對此,先秦諸子認識非常豐富。管子指出:「凡人之情,見利莫能勿就,見害莫拿勿避。」、「凡人之情,得所欲則樂,逢所惡則憂,此貴賤之所同也。」[1]、「百姓無寶,以利為首。」[2]商鞅指出:「民生則求利,死則慮名。」、「饑而求食,勞而求佚,苦則索樂,辱則索榮,此民之情也。」[3]荀子指出:「若夫目好色,耳好聲,口好味,心好利,骨體膚理好愉佚,此人之情性也。」[4]韓非指出:人「皆挾自為心」[5]。「人情皆喜貴而惡賤。」、「喜利畏罪,人莫不然。」[6]即便是偏重人的道德特性修養的孔孟,也正視道:「富與貴,是人之所欲也……貧與賤,是人之所惡也……」[7]、「口之於味也,目之於色也,耳之於聲也,鼻之於嗅也,四肢之於安佚也,性也。」[8]

先秦諸子在論述人的生物欲求和超生物欲求時,有一個明顯的特點,即是作為對所有人而言的共同人性、普遍人性來談的。孔子說:「性相近也,習相遠也。」[9]人的天性是相近的,凡、聖的差別是由後天的修習形成的。荀子說:「堯、舜之與

---

1. 《管子‧禁藏》。
2. 《管子‧侈靡》。
3. 《商君書‧算地》。
4. 《荀子‧性惡》。
5. 《韓非子‧外儲說左上》。
6. 《韓非子‧難二》。
7. 《論語‧裡仁》。
8. 《孟子‧盡心下》。
9. 《論語‧陽貨》。

桀、紂，其性一也；君子之與小人，其性一也。」[1]《呂氏春秋・情欲》雲：「天生人而使有貪有欲……欲之若一，雖神農黃帝，其與桀紂同。」這種共同人性論，是符合人性實際的，其最大價值在於體現了人生來平等的精神。

　　人自私自利的生物欲求會產生爭鬥、禍亂，因而具有惡性（荀子、韓非子），不能放縱；但它與生俱來，強行去除就會產生新的社會動亂，因而又不可去除。於是，對人欲的態度就只能是因勢利導，有節制地滿足。孔子早已提出這樣的思想：「富與貴，是人之所欲也，不以其道得之，不處也；貧與賤，是人之所惡也，不以其道去（原為得）之，不去也。」[2]荀子加以發展：「欲雖不可盡，可以近盡也；欲雖不可去，求可節也。」[3]「禮」的實質是「養欲」，而不是扼殺人欲：「禮者，養也」，「養人之欲，給人以求」，「禮義文理所以養情也。」[4]韓非則在此基礎上提出了「凡治天下，必因人情」的口號[5]，並總結出「聖人之所以為治道者三，一曰利，二曰威，三曰名」，「利者所以得民也，威者所以行令也」[6]，「名之所彰，士死之」[7]。《呂氏春秋・大樂》指出：「天使人有欲，人不得弗求；天使人有惡，人不得弗避。欲與惡，所受於天也，……不可變，不可易。」先秦思想家還深刻指出：「亂國之使其民，不論人之性，

---

[1]　《荀子・性惡》。
[2]　《論語・裡仁》。
[3]　《荀子・正名》。
[4]　《荀子・禮論》。
[5]　《韓非子・八經》。
[6]　《韓非子・詭使》。
[7]　《韓非子・外儲說左上》。

不反（返）人之情」[1]、「凡語治而待去欲者，無以道欲而困於有欲者也；凡語治而待寡欲者，無以節欲而困於多欲者也。」[2] 欲雖生亂、可惡，然而同時應當看到，「人之欲多者，其可得用亦多；人之欲少者，其可得用亦少；無欲則不可得用也。」、「善為上者，能令人得欲無窮，故人之可得用亦無窮矣。」[3]

在先秦諸子提出的滿足人欲的理性規範中，「民利」是一條重要原則。孔子說：「因民之所利而利之。」[4]孟子指出：「得乎丘民而為天下。」[5]、「得天下有道：得其民，斯得天下矣；得其民有道：得其心，斯得天下矣；得其心有道：所欲與之聚之，所惡勿施。」[6]管子總結為政之道：「政之所興，在順民心；政之所廢，在逆民心。民惡憂勞，我佚樂之；民惡貧賤，我富貴之；民惡危墜，我存安之；民惡滅絕，我生育之。」[7]、「欲知者知之，欲利者利之，欲勇者勇之，欲貴者貴之」[8]，則「遠者自親」[9]，天下歸服。

於是產生了「民本」思想。所謂「民本」，不僅是與「天本」、「神本」相對，而且與「君本」相對。作為與「天本」相對的概念，《尚書‧虞夏書》已經發端：「天聰明自我民聰明，天明畏自我民明威（同畏）。」周人認識得更清楚：「天佑下

1　《呂氏春秋‧適威》。
2　《荀子‧正名》。
3　《呂氏春秋‧為欲》。
4　《論語‧堯曰》。
5　《孟子‧盡心下》。
6　《孟子‧離婁上》。
7　《管子‧牧民》。
8　《管子‧樞言》。
9　《管子‧牧民》。

民」，「惟天惠民」，「民之所欲，天必從之」，「天視自我
民視，天聽自我民聽」[1]。由於在周人心目中「人」、「民」具
有比「天」更高的地位，所以「天子」應當以「民」為天下之
本，「天子」下屬的諸侯國君主也應當以「民」為國家之本。早
在《虞夏書》中大禹就說過：「民可近，不可下；民惟邦本，
本固邦寧。」相傳為西周初年周公所作的《無逸》反復告誡成
王：要「懷保小民」、「咸和萬民」、「保惠於庶民」。到了戰
國時期，孟子對「民本」思想作了更重要的闡釋。他響亮地提出
「民為貴，社稷次之，君為輕」[2]，將人民的「民」提高到國家
和君主的之上；並指出：君主「樂民之樂者，民亦樂其樂；憂民
之憂者，民亦憂其憂。樂以天下，憂以天下，然而不王者，未之
有也。」、「保民而王，莫之能御也。」[3]甚至大膽提出：「君有
大過則諫，反復之而不聽，則易位。」[4]、「君之視臣如手足，則
臣之視君如腹心；……君之視臣如土芥，則臣之視君如寇仇。」[5]
現代西方憲法賦予人民在面對專制統治者殘暴壓迫的時候，有推
翻統治者的「革命權」。孟子最早觸及這一問題。商湯王和周武
王，原是夏桀、殷紂的兩位臣子，由於桀、紂殘暴無道，民不聊
生，湯、武會集諸侯百姓以武力推翻了桀、紂。至戰國時，齊宣
王問左右群臣：「湯放桀，武王伐紂，……臣弒其君，可乎？」
孟子則對曰：「賊仁者謂之『賊』，賊義者謂之『殘』。殘賊

---

[1]　均見《尚書・周書・泰誓》。
[2]　《孟子・盡心下》。
[3]　《孟子・梁惠王上》。
[4]　《孟子・盡心下》。
[5]　《孟子・離婁下》。

之人，謂之『一夫』。聞誅『一夫』矣，未聞『弒君』矣。」[1]
《易》革卦中的《彖》辭公開宣稱：「湯武革命，順乎天而應乎
人。」《國語・魯語》記載魯國太史裡革的話：「臣殺起君，君
之過也。」這些言論中包含的平等、民主意識穿越歷史的時空，
曾得到現代西方憲政、民權專家羅隆基的高度稱讚。

　　與尊重「民欲」、「民利」的「民本」的思想形成呼應的
是，先秦思想家還根據人心的思維屬性，強調人民思想、言論的
自由權利。上古時期，人民是有議論自由的。堯舜時在大路上立
「誹謗木」，供人們書寫意見。古代又在朝廷外立肺石，供平民
控訴官吏、長老。這種風俗一直延續到周代。《周禮・秋官・大
司寇》記載：「設肺石達窮民。凡遠近惸獨老幼之欲有複於上而
其長弗達者，立於肺石，三日，士聽其辭，以告於上，而罪其
長。」周代為瞭解政治得失，還設立了採詩制度以觀民風。那個
時候，人民聚集在一起臧否時政是正常的。人民的意見雖然對統
治者調整政治方針很有好處，但聽起來並不舒服。於是出現了鄭
國大夫然明「毀鄉校」以堵民口的提議。「鄭人游於鄉校，以論
執政。然明謂子產曰：『毀鄉校，何如？』」執政者子產的回答
是：「何為？夫人朝夕退而遊焉，以議執政之善否。其所善者，
吾則行之；其所惡者，吾則改之。是吾師也，若之何毀之？我聞
忠善以損怨，不聞作威以防怨，豈不遽止？然猶防川，大決所
犯，傷人必多，吾不克救也。不如小決使道，不如吾聞而藥之
也。」[2]無獨有偶，《國語・周語》中載執政官邵公向懲罰人們
自由議論的周厲王進諫：「防民之口，甚於防川。川壅而潰，傷

---

[1]　《孟子・梁惠王上》。
[2]　《左傳・襄公三一年》

人必多。民亦如之。是故為川者決之使導，為民者宣之使言。」《左傳》卷四十九〈昭公二十年〉記載晏子對齊王解釋「和」的大義：「和」不是「同」，即不是什麼都贊同，恰恰是允許提出不同意見：「君所謂可而有否焉，臣獻其否以成其可；君所謂否而有可焉，臣獻其可以去其否。」子產、邵公、晏子的意見，似不能僅僅歸功於個人的過人之明，若知在周代是有言論自由的傳統、氛圍的，我們就很能理解他們的意見何以能誕生了。而最高統治者容忍、鼓勵不同意見，在春秋戰國時亦不少見。據《孟子》記載，孟子曾在齊宣王面前說了好多刺耳的話，齊宣王最多「顧左右而言他」，最後總是容忍了，孟子總是安然無恙。《戰國策‧齊策》記載齊威王採納鄒忌的建議，不僅虛心聽取不同意見，而且獎勵群臣提出不同意見，下令：「群臣吏民能面刺寡人之過者，受上賞；上書諫寡人者，受中賞；能謗譏於市朝，聞寡人之耳者，受下賞。」於是國家政通人和，興旺強盛，燕、趙、韓、魏等國「皆朝於齊」。

西方古典哲學認為，人之所以為人，就在於人具有「自我意識」。先秦啟蒙思潮的最大貢獻，就在於驅散了原來巫史文化籠罩在「人」自己身上的神學迷霧，用「人」替代了「天」、「神」在宇宙萬物中的崇高地位，確立了「民」在天下、國家中的本位資格，對共同人性、平等人性以及人的生物屬性和非生物屬性及其作用作了客觀、深刻的剖析，並提出了因人性而治人的開明的「人道」主張。我們有理由說：周代是中國歷史上名副其實的「『人』的覺醒」時代，也是中國人學思想史上第一個啟蒙時代。李澤厚在《美的歷程》中將魏晉視為中國思想史上「『人』的覺醒」時代，實在是令人難以信服的。

二、六朝：鍾情任欲，適性逍遙，第二次啟蒙思潮的奔突

秦始皇統十六國以後，目睹周天子實行分封而大權旁落、丟失天下的教訓，一舉廢除幾千年的封建制，設立郡縣制，各郡縣長官不得世襲，根據對皇帝負責的好壞由直接皇帝任免更換。自此，以皇帝集權為特徵的君主獨裁專制在中國大地上推行開來。秦始皇開創皇權專制本想帶來秦朝的長治久安，可由於他片面地任用法治，對人民的刑罰過於殘暴苛刻，而自己則溺於過度的欲望享受，耗盡天下財力，剝奪了老百姓最起碼的生存權利，不久，陳勝、吳廣揭竿而起，天下回應，不可一世、本想長命的秦朝眨眼之間訇然倒塌，劉邦乘機而起，建立漢朝。

「秦王掃六合，虎視何雄哉！」面對強大的秦朝一朝覆亡的教訓，漢初統治者和思想家陷入了反思。實行郡縣制的秦朝前後只存在了十五年，而實行分封制的周朝則存在了近千年。是郡縣制的過錯嗎？不是。郡縣制確實有利於皇帝集權，所以漢朝把秦始皇發明的這一政治體制繼承了下來[1]。秦朝覆亡的根本原因，是不懂得像周朝統治者那樣在「革命」成功後對人民實行愛民、惠民的「仁政」、「德治」、「王道」，並以此來節制一己享受的情欲。所以，漢初的政治設計師如賈誼、陸賈給漢高祖提出的建議是，拋棄霸道，兼取儒、道，以「仁政」爭取人民的擁戴，以「無為」克制自己的情欲。漢武帝以「罷黜百家，獨尊儒術」著稱，其實黃老的「清虛無為」之學作為對最高統治者的要

---

[1] 當然為了籠絡人心，漢朝也作了些改造，即對皇親功臣實行分封，但這是輔助性的。

求，一直不絕於武帝以後漢代的子書、史書中，作為對儒家「民本」、「王道」主張的補充。即使在漢武帝時期儒學大師董仲舒的《春秋繁露》中也可看到這兩者的融合。這些都是非常寶貴的思想財富。

　　不過，在這些有價值的思想之外，漢代出現了新的蒙昧思想。一是「天人感應」、互為因果。它集中體現在《淮南子》、《春秋繁露》、《白虎通》、《論衡》等書中。這是漢代流行的陰陽五行、讖緯迷信的神學蒙昧思想的表現。其實「天」是「天」，「人」是「人」，天國、自然的東西何嘗與人結構對應，相互感應！二是「陽善陰惡」、「性善情惡」。「仁」由自然界的「陽氣」決定，故是「天心」，是天生之「性」，是「善」；「貪」之類的「情」、「欲」由自然界的「陰氣」決定，故本性是「惡」。君人、做人之道，就應該去惡揚善，存仁去貪，存理去欲。所謂「正其誼（義）不謀其利，明其道不計其功」（董仲舒）、「聖人無喜怒哀樂」（何晏）、「太上忘情」（漢儒）就是由此得出的典型觀點。其實「陽」何必是「善」？「陰」何必是「惡」？「欲」何可去？「情」何可忘？當統治者口是心非、以此求民時，這種口號必然導致對廣大人民基本生活欲求和權利的剝奪。可見，這是出於維護君主專制統治的功利需要產生的蒙昧思想。三是「性三品」論。先秦諸子反復強調「凡」、「聖」人性的平等，但到這時，這種常識被打破了。董仲舒把人性分為「聖人之性」、「中民之性」、「斗筲之性」，認為「聖人之性」有「仁」無「貪」，「中民之性」有「貪」有「仁」，「斗筲之性」有「貪」無「仁」。後來揚雄、王充及道教經典《太平經》都重複了同樣的看法。「性」的本義是「生之

資質」。把人的天性分為上、中、下三種不同的等級，這是荒謬的，不合人性實際的。「性三品」論的目的，在宣揚「聖人」統治「斗筲」，改造「中民」。推其動機，仍然可視為緣於政治功利的蒙昧主義思想。

魏晉時期，在兩漢儒、道學說長期融合的基礎上，誕生了道內儒外的玄學。玄學重思辨，貴神明，以理性精神闡釋本末、體用、動靜、一多、形神、言意的關係，以一種深邃、科學的思維深度區別於漢代的神學蒙昧主義，掃除了先前讖緯迷信、天人感應的種種囈語。

玄學追求的人生價值的核心範疇，是「適性」。只有「適性」，才能「逍遙」。「適性」的人生理想本由莊子所提出。人性的「性」在莊子看來是自然無意志，所以莊子的「適性」並未走向縱欲主義，恰恰相反，倒是走向了禁欲主義，所以《莊子》中描繪的「至人」、「神人」、「聖人」是「形如槁木、心如死灰」、「喜怒哀樂不入胸次」的形象。漢代思想家強調人心的清虛自守，與此是一脈相承的。但漢人根據對「聖人之性」的曲解提出「聖人無情」說，則陷入荒謬。據此，漢末魏初的玄學家何晏說：「聖人無喜怒哀樂。」魏國另一位玄學大師王弼認為，說「聖人無喜怒哀樂」不合事實，「喜怒哀樂」是人人都有的自然情感，「聖人」不是沒有這些情感，而是善於用「神明」即理性控制這種情感罷了。何劭《王弼傳》轉述他的話：「聖人茂於人者神明也，同於人者五情也。神明茂，故能體沖和以通無；五情同，故不能無哀樂以應物。然則聖人之情，應物而無累於物者也。今以其無累，便謂不復應物，失之多矣。」王弼的這一矯正很有啟蒙價值，它揭開了漢人籠罩在「聖人」頭上「無情」的光

環，使其露出了與「凡人」相同的「有情」面目，具有解構漢代不平等的「性三品」論的意義。不過同時，他也揭示了「聖人」與「凡人」的不同，即「凡人」受制於「五情」，「聖人」理性發達，能夠控制「五情」，使之「通無」。魏晉時期，這種「適性」而「無情」的人生取向成為士族修養的一種「雅量」。《世說新語·雅量篇》集中記錄了魏晉人許多處驚不變、神態自若、遇大喜不樂、遭大悲不哀的事蹟，體現了「太上忘情」的人格理想和意志的剛毅、靜穆的偉大。於是，「雅量」成為「魏晉風度」的一杆風向標。口不藏否人物，面無喜怒之色，泰山崩於前而方寸不亂，成為魏晉士人追求的一種崇高人生境界。

　　無情無欲是符合莊學本義的玄學的一種「適性」。事實上，人性並不是無情無欲的，情欲恰恰是人與生俱來的天性。不僅王弼看到了這一點，而且嵇康、向秀還明確指出這個事實：「人性以從欲為歡。」[1]、「且夫嗜欲，好榮惡辱，好逸惡勞，皆生於自然。」[2]於是，名副其實的「適性」就走向了任情縱欲。這是魏晉玄學「適性」概念的另一種內涵，是玄學根據人性的真實狀況對莊子「適性」概念的新的改造，也是另一種「魏晉風度」。竹林七賢之一王戎死了嬰兒，山濤之子山簡前去看望，見王戎悲痛不已，就寬慰他：「孩抱中物，何至於此！」王戎辯解說：「聖人忘情；最下不及情；情之所鍾，正在我輩。」山簡覺得有道理，也跟著一塊痛哭。王戎的這個觀點非常值得注

[1] 嵇康：《難〈自然好學論〉》，《嵇中散集》，《四庫全書》第1063卷，上海古籍出版社1987年影印本。
[2] 向秀：《難〈養生論〉》，載《嵇中散集》卷三，《四庫全書》第1063卷，上海古籍出版社1987年影印本。

意。他明白「聖人忘情」的道理,但又認為:「最下不及情。」無情的人是最等而下之、卑不足道的。「我輩」之人,正是「情之所鍾」。王戎的「情之所鍾,正在我輩」,再加上阮籍的一句「禮豈為我輩設也」,揭示了一種全新的人生座標,它標誌著自然情欲和個性的解放。於是有了王子猷的「乘興而行,興盡而返」,有了張翰的因秋風起、想吃家鄉菜而辭官返鄉,有了陶淵明的「不願為五斗米折腰」,有了陸機的「詩緣情而綺靡」,有了劉伶的「縱酒放達」、「裸形在屋中」,有了阮籍的「常從婦飲」、「醉便眠其婦側」,甚至有了阮鹹的與群豬共飲,有了《世說新語》記載的大量「任誕」怪事,有了《列子‧楊朱篇》虛構的及時行樂、醉生夢死的公孫穆、公孫朝兄弟。這是對漢代「性善情惡」、「聖人無情」蒙昧思想的徹底瓦解,這也是對人的本真個性的全面張揚。宋齊梁陳時,這種鍾情任欲的價值觀仍在流淌,梁簡文帝蕭綱、梁武帝蕭繹以帝王之尊宣導有情感的詩文,陳後主以帝王之尊製作豔詞,大臣仿效,文士響應,浮華之風,蕩而不返。儘管有矯枉過正之嫌,而對漢代蒙昧思想的啟蒙之功,則不容否定。

因此,可以說,六朝是中國人文思想史上的第二次啟蒙,其啟蒙的對象就是漢代由陰陽讖緯和政治功利形成的蒙昧主義思想。

三、明清:理欲之辨、義利之辨、公私之辨、凡聖之辨,第三次啟蒙思潮的洶湧

常言說:真理越過半步就是謬誤。六朝鍾情尊欲的「適

性」思潮本來對清除漢代的蒙昧主義具有積極的啟蒙價值和人性解放的進步意義，但它「越名教而任自然」，完全拋棄理性法則，乃至走到任情縱欲的地步，這確是維持社會穩定的大忌。我們看《列子・楊朱篇》中的一段話：「人之生也奚為哉？奚樂哉？為美厚爾，為聲色爾。」、「凡生之難遇，而死之易及。以難遇之生，俟易及之死，可孰念哉？而欲尊禮義以誇人，矯情性以招名，吾以此為弗若死矣。為欲盡一生之歡，窮當年之樂，唯患腹溢而不得恣口之飲，力憊而不得肆情於色，不遑憂名聲之醜、性命之危也。」過分縱欲不僅違反「禮義」，有損名譽，而且會帶來生命之危，可是為了及時行樂，這些都可以不顧。這是典型的「醉生夢死」、「荒淫無恥」。它授人以柄，給隋唐宋元統治者和思想家重鑄道德理性軌範提供了口實。

其實，早在南朝，一些統治者就作出了恢復儒道的努力，但收效甚微。北朝自北魏起就大力弘揚以儒學為代表的漢文化，後繼者如東魏西魏、北齊北周都步武北魏，雅尚儒道，但因為不屬華夏正統，局限於半壁江山，所以亦未成氣候。來自北周的楊堅統一南北、建立隋朝後，便著手整頓世風。在朝的負責意識形態的官員李諤連續三次上書隋文帝，要求從革除浮靡的文風入手，整頓輕薄的社會風氣。在野的儒家學者王通仿《論語》作《中說》，以遠紹周、孔自命，批評南朝以「文」淹「道」的詩人，廣帶弟子，傳播儒道。朝上朝下遙相呼應，標誌著社會價值取向的根本扭轉。

唐興。隋煬帝中斷儒道、毀於一旦的事實，又給唐代統治者上了一課。在恢復儒道在思想界的統治地位方面，唐太宗做了兩件大事。一是命孔穎達負責收集以往的五經權威解釋重新加以

統一的全面的注疏；二是命魏徵為監修，新編、重編南北朝史，總結政治興亡得失，印證儒家以民為本的仁政是長治久安的君人之道。唐太宗確立了儒家道德學說在唐朝的主宰地位。整個唐朝思想界，詩人如唐初四傑、陳子昂、杜甫、白居易、元稹、張籍等，文人如蕭穎士、李華、獨孤及、梁蕭、柳冕、權德輿、呂溫、韓愈、柳宗元、李翱等無不以儒家之道為第一位求人求文。他們不僅是文章家，更是道德君子。

　　唐、宋之間，有一個幾十年的藩鎮割據的五代十國階段。這是一個道德失範、天下大亂的時代。宋太祖統一天下後，吸取唐代藩鎮兵權過大的教訓，建立了皇權更加集中的專制體制。與此相應，在思想領域進一步確立了儒家學說的統治地位。於是，儒學從先前的包含著許多人民性、民主性的學說蛻變成為君主專制效勞、扼殺人民的個體生命權利的學說。儒家的溫和之「道」也一變而為面目可憎的「理」。周敦頤、二程、邵雍、朱熹、陸九淵是著名的理學家。而柳開、王禹偁、石介、孫複、歐陽修、真德秀等人雖然是文章家，其實也是一再要求「文以載道」的道學家。

　　元代思想界的情況，誠如《元史‧列傳‧儒學》所云：「元興百年，上自朝廷內外名宦之臣，下及山林布衣之士，以通經能文顯著當世者，彬彬焉眾矣。」元朝統治者襲用宋代理學之舊為其大一統的政治服務，雖無所發明，卻在推廣理學方面頗有勞績。

　　從隋唐道學到宋元理學，儘管儒家之道的內涵發生了變化，但在高揚儒家道德理性方面是一致的。《明史‧列傳‧儒林》說明代儒學狀況：「經學非漢唐之精專，性理襲宋元之糟

粕。」在漢唐「經學」與宋元「性理」有什麼質的區別呢？沒有。而這都屬於儒家道德學說。[1]

隋唐宋元恢復儒家道統的努力在挽救道德失範、矯正情欲橫流方面自有其合理性，但也存在著矯枉過正的荒謬。在李諤、王通、白居易、程頤對六朝以來詩人的嚴格批評中，哪怕吟詠欣賞自然風物的怡悅之情，也受到嚴厲指責，大有以「道」代「情」之勢。李翱《複性書》重提「性善情惡」論，要求「忘嗜欲而歸性命之道」。《朱子語類》卷十二乾脆提出以「理」滅「欲」：「聖人千言萬語，只是教人存天理，滅人欲。」儘管他的「天理」包含「食色」之類的基本人欲，但後儒盡拿著這個口號去扼殺人欲，做出了許多荒唐無理的事情。與「理」、「欲」對立相應，宋儒還將「義」與「利」、「公」與「私」對立起來，提倡「舍利取義」、「大公無私」。韓愈重提「性三品」論，「凡」、「聖」天性的不同乃至「男」、「女」人性的高低又重新被誇大。於是，「理」、「欲」對立、「義」與「利」、「公」、「私」對立、「凡」、「聖」對立，成為此間又一大荒謬悖理的蒙昧主義思潮。

矛盾是事物發展的內在動力。物極必反。哪裡有壓迫，哪裡就有反抗。明清時期，針對隋唐宋元以來愈演愈烈的道學—理學蒙昧主義，中國人文思想界又走出了一波啟蒙思潮。爭論的焦點集中在「理」、「欲」之辯、「義」、「利」之辯、「公」、

---

[1]　因此，筆者對「宋明理學」的說法是表示質疑的。它把反叛理學的三分之二的明代包含其中，卻把隋唐，特別是唐代盛行的名異而實同的儒家道學排除在外，容易引起人們對中國思想史時代特徵認識的混亂。其實隋唐宋元在思想傾向上是一個整體，與其提「宋明理學」，不如拈出「唐宋道學」更為合適。

「私」之辯、「凡」、「聖」之辯上。這些啟蒙思想家提出的基本主張是：理不離欲、崇義養利、合私成公，凡聖平等，從而為解放自然情欲、謀求個人利益、爭取平等權利張目。

其實，類似的啟蒙思想早在宋代就開始產生了。李覯、王安石、張載、陳亮、葉適都發表過很好的意見。如李覯在《原文》中批評說：「人非利不生，曷為不可言？」、「欲者人之情，曷為不可言？」、「孟子曰『何必曰利』，激也。焉有仁義而不利者乎？」王安石著《性情》批評說：「世有論者曰『性善情惡』，是徒識『性』、『情』之名而不識『性』、『情』之實也。」、「『性』者『情』之本，『情』者『性』之用。故吾曰：『性』、『情』一也。」、「誠今論者之說，『無情』者『善』，則是若木石者尚矣。」、「為其廢『情』，則『性』雖善，何以自明哉？」張載以理學家著稱，但他的思想卻不迂腐。他指出：「情則是實事。」[1]、「情未必為惡。」[2]、「飲食男女皆性也，是烏可滅？」[3]、「為政者在足乎民。」[4]陳亮指出：「夫『道』非出於形氣之外表，而常行於事物之間者也。」[5]、「夫『道』豈有他物哉？喜怒哀樂愛惡得其正而已。」[6]、「夫喜怒哀樂愛惡，人主之所以鼓動天下而用之之具也。」、「棄其喜怒以動天下之幾，而欲事功之自成，是閉目而欲行也。」[7]葉適

---

[1] 《橫渠易說‧乾》。
[2] 《張子語錄》中。
[3] 《正蒙‧乾稱》。
[4] 《正蒙‧有司》。
[5] 《經書發題‧書經》。
[6] 《勉強行道大有功》。
[7] 《戊申再上孝宗皇帝書》。

批評說：「『仁人正誼不謀利，明道不計功。』此語初看極好，細看全疏闊。……後世儒者行仲舒之論，既無功利，則『道義』者乃無用之虛語爾。」[1]、「以『天理』、『人欲』為『聖』、『狂』之分者，其擇義未精也。」[2]他肯定：「有己則有私，有私則有欲。」[3]主張：「崇義以養利，隆理以致力。」[4]遺憾的是，這些意見在宋代被邊緣化了，難以與強大的理學相抗衡。

到明代，情況發生了很大變化。《明史・列傳・儒林》說明明代思想界的轉向：「原夫明初諸儒，皆朱子門人之支流餘裔，師承有自，矩鑊秩然……。學術之分，則自陳獻章、王守仁始。宗獻章者曰『江門之學』，孤行獨詣，其傳不遠。宗守仁者曰『姚江之學』，別立宗旨，顯與朱子背馳。門徒遍天下，流傳逾百年，其教大行，其弊滋甚，嘉（靖）、隆（慶）而後，篤信程朱、不遷異說者，無複幾人矣。」活躍於明代中葉成化、弘治年間的「江門之學」又稱「白沙學派」，其代表人物是嶺南的陳憲章。他以自家心性挑戰朱子理學，高唱：「丈夫立萬仞，肯受尋尺拘？」[5]、「天地我立，萬化我出，而宇宙在我矣。」[6]開陽明心學先聲。正德、嘉靖年間，王陽明「姚江之學」風行天下，與朱熹背道而馳，並在終明之世取得了思想界的主導地位。王氏大弟子王畿主張「縱橫操縱，無不由我」，「自作主宰」[7]，

---

[1]　《習學紀言序目》卷二三。
[2]　《進卷・春秋》。
[3]　《進卷・春秋》。
[4]　《進卷・民事》。
[5]　《陳憲章集》卷四，中華書局1987年版。
[6]　《陳憲章集》卷二，中華書局1987年版。
[7]　《留都會記》。

「不隨人悲笑」[1]，甚至說「六經亦糟粕」[2]。開徐渭、李贄、袁宏道等個性解放之先聲。王學左派——泰州學派的代表王艮對傳統的「殺身成仁」信條提出挑戰，指出這只是等而下之的「賢人之仁」，最高的「聖人之仁」是「保身」以「成仁」：「尊道不尊身，不謂之尊道，須道尊身尊，才是至善。」表現了對肉體生命的尊重。其「百姓日用是道」更言簡意賅地把高高在上的「道」拉回現實中。另一位泰州學派代表羅汝芳則提出崇尚自然的「赤子」說：「赤子初生，孩而弄之，則欣笑不休；乳而育之，則歡愛無盡。蓋人之出世，本由造物之生機，故人之為生，自有天然之趣。」[3]直接開啟了李贄的「童心」說。

在王學的影響下，整個明代出現了人性覺醒的新氣象。其中，李贄以其思想的批判性、尖銳性、豐富性尤其引人注目。李贄所做的一切，就是絕假存真，還原常識。他指出：「人必有私，而後其心乃見。」、「雖聖人不能無勢利之心。」然而這很正常。追求私欲，乃「自然之理」。「穿衣吃飯，即是人倫物理。」、「堯舜與塗人一，聖人與凡人一。」、「聖人不曾高，眾人不曾低。」、「聖人所能者，夫婦之不肖可以與能，勿下視世間之夫婦也。」、「勿高視一切聖人也。」因此，千萬不要「以孔子之是非為是非」。「天生一人，自有一人之用」，每個人都應當用自己的「心眼」去觀察、去思考、去「自立」。李贄不僅用「聖人有私」論為普通大眾謀取私利、實現人欲辯護，而且以「凡能成聖」為據捍衛每一個凡夫俗子獨立思考的權利。人

---

[1]　《南遊會記》。
[2]　《自訟問答》。
[3]　黃宗羲：《明儒學案》卷二三。

性平等成了他追求人的生存權和思想權的邏輯起點。

　　在李贄的前後四周，還閃耀著許多啓蒙者的星星。如羅順欽《困知記》說：「夫人之有欲，固同出於天，蓋有必然不容已，且有當然不可易者。」、「於其所不容已者而皆合乎當然之則，夫安往而非善乎？」如王廷相《慎言》說：「道化既立，我固知民之多夫『道心』也，『人心』亦與生而恒存。觀夫飲食男女，人所同欲；貧賤夭病，人所願乎哉？」、「天下順治在富民。」如袁宏道《答梅客生》指出：「宋儒有腐學而無腐人，今代有腐人而無腐學；宋時講理學者多腐，而文章事功不腐，今代講文章事功者腐，而理學獨不腐；宋時君子腐，小人不腐，今代君子小人多腐。」[1]「大丈夫當獨往獨來，自舒其逸耳，豈可逐世啼笑，聽人穿鼻絡首！」[2]如鍾惺：「從來『節』字皆生於一『情』字。」[3]、「英雄本色，卻字字不離兒女情事。」[4]如鄒元標：「赤子之心，真心也。」、「厭赤子之心真率，把禮義遮飾，儒者以為希世要務。不知議論日繁，去真心日遠。無怪乎真心不多見也。」[5]等等。

　　明代洶湧的啓蒙思潮，給人性和社會風氣帶來了巨大解放。據史料記載：「嘉靖中年以前，猶循禮法，見尊長多執年幼禮；近來蕩然，或與先輩抗衡，甚至有遇尊長乘騎不下者。」、「嘉靖十年前，富厚之家多謹禮法，居室不敢淫，飲食不敢過；

---

[1]　袁宏道：《答梅客生》。
[2]　轉引自袁中道：《中郎先生行狀》，《珂雪齋集》卷十八。
[3]　《古詩歸》卷六。
[4]　《古詩歸》卷十四。
[5]　黃宗羲：《明儒學案》卷二三。

後遂肆然無忌，服飾器用，宮室車馬，僭擬不可言。」[1]正德、嘉靖以前，「婦女以深居不露面、治酒漿、工織紝為常」；後來就漸漸「擬飾倡妓，交接紺緅」，出入自由，「無異男女」[2]。「城中婦女多相率步行，往鬧處看燈；否則大家小戶雜坐門前，吃瓜子糖豆，看往來士女，午夜方散。鄉村夫婦多在白日進城，瞧瞧畫畫，東穿西走，曰『鑽燈棚』，曰『走燈橋』，天晴無日無之。」[3]在人性獲得正當滿足的同時，晚明出現了以欲滅理的淫蕩現象，如狎妓女、蓄男寵、養「瘦馬」，爭習房中術，公開兜售淫書、淫畫、淫藥、淫具，迎合、刺激人的感官欲望的情色小說《肉蒲團》、《繡榻野史》、《癡婆子傳》、《浪史》等也應運而生。於是，清初統治者重新抬出朱子理學整頓社會教化。而以理殺人的慘痛現實，又為清代啟蒙思想家的提供了批判的靶子。黃宗羲、王夫之、顧炎武、唐甄、顏元、李塨、戴震、龔自珍、魏源等等，一連串閃光的名字，挾帶著人性平等、人情懷私、情欲合理、合私成公、利濟蒼生、個性解放、非刺暴君等光彩奪目的思想，上接明代，形成了澎湃的啟蒙聲浪，蔚為壯觀。這是中國人文思想史上的第三波啟蒙思潮，思想豐富而深刻，達到了傳統國學人文精神的最高峰。鴉片戰爭以後的近代國學，人文思想的犀利或新義間或過之，但那是融入西方價值理念所致，已非國學正統之舊。

---

[1] 顧啟元：《客座贅語》卷五。
[2] 顧啟元《客座贅語》卷一。
[3] 張岱：《陶庵夢憶》卷六。

四、近代：中西攜手、共擊綱常，第四次啟蒙思潮的交匯

　　清宣宗道光20年，也就是1840年，中英鴉片戰爭爆發，清政府被迫簽訂了《南京條約》等一系列不平等條約，中國一步步淪為半專制半殖民地的社會。中國人民在反對專制主義的民主鬥爭之外，又多了一道反對帝國主義民族鬥爭的歷史使命。從此，在中國大地上，開展了一場又一場波瀾壯闊的反帝反專制的民族革命和民主革命。

　　一個值得注意的現象是，清廷內一些有識之士在反對西方列強侵略的同時，並不反對他們的科學技術和價值觀念。在中外戰爭中清廷自恃強大而不堪一擊的血的教訓，使他們認識了西方帝國科技的強大。而支撐其科技強大的真正根源，是其先進的價值理念和政治體制。於是，在「帥夷之長以制夷」的口號下，康有為、梁啟超、譚嗣同、嚴復等改良派思想家和孫中山、章炳麟、蔡元培等革命派思想家借鑒西方資產階級的自由、平等、民主、博愛、人權等人文精神，同時繼承明清以來的啟蒙思想，中西攜手，抨擊中國古代維護君主專制的荒謬悖理的綱常理念，力圖取代被理學僵化了的儒家道德學說，為立憲改良和民主民族革命服務，匯成了中國古代人文思想史上的第四次啟蒙思潮。

　　這一時期的啟蒙思想集中表現在這幾個方面：

1、以「平等」反「綱常」

　　古代的綱常倫理賦予君主、父親、男子以統治臣民、子女、女子的特權，康有為在《大同書》中借助西方的「平等」思

想，呼籲人權平等：「人，皆天所生也。同為天之子，同此圓首方足之形，同在一種族之中，至平等也。」、「若夫名分之限禁，體制之迫壓，托於義理以為桎梏，比之囚於囹圄尚有甚焉。君臣也，夫婦也，亂世人道所號為大經也，此非天子所立、人之所為也。」、「男女平等，各自獨立，此天予人之權也。」譚嗣同著《仁學》指出：「仁」的涵義應當是「平等」，而「數千年來，三綱五常之慘禍烈毒，由是酷焉矣」，「君臣一倫，尤為黑暗否塞，無複人理。」孫中山指出：人的天性並不完全平等，古代專制帶來了更多的人權不平等。平等的人權並不由天賦，須經革命鬥爭才能爭得。「三民主義」的要義就是「打不平」、「爭平等」：不僅用「民權主義」向特權階級「打不平」、「爭平等」，用「民生主義」向富人「打不平」、「爭平等」，而且用「民族主義」向外國「打不平」、「爭平等」[1]。

2、以「自由」反「專制」

　　嚴復第一次把西方的「自由」概念引入中國。他指出：「今日之治，莫貴乎崇尚『自由』，『自由』則物各得其致，而天擇之用存其最宜，太平之盛，可不期而至。」[2]、「夫『自由』者，各盡其天賦之能事，而自承之功過也。雖然，其設等差以隸相尊者，其『自由』必不全。故言『自由』，則不可不明『平等』。『平等』而後有自主之權。」[3]梁啟超指出：「中國數千年之腐敗，其禍及於今日，推其大原，皆必自奴隸性來。不

---

[1]　詳見祁志祥：《中國人學史》，上海大學出版社2002年版，第525—527頁。
[2]　《老子評點》。
[3]　《主客平議》。

除此性，中國萬不能立於世界萬國之間。而『自由』雲者，正使人自知其本性，而不受鉗制於他人。今日非施此藥，萬不能愈此病。」[1]後來孫中山發動民主革命，正是為了追求「自由」：「自由、平等，是歐洲近一百多年來最大的兩個革命思想。」、「余致力國民革命凡四十年，其目的在求中國之自由平等。」南社成員如柳亞子、高旭、寧調元、周實等人都一再歌頌「自由」，為推翻清朝專制的資產階級民主革命吶喊：「自由鐘鑄聲初發，獨夫台上風蕭蕭。」[2]、「十年前是一重囚，也逐歐風唱自由。」[3]、「千萬億年重九日，自由花發好提壺。」[4]

3、以「個體」求「群體」

　　1903年，嚴復翻譯出版了穆勒的《論自由》。因擔心中國人將「自由」誤解為「不法」、「無禮」、「放肆」、「淫佚」，他特將書名改譯為《群己權界論》。他對「自由」的經典定義是：「人得自由，而必以他人之自由為界。」[5]由於對「自由」的群、己權界有明確規定，因而既強調「個人自由」的「利己」權利，又強調「團體自由」的「利群」義務：「使無限制約束，便入強權世界而相衝突。」[6]、「大利所存，必其兩益。損人利己，非也；損己利人，亦非。」[7]、「積私以為公，世之所以盛

[1]　《致康有為書》。
[2]　高旭：《海上大風潮起作歌》。
[3]　寧調元：《感懷四首》。
[4]　周實：《〈民立報〉出版日少屏索祝》。
[5]　《群己權界論·譯凡例》。
[6]　同上。
[7]　《天演論·恕敗》按語。

也。」[1]據此，梁啟超一方面說：「天下之道德法律，未有不自利己而立」；另一方面又說：「道德之立所以利群也。」[2]真正的道德善是符合每一個個體利益、即群體利益的，而「人」恰恰是這樣一種「善群之動物」[3]。強調「個體為真」、「依自不依他」的章炳麟以「無害於人為善」，「有害於人為惡」[4]，與此是一個意思。因此，在推翻清廷專制統治的資產階級革命使命面前，孫中山強調在「團體自由」中實現「個人自由」，蔡元培強調「舍己為群」，「義務為重」。不過，當孫中山要求「大家」為了「革命成功」，先「犧牲個人的自由、個人的平等，把各人的自由、平等都貢獻到革命黨內來」[5]時，實為後來的現代史上以民主革命壓抑個人自由這樣一種異化開了危險的先例。

4、以「民權」反「皇權」

　　康有為首先引進西方的「人權」概念。在中國古代兩千多的皇權專制社會中，中國人有的是「皇權」，而沒有「民權」。所以，康有為提倡的「人權」，是「男女平等，各自獨立」的「民權」。他呼籲對清府「執民權而強之，用民權而變之」[6]。孫中山「三民主義」的要義之一，即「民權」：「推溯『民權』的來源，自人類初生幾百萬年以前推到近代『民權』萌芽時代，

---

[1] 《原富・部丁篇》按語。

[2] 《十種德性相反相成義》。

[3] 《論公德》。

[4] 《四惑論》。

[5] 《對黃埔軍官學校告別辭》。

[6] 《湘報類纂・雜錄》己上。

從沒有見過天賦有平等的道理。」[1]、「近世各國所謂『民權』制度，往往為資產階級所專有，適成為壓迫平民之工具。若國民黨之『民權主義』，則為一般平民所共有，非少數者所得而私也。」[2]柳亞子因仰慕盧騷，號「亞盧」，更名「人權」，呼喚「獻身應作蘇菲亞，奪取民權與自由」[3]。高旭疾呼：「要使民權大發達，獨立獨立呼聲囂。」[4]吳趼人從中國古代尋找「民權」依據：：「『民權』之義，早見於三代，而大昌明於孟子。」其矛頭直指古代神聖不可侵犯的「皇權」。

5、以「民主」反「君主」

　　當時的現實是君主專制社會。康有為主張用「君民共主」的「君主立憲」改良之，並最終進入「民主共和」的大同社會、「太平之世」。其時，人們「去苦求樂」的本性普遍得到滿足，「人人極樂，願求皆獲」。鄭觀應指出：「欲張國世勢，莫要於得民心；欲得民心，莫要於通下情；欲通下情，莫要於設議院。」[5]梁啓超在小說《新中國未來記》中描繪未來國家：「前皇英明，能審時勢，排眾議，讓權與民。」他把「擁護全國國民應享之權利，求得全國平和完全之憲法」作為奮鬥目標。而孫中山則主張用革命手段推翻清政府和幾千年的專制體制，實現打消「資產階級專政」，「由全國的人民作主」的「公天下」。他以克魯泡特金「互助」的人性論為基礎，設計了「天下為公」的「大同世界」，設想人人具

---

[1]　《民權主義》。

[2]　《中國國民黨第一次全國代表大會宣言》。

[3]　柳亞子：《讀山陰何孟廠得韓平卿女士為義女詩，和其原韻》。

[4]　《感懷四首》。

[5]　《盛世危言・議院》。

有利他的「公共心」,「政權公之天下」,「人人的權力都是很平等的」,彼此相親相愛,並「推廣其博愛主義,使全世界合為一大國家」。陳天華的《獅子吼》虛構了「民權村」,村中有議事廳、警察局、郵政局、醫院、圖書館、體育會等,男女平等,有許多人到國外留學。等等。儘管這些理想有不切實際的空想成分,但都具有反專制、反強權的積極意義,體現了對古今中外民主思想的融合。正是對美好理想的憧憬,鼓舞著那時的能人志士走上了拋頭顱、灑熱血的變法、革命道路,推動著歷史躍過近代,步入現代,迎來了「五四」時期的新啟蒙。[1]

五、五四運動:高揚西方價值、批判專制思想,第五次啟蒙思潮的激蕩

1919年爆發的反帝反專制的「五四」運動,揭開了中國現代歷史的序幕。「五四」既是一場反帝愛國運動,也是一場反對君主專制[2]的新文化運動。作為新文化運動,「五四」運動的起點可上溯至1915年《新青年》創刊,其下限大約以1922年陳獨

---

[1] 詳參祁志祥:《中國人學史》,上海大學出版社2002年版;祁志祥主編:《國學人文讀本》上下冊,上海文化出版社2008年版。

[2] 習慣指稱的「五四反封建運動」的「封建」,指君主獨裁專制。其實,在中國古代,「封建」的本義是封邦建國、政治分權,它恰恰是不利於君主獨裁專制的。所以秦始皇乘周天子封建之權力空隙取而代之後廢「封建」,行「郡縣」。漢承秦制,以後歷朝歷代均以「郡縣」制(行省制)為主(詳見馮天瑜《「封建」考論》,武漢大學出版社2006年版)。所以李慎之不贊成用「封建主義」指稱中國古代的政治體制,而提出「皇權主義」或「皇權專制」替代之。在秦以前尚無「皇帝」一說,卻有君主專制及其思想。而「皇帝」也是後世天下的「君主」。故筆者以為稱整個中國古代政體為「君主專制」更合適。

秀主編的《新青年》休刊為標誌。作為一場反對中國古代幾千年君主專制及其觀念、以「新道德」代替「舊道德」的新文化運動，五四思想家從近代資產階級改良派、革命派手中接過啟蒙的接力棒再作衝刺，在全國範圍內上演了又一波波瀾壯闊、如火如荼的思想啟蒙高潮。其中，陳獨秀、李大釗、蔡元培、胡適、周作人、魯迅和青年毛澤東都是傑出的代表。毛澤東曾經指出：五四運動「不過是中國反帝反封建的資產階級民主革命的一種表現形式」[1]。「五四運動所進行的文化革命則是徹底地反對封建文化的運動，自有中國歷史以來，還沒有過這樣偉大而徹底的文化革命。當時以反對舊道德提倡新道德、反對舊文學提倡新文學為文化革命的兩大旗幟，立下了偉大的功勞。」[2]五四啟蒙思潮的進步意義，在於繼承近代資產階級啟蒙思潮的先聲，進一步借鑒、吸收和擴充西方資產階級的價值體系，批判中國古代君主專制下道德倫理的不合理。於是，革除舊道德及包含舊道德的舊文學的「革命」成為五四運動在「破」的方面高舉的一面大旗。1916年10月，遠在美國留學的胡適在《寄陳獨秀》一信中首次提出「文學革命」的概念：「今日欲言文學革命，須從八事入手。」陳獨秀在1917年2月《新青年》第二卷第六號發表《文學革命論》與之呼應，提出「文學革命」的「三大主義」和「道德革命」的號召。在他看來，中國「政治界雖經三次革命，而黑暗未嘗稍減」，「單獨政治革命」對於「吾之社會不生

---

[1] 毛澤東《五四運動》，1939年5月1日。《毛澤東選集》第二卷，人民出版社1991年版，第558頁。
[2] 毛澤東《新民主義論》，《毛澤東選集》第二卷，人民出版社1991年版，第700頁。

若何變化，不收若何效果」，而「盤踞吾人精神界根深底固之倫理道德文學藝術諸端，莫不黑幕層張、垢汙深積」，所以他要從「道德革命」、「文學革命」這一「精神界革命」入手。1919年3月，周作人寫下《思想革命》，為新文學運動的內容革命提出了新的要求。五四「道德革命」、「思想革命」所要革除的舊道德、舊思想是什麼呢？就是專制制度下三綱五常為代表的「奴隸道德」。陳獨秀指出：儒家「三綱」宣揚的「忠」、「孝」、「節」觀念「帶君主專制臭味」[1]，說到底是一種「奴隸道德」：「忠孝節義，奴隸之道德也；輕賦薄斂，奴隸之幸福也；稱頌功德，奴隸之文章也；拜爵賜第，奴隸之光榮也；豐碑高墓，奴隸之紀念物也。」[2]五四提倡「道德革命」，就是要革「奴隸道德」的命。有所破必有所立。破除了專制社會的「奴隸道德」，用什麼來替代它呢？陳獨秀號召代之以「主人道德」。這個「主人道德」就是「獨立」、「自主」、「自由」、「平等」、「民主」、「博愛」的「個人本位主義」。在1915年9月發表的《敬告青年》中，陳獨秀指出：「蓋自認為獨立自主之人格以上，一切操行、一切權利、一切信仰，唯有聽命各自固有之智能，絕無盲從隸屬他人之理。」、「『解放』雲者，脫離乎奴隸之羈絆，以完其自主自由之人格之謂也。」、「等一人也，各有自主之權，絕無奴隸他人之權利，亦絕無以奴自處之義務。」在1915年12月發表的《東西民族根本思想之差異》一文中，他表明了對這種「個人主義」道德的嚮往：「西洋民族，自古訖今，徹頭徹尾，個人主義之民族也……舉凡一切倫理、道

---

[1] 《舊思想與國體問題》，《新青年》第3卷第3號，1917年5月1日。
[2] 《敬告青年》，《青年雜誌》（《新青年》）1915年創刊號。

德、政治、法律、社會之所嚮往，國家之所祈求，擁有個人之自由權利與幸福而已。思想言論之自由，謀個性之發展也。法律之前，個人平等也。個人之自由權利，載諸憲章，國法不得而剝奪之，所謂人權是也。人權者，成人以往，自非奴隸，悉享此權，無有差別。此純粹個人主義之大精神也。國家利益、社會利益，名與個人主義相衝突，實以鞏固個人利益為本因也。」陳獨秀指出，中國古代「以家族為本位」的宗法社會所形成的以「孝」、「忠」為內核的奴隸道德，是直接與這種「自主自由」的「個人權利」相對立的。究其對立之處，「蓋有四焉：一曰損壞個人獨立自尊之人格；一曰窒礙個人意思之自由；一曰剝奪個人法律上平等之權利（如尊長卑幼同罪異罰之類），一曰養成依賴性，戕賊個人之生產力。」[1]在《一九一六年》中他批判說：「君為臣綱，則民於君為附屬品，而無獨立自主之人格矣；父為子綱，則子於父為附屬品，而無獨立自主之人格矣；夫為妻綱，則妻於夫為附屬品，而無獨立自主之人格矣。率天下之男女，為臣、為子、為妻，而不見有一獨立自主之人者，三綱之說為之也。緣此生金科玉律之道德名詞，曰忠，曰孝，曰節，皆非推己及人之主人道德，而為以己屬人之奴隸道德。」、「個人主義」道德尊重每個人的權利，所以又與「以人民為主體」的「民主主義」相通[2]：「極端自利主義者，不達群己相維之理，往往只是有己不知有人，極其至將破壞社會之組織」，進而殃及自利[3]。因此，

[1]　《東西民族根本思想之差異》，收入《獨秀文存》，安徽人民出版社1987年版。

[2]　《憲教與孔教》，收入《獨秀文存》，安徽人民出版社1987年版。

[3]　《道德之概念及其學說派別》，1917年3月17日《新青年》三卷三號，收入《陳獨秀文章選編》上，三聯書店1984年版。

兼顧每個人權利的「個人主義」又與「博愛」相通。它是符合人性的，因而是「人道」的。而古代的「奴隸道德」恰恰是壓制、扼殺人性的，非「人道」的。於是，追求「解放人性」的「人道主義」成為批判和取代舊道德的另一面大旗。魯迅說：「最初，文學革命者的要求是人性的解放。」[1]蔡元培指出：「夫人類共同之鵠的，為今日所堪公認者，不外乎人道主義」。[2]這種寫著「獨立」、「自主」、「自由」、「平等」、「民主」、「博愛」、「人道主義」、「人性解放」字眼的「個人本位主義」是五四思想家的共識。如1918年12月，周作人在《新青年》上發表一代名文《人的文學》，提倡文學中的「人道主義」，指出「人道主義」即是一種「個人主義的人間本位主義」。他後來補充說：「我想現在講文藝，第一重要的是『個人的解放』，其餘的主義可以隨便。」[3]1918年，胡適在《新青年》「易卜生專號」發表名文《易卜生主義》指出：「社會最大的罪惡莫過於摧折個人的個性，不使他自由發展。」、「社會國家沒有自由獨立的人格，如同酒裡少了酒麴，麵包裡少了酵，人身上少了筋：那種社會國家決沒有改良進步的希望。」李大釗在《我與世界》一文說：「我們現在所要求的，是個解放自由的我，和一個人人相愛的世界。」毛澤東在1917年—1918年寫的《倫理學原理批語》中強調：「個人有無上之價值，有百般之價值。使無個人，則無

---

[1] 《且介亭雜文·〈草鞋腳〉小引》，《魯迅全集》第六卷，人民文學出版社1981年版，第20頁。

[2] 《哲學大綱·美學觀念》，《蔡元培全集》第二卷，中華書局1984年版，第379頁。

[3] 周作人：《文藝的討論》，《周作人文類編》卷一，湖南文藝出版社1998年版，第65—66頁。

宇宙，故謂個人之價值大於宇宙之價值可也。」、「或謂人在歷史中負有繼往開來之責者，吾不信也。吾惟發展吾之一身，使吾內而思維、外而行事皆達正鵠，吾死之後置吾身於歷史之中，使後人見之皆知吾確然有以自完。」魯迅早在1907年的《文化偏至論》中就提出「重個人」、「尊個性」的主張。在早期雜文《墳》中，魯迅指出：「惟發揮個性，為至高之道德。」、「張大個人之人格，又人生之第一義也。」在《新青年》隨感錄裡，魯迅提倡有幾分天才、幾分狂氣的「個人的自大」。郭沫若宣稱：「我們反抗不以個性為根底的既成道德。」[1]如此等等。正如茅盾總結概括的那樣：「人的發現，即發展個性，即個人主義，成為『五四』時期新文學運動的主要目標。」[2]郁達夫也說：「五四運動的最大的成功，第一個要算『個人』的發見。」[3]、「五四運動，在文學上促生的新意義，是自我的發見……自我發見之後，文學的範圍就擴大，文學的內容和思想，自然也就豐富起來了。」[4]

　　五四啟蒙運動在批判舊有道德體系、借鑒西方價值文明方面做的「破壞」和「建設」工作不可謂不徹底，在建構符合人性的人道主義倫理道德方面居功至偉。然而，由於思維方式過於絕對化，五四思想家往往把西方價值文明與中國古代道德文明截然對立起來，無視古今中外的人文精神有一定的相通性和繼承性，

[1]　《我們的文學新運動》，《創造週報》第3號，1923年5月。

[2]　《關於「創作」》，《北斗》創刊號，1931年9月。

[3]　《現代散文導論》（下），《中國新文學大系・導論集》，上海良友圖書公司1940年版。

[4]　郁達夫：《五四文學運動之歷史的意義》，《郁達夫文集》第六卷，花城出版社1982年版，第171頁。原載《文學》創刊號，1933年7月1日。

結果盲目迷信西方各種各樣的「主義」，魯莽地將孔門儒家為代表的中國古代人文思想「一鍋端」，高舉「打倒孔家店」的大旗，從而不可避免地帶有「激進主義」（王元化語）的歷史局限。如陳獨秀說：「我們反對孔教……因為他不能支配現代人心，適合現代潮流，還有一班人硬要拿他出來壓迫現代人心，抵抗現代潮流，成為我們社會進化的最大障礙。」[1]、「孔教的教義，乃是教人忠君、孝父、從夫。無論政治倫理，都不外這種重階級尊卑三綱主義。」它同共和政體是「萬萬不能調和的」[2]。李大釗認為：道德隨不同社會的經濟基礎變化而變化，孔子的學說作為當時社會道德的代表，在當時社會確有其價值，但當時代發展到20世紀初，孔子代表的道德就是不合時宜的「殘骸枯骨」了：「孔子生於專制之社會，專制之時代，自不能不就當時之政治制度而立說，故其說確足以代表專制社會之道德，亦確足為專制君王所利用資以為護符也。歷代君主，莫不尊之祀之，奉為先師，崇為至聖。而孔子云者，遂非複個人之名稱，而為保護君王政治之偶像矣。」、「孔子之道，施於今日之社會不適於生存，任諸自然之淘汰，其勢力遲早必歸於消滅」[3]。事實是，即便從社會的經濟基礎來看，不同的歷史時期既有變化，也有不變的東西在。而道德就既有歷史的差異性又有歷史的共性。無論是孔教還是中國古代其他的人文學說，都有許多符合人性的、民主的精華。

五四啟蒙運動的成就和弱點，在整個中國現代史的進程中不斷延展。

---

[1] 《孔教研究》。
[2] 《舊思想與國體問題》，《獨秀文存》，安徽人民出版社1987年版。
[3] 均見《自然的倫理觀與孔子》，原載《甲寅》日刊1917年2月4日。

　　五四啟蒙高揚的「個性」、「自由」、「民主」、「平等」等價值範疇，在中國現代思想界，被胡適為代表的自由主義知識分子薪火相傳。胡適在《介紹我自己的思想》一文中有一段名言：「現在有人對你們說：『犧牲你們個人的自由，去求國家的自由！』我對你們說：『爭你們個人的自由，便是為國家爭自由！爭你們自己的人格，便是為國家爭人格！自由平等的國家不是一群奴才建造得起來的！』」他是這麼說的，也是這麼做的。這使他被公認為現代中國自由主義的領袖。五四以後，1924年12月創刊、至1928年12月終刊的由留學歐美的大學教授主編的綜合性週刊《現代評論》；1928年3月創刊、至1933年6月終刊，由留學歐美的知識分子主辦的《新月》月刊；1937年至1946年西南聯大教授通過《當代評論》、《今日評論》、《戰國策》發表自由言論；1946年9月創刊至1948年10月儲安平主編的《觀察》週刊，把胡適所開闢的不依附於任何政治，敢於發表獨立思想評論的自由主義傳統，亦即五四啟蒙傳統一直延續下來。正是在這樣的社會思想氛圍下，中國共產黨向蔣介石國民黨獨裁政府開展了爭取「自由」和「民主」的革命鬥爭。

　　而五四啟蒙思潮的「激進主義」弱點則在中國共產黨內逐漸衍化為極左觀念，從而與當初的啟蒙漸行漸遠。「五四」啟蒙運動催生了中國共產黨。受蘇聯十月革命勝利的鼓舞，從1922年開始，便有共產黨人將當時正在進行的民主革命當成世界範圍內社會主義革命的一部分。1927年蔣介石發動軍事政變，共產黨人擔當起新民主主義革命的領導重任，一方面強調其領導的新民主主義革命屬於資產階級民主革命的範疇，另一方面又把「個人主義」、「自由主義」、「人道主義」等等當作資產階級思想加以

批判，要求個人無條件地服從民主革命事業的需要。1942年，毛澤東《在延安文藝座談會上的講話》中說的一段話頗能說明這一變化：「對於無產階級文藝家」，「要破壞那些封建的、資產階級的、小資產階級的、自由主義的、個人主義的、虛無主義的、為藝術而藝術的、貴族式的、頹廢的、悲觀的以及其他種種非人民大眾非無產階級的創作情緒」。資產階級的「個性」、「自由」、「民主」、「博愛」等等既不可取，孔子為代表的古代「封建」思想也當唾棄，於是便展開了事實證明是遠離人性實際的極左的「共產主義」價值觀念的虛構。民主革命必須放棄個人民主的訴求，啟蒙鬥爭最終最終告別了啟蒙本義。於是在延安蘇區發生了為自由言論付出生命的王實味事件以及草木皆兵、混淆敵我的「搶救」運動、「整風」運動。在國統區，國民黨政府打著「攘外必先安內」的旗號，以「救亡」壓制「啟蒙」，不斷走向獨裁。五四啟蒙思潮積累的寶貴的思想財富至此凋零殆盡。

六、新時期：「人性」的回歸和「人權」的正名，第六次啟蒙思潮的勃發

　　「五四」以後在反抗日本帝國主義侵略和反抗國民黨獨裁統治的民主革命中逐漸失落的「個性」、「自由」、「民主」、「博愛」等啟蒙思想以及中國古代充滿人性光輝的儒家思想及人文資源在新中國成立後的十七年和十年「文化大革命」期間的毀滅達到極致。與人道主義背道而馳的似是而非、實際上是蒙昧主義的極左思潮將整個國家逼到了崩潰的邊緣。隨著1976年「四人幫」的粉碎和「文化大革命」的結束，1978年12月中國共產黨召

開十一屆三中全會，鄧小平以巨大、非凡的勇氣宣導了針對荒謬
的極左思潮的「思想解放」運動，從而開創了新的歷史時期。中
國思想史上第六次啟蒙思潮綿延至今，經歷了自上而下與自下而
上的不平凡的歷程。

　　縱觀小平同志開闢的新時期的啟蒙思潮特點，我們可以做
出如下概括：

1、「人性」的回歸

　　20世紀70年代末80年代初，全國範圍內曾開展了「人性」、
「人道主義」和「社會主義異化」問題的大討論，影響深遠。極
左的觀點認為「社會主義」不包含「人道主義」，「人道主義」
是「資產階級」的貨色。啟蒙的觀點認為「人道主義」不是「資
產階級」的專利，「社會主義」應當比資本主義更加「人道」。
極左的觀點認為，在現實社會中，只有階級人性，沒有共同人
性，「共同人性」論是抽象的、不存在的。啟蒙的觀點則認為，
「人性」就是「人」所以為「人」的物種普遍性。階級性只是人
性的一部分，不是全部。共同人性是存在的。「人」作為動物界
的一個物種，既有與其他動物一致的屬性，即自然性、個體性、
感性，又有區別於其他動物的特殊屬性，即精神性、社會性、理
性（李澤厚、劉再復）。人的自然屬性主要包括「食」、「色」
欲求。「饑而欲食」決定了必須把「富民」當作一項基本國策，
而再不能談「富」色變、談「資」色變，於是「守法經營」、
「勤勞致富」成為新的時代追求。兩性相悅決定了在「性」的管
理、研究和立法上要有所鬆綁，再不能談「性」色變，於是王小
波提倡「有性」的人生，劉達臨、李銀河、潘綏銘以研究性科學

和性立法、從事性啟蒙聞名。「聲名若日月，天下人之所共欲也」，於是「欲貴者貴之」，恢復曾被廢除的高考制度，鼓勵曾被批判的成名成家。大腦的天性在思想的放飛，人的精神屬性決定了人天生具有思想自由的追求。極左觀念要求「統一思想」，視自由思想為洪水猛獸。現在，鄧小平則說：「獨立思考，敢想、敢說、敢做，固然也難免犯錯誤，但那是錯在明處，容易糾正。思想一僵化，不從實際出發的本本主義也就嚴重起來了……一個黨，一個國家，一個民族，如果一切從本本出發，思想僵化，迷信盛行，那它就不能前進，它的生機就停止了，就要亡黨亡國。」[1]、「一個革命政黨，就怕聽不到人民的聲音，最可怕的是鴉雀無聲。現在黨內外小道消息很多，真真假假，這是對長期缺乏政治民主的一種懲罰。」、「一聽到群眾有一點議論，尤其是尖銳一點的議論，就要追查所謂『政治背景』、所謂『政治謠言』，就要立案，進行打擊壓制，這種惡劣作風必須堅決制止。」[2]、「我們要創造民主的條件，要重申『三不主義』：不抓辮子、不扣帽子、不打棍子。」[3]、「我們在強調開展積極的思想鬥爭的時候，仍然要注意防止『左』的錯誤。過去那種簡單片面、粗暴過火的所謂批判，以及殘酷鬥爭、無情打擊的處理方法，絕不能重複……絕不能以偏蓋全、草木皆兵，不能以勢壓人，強詞奪理。」[4]鄧小平廢除了階級人性論所造成的種種社會不平等，「地、富、反、壞、右」和「資本家」摘帽後享有了公

---

[1] 《鄧小平文選》第二卷，人民出版社1983年，第141—143頁。

[2] 《鄧小平文選》第二卷，人民出版社1983年，第145頁。

[3] 《鄧小平文選》第二卷，人民出版社1983年，第144頁。

[4] 《鄧小平文選》第三卷，人民出版社1993年版，第47頁。

民權利，工農大眾不再世襲「自來紅」的特權，「無產階級先鋒隊」的共產黨人領導幹部也必須接受權力的監督和反腐的制約，政治體制的民主化改革也不斷深化和推進。

2、「人權」的正名

中華人民共和國成立後，人民翻身解放，擁有了比國民黨政府統治下更多的人權。可是，在極左觀念籠罩下，「人權」卻被當成資產階級的概念而噤若寒蟬，相當長時期內不僅在理論上不允許提「人權」問題，而且在憲法中也不使用「人權」概念。1954年、1975年、1978年、1982年，先後通過了四部《中華人民共和國憲法》，都沒有將「人權」寫進去。直到改革開放初期，一些重要報刊還以「人權是資產階級的口號」、「人權口號是虛偽的」等為題發表過一大批文章，強調「無產階級歷來對人權口號持批判的態度」。隨著思想解放的深入，「人權」概念開始在一些主要的政治文件中出現。1989年，江澤民提出，要「說明社會主義中國最尊重人權」。1991年11月1日，國務院新聞辦公室發表《中國的人權狀況》。1997年9月，中國共產黨十五大召開，首次將「人權」概念寫入大會主題報告：「共產黨執政就是領導和支持人民掌握管理國家的權力，實行民主選舉、民主決策、民主管理和民主監督，保證人民依法享有廣泛的權利和自由，尊重和保障人權。」2002年11月，黨的十六大再次將「尊重和保障人權」寫進主題報告。與此同時，中華人民共和國政府分別於1997年10月27日和1998年10月5日簽署加入聯合國大會1966年12月16日通過的《經濟、社會及文化權利國際公約》、《公民權利和政治權利國際公約》。在此基礎上，2004年3月14日，第十

屆全國人民代表大會第二次會議通過了第四部《憲法》修正案，首次將「人權」概念寫入修改後的《憲法》：「國家尊重和保障人權」。它為新時期「人性」的回歸提供了法律保障，也為「人性」、「人道」、「人學」、「人文」、「人權」的理論研究和學術探討提供了法律依據。

3、回歸「五四」、超越「五四」

所謂回歸五四，是指對五四弘揚的「個性」、「自由」、「民主」、「平等」、「民權」、「人性解放」、「人道主義」等啟蒙理念的繼承，這些理念，不只屬於資產階級所有，也屬於全人類的普世價值，比資本主義更先進的社會主義理當包容。所謂超越五四，指超越五四的激進主義局限，對各種動聽的價值理想保持一份警惕，對被五四拋棄的中國古代人文精神保持一份寬容。其實，我們在中國古代人文思想的歷史演進中一路走來，新時期的思想解放與古代人文思想的內在關聯是不難體會的。比如在鄧小平的富民政策和言論自由主張中，我們看到了對古代一以貫之的「治國之道必先富民」[1]的思想，讀到了「為川者決之使導，為民者宣之使言」[2]、「政教風俗苟非盡善，即許庶人之議」[3]的政治智慧。在胡錦濤總書記「情為民所系，權為民所用，利為民所謀」、「關注民生、瞭解民意、集中民智、珍惜民力」的執政理念與「和諧社會」的藍圖中，我們看到了古代儒家「民本」、「仁政」理念的昇華。其實，人類的精神文明是人類

---

[1] 《管子‧牧民》。
[2] 《國語》卷一《周語》邵公語。
[3] 顧炎武：《日知錄》卷一九《直言》。

思考如何處理人與人、人與社會乃至人與自然矛盾關係獲得的公約數及其積澱而成的思想結晶。不同的民族、不同的歷史時期，人們有不同的社會公意，因而人類的精神文明呈現出一定的民族性、歷史性差異。同時我們又注意到，人類的生理基礎和心理結構大體相同，人類面對的生存、發展問題大體相同，這種大體相同的生命主體面對共同生存發展問題獲得的關於人類行為法則的思維結果也就大體相近，於是人類文明又存在著超越民族和歷史差異的普世性。因此，當下社會主義價值體系的建構，絕不意味著橫空出世另起爐灶，而是應當結合中國現實，吸取西方和中國古代具有普世意義和生命活力的人文價值範疇、思想義理加以融化綜合。

　　西哲說：「讀史使人明智。」（培根）、「歷史上常常有驚人的相似之處。」（馬克思），中哲云：「不遷，故雖往而常靜；不住，故雖靜而常往。雖靜而常往，故往而弗遷；雖往而常靜，故靜而弗留矣。」[1]觀今宜鑒古，無古不成今。原古以溯今，中國人文思想史上的種種規律性的重合昭然若揭，這就是：蒙昧至極，必生啓蒙；真理逾過半步，即成謬誤；人文的真理相通，謬誤也相通；在重複的謬誤處可找尋教訓，在重複的啓蒙處可總結真理──它是我們今天進行價值倫理重構、推動中華民族偉大騰飛的寶貴資源。

[1]　僧肇：《物不遷論》，石峻等編《中國佛教思想資料選編》第一卷，中華書局1981年版。

上篇：現代人學：啟蒙與救亡

一、概述：雙重主題的變奏

從1919年五四運動爆發到1949年中華人民共和國成立，史稱現代。

中國現代歷史的社會性質，按照毛澤東的分析，是新民主主義革命時期。這個歷史時期革命的主要任務，是反帝反封建，它在本質上仍屬性資產階級民主革命的範疇。由於中國民族資產階級先天的軟弱性，它不能擔負起資產階級民主革命的領導重任，這個革命的領導任務歷史地落到了無產階級及其政黨中國共產黨身上。這就是新民主主義革命區別於孫中山領導的舊民主主義革命的地方。

新民主主義革命的三十年，是充滿著激烈的階級鬥爭、政治鬥爭與思想鬥爭的三十年，是交織著「啟蒙」與壓制啟蒙的「救亡」雙重主題的三十年。作為這個歷史時期開端的「五四」新文化運動[1]，首先是以反封建專制的思想啟蒙主題拉開新民主

---

[1] 本書所說的「五四運動」，不單是指1919年5月4日發生的青年學生的反帝愛國運動，而且包括在此前後幾年中展開的反對舊道德、提倡新道德，反對舊文學、提倡新文學的反封建思想啟蒙運動或新文化運動。

主義歷史序幕的[1]。而五四運動健將們用以反對封建專制的武器，主要是資產階級的人道主義、個性主義和無政府主義（又稱無政府共產主義）乃至自然主義。陳獨秀宣導「個人的個性、權利、自由」以及「平等」和「民主」意識反對封建專制，魯迅崇尚「個性主義」，高舉「立人」的人道主義旗幟抨擊「吃人」的封建禮教，青年毛澤東認為「吾人惟有對於自己之義務」，沒有對「他人之義務」，張競生以自然主義性道德反對封建的性禁錮主義，無一不體現了這一點。即便捍衛儒家倫理觀念的梁漱溟也不得不受時代風潮影響，將死氣沉沉的「仁」改造成了活潑潑的「本能情感」和「直覺」。「五四」後期，人們開始從馬克思列寧的共產主義學說中尋求出路，青年學生為主體的愛國運動得到工人運動的支援。馬克思主義與工人運動的結合，促成了1921年中國共產黨的誕生。自此，中國的新民主主義革命有了自己的領導者。「五四」在思想文化上是一場反封建的啟蒙運動，然而在起形式上，又是一場反帝愛國的救亡運動。第一次世界大戰結束後，英、法、美、日、義等國於1919年1月在巴黎召開和平會議，中國北洋政府向和會提出希望帝國主義國家放棄在華特權、收回被日本奪去的原德國在山東的權利、取消「二十一條」的建議，遭到和會拒絕，北洋政府竟準備在和約上簽字。消息傳出，舉國震怒。「五四」運動遂由此爆發。這一天，北京學生三千餘人在天安門前集會、高呼「外爭國權，內懲國賊」、「取消二十一條」、「拒絕和約簽字」等口號，會後舉行示威遊行。北洋政

---

[1] 「封建」本是與「專制」不同的分權概念，用來形容古代君主專制或皇權專制並不準確。但因毛澤東等人的著作將「封建」等同古代「專制」概念的用法影響深廣，成為約定俗成的術語，這裡姑且一仍其舊。

府派軍警鎮壓，逮捕學生三十餘人，北京學生立即實行總罷課，並通電全國表示抗議。廣州、上海、天津、長沙等地學生也紛紛遊行示威，聲援北京學生。6月3日、4日，北洋政府又逮捕北京學生近千人，激起全國人民的更大憤怒。全國各地的工人舉行罷工，商人舉行罷市。最後，北洋政府不得不釋放被捕學生，撤去曹汝霖等人的職務，拒絕在和約上簽字。「五四」反帝愛國運動以勝利結束。由此可見，儘管「五四」運動作為啟蒙運動，它借鑑、吸取西方資產階級思想反對封建思想，同時，作為愛國救亡運動，它又高舉著反對帝國主義侵略的旗幟，這便是「五四」對西方資本主義的雙重態度。由「五四」揭開的救亡主題隨著1925年的「五卅運動」、1927年蔣介石、汪精衛的軍事政變、1927年至1936年的國共十年內戰、1937年至1945年的八年抗日戰爭、1945年至1949年的國內解放戰爭不斷加強。大約從1927年蔣介石發動「四一二」大屠殺起，救亡（救國之亡、救共產黨之亡）的主題開始壓倒啟蒙主題，你死我活的階級鬥爭、民族戰爭使得一切都階級化、政治化了。忙於剿共、抗日的蔣介石國民黨政府除了雜取孫中山、曾國藩等人的思想，無暇創造什麼新的思想體系，[1]而隨著共產黨地位的不斷飆升，毛澤東階級鬥爭學說和階級人性論開始上升為很有勢力和影響的思想，反封建的思想啟蒙工作日益受到救亡鬥爭的排斥，中國現代學史，就是伴隨著現代歷史啟蒙與救亡地位的交替變化，由啟蒙到壓制啟蒙的救亡的發展史。由「五四」掀起的中國人學思想史上的第五次啟蒙運動就

---

[1] 李澤厚：《中國現代思想史論》：「至於國民黨的哲學，從戴季陶到陳立夫，都並無重要創造，在思想界或學術界也很少影響。」（東方出版社1987年版，第266頁）

在民族救亡的大勢中不自覺地走到了啟蒙的反面。

為了反映現代人學思想的之一歷史變化，本書選擇了陳獨秀、李大釗、魯迅、周作人、毛澤東、張競生作為切入的座標。大約陳獨秀、李大釗、周作人、張競生、魯迅前期和「五四」時期的青年毛澤東是五四前後思想啟蒙運動的代表，後期魯迅和「五四」以後的毛澤東是救亡運動下宣導馬克思的階級鬥爭學說和階級人性論以及集體主義思想的代表。在反封建的啟蒙運動中，陳獨秀、張競生、前期魯迅和毛澤東抬出的是西方人道主義、個人主義和自然主義。李大釗一方面用個人主義反對封建專制主義，另一方面又以社會主義的「互助」觀念反對個人主義，表明他在啟蒙運動中並不僅僅是以一個資產階級民主革命者的姿態出現的，而且努力以一個馬克思共產主義者的面目出現。在「五四」啟蒙運動中，梁漱溟作為新儒學的代表，竭力挖掘、弘揚封建倫理的現代價值，主張以東方儒家「無我」的親情克服西方資產階級「有我」的個人主義帶來的弊害，也曾引起廣泛的社會反響，因而本書亦將他選列介紹。同時，儘管1927年以後，救亡的主題逐漸壓倒了啟蒙主題，但啟蒙主題一直在延續，這就是由胡適所開闢、由《現代評論》、《新月》所堅持、由西南聯大和儲安平主編的《觀察》所弘揚的自由主義精神一直香火未斷。

認識中國現代人學史，還有幾個特點需要注意。

第一，傳統的中國人學史主要在倫理與哲學領域展開。到了近代，人學問題伸展到政治領域。在現代，人學與政治的關係更加緊密。特別是在「五四」以後，人學與哲學、道德學一樣，是作為政治鬥爭的附庸出現的，人們不再能夠客觀地探討人學問題，任何人學問題的論爭都打上了功利政治的烙印。現代人學與

近代人學雖然都與政治結緣，然而它們有一個根本的分野，即近代人學是由人學走向政治，因而政治並未干擾人學的客觀研究，而毋寧是人學的客觀研究結果的政治化。現代人學則是由政治走向人學，以現實的政治態度要求人學研究為它服務，用政治的有色眼鏡看待人性等人學問題。結果是，人學研究失去了往日的客觀性和科學性。

第二，「五四」啟蒙運動中，人學研究主要是在道德學和文學領域展開的，而在道德學領域的代表，是陳獨秀、李大釗、青年毛澤東和梁漱溟，在文學領域的代表是魯迅和周作人。而在道德學領域，性道德是一重要部分。留法哲學博士張競生提倡自然主義的性道德和情人制，公開進行性學研究和性啟蒙教育，人學研究一躍而出乎道德學範圍，走入性科學領域。儘管由於當時國情和後來的救亡運動而悄無聲息了，但在二十年代則發生極大影響，可視為當代中國性學研究的先聲。

第三，在研究現代思想家的人學思想時，要注意他們組織上與思想上、口頭上與實際上、前期與後期相背離的現象，防止用貼標籤、一刀切的機械的、形而上學的方法對待他們。比如陳獨秀是中國共產黨的創始人，最早的馬克思主義者，但在他思想放出燦爛光芒的「五四」時期，則是一位資產階級民主革命者。李大釗在思想上兼資產階級革命者與馬克思主義者二重性。毛澤東「五四」時期是一位個人主義者。1925年以後才成為主張階級論和唯物史觀的共產主義者。魯迅早期信奉進化論和人道主義，後期轉而信仰馬克思主義，等等。對他們，是很難用「馬克思主義人學」、「共產主義人學」一類貼標籤的辦法加以歸類的。

第四，李大釗、毛澤東等馬克思主義者曾在反封建和反資

產階級的思想論爭中探索無產階級和共產主義（社會主義）的道德問題。由於馬克思的共產主義學說是前無古人的，馬克思也沒有提供這方面的現成答案，這就使他們的探索具有一定的不成熟色彩。為了強調無產階級、共產主義的道德和人學準則，不惜割裂與資產階級、資本主義道德和人學原則的相通性，於是使這種美好的道德和人學原則變成了不可兌現的空中樓閣。這是值得今天經歷過這種教訓的人深刻反省的。

二、陳獨秀：「個人本位主義」的號角

陳獨秀，原名乾生，字仲甫，安徽懷寧人，生於1880年，卒於1942年。作為一個曾經叱吒風雲、影響了整整一代人乃至中國歷史進程的著名歷史人物，陳獨秀的一生是複雜的。在我看來，認識陳獨秀，可分為三個時期來看。第一個時期是中國共產黨創立之前，尤其是1916年至1919年新文化運動時期。這時他是一位急進的資產階級民主革命戰士。陳早年留學日本，系統地接受了西方資產階級自由、平等、博愛思想，回國後創辦《國民日報》加以宣傳，參加過辛亥革命和反袁鬥爭。1913年因反袁世凱鬥爭失敗再度流亡日本。1915年回國後在上海創辦《新青年》雜誌。1916年任北京大學文科學長，發動新文化運動，致力於「國民性」的改造，鼓吹新道德反對舊道德。這時他所宣揚的「新道德」不外是西方資產階級「個人本位主義」道德。他的活動，說到底是以一個資產階級民主革命鬥士的面貌出現的。第二個時期是1921年創立中共之後到1927年北伐戰爭之前。這時他是中國共產黨創始人、總書記，發表《馬克思學說》（1922年7月1日）、《列寧與中

國》（1925年1月）、《列寧主義與中國民族運動》（1925年4月）等，從思想到實踐都成為堅定的馬克思主義者和共產主義者。然而，由於他所接觸的馬列主義大都來自日本人翻譯和介紹的小冊子，對馬列主義理解還很膚淺，加之思維方式相當執著的他不能將馬克思主義的革命理論與中國當時的社會實踐相結合，他前階段熱衷的資產階級民主革命思想又在起作用，這時期的他仍然固執地認為，「無產階級的社會革命」要等到「資產階級崩壞時」才能產生，作為現階段以反對「宗法封建社會」為主的「國民革命」，其「性質」只能是「資產階級的民主革命」[1]，因此，革命的領導權只能交給資產階級及其政黨國民黨，無產階級及其政黨共產黨只能充當革命的配角。這便導致了北伐戰爭中主動交出工農武裝的投降路線，助成了「四一二」和「七一五」蔣介石、汪精衛在上海和武漢發動軍事政變。第三個時期是大革命失敗之後到1942年他貧病交加死於四川江津。這是他被開除出中共、被中共批判為「右傾機會主義者」、「託派」的時期。然而值得指出的是，陳獨秀在北伐大革命中犯的投降主義錯誤儘管給中共及其領導的工農武裝帶來慘重損失，但導致他嚴重錯誤的動機、出發點卻是好的，因而，即便這時期他被開除出黨（1929），同時作為「共黨頭目」曾被國民黨政府逮捕入獄（1932—1937），但他共產主義信念並沒有改變，同時他對自己北伐時期確定的路線也絕無反悔（儘管他的兒子陳延年也成了他投降路線的犧牲品）。1937年8月出獄以後，「胡適拉他去美國，他不為所動；後又勸他參加國防議會，他又拒絕。張國燾叛黨後，要陳再組織一個偽為字型

---

[1] 均見1923年12月1日《中國國民革命與社會各階級》，載蔡尚思主編：《中國現代思想資料簡編》第二卷，浙江人民出版社1982年版。

大小共產黨，他不予理采；蔣介石派朱家驊找他，要陳再組織一個『新共黨』，並答應供給十萬元經費，他堅決不幹；蔣又派人勸陳當勞動部長，他斷然拒絕，並斥蔣是『異想天開』，還說他與蔣『不共戴天』。他又派羅漢與中國共產黨聯繫，表示他要去延安，他本人也與黨的領導人發生接觸。」[1]但又表示：「回黨工作固我所願，惟悔改之事確難從命。」[2]這些都表明，儘管自1929年被開除黨後陳獨秀在組織上不是一位共產主義者了，但在思想上、信仰上，仍然不失為共產主義者。

陳獨秀的文章，主要寫於「五四」前後，多數是提倡新文化、反對舊文化的論文。二十年代以後，發表了少量宣傳馬克思主義和社會主義的文章，但具有一定的不徹底性。其人學思想以資產階級「個人本位主義」為主，又帶有一定的馬克思主義特性。這就發生了一個奇怪現象：儘管歷史上陳獨秀是以中國共產黨創始人、總書記和中共歷史上最早的馬克思主義者聞名的，但在思想領域，他則更多地是以資產階級新文化運動宣導者的面貌出現的，他的人學思想，從主導傾向來說，屬於資產階級民主革命派的範疇。

1、「道德革命」和「文學革命」

自1916年開始的「五四」新文化運動，是一場高舉「民主」和「科學」大旗，反對舊道德提倡新道德、反對舊文學提倡新文學的思想解放運動。這場運動的核心內容，是「道德革命」和「文學革命」，它奠定了中國現代人學一開始就是在倫理學和文

---

[1]　任振河：《論陳獨秀出獄後的託派問題》，《黨史研究》1985年第1期。
[2]　轉引自李澤厚：《中國現代思想史論》，東方出版社1987年版，第109頁。

學領域內展開的特點。1917年2月1日，他在《新青年》二卷六號上發表《文學革命論》一文，明確提出「道德革命」與「文學革命」口號：「歐語所謂革命者，為革故更新之謂……自文藝復興以來，政治界有革命，宗教界亦有革命，倫理道德亦有革命，文學藝術亦莫不有革命，莫不因革命而新興而進化。」在當時中國，陳獨秀為何不直接宣導「政治革命」，轉而宣導「道德革命」和「文學革命」呢？在他看來，中國「政治界雖經三次革命，而黑暗未嘗稍減」，「單獨政治革命」對於「吾之社會不生若何變化，不收若何效果」，而「盤踞吾人精神界根深底固之倫理道德文學藝術諸端，莫不黑幕層張、垢汙深積」[1]。因此，進行精神界的革命，比進行政治界的革命對改造社會更加重要。他還指出：「自西洋文明輸入吾國，最初促吾人之覺悟者為學術（指西方自然科學和社會學說），……其次為政治[2]，年來政象[3]所證明，已有不克守缺抱殘之勢。繼今以往，國人所懷疑莫決者，當為倫理問題。」[4]、「欲圖根本之救亡，所需乎國民性質之改善」，「一國之民精神上物質上如此墮落，即人不伐我，亦有何顏面有何權利生存於世界？」[5]而「建設之先」必須「破壞」，因此必須先進行「道德革命」和「文學革命」這類改造國民性的「精神革命」或者叫「思想文化革命」。他還說：「要誠

---

[1] 均見《文學革命論》，載《獨秀文存》，安徽人民出版社1987年版，第95頁。

[2] 引者按：如康有為和孫中山的政治改良與革命。

[3] 引者按：指袁世凱復辟帝制及其破產。

[4] 《吾人最後之覺悟》，載《獨秀文存》，安徽人民出版社1987年版，第41頁。

[5] 均見《我之愛國主義》，載《獨秀文存》，安徽人民出版社1987年版，第61頁。

心鞏固共和國體，非將這班反共和的倫理文學等等舊思想，完全
洗刷得幹乾淨將不可」[1]。

那麼，「道德革命」的具體內容是什麼呢？就是批判、否
定被宋明以來封建統治者改造過了的孔子儒學所代表的封建舊道
德。「五四」時期提出一個口號：「打倒孔家店」。它可作為
「道德革命」的注腳。值得注意的是，在一片批儒批孔、打倒孔
家店的呼聲中，陳獨秀並未走到極端，全盤否定孔子儒學，而只
是反對孔教儒學中以「三綱」為核心的「奴隸道德」及一切不
「適合現代潮流」的東西。這有一個重要原因，是辛亥革命後無
論袁世凱稱帝還是張勳復辟，均抬出孔子，鼓吹尊孔讀經，孔子
成為他們復辟倒退的護身符和擋箭牌。如陳獨秀說：「我們反對
孔教，並不反對孔子個人，也不是說他在古代的社會無價值。不
過因為他不能支配現代人心，適合現代潮流，還有一班人硬要
拿他出來壓迫現代人心，抵抗現代潮流，成為我們社會進化的
最大障礙。」[2]在肯定孔子儒學的一些合理性時他說：「所謂君
道臣節名教綱常，不過儒家之主要部分，而亦非其全體。」[3]、
「孔學優點，僕來嘗不服膺。」[4]、「記者之非孔，非謂其溫良
恭儉讓信義廉恥諸德及忠恕之道不足取，士若私淑孔子，立身行
己，忠恕有恥，固不失為一鄉之善士，記者敢不敬其為人？」[5]
然而，就其主導傾向而言，陳獨秀認為為封建專制服務的孔教

---

[1]　《舊思想與國體問題》，載《獨秀文存》，安徽人民出版社1987年版，
　　　第103頁。
[2]　《孔教研究》，載《獨秀文存》，安徽人民出版社1987年版，第415頁。
[3]　《獨秀文存》卷二，亞東圖書館1922年版，第329頁。
[4]　《獨秀文存》卷四，亞東圖書館1922年版，第38頁。
[5]　同上書，第48頁。

與資產階級的民主共和、平等博愛是格格不入的，是應該打倒的。他說：「孔教的教義，乃是教人忠君、孝父、從夫。無論政治倫理，都不外這種重階級尊卑三綱主義。」它「帶（有）君主專制臭味」，同共和政體是「萬萬不能調和的」[1]孔子宣揚的「儒者三綱之說」，說到底是一種「奴隸道德」，與「個人獨立平等」的「主人道德」格格不入：「君為臣綱，則民於君為附屬品，而無獨立自主之人格矣；父為子綱，則子於父為附屬品，而無獨立自主之人格矣；夫為妻綱，則妻於夫為附屬品，而無獨立自主之人格矣。率天下之男女，為臣、為子、為妻，而不見有一獨立自主之人者，三綱之說為之也。緣此生金科玉律之道德名詞，曰忠，曰孝，曰節，皆非推己及人之主人道德，而為以己屬人之奴隸道德」。[2]「忠、孝、貞操三樣」，卻是中國固有的舊道德，中國的禮教（祭祀教孝，男女防閑，是禮教的大精神），綱常，風俗，政治，法律，都是從這三樣道德演繹出來的；中國人的虛偽（喪禮最甚）、利己、缺乏公共心、平等觀，就是這三樣舊道德助長成功的；中國人分裂的生活（男女最甚），偏枯的現象（君對於臣的絕對權，政府官吏對於人民的絕對權；父母對於子女的絕對權，夫對於妾、男對於女的絕對權，主人對於奴婢的絕對權），一方無理壓制、一方盲目服從的社會，也都是這三樣道德教訓出來的；中國歷史上現社會上種種悲慘不安的狀態，也都是這三樣道德在那裡作怪。」[3]他還尖銳批判道：「忠孝節

---

[1] 《舊思想與國體問題》，載《獨秀文存》，安徽人民出版社1987年版，第102—104頁。

[2] 《一九一六年》，載《獨秀文存》，安徽人民出版社1987年版，第34頁。

[3] 《調和論與舊道德》，1919年12月1日，載《獨秀文存》，安徽人民出版社1987年版，第565頁。括弧中注釋為原作者注。

義，奴隸之道德也；輕賦薄斂，奴隸之幸福也；稱頌功德，奴隸之文章也；拜爵賜第，奴隸之光榮也；豐碑高墓，奴隸之紀念物也。」[1]陳獨秀提倡「道德革命」，就是要革「奴隸道德」的命。

「五四」新文化運動另一項重要內容是宣導「文學革命」。當時新文化運動另一位主將胡適側重在文學形式領域宣導「文學革命」，變文言文為白話文，而陳獨秀則側重從文學內容方面進行「文學革命」。他認為中國古代文學雖然不是一無可取之處，但言之有物，有益國計民生的平民寫實文學始終處於一種被壓抑狀態，占主導地位的是載道阿諛的貴族文學、遠離現實的山林文學和言之無物的古典文學，「其形體則陳陳相因，有肉無骨，有形無神，乃裝飾品而非實用品；其內容則目光不越帝王權貴，神仙鬼怪，及其個人之窮通利達，所謂宇宙，所謂人生，所謂社會，舉非其構思所及，此三種文學公同之缺點也。此種文學，蓋與吾阿諛誇張虛偽迂闊之國民性，互為因果，今欲革新政治，勢不得不革新盤踞於適用此政治者精神界之文學，以此而求革新文學、革新政治。」由此可見，陳獨秀宣導的「文學革命」，實即他精神革命的一部分，乃是政治革命的前奏。由此他提出「文學革命」的「三大主義」：「曰推倒雕琢的阿諛的貴族文學，建設平易的抒情的國民文學；曰推倒陳腐的鋪張的古典文學，建設新鮮的立誠的寫實文學；曰推到迂晦的艱澀的山林文學，建設明瞭的通俗的社會文學。」

「五四」新文化運動作為建立和鞏固資產階級民主共和政治體制的基礎工程，一開始就是在道德與文學這兩個精神領域

---

[1]　《敬告青年》，載《獨秀文存》，安徽人民出版社1987年版，第5頁。

展開的。從上文的闡述中不難看出，在「道德革命」與「文學革命」中，「道德革命」比「文學革命」在「精神界革命」中更為根本。「道德革命」破除了「三綱」、「忠、孝、節」之類的「舊道德」，取而代之的是什麼呢？是「個人本位主義」的「新道德」。這種道德是西方資產階級的人倫道德。在1915年12月發表的《東西民族根本思想之差異》一文中，他表明了對這種個人主義道德的嚮往：「西洋民族，自古訖今，徹頭徹尾，個人主義之民族也……舉凡一切倫理、道德、政治、法律、社會之所嚮往，國家之所祈求，擁有個人之自由權利與幸福而已。思想言論之自由，謀個性之發展也。法律之前，個人平等也。個人之自由權利，載諸憲章，國法不得而剝奪之，所謂人權是也。人權者，成人以往，自非奴隸，悉享此權，無有差別。此純粹個人主義之大精神也。國家利益、社會利益，名與個人主義相衝突，實以鞏固個人利益為本因也。」這種「個人主義」道德，不僅肯定個人利益，而且肯定人的思想自由、言化自由、信仰自由，作為與「奴隸道德」相對的新型道德，他又稱之為「自主」的道德：「我有手足，自謀溫飽；我有口舌，自陳好惡；我有心思，自崇所信；絕不認他人之越俎，亦不應主我而奴他人：蓋自認為獨立自主之人格以上，一切操行、一切權利、一切信仰，唯有聽命各自固有之智能，絕無盲從隸屬他人之理。」、「等一人也，各有自主之權，絕於奴隸他人之權利，亦絕無以奴自處之義務。」、「『解放』云者，脫離乎奴隸之羈絆，以完其自主自由之人格之謂也。」[1]陳秀指出，中國古代「以家族為本位」的宗法社會所

---

[1] 均見《敬告青年》，1915年9月，載《獨秀文存》，安徽人民出版社1987年版，第3—4頁。

形成的以「孝」、「忠」為內核的奴隸道德，是直接與這種「自主自由」的「個人權利」相對立的。究其對立之處，「蓋有四焉：一曰損壞個人獨立自尊之人格；一曰窒礙個人意思之自由；一曰剝奪個人法律上平等之權利（如尊長卑幼同罪異罰之類），一曰養成依賴性，戕賊個人之生產力。」[1]

「個人主義」道德尊重每個人的權利，所以又與「以人民為主體」的「民主主義」相通[2]。孔、孟儒家雖然也有「民為邦本」、「民貴君輕」的「民本主義」，但說到底仍「以君主之社稷」、「為本位」，「仁民」是為了「固邦」，與「以人民為主體」的「民主主義」、「個人主義」有質的不同[3]。用今天的話說，「個人本位主義」的「民主主義」是「人民作主」、「君主本位主義」的「民本主義」是「為民作主」。在否定君主本位、家長本位，提倡「以人民為主體」的「個人主義」道德的前提下，陳獨秀又提出，這種「以人民為主體」的「個人主義」，不同於「極端利己主義」，而是「自利」與「利他」，由「個人利益為本」走向「群己相維」、「社會互助」的辯證統一。他一方面肯定：「自利主義者，至堅確不易動搖之主義也。」另一方面又指出：「極端自利主義者，不達群己相維之理，往往只是有己不知有人，極其至將破壞社會之組織」，進而殃及自利。[4]

---

[1]　《東西民族根本思想之差異》，載《獨秀文存》，安徽人民出版社1987年版，第29頁。

[2]　《憲教與孔教》，載《獨秀文存》，安徽人民出版社1987年版，第73—79頁。

[3]　同上。

[4]　均見《道德之概念及其學說派別》，1917年3月17日《新青年》三卷三號，《陳獨秀文章選編》上，三聯書店1984年版，第194頁。

「五四」以後，有感於西方個人主義道德的「不徹底」和由此帶來的「遊情好利」、「奢侈賣淫」、「戰爭罷工」等「種種悲慘不安的事」，他更傾向於開發「那公有、互助、富於同情心、利他心的新道德」，「拋棄私有制度之下的一個人—階級—國家利己主義的舊道德」[1]，甚至認為，「利己心、私有心」是「不道德」的，屬於「本能上黑暗方面」，「利他心、公心」才是「道德」的，屬於「人類本能上光明方面」[2]，從而走到了他早先宣導的「自利主我」道德的反面，暴露了其道德學說自身的矛盾性。

2、「人類本性的確有很惡的部分」

陳獨秀發動新文化運動，提倡新道德反對舊道德、提倡新文學反對舊文學，目的是為了改造「國民性」，而這「國民性」並非人的自然屬性，而是國民的文化屬性，是中國人在幾千年的封建道德奴役下形成的劣根性。然而，當他在提倡西方個人主義新道德時，卻發現，一味提倡個人主義道德，又會面臨人的利己的自然本能所帶來的種種社會問題，如侵略戰爭、消極怠工等等。這就迫使他不得不思考人的自然屬性問題。當他從現實出發思考這個問題時，便提出了「人性本惡」論。

陳獨秀的「人性本惡」論，不是說人性中只有惡，而是說人的自然本能中有善有惡。「善」即「利他心」、「公共心」，「惡」即「利己心」、「私有心」。他曾說：「根於人類本能上

---

[1] 《調和論與舊道德》，載《獨秀文存》，安徽人民出版社1987年版，第566頁。

[2] 同上。

光明方面的相愛、互助、同情心、利他心、公共心等道德，不容易發達，乃是因為受了本能上黑暗方面的虛偽、忌嫉、侵奪、爭殺、獨佔心、利己心、私有心等不道德難以減少的牽制。」[1]、「利己心」、「私有心」產生的「圖利與謀害、貪功與犯罪，同屬惡的方面」[2]陳獨秀指出「人類本性中的確有很惡的部分」[3]，是與現實的政治鬥爭密切相關的。當時無政府主義者主張取消資產階級國家及其私有財產制度（陳獨秀稱之為「工銀勞動制度」），在陳獨秀看來，「私有財產制度、工銀勞動制度」作為「人類第二惡性」，固然應當否定，但由此反對一切「國家、政治、法律」，則不可。因為人類本性有自私利己、好逸惡勞等「惡性」，如果所有的法律、制度都取消了，人類本性中這些惡的部分就會膨脹起來，社會上許多苦活髒活就沒人去做，社會生活資料乃至人們的社會生活就無法維持。無政府主義所以主張取消一切國家機器、法律制度，是以人們天生地會「互助」這種「性善」論為基礎的[4]，可是他們忽視了人性中「的確有很惡的部分」，「不是私有制度改變了這惡性馬上就眼看消滅的。工銀勞動制度實在不應該保存，但同時若不強迫勞動，這時候從前不勞動的人，自然不會忽然高興要去做工；從前受慣了經濟的刺激才去勞動的工人，現在解除了刺激，又加上從前疲勞地勞動，一

---

[1] 《調和論與舊道德》，載《獨秀文存》，安徽人民出版社1987年版，第563頁。

[2] 《再質問〈東方雜誌〉記者》，1919年2月，載《獨秀文存》，安徽人民出版社1987年版，第214頁。

[3] 《談政治》，載《獨秀文存》，安徽人民出版社1987年版，第367頁。

[4] 陳獨秀1920年11月《答鄭賢忠》：「性善是無政府主義一個重要的基礎。」《獨秀文存》，安徽人民出版社1987年版，第812頁。

定會懶惰下來；如此，一時社會的工作效率必然銳減。少數人懶惰而衣食，已經醸成社會上的不平等；若由少數增至多數，這社會底生活資料如何維持呢？……人類基本生活的勞動，至少像那不法的勞動、很苦的勞動，既然沒有經濟的刺激，又沒有法律的強迫，說是人們自然會情願去做，真是自欺欺人的話。」[1]

「五四」時期，許多追求自由、民主、進步的青年，包括李大釗、毛澤東等馬克思主義者，都受過克魯泡特金的影響，把「無政府主義」混同於「馬克思主義」來接受，「不少的人」甚至「認為十月革命的勝利就是無政府主義的勝利」[2]。事實上，當時宣傳無政府主義和共產主義書刊所描繪的沒有人剝削人的制度，各盡所能、按需分配、人人平等互愛的社會主義和共產主義理想社會，的確叫人分辨不出二者之間有何區別。如當時中國無產府主義代表劉師復在《無政府共產主義同志社宣言書》中指出：「『無政府』以反對強權為要義，故現社會凡包含有強權性質之惡制度，吾黨一切排除之掃除之。本自由平等博愛之真精神，以達於吾人所理想之無地主、無資本家、無寄生者、無首領、無官吏、無代表、無家長、無軍隊、無監獄、無員警、無裁判所、無法律、無宗教、無婚姻制度之社會。斯時也，社會上唯有自由，惟有互助之大義，惟有工作之幸樂。」而早期馬克思主義者李維漢後來回憶當時情景說：「我們讀了那些無政府主義和宣傳社會主義的書刊，對於書中描繪的社會主義和共產主義的美妙遠景，對於那種沒有人剝削人、人壓迫人、人人勞動、人人讀書、平等自由的境界，覺得非常新鮮美好，覺得這就應該是我的

---

[1]　《談政治》，載《獨秀文存》，安徽人民出版社1987年版，第367頁。
[2]　彭明：《五四運動史》，人民出版社1984年版，第603頁。

奮鬥的目標。」[1]於是，當時的馬克思主義者興起了一系列「共產主義」——「無政府主義」的實驗，其中頗具代表性的是北京「工讀互助團」和惲代英組織的「新村」實驗。惲代英在1919年11月1日的日記中寫道：「我與香浦（即林育南）談，都很贊成將來組織新村。我們預備在鄉村中建造簡單的生活……村內完全沒有金錢，沒有私產，各盡所能，各取所需。舉一人做會計，去管對外金錢出入的事。舉一人做買辦，專辦向外處購買或出售各事。村內衣服都要一致，能男女都一致更妙。會食在一個地方。設圖書室、工作廠。對內如有女子、兒童的教育事業，應該很注意，因為是新村全體幸福所托。對外鼓吹文化、改造環境的事業，亦很要注意。……我們新村的生活，可以農業為根本，兼種果木，兼營畜牧。」[2]、「工讀互助團」是由當時最著名、影響也最大的組織「少年中國學會」領導人王光祈倡辦的，它曾得到崇尚「互助」論的蔡元培、李大釗、毛澤東、惲代英、陳獨秀的支持和幫助。在「工讀互助團」的《旨趣書》中寫著：「工讀互助團」是「改革社會」、「實際運動的起點」，它將「逐步推廣」、「各盡所能，各取所需」的理想，最終「廢止」、「一切簡章規約」；在《簡章》中規定的一些具體辦法是：「本互助的精神，實行半工半讀」原則，「團員每日每人必須作工四小時」，「工作所得必須歸團員公有」，「工作以時間為標準，不以工作結果為標準。譬如甲只要兩點鐘便可織一匹布，乙需要四點鐘始可織一匹布，但是甲仍然應該作四點鐘的工，以盡其所

---

[1]　李維漢：《回憶新民學會》，轉引自《五四運動回憶錄》，中國社會科學出版社1979年，第109頁。

[2]　轉引自彭明：《五四運動史》，人民出版社1984年版，第510頁。

能」。「團員生活必需之衣食住……教育費、醫藥費、書籍費，由團體供給」。互助團成立後分四個組活動。有的組如第一組在活動中甚至把團員的衣服都集中起來，分類放置，只要誰愛穿，誰就可以自由撿來穿。[1]由於這種「無政府共產主義」的實驗是建立在人人都愛勞動（視「工作」為「幸樂」之事）、人人都樂於互助的虛幻的性善論之上的，忽視了人的利己性、好逸惡勞屬性，因而不可避免地失敗：「北京工讀互助團第一組由於它的『共產』步伐邁得最早、最猛，短短兩三個月就暴露出種種不可克服的矛盾：組內出現嚴重意見分歧；食堂裡發生經濟危機，使團體供給吃飯也成大問題。結果，除出十二人以外，都不願去維持它。三月二十三日開一個會議，決議各人自由另找工作，工讀互助團的主張，從根本上推翻。……同年六、七月，其他幾個組和各地的工讀互助團，相繼失敗，個別的勉強維持到1921年初，也不得不發表解散宣言。」[2]實踐使陳獨秀認識到，「像北京工讀互助團及惲君的《未來的夢》等類」的「無政府共產主義」試驗是「癡人說夢」式的烏托邦，是空想社會主義[3]。於是，他開始反思人類的「惡性」，認為「獨佔之心，人皆有之；殘殺之心，人皆有之；嫉妒之心，人皆有之；嗔忿之心，人皆有之；自利之心，人皆有之。」、「惡的自由是應該束縛的」。應用「法律強迫勞動」，「不許有人不勞動」，「不許大家都不肯從事不法的苦的危險的勞動」[4]。儘管陳獨秀將人類的「利己性」視為

[1] 見官守熙：《工讀互助團的興起與失敗》，人民日報1984年2月10日。
[2] 同上。
[3] 《關於社會主義的討論》，《新青年》八卷四號，1920年12月
[4] 均見《答鄭賢宗》，載《獨秀文存》，安徽人民出版社1987年版，第813頁。

「惡性」在思想方法上犯了形而上學的簡單化錯誤，但他強調指出人類——包括反政府的無政府主義者和反剝剝的共產主義者以及勞動階級在內都有自私自利、好逸惡勞的本性，從而要求在推翻資本主義雇傭勞動制度後用一種新的「法律」來約束它，無疑是極有警醒意義的。受過無政府主義影響的馬克思主義者如毛澤東等人後來在全國範圍內實施的「社會主義」的嚴重失誤之一，正是過高地估計了「工人階級」和「無產階級」、「大公無私」的覺悟——這是改頭換面的「無政府主義」的性善論，它帶來的後果是全國範圍內社會主義公有制企事業內部勞動者的消級怠工和領導者的損公肥私，帶來了社會主義經濟至「文革」時走到崩潰的邊緣。

3、「民主」論

「五四」新文化運動高舉的另一面大旗是「民主」。關於「民主」，陳獨秀在接受馬克思主義前後和晚年有一個否定之否定的認識過程。陳獨秀用以反對、替代舊道德的「新道德」是一種個人主義道德、自主的道德。自主的道德既不甘於「以奴自處」，也不「奴隸他人」，這樣才能保證每一個人的自由意志、自身利益和自我作主，所以「自主」的「個人主義」道德說到底就是社會上每一個人都能享有自由意志和自身利益的「民主」。他尤其指出：「民主主義」與孔教儒學中的「民本主義」不是一回事：「所謂『大道之行，天下為公』，乃指君主禪讓而言；與民主共和，絕非一物」[1]。「夫西洋之民主義乃以人民為主

---

[1] 《獨秀文存》卷四，亞東圖書館1922年版，第39頁

體……所謂『民視民聽』、『民貴君輕』，所謂『民為邦本』，
皆以君主之社稷——即君主祖遺之家產為本位，此等仁民、愛
民、為民之民本主義，皆自根本上取消國民之人格，而與以人民
為主體、由民主義之民主政治，絕非一物。……以古時之民本主
義為現代之民主主義，是所謂蒙馬以虎皮耳。」[1]在接受了馬克
思主義唯物史觀、剩餘價值論、建黨理論和無產階級專政理論以
後，他便告別了過去信奉的「民主」，再三強調，過去他所信奉
的「民主」是資產階級專政的「專有物」，也是資產階級用以反
對無產階級專政的「護身符」；「他們（指「修正主義」）天天
跪在資產階級特權專政下歌功頌德，一聽說勞動階級專政，馬
上就抬出德謨克拉西來抵制，德謨克拉西倒成了資產階級護身符
了。我敢說：若不經過階級戰爭，若不經過勞動階級佔領權力階
級地位的時代，德謨克拉西必然是資產階級的專有物，也就是資
產階級永遠把持政權抵制勞動階級的機器。」[2]「民主主義是什
麼？乃是資產階級在從前拿來打倒封建制度的武器，在現在拿來
欺騙世人把持政權的詭計。……資本和勞動兩階級未消滅以前，
他兩階級的感情利害全然不同，從哪裡去找全民意？」[3]其實，
「資本和勞動兩階級的感情利害」是有一定交叉、共同面的，
在「西方民主」在中國還不發達的形勢下反對「西方民主」，正
如在當時中國孔孟儒家「民本主義」還很不夠的情況下反對「民
本主義」一樣，都是一種脫離實際的偏激行為。事實上，後來在

---

[1] 《再質問〈東方雜誌〉記者》，載《獨秀文存》，安徽人民出版社1987
   年版。由民，指by people。
[2] 《談政治》，載《獨秀文存》，安徽人民出版社1987年版，第220頁。
[3] 《民主黨與共產黨》，載《獨秀文存》，安徽人民出版社1987年版，第
   603頁。

蘇聯實現的「無產階級專政」並沒有給勞動人民帶來多少真正的民主，於是晚年他由史達林肅反擴大化事件重新思考了民主問題，提出了「最後見解」：「蘇聯實行無產階級專政，專政到反動派，我舉雙手贊成。但專政到人民，甚至專政到黨內，難道是馬克思、列寧始料所及的嗎？此無他，賤視民主故也。」[1]「十月後的蘇俄，明明是獨裁制產生了史達林，……十月以來，輕率的把民主制與資產階級一同推翻……」[2]本來指望用無產階級專政剷除資產階級專有的民主，給無產階級人民群眾帶來更廣泛的民主，沒想到在第一個「社會主義革命」成功的蘇聯建立起來的「無產階級專政」將「民主制」作為資產階級的東西一同剷除，成了什麼民主也沒有為「獨裁制」。正如當初鍾情「互助」、支持「工讀互助」團實驗，而後通過實踐的教訓又否定了「工讀互助團」一樣，陳獨秀起初追求「西方民主」、後來反對「西方民主」，再後來，又在現實的教訓下回到了「五四」時期熱血追求過的「民主」。不過這不同於「西方民主」，而是無產階級勞動大眾的廣泛民生。這是後期陳獨秀作為一個馬克思主義者賦予「民主」的特色。

4、人生觀

人生觀是陳獨秀人學思想的重要一翼。

早在新文化運動發動初期，陳獨秀就號召建立起新時代的

---

[1] 轉引自唐寶林：《試論陳獨秀與託派的關係》，《歷史研究》1981年第6期。

[2] 轉引自唐寶林：《試論陳獨秀與託派的關係》，《歷史研究》1981年第6期。

人生。《人生真義》完整地表達了他的這種人生觀：

> 人生在世，個人是生滅無常的，社會是真實存在的。
>
> 社會的文明幸福，是個人造成的，也是個人應該享受的。
>
> 社會是個人集成的。除去個人，便沒有社會；所以個人的意義和快樂，是應該尊重的。社會是個人的總壽命。社會解散，個人死後便沒有連續的記憶和知覺，所以社會的組織和秩序，是應該尊重的。
>
> 執行意志，滿足欲望（自食色以至道德名譽都是欲望），是個人生存的根本理由，始終不變的。
>
> 一切宗教、法律、道德、政治，不過是維持社會不得已的方法，非個人樂生的原意，可以隨著時勢變更的。
>
> 人生幸福，是人生自身出力造成的，非是上帝所賜，也不是聽其自然所能成就的。若是上帝所賜，何以厚於今人而薄於古人？若是聽其自然所能成就，何以世界各民族的幸福不能夠一樣呢？
>
> 個人之在社會，好像細胞之在人身；生滅無常，新陳代謝，本是理所當然，絲毫不是恐怖。
>
> 要享幸福，莫怕痛苦。現在個人的痛苦，有時可以造成未來個人的幸福。有主義的戰爭所流的血往往洗去人類或民族的污點；極大的瘟疫，往往促成科學的發達。
>
> 總而言之；人生在世究竟為的什麼？究竟應該怎樣？我敢說道：個人生存的時候，當努力造成幸福、享受幸福，並且留在社會上，後來的個人也將能享受，遞將接

受，以至無窮。[1]

在《敬告青年》中，他又說：「人之生也，應戰勝惡社
會，而不可為惡社會所征服；應超出惡社會，進冒險苦鬥之兵，
而不可逃遁惡社會，作退避安閒之想。」概而言之，陳獨秀的
人生觀，論述了人的生死規律及其對生死應持的態度、人生的
目的和意義、實現這種目的和意義的途徑以及個人幸福與社會幸
福，個人幸福與政治、法律、道德等社會制度和上層建築之間的
關係。在他看來，新陳代謝，由生而死，這是自然規律，不必恐
懼，對生死應持科學的、理性的態度；死既不可避免，那麼就應
更珍惜生；個人生存的「根本理由」就是通過奮鬥，滿足人的肉
體欲求和精神欲求（食色之欲和道德名譽之欲），實現個人幸
福；個人幸福不僅是「個人生存的根本理由」，也應是決定「一
切宗教、法律、道德、政治」的核心，一切政治法律制度、道德
宗教理論都不應妨礙個人幸福的實現，而應該為個人幸福服務，
並隨之不斷變化、完善；個人的幸福要靠自己創造，從來就沒有
什麼救世主；個人有責任創造自身幸福，有權享受個人幸福；無
數個人創造的幸福就集後成「社會的文明幸福」，個人在創造、
享受幸福時，應該不忘給別人、給社會留下可供享受的幸福，也
就是在尊重個性時不忘博愛。顯然，這是以快樂主義為基礎，融
合了科學、民主、自由、博愛精神的西方資產階級人生觀的豐富
表述。

綜上所述，不難看出，儘管1920年左右陳獨秀在政治上就開

---

[1] 《獨秀文存》，安徽人民出版社1987年版，第126—127頁。

始轉變為一位馬克思主義者（這種轉變是不徹底的），但在思想上，尤其在人學主張上，他還不過是資產階級思想的啟蒙者。作為一往直前、毫不妥協的「五四」新文化運動的主將，我們寧願把他視為以反封建為主要革命對象的「個人本位主義」的號角。

三、李大釗：「互助」與「尊勞」的人性論 與道德觀

李大釗，字守常，直隸樂亭（今屬河北）人。生於西元1889年，1927年遇害。1913年天津法政專門學校畢業後，去日本早稻田大學讀書。曾參加反袁運動。1916年回國，歷任北京《晨鐘報》總編、北京大學經濟學教授兼圖書館主任和《新青年》雜誌編輯。俄國十月革命後，最早接受和傳播馬克思主義，發表《庶民的勝利》、《布爾什維克的勝利》等文章，創辦《每週評論》，積極領導「五四」運動。1920年在北京發起組織馬克思學說研究會和共產主義小組。中國共產黨成立後，負責北方區黨的工作，並任中國勞動組合書記部北方分部主任。1924年參加國民黨第一次全國代表大會，當選為中央執行委員。同年6月，代表中共去莫斯科出席共產國際第五次代表大會。國共合作期間，在幫助孫中山確定聯俄、聯共、扶助工農三大政策和改組國民黨工作中起了重要作用。1927年4月6日被奉系軍閥張作霖逮捕，28日在北京英勇就義。著作甚多，現已發現的近400篇，收入《李大釗選集》的有130多篇。

李大釗是「五四」新文化運動的傑出領導人，最早的馬克思主義者、中國共產黨創始人之一。他是五四時期最早接受共產

主義思想、並運用馬克思主義批判封建道德以及資本主義道德的思想代表。然而他所接受的共產主義，究其實乃是以「互助」和「尊勞」為特點的克魯泡特金的「無政府共產主義」；他運用馬克思主義的唯物史觀，主張隨物質與經濟的變動以「新道德」代替「舊道德」，這「新道德」是「互助友愛」和「勞工神聖」的社會主義一人道主義道德，「舊道德」即封建專制主義道德和資本主義利己道德；對於與人道主義互助博愛道德相反的馬克思主義唯物史觀所推導出來的階級鬥爭學說，他則認為二者是統一的，後者是實現前者的手段。可見他所理解的「馬克思主義」與真正馬克思主義還有一定距離，可稱作「人道主義的馬克思主義」。他的人學思想就是由「互助」和「尊勞」的人性論和道德觀，反對專制主義和個人主義道德觀與人性論組建起來的社會主義人道主義思想體系，它更多地帶有無政府共產主義的空想和偏激。

1、以個性反專制

與陳獨秀一樣，李大釗也是以提倡新道德、反對舊道德投身於新文化運動的，然而與陳獨秀不同的是，他所以宣導以新道德代替舊道德，是基於「道德隨經濟的變動而變動」這一馬克思主義唯物史觀。1919年12月發表的《物質變動與道德變動》一文完整、明確地表述了這一思想：「馬克思一派唯物史觀的要旨，就是說：人類社會一切精神的構造都是表層構造，只有物質的經濟的構造是這些表層構造的基礎構造。……物質既常有變動，精神的構造也就隨著變動。所以思想、主義、哲學、宗教、道德、法制等等不能限制經濟變化物質變化，而物質和經濟可以決定思

想、主義、哲學、宗教、道德、法制等等。」1917年2月發表的
《自然的倫理觀與孔子》一文也表達了這種思想:「宇宙乃無始
無終自然的存在」,「道德」作為「宇宙現象之一」,也應隨
「社會」的「自然進化」、「發生進化」。孔子的學說作為當時
封建社會道德的代表,在當時社會確有其價值,孔子也「確足為
其社會之中樞,確足為其時代之聖哲」。但當時代發展到二十世
紀初,孔子代表的專制道德就是不合時宜的「殘骸枯骨」了,
「道德者,利便於一社會生存之習慣風俗也。古今之社會不同,
古今之道德自異」,「孔子之道,施於今日之社會不適於生存,
任諸自然之淘汰,其勢力遲早必歸於消滅。吾人為謀新生活之
便利,新道德之發展企於自然進化之程,少加以人為之力,冀
其迅速蛻演」,就是順理成章的事情了。這個「新道德」是什麼
呢?就是資產階級在反封建時宣揚的「民權」、「自由」、「個
性」等等。他甚至假設,「使孔子生於今日,或且倡民權自由大
義」。因此,針對當時袁世凱、張勳和晚年變成保皇派的康有為
等人宣揚的「尊孔讀經」,李大釗給以尖銳的批判:「孔子生於
專制之社會,專制之時代,自不能不就當時之政治制度而立說,
故其說確足以代表專制社會之道德,亦確足為專制君王所利國用
資以為護符也。歷代君主,莫不尊之祀之,奉為先師,崇為至
聖。而孔子云者,遂非複個人之名稱,而為保護君王政治之偶像
矣。……故餘之掊擊孔子,非掊擊孔子之本身,乃掊擊孔子為歷
代君主所雕塑之偶像的權威也;非掊擊孔子,乃掊擊專制政治之
靈魂也。」[1]

---

[1]   以上均見《自然的倫理觀與孔子》,《李大釗全集》第二卷,湖北教育
    出版社1999年版,第454頁。

中國的封建專制制度，說到底是宗法社會家族制、家長制在「以家為國」時的變相形態。因而，在批判封建專制主義的同時，李大釗又把矛頭轉向了「家庭制度」。他說：「中國現在的社會，萬惡之原，都在家庭制度。」[1]由於中國是「只有家庭的社會」，「中國一切的風俗、禮教、政法、倫理都以大家族制度為基礎」，所以「個人的個性、權利、自由都束縛、禁錮在家族之中，斷不許他有表現的機會」。如今，「隨著新經濟勢力輸入的自由主義、個性主義」已「衝破家庭的領土」，引起了「大家族制度」、「崩頹粉碎的運動」[2]。李大釗深為由新的經濟勢力引起的革故鼎新思潮叫好。李大釗對專制主義的批判是深刻的。他指出，辛亥革命雖然推翻了君主專制，但卻沒有消滅專制主義，相反，「革命之前，吾民之患在一專制君主；革命以後，吾民之患在數十專制都督」，所謂「民權」，實際是「少數豪暴狡獪者之專政」，所謂「幸福」，乃是「少數豪暴狡獪者掠奪之幸福」[3]。由反對專制、崇尚民主出發，李大釗主張父子平等、夫婦平等、男女平等。他指出，當時中國「社會上種種解放的運動是打破大家族的運動，是打破父權（家長）專制的運動，是打破夫權（家長）專制的運動，是打破男子專制社會的運動，也就是推翻孔子的孝父主義、順夫主義、賤女主義的運動」[4]。

[1] 《萬惡之原》，《李大釗全集》第三卷，湖北教育出版社1999年版，第298頁。
[2] 均見《由經濟上解釋中國近代思想變動的原因》，《李大釗全集》第三卷，湖北教育出版社1999年版，第438頁。
[3] 均見《大哀篇》，《李大釗全集》第一卷，湖北教育出版社1999年版，第552頁。
[4] 《由經濟上解釋中國近代思想變動的原因》，《李大釗全集》第三卷，湖北教育出版社1999年版，第439頁。

2、以「互助」反「個人主義」

當李大釗批判孔子為代表的束縛、扼殺人性、民權的專制主義舊道德時，高揚的是平等、自由、民權、民主、「個性主義」等「新道德」。這些道德內涵說到底屬於資本主義經濟決定的道德範疇。作為馬克思主義者和共產黨人，後來李大釗並不贊成資本主義的經濟制度及其個人主義的利己道德，而主張用社會主義經濟取代資本主義經濟，用人道主義互助友誼的道德取代個人主義的利己道德。在探討不同於資本主義個人主義利己道德的社會主義新道德的問題上，李大釗的思想顯示了強烈的探索性和明顯的不成熟性。

讓我們來梳理一下他的思路：物質決定道德。隨著時代狀況的變化，「我們今日所需要的道德，不是神的道德、宗教的道德、古典的道德、階級的道德、私營的道德、佔據的道德，乃是人的道德、美化的道德、實用的道德、大同的道德、互助的道德、創造的道德。」[1]在二十世紀二十年代，中國社會主要的使命應當是反封建而不是反資本主義，但李大釗不只要反「古典的道德」——封建道德，而且連「私營的道德」、「佔據的道德」這些在中國發展得還很不充分的資本主義道德一塊兒反掉，而宣導一種超階級、遍佈人類生活的「互助的道德」、「大同的道德」，顯然操之過急。

在宣導「互助」的社會主義道德觀時，李大釗有四個方面的要點值得注意。

---

[1] 《物質變動與道德變動》，《李大釗全集》第三卷，湖北教育出版社1999年版，第384頁。

　　一是他的善惡論。當他以愛他利他的「互助」論反對「自私自利」的「惡萌」[1]時，他是以「互助」為善、利己為惡。這便使他的道德觀具有一定的偏激和空想色彩。因為「自私自利」並不一定是惡，一味以「互助」取代「利己」，也取代不了。

　　二是他的「互助」人性論。他認為「互助」這種「道德心」是群居動物的「社會本能」，人類也不例外。「道德原來是動物界的東西。」、「道德是有動物的基礎之社會本能，與自己保存、種族繁殖、性欲母愛種種本能一樣的東西。」[2]既然利己為惡、互助為善，人先天地具有互助協合與自我保存的本能，那麼人就先天地具有善惡兩種本能。社會主義道德就是對人的互助本能的高揚和對利己本能的克服，是人類生存法則的最高體現。「我們試一翻克魯泡特舍的『互助論』，必可曉得『由人類以至禽獸都有他的生存權，依協合與友誼的精神構成社會本身的法則』的道理。……自蟲鳥牲畜乃至人類，都是依互助而進化的，不是依戰爭而化的。由此可以看出人類的進化，是由個人主義向協合與平等的方面走的一個長路程。人類應該相愛互助，可能依互助而生存、而進化，不可依戰爭而生存，不能依戰爭而進化。」[3]、「『競爭的法則，常是死亡的法則。協合的法則，常是生存法則。』」……一切形式的社會主義的根萌，都是純粹倫理

---

[1]　《階級競爭與互助》，《李大釗全集》第三卷，湖北教育出版社1999年版，第287頁。

[2]　《物質變動與道德變動》，《李大釗全集》第三卷，湖北教育出版社1999年版，第386、402頁。

[3]　《階級競爭與互助》，《李大釗全集》第三卷，湖北教育出版社1999年版，第285頁。

的，協合與友誼，就是人類生活的普遍法則。我們要曉得人間社
會的生活，永遠受這個普遍法則的支配，就可以發現出來社會主
義者共同一致認定的基礎，……這基礎就是協合、友誼、互助、
博愛的精神，就是把家族的精神推及於四海、推及於人類全體的
生活的精神。」[1]由此可見，社會主義互助道德觀與資產階級人
道主義博愛道德觀是相通的，它們都是「互助」這一「人類社會
生活的普遍法則」的體現。

　　三是「互助」道德觀與「階級競爭」（階級鬥爭）、人道
主義與社會主義的關係論。利己本能使人類生活產生「競爭」，
在階級社會中這種競爭表現為「階級競爭」。按李大釗的邏輯，
這「階級競爭」當是與「互助」的生活法則對立的惡。然而「階
級競爭」又是李大釗和信奉的馬克思主義唯物史觀竭力肯定的
「社會主義革命」的一種方式。於是，李大釗便極力調和這兩者
的關係。他說，馬克思的「階級競爭」學說「與這『互助論』彷
彿相反」，其實並不「相反」。馬克思「並不是承認人類的全歷
史，過去未來都是階級競爭的歷史。他的階級競爭說，不過是
把他的經濟史觀用於人類歷史的前史一段，不是通用於人類歷
史的全體。他是確信人類真歷史的第一頁當與互助的經濟組織
同時肇啟。他是確信繼人類歷史的前史，應該辟一個真歷史的
新紀元。……人類的真歷史開始以後，那自私自利的惡萌，也不
敢說就全然滅盡，但是互助的社會組織既然實現，那互助精神
的火光，可以燒他，使他不能發生。」[2]馬克思所說的「階級競

---

[1]　《階級競爭與互助》，《李大釗全集》第三卷，湖北教育出版社1999年
　　版，第285頁。
[2]　《李大釗全集》第三卷，湖北教育出版社1999年版，第287頁。

爭」，是「改造社會、消泯階級」，實現「互助」理想的「最後手段」[1]。在〈我的馬克思列寧主義觀〉一文中，李大釗分析了「經濟思想史上」的三大經濟派別——個人主義經濟學、人道主義經濟學和社會主義經濟學。「個人主義經濟學，也可以叫做資本主義經濟學」。它在經濟組織、制度上「以資本為本位，以資本家為本位」，在動機上以「各個利己的活動為是」。「人道主義經濟學」、「否認經濟上個人利己的活動，欲以愛他的動機代那利己的動機；不置重於經濟組織改造的一方面，而置重於改造在那組織下活動的各個人的動機。」、「社會主義經濟學」認為「經濟組織一經改造，一切精神上的現象都跟著改造，於是否認現在的經濟組織，而主張根本改造。」、「人道主義經濟學者持人心改造論，故其目的在道德的革命。社會主義經濟學者持組織改造論，故其目的在社會的革命。這兩系都是反對個人主義經濟學的，但人道主義者同時為社會主義者的也有。……從前經濟學的正統，是在個人主義。現在社會主義、人道主義的經濟學，將要取此正統的位系，而代個人主義以起了。從前的經濟學，是以資本為本位、以資本家為本位，以後的經濟學，要以勞動為本位，以勞動者為本位。這正是個人主義向社會主義、人道主義過渡的時代。」李大釗所說的「人道主義」與「社會主義」的關係，有些類似於「互助」道德與「階級競爭」的關係。「人道主義」持「人心改造論」，「其目的在道德的革命」，主張「以愛他的動機代那利己的動機」，進而實現「互助」的道德。「社會主義」持「組織改造論」，主張無產階級通過推翻資本主義經濟

---

[1]　《李大釗全集》第三卷，湖北教育出版社1999年版，第288頁。

結構的「社會革命」和「階級鬥爭」，消滅階級剝削，實現「互助生存的世界」。可見「社會主義」偏重「物」的改造，「人道主義」偏重「心」的改造，二者均以反對個人主義為共同點，「人道主義」就是「社會主義」的動機、思想、道德。因而李大釗將這種「互助」的道德既稱作「社會主義」的，又稱作「人道主義」的。他的社會主義道德，實即人道主義。

第四、與善惡觀相聯繫的公私論。李大釗推尊「愛他」、「互助」，否定「自私自利」，發展到極致，甚至連「各個意志的總計」也加以反對，而追求抽象的「普遍意志」。在他看來，只有「普遍意志」才是「公我意志」，個人意志，哪怕是多數人意志的總和，因其分別是從各自個人利益出發的，因而仍不能叫「公我意志」，而只能叫「私我意志」：「各個意志之總計，與普遍意志（General will）全然不同。為此辨者，莫如盧騷。彼以普遍意志，為公我之意志；各個意志之總計，為私我之意志。普遍意志所由發生者，乃因其利益之屬於公同普遍，非單由於發表之票數。反之，各個意志之總計，則以私利為的，其實為單獨意志之湊合，非為普遍意志之一致。有一事焉，就令人人票決均趨於同，亦未足為普遍意志之表示，以其總計偶同之結果，或基於瞬間私人關係之利害。縱人人之意志如何符合，其間究無一致之精神相與貫徹。非真以公共福利為目的之意志，不得謂之普遍意志也。意志之總計與意志之一致，其間相異之點，恰如單純集合物與有機體之為別。」[1]雖然他作了如此辨正，然而我們還是不明白「普遍意志」與「各個意志之總計」的區別。在我看來，

---

[1] 《強力與自由政治——答高元君》，1918年7月1日，《李大釗全集》第三卷，湖北教育出版社1999年版，第27頁。

「利益之屬於公同普遍」的「普遍意志」與「各個意志之總計」實無不同，「公我意志」無非是無數個「私我意志」的集合，它必定符合每個人的利益。排除個人利益考慮的無法用多數表達和決定的絕對的「公我意志」只能是不切實際的空想，建立在它上面的一味排斥利己的「互助生存」的社會理想也只能是烏托邦。

3、「尊勞主義」與「勞工神聖」

李大釗的人性論，一是認為人天生愛「互助」，二是認為人天生愛勞動，於是提出了「尊勞主義」：「我覺得人生求樂的方法，最好莫過於尊重勞動。一切樂境，都可由勞動得來，一切苦境，都可由勞動解脫。」、「勞動是一切物質的富源，一切富源都是勞動的結果。」、「至於精神的方面，一切苦惱，也可拿勞動去排除他、解脫他。」、「曉得勞動的人實在不知道苦是什麼東西。」、「免苦的好法子，就是勞動。這就叫『尊勞主義』。」[1]他的「社會主義—人道主義經濟學」正是建立在「以勞動為本位」的根基之上的。以「互助」和「勞動」為人類天性的性善論，是無政府主義學說的基礎。在取消了一切外在約束的自由社會，人類靠什麼維持生存發展和社會秩序呢？就是「互助」和「勞動」的天性：「斯時也，社會上唯有自由，惟有互助之大義，惟有工作之幸樂。」[2]。然而事實上不幸的是，不僅

---

[1] 《現代青年活動的方向》，1919年3月14日—16日《晨報》，《李大釗全集》第三卷，湖北教育出版社1999年版，第197頁。

[2] 劉師複：《無政府共產主義同志社宣言書》，轉引自彭明《五四運動史》，人民出版社1984年版，第599頁。

「互助」不是人的天性，人類的「互助」恰恰是「利己」本能派生的；而且「勞動」也不是人的天性，人類的天性恰恰是「好逸惡勞」，「趨樂避苦」。因此，建立在「互助」和「愛勞動」性善論之上的無政府共產主義只能是一座沙灘。李大釗「以勞動為本位」的經濟學理想也就只能是一個良好的幻想。

與此相關，李大釗由「以勞動為本位」，走向「以勞動者為本位」，進而提出了「勞工神聖」論。在克服了個人主義、取消了競爭和剝削的社會主義社會，人人自覺地互助，人人主動地從勞動中取樂。於是，人人變成了平等的勞動者，社會因而「以勞動者為本位」，「勞動者」成為天下最神聖的活動主體，傳統社會中被蔑視的勞動階級一下了抬高了地位。他說：「中國的勞動運動也是打破孔子階級主義的運動。孔派的學說，對於勞動的階級，總是把他們放在被統治者的地位，作統治階級的犧牲。『無君子莫治野人，無野人莫養君子。』、『勞心者治人，勞力者治於人。』這些話可以代表孔門賤視勞工的心理。現代的經濟組織，促起勞工階級的自覺，應合社會的新要求，就發生了『勞工神聖』的新倫理，這也是新經濟組織上必然發生的構造。」[1]1918年俄國十月革命的勝利，在李大釗看來正是「勞工主義」、「民主主義」（即「互助的精神」）的勝利，它開闢了人類歷史的新紀元。以前的歷史，都是「階級競爭」的歷史，這以後的歷史，則是「互助」社會的歷史[2]；以前的世界，是資本

---

[1] 《由經濟上解釋中國近代思想變動的原因》，《李大釗全集》第三卷，湖北教育出版社1999年版，第440頁。
[2] 《階級競爭與互助》，《李大釗全集》第三卷，湖北教育出版社1999年版，第288頁。

主義世界，「今後的世界」，則是「勞工的世界」。「民主主義勞工主義既然占了勝利，今後世界的人人都成了庶民，也都成了工人。」[1]李大釗提倡「尊勞主義」、宣揚「勞工神聖」，希望大家在推翻了資本主義，消滅了階級競爭的社會主義社會中，互助友愛，爭當工人，「快去作工」[2]，其心可嘉。然而，「勞工」與資本家一樣有利己的本性，「勞工」是沒有成功的「資本家」，只要時機、條件合適，「勞工」的利己本性就會要求實現。因此，「勞工主義」的勝利並不一定是「民主主義」和「互助精神」的勝利。勞工身上也有不「神聖」的一面。片面強調「勞工神聖」，就像後來毛澤東強調無產階級最「大公無私」一樣，顯然是過高地估計了勞動者的人性。

4、崇高的生死觀

「五四」時代是一個理想主義時代，僅管這些理想後來看來有些不免天真，但在當年理想主義者為之奮鬥時卻是十分虔誠的。為了實現理想，他們不惜作出犧牲。李大釗創就是其中的一個代表。早在新文化動物初期，他就鼓勵人們，為創造一個「理想之中華、青春之中華」，「人奮青春之元氣，發新中華青春中應發之曙光」[3]。只要人們敢於「在惡疫中奮鬥」，「或竟作了犧牲」，那麼，「世間的黑暗，終有滅絕的一天」[4]。由於在消

---

[1] 《庶民的勝利》，《李大釗全集》第三卷，湖北教育出版社1999年版，第102頁。

[2] 同上書，第103頁。

[3] 《晨鐘》之使命，《李大釗全集》第二卷，湖北教育出版社1999年版，第364頁。

[4] 《現代青年活動的方向》，《李大釗全集》第二卷，湖北教育出版社

除黑暗、實現理想的過程中難免會有犧牲，李大釗專門表達了對生死的看法：「人生的目的，在發展自己的生命，可是也有為發展生命必須犧牲生命的時候。因為平凡的發展，有時不如壯烈的犧牲足以延長生命的音響和光華。絕美的風景，多在奇險的山川。絕壯的音樂，多是悲涼的韻調。高尚的生活，常在壯烈犧牲中。」[1]這是一種何等崇高的生死觀！李大釗最後用行動實踐了自己豪邁的誓言。

四、蔡元培：「人道主義」和「思想自由」

蔡元培（1868—1940），字鶴卿，號子民，浙江紹興人。出生於商人家庭，父親為錢莊經理。十一歲喪父，靠母親撫養成人。十七歲中秀才，二十三歲中舉人，二十六歲考取進士。1894至1898年任翰林院編修期間，先後學習、掌握了日語、英語、德語、法語，閱讀了大量中外書刊，並自學了電學、光學等自然科學書籍。對於康、梁發動的維新變法運動，他寄予極大同情和支持，但因深感清廷政治改革沒有希望，所以對康、梁等人的主張也不甚贊同。因此，變法失敗後，他便參加了排滿革命。1901年在南洋公學任特班總教習時，他著重向學生灌輸愛國思想。1902年，被推舉為愛國學社總理。1902年以後，「決意參加革命工作」。1904年冬，光復會成立，被推為會長。1905年，祕密加入同盟會，成為同盟會上海分部的實際負責人。1912年1月3日，中華民國臨時政府成立，他任教育總長。1917年至1927年之間任北

1999年版，第199頁。

[1] 《犧牲》，《李大釗全集》第二卷，湖北教育出版社1999年版，第365頁。

京大學校長，是五四新文化運動的主將之一。1931年9月18日，日本大舉入侵中國東北三省，他與宋慶齡、魯迅等知名人士組織中國民權保障同盟，援救青年志士，保存國家元氣。1937年「七七」事變以後至1940年逝世以前，雖已年邁，仍為宣導精誠團結一致抗日而呼號。周恩來在挽聯中評價他：「從排滿到抗日戰爭，先生之志在民族革命；從五四到人權同盟，先生之行在民主自由。」

蔡元培不僅是資產階級民主革命領導人，而且是傑出的學者和教育家。除擔任過南洋公學特班總教司、愛國學社總理、中華民國臨時政府教育總長、北大校長外，他擔任過的教育職務還有愛國女學總理、華北大學校長、北京世界語專門學校校長、國立西湖藝術院院長、交通大學校長等等。在任北大校長期間，把北大辦成了近代意義的大學，成為中國現代高等教育的開創者。同時還擔任過一些與教育有密切關係的學術團體和新聞、科技單位的領導職務，如中國教育會事務長、商務印書館編譯所所長、《警鐘》日報主編、中國科學社董事長、中華教育改進會董事長、全國國語教育促進會會長、中央研究院院長等等。1907年以後，他曾先後四次到歐美考察遊學。起初在萊比錫大學聽課及研究，後在法國從事翻譯和著述，最後到法國、德國、奧地利、匈牙利、瑞士、義大利、荷蘭、英國、美國等許多國家從事教育和科研考察。著作和翻譯涉及哲學、倫理學、美學、教育學等。著作甚富。他在擔任北京大學校長期間所宣導的「相容並包」、「思想自由」理念，對中國現當代人學思想史產生深廣影響。

1、人的「身體需要」與「精神需要」

　　蔡元培的人學思想，與孫中山頗多類似之處。孫中山論述人性時，曾指出人是「物質」與「精神」的統一體，人類的「物質文明」與「心性文明」、「相待而進」，人的「物質」屬性是「精神」屬性存在的基礎，所以應當重視發展「物質文明」；同時人的「精神」屬性又是人所以為人的立足之本，所以更應重視「心性文明」、「道德文明」之建設。蔡元培也認為，「人類的生存」，「所需有兩種：一是體魄上的需要，如衣、食、住等是；二是精神上的需要，如學術是。」[1]從人的「體魄需要」出發，他提出「完全人格，首在體育」，「體育最要之事為運動」[2]，應當通過體育運動，獲得「健全之身體」[3]，「用以自衛」[4]，抵抗外患。從人的「精神需要」出發，他主張發展「德育」、「智育」和「美育」，並「以公民道德為中堅」[5]。蔡氏所說的「道德」，即「平等、自由、博愛」和「互助」、「利群」的「人道主義」。同時他又認為，「智育」、「美育」有助於「德育」，是獲得「健全之精神」的途徑。在《科學的修養》

[1] 1920年1月1日《國外勤工儉學與國內互學互助團》，《蔡元培全集》第三卷，中華書局1984年版，第374頁。

[2] 1917年1月15日《在愛國女學校之演說》，《蔡元培全集》第三卷，中華書局1984年版，第7頁。

[3] 1917年5月23日《在南開學校全校歡迎會演說詞》，《蔡元培全集》第三卷，中華書局1984年版，第45頁。

[4] 1912年2月11日《對於教育方針之意見》，《蔡元培全集》第二卷，中華書局1984年版，第130頁。

[5] 1912年7月10日《全國臨時教育會議開會詞》，《蔡元培全集》第二卷，中華書局1984年版，第262頁。

中，他分析說明了科學研究對於培養「誠」、「勤」、「勇」、「愛」等道德品質的促進作用，指出道德教育唯有「科學的修養方法之可行」。在《告北大學生暨全國學生書》中，他告誡學生要通過「擴充其知識」來「高尚其志趣，純潔其品性」。在《美育與人生》中，他從美的超功利特點出發，指出美可以「打破人我之見」，使人「透出利害關係」；「美感的發動」，「純然有『天下為公』之概」，美育可以陶冶「利人樂群」的人生觀。在《美育》中，他從美育的「感情」特點出發；指出要培養「保身衛國之道德」，不僅要靠理性和意志的力量，還要有「不顧禍福」、「不計生死」、「舍己為群」的「熱烈之感情」，即需要「美育之助」，進而證明「美育皆毗於德育。」人的「身體需要」與「精神需要」，也是相互聯繫的，「體育」對培養人「健全之精神」有巨大作用。「有健全之身體，始有健全之精神；若身體柔弱，則思想精神何由發達？」[1]體育運動會可以「催發興會」，「養成公德」，使人懂得「團體的榮譽，就是個人的榮譽」，進而養成「寧正直而敗，毋詭詐而勝；敗則反求諸己，不怨尤、不嫉妒」的道德精神[2]。1912年，蔡元培出任中華民國臨時政府教育總長之初，曾提出國家教育的「五種主義」，「即軍國民教育、實利主義、公民道德、世界觀、美育是也」，並指出：「五者以公民道德為中堅。蓋世界觀及美育所以完成道德，而軍國民教育及實行主義，則必以道德為根本」[3]。這「五種主

[1] 1917年5月23日《在南開學校全校歡迎會演說詞》，《蔡元培全集》第三卷，中華書局1984年版，第45頁。
[2] 1922年4月23日《運動會的需要》，《蔡元培全集》第四卷，中華書局1984年版，第183頁。
[3] 1912年7月10日《全國臨時教育會議開會詞》，《蔡元培全集》第二卷，

義」中，「軍國民主義為體育」，「實利主義」也與人的「身體需要」有關；「世界觀」、「美育」、「公民道德」則屬於人的「精神需要」。蔡元培的教育方針，直接體現了他的人性觀：在堅持「身體需要」與「精神需要」同時並進的前提下，以「精神需要」為重，而以「公民道德」為重中之重。

2、「人道主義」道德觀

蔡元培以人類精神生活中的道德建設為教育的首要任務。他所說的「道德」內涵是資產階級的「人道主義」，是「自由、平等、博愛」。「走人類共同之鵠的，為今日所堪公認者，不外乎人道主義。」[1]、「法蘭西之革命也，所揭示者，曰自由、平等、親愛。道德之要旨，盡於是矣。」[2]這種以「自由、平等、親愛」為內容的「人道主義」與中國古代儒家的道德有相通的一面：「『自由』者，『富貴不能淫，貧賤不能移，威武不能屈』是也，古者蓋謂之『義』。『平等』者，『己所不欲，勿施於人』是也，古者蓋謂之『恕』。『友愛』者，『己欲立而立人，己欲達而達人』是也，古者蓋謂之『仁』。」孔子「天下為公」的「大同」之說、子夏的「四海之內皆兄弟」、張載的「民吾同胞」等，「尤與法人所倡之博愛主義相合」，「中國以人道為教育，亦與法國如同志也」[3]。蔡元培還指出，中外歷史上所以皆

中華書局1984年版，第263頁。
[1] 1915年1月《美學觀念》，《蔡元培全集》第二卷，中華書局1984年版，第379頁。
[2] 1912年2月11日《對於教育方針之意見》，《蔡元培全集》第二卷，中華書局1984年版，第130頁。
[3] 1916年3月29日《華法教育會之意趣》，《蔡元培全集》第二卷，中華書

「行人道主義之教育」，是由於人道主義是「人性所固有」，「人心所自然」[1]。

如上所述，蔡元培認為智育與美育有助於德育，所以他在論述如何實行人道主義教育時提出：「行人道主義之教育者，必有資於科學及美術。」[2]、「自由、平等、友愛為德之大綱，而所以育之者，仍不外科學美術。」[3]例如「人道主義之最大阻力為專己性，美感之超脫而普遍，則專己性之良藥也。」[4]可見，他在以博愛為道德善的同時，是以「專己性」為道德善的對立面的。

3、「舍己為群」與「義務為重」

蔡元培人道主義道德觀在處理個人與社會、權利與義務關係時的表現，是「舍己為群」、「權利輕而義務重」。這是建立在對人的社會性、群體性、互助特性的認識之上的。蔡元培「以互助為（人類）進化之公例」，主張「為群倫不為小己」、「義務重而權利輕」。他指出：「從陸謨克（今譯拉馬克）、達爾文等發明生物進化論後，就演出兩種主義：一是說生物的進化全恃互競，弱的競不過，就被淘汰了，凡是存的都是強的，所以世界上有強權，沒有公理。一是說生物的進化全恃互助，無論什麼

局1984年版，第414頁。

[1] 1915年1月《美學觀念》，《蔡元培全集》第二卷，中華書局1984年版，第379頁。

[2] 1916年3月29日《華法教育會之意趣》，《蔡元培全集》第二卷，中華書局1984年版，第414頁。

[3] 1918年1月11日《遊保定日記》，《蔡元培全集》第三卷，中華書局1984年版，第122頁。

[4] 1915年1月《美學觀念》，《蔡元培全集》第二卷，中華書局1984年版，第379頁。

強，要是孤立了，沒有不失敗的；……無論什麼弱，要是合群互助，沒有不能支持……」[1]尼采的「互競說」必然導致世界觀上的「強權論」、政治上的「貴族主義」和道德上的「不憐愛主義」，為蔡元培所不取。克魯泡特金的「互助論」，「為人道主義昌明之見端」[2]，符合蔡元培的「平等、博愛」觀念，因而深得他的肯定。他說：「互助主義，是進化論的一條公例。……克氏的互助主義，主張聯合眾弱，抵抗強權，叫強的永不能凌弱的，不但人與人如是，即國與國亦如是了。現今歐戰（指第一次世界大戰）的結果（指協約國聯合互助戰勝同盟國，實現和平），就給互助主義增了最大的證據。」、「此次平和以後，各國必能減殺軍備，自由貿易，把一切互競的準備撤銷，將合全世界實行互助主義。」[3]

從認為「互助」為人類進化的一大「公例」出發，蔡元培進而論述到人的社會性或群體性。他認為，「合群」是個人生存和利益的前提和條件。「吾人生活於世界」，如果「孤立而自營，則凍餒且或難免；合眾人之力而營之，而幸福之生涯，文明之事業，始有可言」。因而，「群者，所以謀各人公共之利益也」[4]。由此，他提出「舍己為群」、「為群倫不為小己」[5]的

---

[1] 1918年11月15日《黑暗與光明的消長》，《蔡元培全集》第三卷，中華書局1984年版，第216頁。

[2] 1917年1月1日《我之歐戰觀》，《蔡元培全集》第三卷，中華書局1984年版，第4頁。

[3] 1918年10月18日《大戰與哲學》，《蔡元培全集》第三卷，中華書局1984年版，第204頁。

[4] 1916年夏《華工學校講義》，《蔡元培全集》第二卷，中華書局1984年版，第420頁。

[5] 1912年冬《世界觀與人生觀》，《蔡元培全集》第二卷，中華書局1984

人生準則：「舍己為群之理由有二。一曰己在群中，群亡則己隨之而亡。今舍己以救群，群固不亡，己亦未必亡也；即群不亡，而己先不免於亡，亦較之群己俱亡者為勝。此有己之見存者也。一曰立於群之地位，以觀群中之一人，其價值必小於眾人所合之群，犧牲其一而可以濟眾，何憚不為？……此無己之見存者也。」[1]個人的價值小於群體的價值；個人的價值依附於群體之後。蔡元培進而說：「世所謂最良政治者，不外乎以最大多數之最大幸福為鵠的。」[2]

與「舍己為群」相聯繫，蔡元培認為，「利己」屬於個人之「權利」，「為群」屬於個人之「義務」，既然在群己關係上應堅持「為群倫不為小己」，那麼在義利關係上則應堅持「權利輕而義務重」。他說：「權利者，為所有權、自衛權等，凡有利於己者，皆屬之。」義務，則「凡盡吾力而有益於社會者，皆屬之」。「人類實為義務而生存」，所以，「義務為主」，「權利為從」。「人之生存，既為義務，則何又有權利？曰：盡義務者在有身，而所以保持此身使有以盡義務者，曰權利。……權利者，人身之燃料也。」[3]、「人類以在此世界有當盡之義務，不得不生存其身體；又以此義務者非數十年之壽命的能竣，而不得不謀某種姓之生存。以圖其身體若種姓之生存，而不能不有所資

年版，第288頁。

[1] 1916年夏《華工學校講義》，《蔡元培全集》第二卷，中華書局1984年版，第421頁。

[2] 1912年2月11日《對於教育方針之意見》，《蔡元培全集》第二卷，中華書局1984年版，第130頁。

[3] 均見1919年12月7日《權利與義務》，《蔡元培全集》第三卷，中華書局1984年版，第363頁。

以營養，於是有吸收之權利。又或吾人所以盡務之身體若種姓及夫所資以生存之具無端受外界之分割，將從是而失其所以盡務之自由，於是有抵抗之權利，此正負兩式之權利由義務而演出者也。」[1]蔡元培雖然沒有完全否認人的自我保存和繁衍的「權利」，但他是把這種「權利」當作承擔、完成「義務」的手段對待的，其主旨仍然是重義務而輕權利。

在「為群倫不為小己」之外，他還講了好多重義務而輕權利的理由：首先，「以意識之程度衡之」，人類開始只有「權利之意識」，「義務之意識未萌」，後來才「進而有公而忘私，國而忘家的意識。是權利之意識較為幼雅，而義務之意識較為高尚也。」其次，「以範圍之廣狹衡之」，「無論何種權利，享受者以一身為限；至於義務，則如振興實業、推行教育之類，享其利益者，其人數可以無限。是權利之範圍狹，而義務之範圍廣也。」再次，「以時效之久暫衡之」，「無論何種權利，享受者以一生為限」，「至於義務，如禹之治水……汽機電機之發明，文學家美術家之著作，則其人雖死而效力常存。是權利之時效短，而義務之時效長也。」[2]

4、反對極端利己的國家主義

從「人道主義」出發，蔡元培對學生在愛國運動中表現出來的「極端利己的國家主義」作出針砭和告誡。

人道主義要求在處理個人與國家的關係時以國家責任和義

---

[1] 1912年冬《世界觀與人生觀》，《蔡元培全集》第二卷，中華書局1984年版，第288頁。

[2] 均見1919年12月7日《權利與義務》，《蔡元培全集》第三卷，中華書局1984年版，第363頁。

務為上，但在處理國家與世界的關係時，也得考慮本國國民對世界的責任和義務，而不能一味為本國利益著想。「社會逃不出世界，個人逃不出社會。世界尚未大同，社會與世界之利害未能完全一致。國家為社會之最大者，對於國家之責任與對世界之責任，不能無衝突也。國家、家庭兩種責任，不得兼顧，常犧牲家庭以就國家；則對於國家之責任，自以與對世界之責任無衝突者為範圍，可以例而知之。」[1] 1919年1月，「五四」來臨前夕，正值學生中愛國主義熱情高漲之際，蔡元培既對學生的愛國熱情加以肯定和保護，又對可能出現的「極端利己的國家主義」加以提防：

> 積小群而為大群，小群之利害，必以不與大群之利害相抵觸者為標準。家，群之小者也，不能不以國之利害為標準。故有利於家，而又有利於國，或無害於國者，行之。苟有利於家，而有害於國，則絕對不可行。此人人所知也。以一國比於世界，則亦為較小之群。故為國家計，亦當以有利於國，而有利於世界，或無害於世界者，為標準。而所謂國民者，亦同時為全世界人類之一分子。苟倡絕對的國家主義，而置人道主義於不顧，則雖以德意志之強而終不免於失敗，況其他乎？願《國民雜誌》勿提倡極端利己的國家主義。[2]

---

[1] 1912年7月10日《全國臨時教育會議開幕詞》，《蔡元培全集》第二卷，中華書局1984年版，第263頁。

[2] 1919年1月《國民雜誌序》，《蔡元培全集》第三卷，中華書局1984年版，第255頁。

在歷史和現實中，我們經常可以看到由「愛國」激情出發而對世界上其他國家人員和財產的種種非人道之舉。蔡元培要求我們以「全世界人類之一分子」即世界公民的身分要求自己，用「人道主義」約束自己，不要把「國家主義」抬高到「絕對」的位置，推向「極端利己」的泥淖，對我們今天某些非常狹隘的「愛國主義」不啻是有力的警醒。

5、「相容並收」、「思想自由」

蔡元培身當第一次世界大戰前後，他對「人道」、「博愛」、「互助」、「義務」、「群性」的強調，體現了時代的特定需要；然而，他所深深濡染的西方的「人道主義」事實上又是包含著個性、自由的。他對自由、獨立、個性的追求在他主管教育尤其是出任北京大學校長期間得到了最明顯的體現，從而把北大辦成了真正現代意義上的大學。他在擔任北京大學校長期間所宣導的「相容並收」、「思想自由」精神，對中國現當代人學思想史產生了深遠的影響。

1917年1月7日，蔡元培就任北京大學校長。在就職演說上，他首先與學生們約法三章：「一曰抱定宗旨。」、「二曰砥礪德行。」、「三曰敬愛師友」。所謂「宗旨」，即「大學之性質」。所謂「抱定宗旨」，即明確來「大學」是「為求學而來」。「大學者，研究高深學問者也。」、「果欲達其做官發財之目的……又何必來此大學？」[1]1918年11月10日，在《北京大學月刊發刊詞》中，他進一步提出了如何保證大學成為「研究高

---

[1] 1917年1月9日《就任北京大學校長之演說》，《蔡元培全集》第三卷，中華書局1984年版，第5頁。

深學問」之「機關」的辦學原則，這就是「思想自由」、「相容並收」：

> 所謂大學者，非僅為多數學生按時授課，造成一畢業生之資格而已也，實以是為共同研究學術之機關。
>
> 大學者，「囊括大典、網羅眾家」之學府也。……各國大學，哲學之唯心論與唯物論，文學、美術之理想派與寫實派，計學之干涉論與放任論，倫理學之動機論與功利論，宇宙論之樂天觀與厭世觀，常樊然並峙其中，此思想自由之通則，而大學之所以為大也。……今有《月刊》以宣佈各方面之意見，則校外讀者，當亦能知吾校相容並收之主義，而不至以一道同風之舊見相繩矣。[1]

1922年3月，時為北大校長的蔡元培在《新教育》雜誌上發表《教育獨立議》，把「獨立自由」的大學理念推廣到範圍更大的「教育」中去：「教育是幫助被教育的人，給他能發展自己的能力，完成他的人格，於人類文化上能盡一分子的責任；不是把被教育的人，造成一種特別器具，給抱有他種目的的人去應用的。所以，教育事業當完全交與教育家，保有獨立的人格，毫不受各政黨或各派教會的影響。」、「教育是要個性與群性平均發達的。政黨是要製造一種特別的群性，抹殺個性。……教育是求遠效的，政黨的政策是求近功的。……所以教育事業不可不超然於各派政黨以外。」[2]

---

[1] 《蔡元培全集》第三卷，中華書局1984年版，第210—212頁。
[2] 《蔡元培全集》第四卷，中華書局1984年版，第177頁。

有了這種獨立辦學的理念，於是就有了蔡元培1919年和1923年的兩次辭職。[1]1919年，因不堪北洋軍閥政府對其辦學方針的干涉管轄，蔡元培辭職並公開發表宣言：

> 我絕對不能再做不自由的大學校長：思想自由，是世界大學的通例。德意志帝政時代，是世界著名開明專制的國家，他的大學何等自由。那美、法等國，更不必說了。北京大學，向來受舊思想的拘束，是很不自由的。我進去了，想稍稍開點風氣，請了幾個比較的有點新思想的人，提倡點新的學理，發佈點新的印刷品，用世界的新思想來比較，用我的理想來批評，還算是半新的。在新的一方面偶有點兒沾沾自喜的，我還覺得好笑。哪知道舊的一方面，看了這點半新的，就算「洪水猛獸」一樣了。又不能用正當的辯論法來辯論，鬼鬼祟祟，想藉著強權來干涉。於是教育部來干涉了，國務院來干涉了，甚而什麼參議院也來干涉了。世界哪有這種不自由的大學麼？還要我去充這種大學的校長麼？[2]

由於蔡元培的堅持和師生的挽留，政府最終向蔡元培的辦學理念妥協，蔡元培得以繼續留任。可到了1923年，為抗議政府最高教育行政長官干涉司法獨立、侵犯人權提案的通過，

---

[1] 蔡元培在北大校長任上分別於1918年、1919年、1923年辭過三次職，後兩次與自由辦學理念有關；不過三次辭職都表現了他獨立不阿的個性追求。
[2] 1919年6月20日《不肯再任北大校長的宣言》，《蔡元培全集》第三卷，中華書局1984年版，第298頁。

蔡元培又一次遞交辭呈：「元培承乏國立北京大學校長，雖職有專司，然國家大政所關，人格所在，亦不敢放棄國民天職，漠然坐視。……國人十年以來，所最希望之司法獨立，乃行政中樞竟以威權干涉，而推翻之。最可異者，鈞座尊重司法獨立之命令朝下，而身為教育行政長官之彭允彝，即於同日為干涉司法獨立與蹂躪人權之提議，且已正式通過國務會議。似此行為，士林痛恨。……元培目擊時艱，痛心於政治清明之無望，不忍為同流合污之苟安，尤不忍在此種教育當局之下，支持教育殘局，以招國人與天良之譴責。惟有奉身而退，以謝教育界及國人。」[1]不僅如此，他還公開發表《辭北大校長職聲明》以彰己志：「元培為保持人格起見，不能與主張干涉司法獨立、人權之教育當局再生關係，業已呈請總統辭去國立北京大學校長之職，自本日起，不再到校辦事，特此聲明。」[2]結果是儘管他已憤然出京，然而他的辭呈並未獲准，蔣夢麟在他的舉薦下代理校長之職。

我們可以設想，如果不是蔡元培的抗爭堅守與身體力行，「相容並受」、「思想自由」是很難成為北大傳統的。是蔡元培奠定了這個傳統的基礎，後經蔣夢麟（1923—1925年為北大代理校長，1930—1945年任北大校長）、胡適（1946—1949年任北大校長）兩任校長的努力，這一傳統才得以保存下來，並對20世紀70年代末改革開放以來中國的思想界發生重大影響。[3]

---

[1] 1923年1月17日《向大總統辭北大校長職呈》，《蔡元培全集》第四卷，中華書局1984年版，第309頁。

[2] 《蔡元培全集》第四卷，中華書局1984年版，第310頁。

[3] 參見劉軍寧編：《北大傳統與近代中國——自由主義的先聲》，中國人事出版社1998年版。新時期自由主義思想的領軍人物李慎之的自由主義

五、魯迅：「立人」的思想體系

魯迅，原名周樹人，字豫才，「魯迅」是他1918年5月發表《狂人日記》小說時開始使用的筆名。浙江紹興人。生於1881年，卒於1936年。在中國現代史上，魯迅是「五四」時期發生很大影響的新文化運動的另一員主將，也是三十年代以後受到毛澤東高度稱讚的「馬克思主義」和「無產階級」的「思想家」、「革命家」。因而魯迅一生的思想，也就可以分為前後兩截。這個分段大約可以1927年為界。

魯迅出身於一個破落的地主家庭。七歲開始讀書，廣涉儒家經典和野史筆記。祖父的下獄和父親的病故，使殷實的家庭瀕於破產，也使十多歲的魯迅較早地體會到世態炎涼。1898年，他來到南京，開始了南京四年的求學時期。先在洋務派辦的江南水師學堂學習，後轉入江南陸師學堂附設的礦務鐵路學堂讀書，初步接觸到西方資產階級民主主義思想，嚴復譯評述的赫胥黎的《天演論》給他以深刻影響，使他開始以達爾文的進化論作為觀察社會的思想武器。同時，戊戌變法、八國聯軍的侵略和義和團運動等如火如荼的現實鬥爭，也喚起了他憂國憂民、改造社會的理想和熱情。從1902年到1909年，是魯迅日本八年的留學時期。此間，他的進化論思想進一步鞏固，堅信新的社會形態的形成和舊的社會形態的消滅是歷史發展的自然規律，於是義無反顧地投身到民族民主革命中。1903年，他剪去象徵種族壓迫的辮子，同時寫下了洋溢著摯烈愛國情感的三篇文章《斯巴達之魂》、《說

綱領即出自為該書所寫的序《弘揚北大的自由主義傳統》。

鉬》、《中國地質略論》。1904年，他赴仙台學醫。不久，因現實的刺激，領悟到要拯救中國，光給人治好身體上的疾病並無濟於事，「第一要著」在改造國民精神，而改造國民精神最有效的武器莫如文藝。於是棄醫從文，於1906年3月退學回東京，宣導文藝運動，翻譯被壓迫民族的文學作品，出版了兩本《域外小說集》。1907—1908年，在與保皇黨的論爭中，魯迅以反帝反封建的激進的民主鬥士的面目參戰，寫下了《人之歷史》、《摩羅詩力說》、《科學史教篇》、《文化偏至論》等重要論文，提倡「立意在反抗，旨歸在動作」，他自己也以1908年加入反清組織「光復會」的實際行動印證了自己的口號。日本回國後，緊接而來的辛亥革命和辛亥革命的失敗，魯迅的心情也由熱變冷。從辛亥革命失敗以後到1918年俄國十月革命之前，魯迅處於失望、消沉期。他一面埋頭整理國故，一面思考著中國的出路。俄國十月革命給魯迅帶來了「新世紀的曙光」，魯迅心情為之大振，他積極投入「五四」新文化運動，以《狂人日記》（1918）、《阿Q正傳》（1921）等白話小說和短小精悍的雜文，向封建禮教、軍閥統治發起了猛烈的鬥爭，成為「五四」新文化運動的一杆大旗。「五四」之後，1922年《新青年》暫時停刊，新文化統一戰線出現分化，1925年爆發「五卅」慘案、1926年發生「三一八」慘案，1927年發生反革命大屠殺，等等。魯迅的心情又一次陷入苦悶與傍徨中。但他在傍徨中並沒有失去探索前進道路的希望。小說集《傍徨》、散文集《野草》等就反映了這段時期他在傍徨中上下求索的激烈的思想鬥爭歷程。總的說來，魯迅前期的主導思想是進化論和「人道主義」、「個性主義」，批判的對象主要是「吃人」的封建禮教和鎮壓民主的北洋軍閥。

　　1927年蔣介石發動的「四一二」大屠殺，徹底「轟毀」了魯迅的進化論思想，促成了他向馬克思主義者的轉變。從1927年到逝世的最後十年，魯迅思想中占主導地位的是馬克思主義的階級論和無產階級專政學說。他不僅親自參加中國共產黨領導的各種組織和群眾運動，如1928年參加「革命互濟會」，1930年參加「中國自由運動大同盟」和「中國左翼作家聯盟」，1933年加入「中國民權保障同盟」，而且用馬克思的唯物史觀和階級論參加文學的階級性和人性的論爭，批判帝國主義、封建主義和國民黨統治，為無產階級革命歡呼助威。然而，正如前期的魯迅尚是一個資產階級革命民主主義者時馬克思主義思想就開始在他心中萌芽成長一樣，當1927年轉變為一個馬克思主義者後，他前期形成的根深蒂固的人道主義和個性主義也未完全消失，他仍在中國共產黨的組織之外，保持著自己的一份個性、一份獨立思考。

　　魯迅的人學思想，也就是這樣既顯出前後兩個時期的分別，又有著某種一貫的聯繫。魯迅的價值，不在於他由「進化論」向「階級論」的轉化（其實這轉化並未徹底完成），不在於他後來成了「無產階級和人民大眾的『牛』」，也不在於他是一位傑出的文學家，而在於他是一位空前深刻、偉大的思想家，這種思想的深刻性和豐富性不僅超越了前人，也樹立了後人難以超越的高度。

　　魯迅的思想體系前後貫穿著一個中心，即「立人」。

1、「立人」：「把人當做人」

　　1902年，魯迅與許壽裳在一起時經常討論的一個話題是，怎樣才是理想的人性？1907年，他將這種思考的結果第一次在《文

化偏至論》中提出來，就是「立人」。針對當時流行的關於中國
現代文明的種種設想，他提出，無論「以富有為文明」，「以路
礦（即科技）為文明」，還是「以眾治（即以議會為代表的現代
民主）為文明」，都是片面、膚淺的捨本逐末之見，文明的「根
柢在人」，中國在新世紀裡要「角逐列國」，「屹然獨見於天
下」，「其首在立人」，「人立而後凡事舉。」所謂「立人」，
也就是使人獨立，「把人當做人」。「把人當做人」，還是「使
人成為奴隸」，魯迅認為這是區分「現代社會（文化）」與「傳
統社會（變化）」的基本標準與尺度。早期的魯迅更注重人性的
精神層面，他所強調的人的獨立，主要指「人的個體生命的精神
自由」。1906年，魯迅棄醫從文，正是因為醫學只能給人以健壯
的肉體，而文學可以改變國民的精神：「凡是愚弱的國民，即使
體格如何健全，如何茁壯，也只能做毫無意義的示眾的材料和看
客，病死多少是不必以為不幸的」，所以「醫學並非一件緊要
事」，「我們的第一要著，是在改變他們的精神，而善於改變精
神的是，我那時以為當然要推文藝……」[1]在《文化編至論》中，
魯迅繼續表達了他重精神、輕物質的人性思想。在回答「怎樣立
人」的問題時，他說：「若其道術，乃必尊個性而張精神」；文
明的根本「止於二事，曰『非物質』，曰『重個人』」；中國社
會建設的切入點應是「掊物質而張靈明，任個人而排眾數」。
「個體精神獨立」，就是最為根本的「立人」之道。因此，對於
中國古代封建專制統治「以獨制眾」，使人民大眾普遍喪失個性
獨立、思想自由的權利，淪為精神麻木的奴隸，魯迅給予痛斥；

---

[1] 《吶喊·自序》，《魯迅全集》第一卷，人民文學出版社1998年版，第417頁。

對過分崇拜物質和科技導致人的「內面精神」的喪失、使人淪為物質的奴隸，過分崇拜「議會」民主、把「民主」簡單地等同於「眾數」，「以眾虐獨」、「借眾凌寡」，造成個體獨立喪失的西方現代文明，魯迅也發出了警惕性的批判。他說：「凡一個人，其思想行為，必以己為中樞，亦以己為中極：即立我性為絕對之自由者也。」、「惟發揮個性，為至高之道德。」、「張大個人之人格，又人生之第一義也。」後期魯迅雖然部分改變了輕視物質的人性觀和個性中心主義思想（如《且介亭雜文‧門外文選》以做「大眾中的一個人」自命，《而已集‧革命文學》要求做一個「革命人」、《集外集拾遺‧文藝的大眾化》以「為大眾設想的作家」相號召），但「個體精神獨立」的傳統一直沒有放棄。這不僅貫穿在他一生對中國國民和知識分子奴化弱點和對吞噬人的精神自由的古代「禮教」及某些現代「革命」的批判中，還典型地表現在他對中、俄「共產主義」運動的態度上。古代專制的「以獨制眾」使他痛苦，西方現代的「以眾虐獨」、「借眾凌寡」也使他失望。因而，當「十月革命」成功後，「一個簇新的、真正空前的社會制度（即共產主義）從地獄底裡湧現而出，幾萬萬的群眾自己做了支配自己命運的人」[1]，魯迅對此加以歡呼和禮贊是不奇怪的，因為旗幟上寫著，共產主義就是人徹底擺脫被剝削、被壓迫的奴隸地位，實現每一個人的「人性的解放」。而當他對蘇聯的現實作了更深入的研究，特別是他在與中國共產主義運動內部的宗派主義與官僚主義的實際鬥爭中有了「革命的大人物」、「手執皮鞭，亂打苦工的背」的親身體驗，又立刻作

---

[1]　魯迅：《林克多〈蘇聯聞見錄〉序》，1932年6月10日上海《文學月報》
　　第一卷第一號，題為《蘇聯聞見錄序》。

出了新的批判。他在共產主義運動中發現了「革命工頭」與「奴隸總管」，發現了「目標」（人的徹底解放）與「後果」（人的新的奴化）的巨大反差。他在逝世前一再表示，要將這一發現留給後代，這樣，中國的前途「庶幾有救」。這表明，儘管魯迅終生也沒有看到「立人」理想的實現，但「人的個體精神自由」一直是他堅持不渝的目標。正是這種追求使他始終沒有加入任何黨派，終其一生不過是「黨外布爾什維克」。[1]

　　魯迅的「立人」，除指「個體精神獨立」外，後來還發展出一種衍生義，即尊重人的物質欲望和肉體生命的生存權利，「把人當做人」，而不是把人當做神。這是對他早期輕視人的物質屬性觀點的一種補救。這種救偏始於「五四」時期《我們現在怎樣做父親》一文。魯迅指出，人的生命發展——精神獨立自由是立足於生命保存和延續的基礎上的，因此，「立人」就應包含三點涵義：「一、要保存生命；二、要延續這生命；三、要發展這生命。」、「保存生命」即滿足食欲，「延續生命」即滿足性欲，不要談利色變、談性色變。「生物為保存生命起見，具有種種本能，最顯著的食欲。因有食欲才攝取食品，因有食品才發生溫熱，保存了生命。但生物的個體，總免不了衰老和死亡，為繼續生命起見，又有一種本能，便是性欲。因性欲才有性交，固有性交才發生苗裔，繼續了生命。所以食欲是保存自己、保存現在

---

[1]　魯迅對任何革命、黨派都保持著戒心。早年留日期間，他雖然參加了陶煥卿領導的光復會，但在私下裡曾對朋友們表示：「假如煥卿一旦造反成功，做了皇帝，我們這班老朋友恐怕都不能倖免！」十幾年後，他幾乎以同樣的心理，對中共代表馮雪峰說：「你們來了，還不是先殺掉我？」分別見王曉明《無法直面的人生——魯迅傳》，上海文藝出版社1993年，第33頁、第201頁。

生命的事，性欲是保存後裔、保存永久生命的事。飲食並非罪惡，並非不淨；性交也就並非罪惡、並非不淨。」關於人的食欲本能，針對「君子何必言利」的傳統偏見，魯迅諷刺說：「人類有一個大缺點，就是常常要飢餓……經濟權就見得最要緊了」，「凡承認飯需要錢買，而以說錢為卑鄙者，倘能按一按他的胃，那裡面怕總還有魚肉沒有消化完，須得餓他一天之後，再來聽他發議論。」[1]關於人的性欲本能，魯迅一方面聲明：「我並不是說……人類的性交也應如別種運動隨便舉行，或如無恥流氓，專做些下流舉動，自鳴得意。」同時又指出：「覺醒的人，應該洗淨了東方固有的不淨思想，……瞭解夫婦是伴侶、是共同勞動者，又是新生命創造者的意義。」[2]壓抑性欲的結果，不是使人變得更加高尚，而是使人產生種種變態：「至於因為不得已而過獨身生活者，則無論男女，精神上常不免發生變化，有著執拗猜疑陰險的性質者居多。歐洲中世的教士，日本維新前的奧殿女中（女內侍），中國歷代的宦官，那冷酷險狠，都超出常人許多倍。別的獨身者也一樣，生活既不合自然，心狀也就大變，覺得世事都無味，人物都可憎，看見有些天真歡樂的人，便生恨惡。尤其是因為壓抑性欲之故，所以於別人的性底事件就敏感、多疑、欣羨、因而妒嫉。其實這也是勢所必至的事：為社會所逼迫，表面上固不能不裝作純潔，但內心卻終於逃不掉本能之力的牽掣，不自主地蠢動著缺憾之感的。」[3]

---

[1] 《娜拉走後怎樣》，《魯迅全集》第一卷，人民文學出版社1998年版，第158—164頁。

[2] 《我們現在怎樣做父親》，《魯迅全集》第一卷，人民文學出版社1998年版，第129—140頁。

[3] 《寡婦主義》，《魯迅全集》第一卷，人民文學出版社1998年版，第

　　同理，人人都有好生惡死的生物本性，魯迅對此也給予了相當的肯定。在以犧牲生命為榮的「革命」年代，魯迅的這種見識顯得相當難能可貴。從戊戌變法到辛亥革命、再到30年代的共產主義革命，一直流行著一個奇怪的革命邏輯，這就是為了革命不應怕死，而且革不革命就看你怕不怕死。魯迅在這種眾口一詞的叫囂中說出了一個常識：「革命是並非教人死，而是教人活的。」革命誠然不能怕死，但敢死並不等於革命。以血的洪流淹死一個敵人，以同胞的屍體填滿一個缺陷，是很不值得的。基於對個體生命，尤其是青年人生命的愛惜，他尤其反對學生進行請願遊行示威。他說，現在中國幼稚的青年一點都不怕死，甚至好像希望死，這是不好的，也是不能搞真正的運動的。在談到20年代文人話語含糊不清的特點時，魯迅表現了相當的理解與寬容。他說，儘管有一類文人是反對統治者，反對官僚軍閥的，但再笨的文人也不會忘記官僚與軍閥手中有槍，再大膽的想到槍也會害怕，於是說話便會有一些朦朧。1931年6月，魯迅與朋友談到30年代在國民黨酷刑下自首的共產黨員較多時說：「自首之輩，當分別論之。別國的硬漢比中國多，也因為別國的淫刑不及中國的緣故。我曾經查看過歐洲先前虐殺耶穌教徒的記錄，其殘虐，實不及中國。而西方中古之至不屈者，在殉命之前，便冠以一個聖字，稱為聖徒。但是中國青年之死不屈者已嘗有之，但皆密不發表，不能受刑至死、就非賣不可的，於是堅卓者無不滅亡，猶豫者鬱鬱墮落，長此以往，將使中國無一好人。」表現了對在酷刑下自首者的理解。

268頁。

1925年，魯迅在《忽然想到（六）》中大聲疾呼：「我們目下的當務之急，是：一要生存，二要溫飽，三要發展。苟有阻礙這前途者，無論是古是今，是人是鬼，是三皇五典、百宋千元、天球沙圖、金人玉佛、祖傳丸散、秘制膏丹，全都踏倒他。」在《北京通信》中，他又「附加幾句話以免誤解」：「我之所謂生存，並不是苟活；所謂溫飽，並不是奢侈；所謂發展，也不是放縱。」1934年，在《草鞋腳小引》中，魯迅再次提到「人性的解放」。可見，「立人」，使人擺脫奴役，獲得徹底的解放，是魯迅畢生的追求；而早期改「立人」偏指精神獨立，中期以後，「立人」則兼及經濟獨立，「人性的解放」就包含著人的生物屬性與精神屬性的雙重實現。

2、對中國國民奴性的批判

魯迅當年在日本弘文時與許壽裳經常談論的另一個話題是，中國國民性中最缺乏的是什麼？經過探索，魯迅發現，中國國民性中最缺乏的就是人格，最大的弱點就是奴性。於是「立人」的理想一變而為對充滿奴性的現實的批判。批判奴性，成為魯迅一生做的「立人」反題。

魯迅對中國國民奴性的批判是極為尖銳的，從歷史發展的縱向看，在中國古代社會裡，「中國人向來就沒有爭到過『人』的價格，至多不過是奴隸」；古代的「治世」，不過是國民「暫時做穩了奴隸的時代」；古代的「亂世」，充其量是國民「想做奴隸而不得的時代」[1]。西方文化傳入中國後，中國社會的政治

---

[1] 《燈下漫筆》，《魯迅全集》第一卷，人民文學出版社1998年版，第210—213頁。

經濟結構發生了巨大變化，但中國國民的奴隸地位並沒有改變，只不過奴役他們的主子從原來單一的中國獨裁統治者，增加了西方帝國主義統治者和依附於前兩者之間的官僚買辦階級（「西崽」），中國的普通百姓陷入了三重奴隸的地位。辛亥革命推翻了封建專制，建立了中華民國，可並沒有使民民從奴隸地位中解放出來。1925年，魯迅遺憾而無奈地總結說：「我覺得彷彿久沒有所謂中華民國。我覺得革命以前，我是做奴隸；革命以後不多久，就受了奴隸的騙，變成他們的奴隸了。」懷著美好期待，魯迅為蘇俄革命叫好，並參加了30年代中國共產主義革命，但不久他又陷於失望，因為革命隊伍中出現了新的「奴隸總管」，被總管鞭打的「苦工」們仍然沒有改變奴隸命運，這是打著「共產主義」旗號的新的奴化。

從橫剖面上看，魯迅用他那支犀利的筆，畫出了各種各樣的奴才相。這些奴才的眾生相有：

（1）長期做慣了奴才，卻「不悟自己為奴」，做出一些越過奴才名分的事，結果落得更加悲慘的奴隸命運。如《小學大全》的編撰者尹嘉銓，父親是有名的孝子，乾隆皇帝曾作詩稱道過；他自己也是道學家，屢受皇帝嘉許，但卻「不悟自己為奴」，飄飄然地上書乾隆，要求給死去的父親一個諡號，結果觸怒龍顏，全家遭難。還有一個山西生員馮起炎，聽說乾隆將巡幸太陵，於是在路邊徘徊，準備上書，由於形跡可疑被抓獲。搜出的上書竟是讓「君主如父」的皇帝為他在兩位難於取捨的漂亮的表妹之間作主完婚，結果被重刑發配到黑龍江做奴隸。

（2）「極容易變成奴隸，而且變了以後，還萬分喜歡」的

奴才。魯迅回顧中國歷史指出：中國人一直在做奴隸；中國人最害怕的不是做奴隸，而是奴隸做不穩；亂世，主子更換頻繁，老百姓剛剛餵肥一個，走了，又來一個，還得從頭餵起，這種奴隸做不穩（不是穩定地做一個主子的奴隸）的日子是最害怕的；倒是「太平盛世」，做穩某個主子的奴才，主子因為餵飽了，再貪污也有限，所以恰恰是老百姓最喜歡的。

（3）「縱為奴隸也處之泰然」，並從中尋找出「美」來。魯迅說，當奴隸不要緊，掙扎失敗了還是奴隸也不要緊，最可怕是做奴隸還要從中尋找出樂趣來，這就變成了奴才。可見奴才與奴隸是有區別的。

（4）「骨奴而膚主」，即骨子裡是奴才，面子上是主人，「既當奴隸，又要體面」。中國的官吏如此，百姓也如此。魯迅舉例說，當年洋人到總理衙門要求各種利益，一陣恐嚇之後，中國官吏便滿口答應。明明當奴才了，卻死要維持面子，在答應之後堅持洋人從邊門出去。說起中國百姓的死要面子，魯迅講了個笑話：有個小癟三，一天向別人誇口：「四大人和我講過話了！」人們問：「講什麼話啦？」他說：「那天，四大人出門，我站在門口，四大人出來時說：『滾開！』」在魯迅看來，中國人其實每個人都有「膚主而骨奴」的雙重屬性：身為奴才時，一心想當主子，成為主子後，又拚命地壓迫奴才；主子是成功的奴才，奴才是落魄的主子：「專制者的反面就是奴才……做主子時以一切別人為奴才，則有了主子，一定以奴才自命。」

（5）阿Q式的奴才。這種奴才也具有主與奴的雙重性，但表現方式略有不同，即在主子面前是奴才，在奴才面前是主子。阿Q受趙太爺、假洋鬼子的欺負，不敢反抗，轉而向更弱小的小尼姑發洩憤怒。阿Q對趙太爺、假洋鬼子是奴，對小尼姑是主。中國的中下級官吏，均有此特點。[1]

（6）流氓式的奴才。指迎合專制統治、不敢堅持自己的思想、講話變來變去的奴才。這是「盛世」向「亂世」轉化時期的奴才特點。當專制統治還能正常維持時，「大家只歸認定一尊」，按照統治者一尊的思想語言來說話；當原有的專制統治被打破，出現一種思想真空和語言真空、各種異端學說紛紛出籠、新的權力統治尚未明朗之際，奴才就轉化為「流氓」。所謂「流氓」，魯迅說：「無論古今，凡是設有一定的理論或主張，而他的變化沒有一定的線索可尋，而隨時拿了各種各派的理論來做武器的人，都可以通稱為流氓。」這見風使舵、語言具有極大表演性、虛偽性、勢利性的奴才，有些類似於契訶夫筆下的「變色龍」。

（7）麻木的奴才。如華老栓，身為奴才，全然不覺，甚至用為解脫他們的奴隸地位而犧牲的革命者的鮮血給兒子治病。

（8）習慣了的奴才。如賈府中的賈貴，站慣了，主子叫他做，反不習慣；如祥林嫂，主人因她晦氣不讓她做事，她則跌進了冰窟窿，最後一死了之。

---

[1] 上述奴才相的分析歸納，參見《錢理群文選》，汕頭大學出版社1999年版，第112—115頁。

3、對中國知識分子奴性弱點的批判

在對國民奴性的批判中，魯迅又對國民中的特殊群體——知識分子的人格弱點作了集中批判。中國知識分子的致命弱點是什麼？魯迅認為是缺乏「個體獨立自由精神」，是「奴性」。魯迅指出，在中國古代，知識分子適應皇帝不同時期的統治需要，扮演了「官」的「幫忙」與「幫閒」角色：「中國向來的老例，做皇帝做牢靠和做倒楣的時候，總要和文人學士扳一下相好。做牢靠的時候是『偃武修亡』，粉飾粉飾[1]；做倒楣的時候又以為他們真有『治國平天下』的大道，……『病急亂投醫』了（即幫忙）。」在《現代中國的孔夫子》中，魯迅指出儒學是「權勢者的留聲機」，孟子的「民為貴」說也是君王本位主義的。在《流氓的變遷》中，他指出：中國歷史上的儒、墨、俠之徒，無一不是依附於權勢的，即使儒標榜「以文亂法」，俠自命「以武犯禁」，也不過是「鬧點小亂子」，「終於是奴才」。即便是敢於「放言無憚」、言「前人所不敢言」的屈原，其《離騷》抒發的也「只是不得幫忙的不平」。

到了世紀之交，隨著資本主義工商業的崛起和西方民主思潮的湧入，魯迅發現，中國知識分子不但沒有走出封建中國的奴隸困境，而且陷入了「三重奴隸」的更大困境：既是「官的幫忙與幫閒」，又是「商的幫忙與幫閒」，還是「大眾的幫忙與幫閒」。知識分子不僅仍是官的奴隸，而且成了「資本」的奴隸、「大眾」的奴隸。更為深刻的是，魯迅刻劃了知識分子的各種奴才相：

---

[1] 即幫閒——引者。

（1）「西崽」。這是魯迅在30年代的中國知識分子中發現的奴才典型。這種人「倚徙華洋之間，往來主奴之界」，「覺得洋人勢力，高於華人，自己懂洋話、近洋人，所以也高於群華人；但自己又系出皇帝，有古文明，深通華情，勝洋鬼子，所以也勝於勢力高於群華人的洋人，因此也更勝於還在洋人之下的群華人」。然而事實上，西崽乃是同時依附於東、西方兩種權勢的雙重奴才。

（2）「二醜」。即心存戒心的奴才，不忠實的奴才。二醜本是紹興戲曲中的二花臉角色。他一方面給主人幫忙，另一方面又與主人保持一定的距離，在舞臺上的表演是，既扮演僕人為主人服務，又常離開主人站到前臺對觀眾說：你看這公子多可笑！知識分子有點心計和小聰明，主人得勢時，他一方面出於眼前利益的考慮為主人當奴僕，另一方面對主人的弱點和本質又看得很清楚，他與主人保持一定距離也是為了主子倒臺時不殃及自身，能夠成為新主子（原主子的對立面）的奴才。

（3）「走狗」。與「二醜」不同，走狗是忠心耿耿的奴才。魯迅重點刻劃過四種狗。一是「叭兒狗」。這是一種溫馴的、自覺為主人效勞的奴才。特點是，凡穿破衣服的人走過，就不停地吼叫。不一定是主人要他叫，可見狗性十足，奴性極深。二是「狼狗」。由狼變來，最後成為狗。表面上很激進，講話很激烈，但在高壓面前很快就由兇猛的狼變成溫馴的狗。所以這是色屬內荏、外強中乾的奴才。魯迅說：凡開口閉口講話激烈的人，你得當心，過分激烈的人，很容易由狼變狗。三是「喪家之狗」。沒有

了主人，仍要做狗，為主人服務。可見也是奴性十足的。四是「鷹犬」，充當帝國主義走狗，居於一人之下、萬人之上。這是一種很兇險的狗，一種很險惡的奴才。

（4）「革命工頭」。這是魯迅與周揚論戰時對知識分子的領導人周揚的稱呼。又稱「奴隸總管」。魯迅常說：我老是覺得背後有人拿鞭子狠狠地抽我，把我當奴隸，要我為他們幹活，我每當回過頭來稍示反抗，就說我對革命不夠賣力，要我拚命幹，其實他不過是個工頭！打著革命旗號，實際上是個奴隸主。「革命工頭」一方面打著革命旗號奴役別人，另一方面又毫無精神獨立性地受人擺佈。

（5）孔乙己式的奴才。孔乙己是舊式知識分子奴隸命運的象徵。他一心要通過科舉出人頭地，將一生的生命耗費在一年又一年的考場上，直到鬍子花白，「連半個秀才也撈不到」，反而染上好吃懶做的習氣，把整個人給廢了。他深受封建科舉制度的毒害而不自覺，是封建等級制度的精神奴才和犧牲品。

（6）幫忙、幫閒、幫兇。在天下太平時歌功頌德、粉飾太平，這是「幫閒」；在天下混亂時出謀劃策，盡忠賣力，這是「幫忙」；當主人作惡時，「幫閒」和「幫忙」為虎作倀，這是「幫兇」。[1]

魯迅在批判中國知識分子奴性弱點的同時，提出了他的理想：「覺悟的智識者」既不可看輕自己，以為是大家的戲子，也

---

[1] 參見《拒絕遺忘——錢理群文集》，汕頭大學出版社1999年版，第116—122頁。

不可看輕別人，當作自己的嘍囉[1]」。說白了，即既不當別人的奴才，也不將別人當作奴才，保持一份人格獨立和尊嚴，以及與人相處的平等精神。

4、對「吃人」的封建制度和現代「革命」的批判

　　魯迅早年與許壽裳經常討論的第三個問題是，造成國民劣根性的病根何在？當他發現了這病根以後，他便對這病根發起了尖銳的批判。在他看來，中國國民的致命弱點是奴性太深，在古代，造成奴性的根源是「吃人」的封建專制制度，在現代，造成奴性的主要根源是「吃人」的「革命」。所謂「以獨制眾者古，以眾凌寡者今」，正揭示了古今中國奴役人的史實沒有改變，而導致奴役的根源有所變化的特點。在小說《狂人日記》中，魯迅揭露道：在「歪歪斜斜的每葉上都寫著『仁義道德』幾個字」的封建社會歷史裡，「滿本都寫著兩個字是『吃人』」。封建社會怎樣「吃人」的呢？小說《藥》、《祝福》、《孔乙己》表現了或是像革命者夏瑜那樣，直接死於封建統治者的屠刀，死者的血還被當作「藥」被人吃掉，或是像祥林嫂、孔乙己那樣，間接死於封建禮教和科舉制度的毒害。在《燈下漫筆》中，他指出：「中國的文明」，其實不過是安排給闊人享用的人間的筵宴，所謂「中國」者，其實不過是安排這個肉筵宴的廚房；那「一級制馭著」的封建等級制度，造成了「自己被人凌虐，但也可以凌虐別人；自己被人吃，但也可以吃別人」的狀況，「掃蕩這食人者，掀掉這筵席，毀壞這廚房，則是現在的青年的使命。」辛亥

---

[1] 參見魯迅：《門外文談》，人民出版社1974年版。

革命推翻了封建獨裁專制，建立了民主共和國，但國民並沒有獲
得真正的解放。不久，革命成果被北洋軍閥政府篡奪，「以獨制
眾」的封建獨裁一變而為「借眾凌寡」的「眾數」代表——北洋
軍閥政府的獨裁，結果是發生了「五四」以來一系列鎮壓民主運
動的大屠殺。後來出現的國民黨蔣介石政府也是一個殺人不眨眼
的獨裁政府。再後來在中國大地上出現了蘇俄式的社會主義革
命，一度曾給魯迅帶來希望，當他發現革命的理想與現實、目標
與結果的巨大反差後，又陷入了深深的反思。他一再警告人們，
不要迷信「革命」，「至今為止的統治階級的革命，不過是爭奪
一把舊椅子。去推的時候，好像這椅子很可恨，一奪到手，就又
覺得是寶貝了」。「革命，革革命，革革革命，革革……」式的
永無休止的「革命」，不過是「主」與「奴」的不斷互換而已，
「無論誰勝，地獄至今也還是照樣的地獄」，奴隸也還是奴隸。
對農民起義，魯迅不以為然。在他看來，農民起義無非是兩個結
果，起義成功，當新的主人，而新主人比舊主人有時更壞。起義
不成功，到處殺人。這種爭奪奴隸統治權的「革命」總是借冠冕
堂皇的理由（如「殺反革命」）來殺人的：「皇帝所誅者，逆
也；官兵所剿者，匪也；劊子手所殺者，犯也。」、「革命，反
革命，不革命。革命的被殺於反革命的；反革命的被殺於革命
的；不革命的或當作革命的而被殺於反革命的，或當作反革命的
而被殺於革命的，或並不當做什麼而被殺於革命的或反革命的。
革命，革革命，革革革命，革革……」、「革命」在號召殺「反
革命」、「不革命」的同時，也要求革命者敢於為「革命」而
死。於是，古代是為「忠」、「孝」而死，現代是為「革命」而
死，一句話，在中國，人的生命是太不當一回事了，造物主「實

在將生命造得太濫，毀得太濫」，「其實革命是並非教人死，而是教人活的。」[1]

5、人生真諦：「唯黑暗與虛無乃為實有」

魯迅「立人」的理想及其反題——對非人的奴性及其根源的批判，是他探討人生意義的一個方面，也就是在承認人生相對有意義的前提下對人生意義的探索。而在另一方面，他又認為，人生的終級是無意義的，生存的本質是殘缺、是痛苦、是悲劇、是黑暗、是絕望、是虛無、是無奈，「『黑暗與虛無』乃是『實有』」。

應當看到，魯迅儘管一生以「猛士」的面目與各種邪惡作戰，但他對人生的現在和未來都不抱什麼樂觀主義、理想主義態度，恰恰相反，無論對人生的現在還是對人類的未來，他都持悲觀主義看法。

先來看他對人的此生的悲觀看法。

人的此生的悲劇性，主要是由人的有限性——死亡帶來的。魯迅本是進化論者，即便後來接受了階級論，他仍然十分尊重和珍惜人的生命存在。在對「革命」的種種吃人行徑的批判中，洋溢著他熱愛生命的人之常情。有一段小插出。在日留學時，魯迅參加了反清的光復會。有一次光復會派他回國去刺殺某位清廷大員，他先是同意了，後來臨行前，他又動搖了：「如果我被抓住，被砍頭，剩下我的母親，誰負責贍養她呢？」他這樣對佈置任務的人說，結果光復會只好收回成命。對於這段插曲，

---

[1] 參見《拒絕遺忘——錢理群文集》，汕頭大學出版社1999年版，第11頁、第64—65頁。

一般的研究者認為是對母親的孝道改變了魯迅執行暗殺計畫的初衷，我倒寧願把這看作是一種托詞，在深層心理上，表現了魯迅對生命的熱愛和他對死亡的恐懼）。

然而，儘管魯迅熱愛生命，早年的一場大病則給他留下終生病體。此後的一生中，死亡的幽靈時時纏繞著他，他對死亡的感受和思考比其他人更為深切。同時，現實中「革命」與「反革命」、「不革命」相互殘殺的刀光劍影和腥風血雨，更使他感到生死的無常。於是，宣揚人孤立無助的尼采、苦悶悲觀的廚川村白、以描寫死亡見長的安特也夫成為他取資的思想資源。而描寫死亡的黑暗與空虛、抒發面臨死亡的緊張與恐懼、訴說反抗死亡的無奈與徒勞，揭示人生各種歡樂表像下的痛苦與悲哀，塑造種種死亡意象，便成為魯迅文章的主題。他說：「我常覺到一種輕微的緊怯，宛然目睹了『死』的襲來，但同時也深切地感覺『生』的存在。」、「我愛這些流血和隱痛的魂靈，因為他使我覺得是在人間，是在人間活著。」[1]這是懼死戀生心態的真實寫照。「可慘的人生！」、「悲哉死也！」、「希望、希望，用這希望的盾，抗拒那空虛中的暗夜襲來，雖然後面也依然是空虛中的暗夜……」[2]這是與死亡抗爭的徒勞、絕望的悲苦感歎。人之死的悲劇性，在於人「怎麼死」、死「在哪裡」、或許「什麼時候」死，是人「不知道」的。人既「沒有任何生存的權利」，也「沒有任何死掉的權利」[3]、「墳」，是魯迅經常提及的一個死

---

[1] 《野草‧一覺》，《魯迅全集》第二卷，人民文學出版社1981年版，第223頁。

[2] 《野草‧希望》，《魯迅全集》第二卷，人民文學出版社1981年版，第177頁。

[3] 《野草‧死後》，《魯迅全集》第二卷，人民文學出版社1981年版，第

亡意象。他曾用它給自己的一部雜文集命名。在這本集子的後面，他說：「我是很確切地知道一個終點，就是：墳」[1]散文集《野草》中有一篇《過客》。這過客從懂事的那一天起就不斷地往前走。一天在路上遇到一位老人、一個女孩。過客問：前方是什麼？小女孩回答：「前面是花園。」老人回答說：「前面不過是墳。」於是他們爭執起來。老人的看法其實就是魯迅的看法，而對前途充滿美好嚮往的樂觀主義看法則屬於小孩的童稚之見。「雪」，是魯迅刻劃的另一死亡意象：「孤獨的雪，是死掉的雨，是雨的精魂。」、「在無邊的曠野上，在凜烈的天宇下，閃閃地旋轉升騰著的是雨的精魂。」[2]還有一種死亡意象是鬼魂，研究者指出：「魯迅無疑背負著某些鬼魂……甚至隱藏著一種祕密的愛戀。他對目連戲鬼魂形象的態度就是一種偏愛」。「目連戲中最突出的形象是無常和女吊。他們嚇人的外貌在魯迅的一生中都保持著魅力……表現了更深一層的含意：死的美和恐怖。透過濃厚的粉胭脂的假面，窺探著生命的奧秘。」[3]

　　人此生的死亡痛苦，不只來自於生命的有限性，還來自於「敵人」的殺戮、「親人」和「戰友」的陷害以及充當「看客」的「群眾」對自己之遭殺害的冷漠和幸災樂禍式的滿足。魯迅說：「死於敵人的鋒刃不足悲苦；死於不知何來的暗器，卻是悲

209頁。

[1] 《墳·寫在墳後面》，《魯迅全集》第一卷，人民文學出版社1981年版，第282頁。
[2] 《野草·雪》，《魯迅全集》第二卷，人民文學出版社1981年版，第180頁。
[3] 見夏濟安文，《國外魯迅研究論集》，北京大學出版社1983年，第375、378頁。

苦，但是最悲苦的是死於慈母或愛人誤進的毒藥，戰友亂發的流彈……」魯迅尤其深刻揭示了他人對自己似友實敵、而又無敵可打的窒息關係。偌大一個中國，好比「無物之陣」，處處壓制你，欲置你於死地，你想振臂一擊，卻又找不到敵人在哪兒；當你踏進社會，就走進了無形的戰鬥，「所遇的都對他一式點頭」，「這點頭就是敵人的武器，是殺人不見血的武器」。當你舉起投槍向敵人擲去，敵人「頹然倒地——然而只有一件外套，其中無物，無物之物已經脫走」。好像民間所說的「鬼打牆」，明明看見有鬼，一拳打下去，卻撲了個空，鬼又在另一處出現，再打，再撲空[1]。通過對個體生命與他人關係的這種分析，魯迅把人的現在生存狀態的悲涼主題渲染到了極致。

　　魯迅的深刻性在於，他並未就此止步，他在這極致之上，又有所推進。

　　人死後怎樣？是不是一死就徹底解脫痛苦了？《野草》中有篇《死後》，魯迅用奇特的想像回答了這個問題：死亡並不是人世災難的結束，而是更大痛苦與荒謬的繼續。他設想：「我」死了，運動神經失去了作用，感覺神經還在。埋在地底下，一輛載重的獨輪車從我頭上推過，壓得我牙齒發酸。聽見幾個參加追悼會的人走過來。一個表示驚訝：「死了？」一個「哼」了一聲。另一個歎了口氣：「唉！」又有幾個蒼蠅停在我的眉毛上，跨一步，我的毛根就一搖。還有一從鼻尖跑到嘴唇上，用冷舌頭舔我的嘴唇，多噁心多難受，可我卻不能動，無法把它趕走。好不容易飛走了，還要在臨走前「嗡嗡」叫一陣，說是「惜哉！」

---

[1]　參見《野草·這樣的戰士》，《魯迅全集》第二卷，人民文學出版社1981年版，第214頁。

我憤怒得幾乎昏厥過去。後來，舊書店的小夥計也跑來了，要推銷什麼「明版書」，生意竟做到死人頭上，真叫人哭笑不得……

痛苦在人生的未來繼續，人類的未來怎樣呢？古今中外，人們對人類未來的理想社會作了種種設想，西方叫「烏托邦社會」，中國叫「大同世界」，魯迅謂之「黃金世界」。人們通常將黃金世界想像成沒有缺憾、沒有爭鬥、絕對完美的社會。魯迅則肯定，黃金世界還將有黑暗，還將有鬥爭，甚至有死刑發生。因為，「曾經闊氣的要復古，正在闊氣的要保持現狀，未曾闊氣的要革新」，人們會為著自己的利益繼續爭鬥，要求「革新」的「未曾闊氣」之人肯定會被「正在闊氣」的掌權者視為「叛徒」處以「死刑」。

這樣，魯迅就從身內與身外、死前與死後、現在與未來諸方面揭示了人的生存困境，「魯迅就這樣堵塞了人們『逃避不完美的人生痛苦』的一切退路，把他的人的生存絕境的命題發揮到極致。」、「把拒絕『完美』[1]，強調歷史、現實、社會、人生、人性……都是不圓滿、有缺陷的；他拒絕『全面』，強調歷史、現實、社會、人生、人性……都是有偏頗、有弊端的；他拒絕『永久』，強調一切都處於過程中，否定生命的凝固與不朽。魯迅徹底摒棄了一切關於絕對、關於至善至美，關於全面、關於永恆的烏托神話，他固執地要人們相信，有缺陷、有偏頗、有弊病，有限，才是生活的常態，才是正常的人生與人生。」[2]

---

[1] 魯迅否定有「至善至美」的東西存在。他說如果有至善至美的人，那大多數人都不配活著；如果有至善至美的書，那圖書館就得關門。什麼叫「極境」？「極境」就是「絕境」。

[2] 《拒絕遺忘——錢理群文選》，汕頭大學出版社1999年版，第25頁。

6、人生態度：「反抗絕望」

將人生的殘缺、虛幻、痛苦、絕望徹底看透，這是魯迅人生哲學最深刻的地方之一，但魯迅並沒有因此陷入絕望、消極和悲觀主義。相反，他明知絕望不可戰勝，卻偏要與絕望抗戰，追求人生的有限意義。這種「反抗絕望」的人生態度又是魯迅最通達、最高明的地方。

魯迅有一句名言：「真正的猛士，敢於直面慘澹的人生，敢於正視淋漓的鮮血。」這既是針對劉和珍的死有感而發，也表明了魯迅一再揭示人生慘痛一面的心機：他是要打破人們對人生的種種不切實際的美麗幻想，正視人生的本來和真實面目，從中殺出一條生路，做些此生允許的有意義、有價值的事。魯迅說：「我的作品，太黑暗了，因為我常覺得『黑暗與虛無』乃是『實有』，卻偏要向這些作絕望的抗戰……」、「我以為絕望而反抗者難，比希望而戰鬥者更勇猛、更悲壯。」儘管人生的種種「抗戰」最終不能戰勝「黑暗與虛無」，但仍知其不可而為之，與人生最終的「黑暗與虛無」作「絕望的抗戰」，這便有了某種悲壯、崇高的色彩，這也即是「精神界戰士」的態度。同時，魯迅始終沒有忘記自己對廣大青年的影響力。他指出，儘管人生的終極是「黑暗與虛無」，但「在青年，須是有不平而不悲觀，常抗戰而亦自衛」。許廣平也曾這樣說魯迅：「雖則先生自己所感覺是黑暗居多，而對於青年，卻處處給予一種不退走、不悲觀、不絕望的誘導，自己也仍以悲觀作不悲觀，以無可為為可為，向前地走去」[1]。「以悲觀作不悲觀」，即將悲觀的人生觀表現為不

---

[1] 《兩地書‧五》，《魯迅全集》第十一卷，人民文學出版社1998年版，

悲觀的人生態度；「以無可為為可為」，即人生在終極意義上沒什麼可為（無可為）的，但並不因此而消極無為，而以積極的有所作為的態度做著此生有意義的事。

這種「以悲觀作不悲觀」、「以無可為為可為」、與「黑暗與虛無」作「絕望抗戰」的人生態度，凝聚在魯迅筆下的幾個意象中：

「猛士」形象。「叛逆的猛士出於人間，他屹立著，洞見一切已有和現有的廢墟和荒墳，記得一切深廣和久遠的苦痛，正視一切重迭淤積的凝血，深知一切已死、方生、將生和未生。

他看透了造化的把戲，他將要起來使人類蘇生……天地在猛士眼中於是變色。」[1]、「扶心自食，欲知本味。」、「窺見死屍，胸腹俱破，中無心肝，而臉上卻絕不顯哀樂之狀。」[2]

「過客」形象。《野草》裡有篇《過客》，他黑鬚、亂髮，著黑色短衣褲，從能記事的時候起就一個人不停地往前走。有一次路遇一女孩、一老人，便問前方怎麼走。女孩說：「前面是花園」。老人則說：「前方是墳。」這其實代表了兩種不同的人生觀：小女孩是要奮鬥前行的，因為「花園」召喚著他；老人則認為既然前面註定是墳墓，人的奮鬥就沒有了意義，不如趁早休息。過客既同意老人的觀點，又採取了小女孩的人生態度，儘管明知道前面是墳，奮鬥不會有什麼好結果，但仍要往前走。過客的形象，即是魯迅的形象。他在寫給當時還是他學生的許廣平

第23頁。

[1]　《野草・淡淡的血痕》，《魯迅全集》第二卷，人民文學出版社1998年版，第221頁。

[2]　《野草・墓碣文》，《魯迅全集》第二卷，人民文學出版社1998年版，第202頁。

的一封信中說：你們年輕人奮鬥，是因為「光明」必將到來，而我，卻對未來不抱希望，我就是要與「黑暗」搗亂而已。過客與老人還有一段對話，同樣耐人尋味。老人問：「你是怎麼稱呼的？」他回答：「我不知道。」老人再問：「你是從哪兒來的呢？」他回答：「我不知道。」老人又問：「你到哪裡去？」他答：「我不知道。」人既不知道自己叫什麼，也不知道自己的來歷和去向，這就是人生的偶然性、不自主性、無歸宿性。但人仍一刻不停地往前走，因為這正是人生應取的態度。

「棗樹」意象。這是《野草》的第一篇《秋夜》所寫。秋天的晚上，院子裡一朵「小紅花」凍得瑟瑟發抖，可她卻在笑，因為她記得一位詩人對她說的話：「秋後要有春。」小紅花旁邊長著一株棗樹，棗樹它知道「落葉的夢」：「春後還是秋。」但它仍然把它的枝杆鐵似地刺向天空。

「死火」意象。夢中的「我」在冰山上賓士，突然跌入冰谷。我看見在一片青白的冰上，有無數的紅影，像珊瑚網一般糾纏在一起，這就是「死火」。死火告訴我，他被遺棄在冰谷裡，如果再得不到溫熱，就將「凍滅」。我表示願意將死火帶出冰穀，讓它永遠燃燒。死火回答說：「那麼，我將燒完！」[1] 錢理群分析道：「實際上，我們每一個都只能在『凍滅』（『坐以待斃』）與『燒完』（『垂死掙扎』）之間作出選擇。也就是說，無論我們是努力奮鬥（『燒』、『掙扎』），還是什麼事也不做（『凍』，『坐』），最後的結局都是『死亡』（『滅』、『完』），這是任何人都不能避免的命運。……那麼，這是不是

---

[1] 《野草‧死火》，《魯迅全集》第二卷，人民文學出版社1998年版，第195頁。

說，『凍滅』與『燒完』兩種選擇之間，就不存在任何區別呢？
不是的。儘管最後的結果都是『滅』（『完』），但在『燒』的
過程中，畢竟發生過燦爛的光輝，並給人類帶來光明，哪怕十分
短暫；而『凍』的過程中，卻是什麼也沒有。也就是說，價值與
意義，不在於『結果』，而體現在『過程』中。」[1]

　　由於「黑暗」與「苦痛」不可戰勝，因而魯迅與它們的戰
鬥就有了某種通脫、遊戲的意義。他說：「對於社會上的戰鬥，
我是並不挺身而出的。我不勸別人犧牲什麼之類者也就為此。歐
戰的時候，最重『壕塹戰』。戰士伏在壕中，有時吸煙也聽歌、
打紙牌、喝酒，也在壕內開美術展覽會，但有時忽向敵人開它幾
槍。中國多暗箭，挺身而出的勇士容易喪命，這種戰法是必要的
罷。但有時也會逼到非短兵相接不可的，這時候沒法子，就短兵
相接。」、「總結起來，我自己對於苦悶的辦法，是專與襲來的
苦痛搗亂，將無賴手段當作勝利，硬唱凱歌，算是樂趣。」邊打
邊玩，邊玩邊打，邊玩邊打，就是魯迅「反抗絕望」、「以悲觀
作不悲觀」的遊戲態度。

　　我們應在這種大背景下看待魯迅的「立人」追求和對「非
人」的戰鬥。

六、周作人：「人的文學」的宣導

　　「五四」新文化運動既是一場新道德運動，也是一場新文
學運動。而在「五四」新文學運動中，提倡文學表現人，喊出

---

[1]　《拒絕遺忘——錢理群文選》，汕頭大學出版社1999年版，第24頁。

「人的文學」口號並發生重大影響的是魯迅的弟弟周作人。周作人是「五四」啟蒙運動中又一位傑出代表。

周作人（1885～1967），1906年東渡日本留學，1917年任北京大學文科教授。「五四」時期任新潮社主任編輯，參加《新青年》編輯工作，發起成立文學研究會，發表《人的文學》、《平民文學》、《思想革命》等重要文章，並從事散文、新詩創作和外國文學作品翻譯。「五四」新文學運動以後，周作人革命熱情衰退，追求平和沖淡，沉溺於草木蟲魚，提倡閑適幽默的小品文和清雋古雅的散文。抗日戰爭爆發後留居淪陷後的北平，出任南京國民政府委員等偽職。1945年以叛國罪被入獄，1949年出獄。此後定居北京，從事日本、希臘文學作品的翻譯，寫作有關魯迅的回憶錄。

儘管周作人「五四」後意志消沉，中年時期變節求榮，但在「五四」文學革命時期卻是一個舉足輕重的風雲人物。郭沫若曾說周作人的附敵是抗戰的一大損失，「那損失是不可計量的」，「為了換掉他，就死上幾千百個都是不算一回事的」[1]。雖有些誇張，但從一個側面說明了周作人在五四新文學運動中的地位。胡適在《〈中國新文學大系‧建設理論集〉導言》中指出：「新文學運動只有兩個主要的理論」，其中之一是「要做『人的』文學」。茅盾指出：「人的發見，即發展個性，即個人主義，成為『五四』期新文學運動的主要目標。」[2]以人性真實和個性主義為特徵的「人的文學」的宣導，是「五四」新文學運

---

[1]　郭沫若：《國難聲中懷知堂》，程光煒編《周作人評說80年》，中國華僑出版社2000年版，第149、150頁。

[2]　茅盾：《關於「創作」》，《北斗》創刊號。

動「思想革命」的根本標誌，而高舉「人的文學」、宣導「思想革命」的代表人物就是周作人。

1、「人」的靈肉二重性

1918年12月，周作人在《新青年》上發表一代名文《人的文學》，提倡「人的文學」，排斥「非人的文學」。於是，「人」的發現成為提倡「人的文學」的邏輯前提。

我們要說人的文學，須得先將這個人字，略加說明。我們所說的人，不是世間所謂「天地之性最貴」，或「圓顱方趾」的人。乃是說，「從動物進化的人類」。其中有兩個要點，（一）「從動物」進化的，（二）從動物「進化」的。

由於人是「從動物」進化的，所以，即便是「人」，他身上仍然保留著「動物性」，或者說，「獸性」是「人性」的一部分，有權利得到滿足：

我們承認人是一種生物。他的生活現象，與別的動物並無不同，所以我們相信人的一切生活本能，都是美的善的，應得完全滿足。凡有違反人性不自然的習慣制度，都應該排斥改正。

但是同時又要看到，人是從動物「進化」的，應當有高於動物、比動物進步的地方：

人是一種從動物進化的生物。他的內面生活，比別的動物更為複雜高深，而且逐漸向上，有能夠改造生活的力量。所以我們相信人類以動物的生活為生存的基礎，而其內面生活，卻漸與動物相遠，終能達到高上和平的境地。

人高於動物的地方是什麼呢？就是人的「靈性」、「神性」。於是，「人的靈肉二重的生活」，才是人的完整生活；

145

「獸性與神性，合起來便只是人性」；「人類正當生活，便是這
靈肉一致的生活」。由此看來，單獨滿足人的「獸性」欲求而
置人的「靈性」法則於不顧，或僅從「神性」出發扼殺人的「獸
性」欲望，都是對「人性」的肢解。所以說：「凡獸性的餘留，
與古代禮法可以阻礙人性向上的發展者，也都應該排斥改正。」
在周作人看來，中國古代的「人性觀」恰好是處於分裂狀態的：

　　　　古人的思想，以為人性有靈肉二元，同時並存，永相衝
突。肉的一面，是獸性的遺傳；靈的一面，是神性的發端。人生
的目的，便偏重在發展這神性；其手段，便在滅了體質以救靈
魂。所以古來宗教，大都屬行禁欲主義，有種種苦行，抵制人類
的本能。一方面卻別有不顧靈魂的快樂派，只願「死便埋我」。
其實兩者都是趨於極端，不能說是人的正當生活。

　　　　人的「獸性」與「神性」，又可以表述為「物質」與「精
神」兩個方面：「人的生活可以分為物質的與精神的兩個方面，
物質的方面是安全的生活，精神的方面是自由的發展。」[1]「人
性」還表現為「利己」與「利他」的合一：

　　　　彼此都是人類，卻又各是人類的一個。所以須營一種利己
而又利他，利他即是利己的生活。第一，關於物質的生活，應該
各盡人力所及，取人事所需。換一句話，便是各人以心力的勞
作，換得適當的衣食住與醫藥，能保持健康的生存。第二，關於
道德的生活，應該以愛智信勇四事為基本道德，革除一切人道以
下或人力以上的因襲的禮法，使人人能享自由真實的幸福生活。
這種「人的」理想生活，實行起來，實於世上的人無一不利。

---

[1]　周作人：《新村的理想與現實》，《周作人文類編》卷一，湖南文藝出
　　版社，1998年版，第144頁。

於是，周作人「所說的人道主義，並非世間所謂『悲天憫人』或『博施濟眾』的慈善主義，乃是一種個人主義的人間本位主義。這理由是，第一，人在人類中，正如森林中的一株樹木森林盛了，各樹也都茂盛。但要森林盛，去仍非靠各樹各自茂盛不可。第二，個人愛人類，就只為人類中有了我，與我相關的緣故。墨子說，『愛人不外己，己在所愛之中』，便是最透徹的話。上文所謂利己而又利他，利他即是利己，正是這個意思，所以我說的人道主義，是從個人做起。要講人道，愛人類，便須先使自己有人的資格，占得人的位置。耶穌說，『愛鄰如己『。如不先知自愛，怎能『如己』的愛別人呢？」由此他批判所謂「無我的愛」：「純粹的利他，我以為是不可能的。人為了所愛的人，或所信的主義，能夠有獻身的行為。若是割肉飼鷹，投身給餓虎吃，那是超人間的道德，不是人所能為的了。」

周作人關於「人」或「人性」的發現，主要是受西方人道主義觀念影響所致。《人的文學》指出：

歐洲關於這「人」的真理的發見，第一次是在十五世紀，於是出了宗教改革與文藝復興兩個結果。第二次成了法國大革命，第三次大約便是歐戰以後將來的未知事件了。

中國講到這類問題，卻須從頭做起，人的問題，從來未經解決……如今第一步先從人說起……從新要發見「人」，去「闢人荒」，也是可笑的事。但老了再學，總比不學該勝一籌罷。

這給當時中國文學界、文化界吹進了一股新風。

2、「人的文學」之首倡

在發現「人性」是「獸性」與「神性」合一的基礎上，周

作人提出了「人的文學」的概念：

我們現在應該提倡的新文學，簡單的說一句，是「人的文學」。應該排斥的，便是反對的非人的文學。

用這人道主義為本，對於人生諸問題，加以記錄研究的文字，便謂之人的文學。其中又可以分作兩項，（一）是正面的，寫這理想生活，或人間上達的可能性；（二）是側面的，寫人的平常生活，或非人的生活，都很可以供研究之用。

人的文學，當以人的道德為本，這道德問題方面很廣，一時不能細說。現在只就文學關係上，略舉幾項。譬如兩性的愛，我們對於這事，有兩個主張。（一）是男女兩本位的平等。（二）是戀愛的結婚。世間著作，有發揮這意思的，便是絕好的人的文學。如諾威伊孛然（Ibsen）的戲劇《娜拉》（Et Dukkehjem）《海女》（Fruen fra Havet），俄國托爾斯泰（Tolstoj）的小說Anna Karenina，英國哈兌（Hardy）的小說《台斯》（Tess）等就是。

「人的文學」不是不可以寫人的獸性生活，關鍵取決於作者的態度：「這一類中寫非人的生活的文學，世間每每誤會，與非人的文學相溷，其實卻大有分別。譬如法國莫泊三（Maupassant）的小說《一生》（Une Vie），是寫人間獸欲的人的文學；中國的《肉蒲團》卻是非人的文學。俄國庫普林（Kuprin）的小說《坑》（Jama），是寫娼妓生活的人的文學；中國的《九尾龜》卻是非人的文學。這區別就只在著作的態度不同。一個嚴肅，一個遊戲。一個希望人的生活，所以對於非人的生活，懷著悲哀或憤怒；一個安於非人的生活，所以對於非人的生活，感著滿足，又多帶些玩弄與挑撥的形跡。簡明說一句，人

的文學與非人的文學的區別，便在著作的態度，是以人的生活為是呢，非人的生活為是呢這一點上。材料方法，別無關係。」

在周作人看來，中國文學中，「人的文學」本來極少。首先，「從儒教道教出來的文章，幾乎都不合格。」其次，「單從純文學上」來看，中國古代文學不出以下十類：

1、色情狂的淫書類

2、迷信的鬼神書類（《封神榜》《西遊記》等）

3、神仙書類（《綠野仙蹤》等）

4、妖怪書類（《聊齋志異》《子不語》等）

5、奴隸書類（甲種主題是皇帝狀元宰相，乙種主題是神聖的父與夫）

6、強盜書類（《水滸》《七俠五義》《施公案》等）

7、才子佳人書類（《三笑姻緣》等）

8、下等諧謔書類（《笑林廣記》等）

9、黑幕類

10、以上各種思想和合結晶的舊戲。

周作人批評說：「這幾類全是妨礙人性的生長，破壞人類的平和的東西，統應該排斥」[1] 在1919年3月撰寫的《思想革命》一文中，周作人說：

> 近年來文學革命的運動漸見功效……在雜誌及報章上面，常常看見用白話做的文章，白話在社會上的勢力，日見盛大、這是很可樂觀的事。但我想文學這事物本合文字

---

[1] 以上引文均見《人的文學》，《周作人文類編》卷三，湖南文藝出版社1998年版，第33頁。

與思想兩者而成，表現思想的文字不良，固然足以阻礙文學的發達，若思想本質不良，徒有文字，也有什麼用處呢？……話雖容易懂了，思想卻仍然荒謬，仍然有害。好比「君師主義」的人，穿上洋服，掛上維新的招牌，難道就能說實行民主政治？這單變文字不變思想的改革，也怎能算是文學革命的完全勝利呢？

倘若換湯不換藥……還不如不做的好。因為從前的荒謬思想，尚是寄寓在晦澀的古文中間，看了中毒的人，還是少數，若變成白話，便通行更廣，流毒無窮了，所以我說，文學革命上，文字改革是第一步，思想改革是第二步，卻比第一步更為重要。

這「人的文學」的宣導，即可看作文學思想革命、內容革命的舉動。

1920年1月，周作人在一篇題為《新文學的要求》的講演中，引人注目的兩次使用了「現代」的概念，他認為「人性的文學」和「人類的文學」是「現代文學」最重要的品格，也是「新文學」需要努力的方向。

周作人宣導「人的文學」，認為文學應當表現完整的人性，即神性與獸性、理性與感性的統一。這種觀點影響很大。二十世紀三十年代，梁實秋強調文學要表現普遍人性，與此一脈相承。在1928年出版的評論集《文學的紀律》中，梁實秋指出：文學應「發於人性，基於人性，亦止於人性」，「表示出普遍固定之人性」。他認為人性是二元的，一是以想像情感為代表的病態的自我，「需要被控制」，二是以理性為代表的健康的自我，可以「施加控制」。在人性二元中，必須「以其理性的紀律為基

礎」。因此他既肯定文學有表現人的自然情感和想像的權利，又主張「以理性駕馭情感，以理性節制想像」，堅持主張文藝創作上「合於理性的束縛」。在《白璧德及其人文主義》一文中，他指出：文學「必其內容有深刻的用意，忠於人性的真實，然後才有價值」。「文學既是人性的產物，文學批評即以人性為標準。」在《文學與革命》一文中，他指出：「偉大的文學乃是基於固定的普遍的人性，從人心深處流出來的情思才是好的文學，文學難得的是忠實──忠於人性，至於與當時的時代潮流發生怎樣的關係，是受時代的影響，還是影響到時代，是與革命理論結合，還是為傳統思想所拘束，滿不相干，對於文學的價值不發生關係，因為人性是測量文學的唯一標準。」[1]這都可以看到周作人思想的痕跡，是周作人「人的文學」的重申與發展。1935年，朱自清在《〈新中國文學大系‧詩集〉導言》中評價「周氏提倡人道主義的文學」：這是「時代的聲音」，「至今還為新詩特色之一」。可見其影響之深遠。

3、「個性的文學」

周作人認為「人性」應是「利己」與「利他」的統一，不過兩者並不是平列的關係，「利己」是「利他」的動因，「利他」是「利己」的邏輯延伸。於是，由「人的文學」又衍生出「個性的文學」口號，成為「五四」文學革命的又一口號。

有研究者指出：「在中國現代作家中，周作人是受個人主義影響最大最深的人之一，他從倫理道德、人生觀上較為全面

---

[1] 《文學與革命》，1928年6月《新月》第1卷第4號。

地接受了個人主義的價值體系和人性理論，在對政治、社會、宗教、習俗、道德的評判中，表現出個人主義的總的態度、傾向和信念。」[1]周作人追求「利己而又利他，利他即是利己的生活」[2]。五四時期惲代英等人組織了共產主義性質的「新村實驗」。周作人對「新村精神」的概括是：「一切的人都是這樣的人：盡了對於人類的義務，卻又完全發展自己的個性。」[3]在周作人看來，人才是世界的中心，社會則是人的派生，而國家、種族更在其次。「人類或社會本來是個人的總體，抽去了個人便空洞無物。」[4]、「中國的革命尚未成功，至今還在進行，論理應該是民族自覺的時代，但是中國所缺少的，是徹底的個人主義，雖然盡有利己的本能。」[5]他激烈批評為了社會而犧牲個人：「倘若用了什麼名義，強迫人犧牲了個性去侍奉白癡的社會，──美其名迎合社會心理，──那簡直與借了倫常之名強人忠君，借了國家之名強人戰爭一樣不合理了。」[6]以此去觀照文學創作，「個人」成了文學價值的最高標準：「這文學是人類的，

[1] 李今：《個人主義與五四新文學》，北方文藝出版社1992年版，第87頁。
[2] 《人的文學》，《周作人文類編》卷三，湖南文藝出版社1998年版，第33頁。
[3] 周作人：《新村的精神》，《周作人文類編》卷一，湖南文藝出版社1998年版，第127頁。
[4] 周作人：《文藝的統一》，《周作人文類編》卷三，湖南文藝出版社1998年版，第77頁。
[5] 周作人：《〈潮州佘歌集〉序》，《周作人文類編》卷六，湖南文藝出版社1998年版，第568頁。
[6] 周作人：《自己的園地》，《周作人文類編》卷三，湖南文藝出版社1998年版，第63頁。

也是個人的；卻不是種族的，國家的，鄉土及家庭的。」[1]、
「因此我們可以得到結論：（1）創作不宜完全沒煞自己去模仿
別人，（2）個性的表現是自然的，（3）個性是個人唯一的所
有，而又與人類有根本上的共通點，（4）個性就是在可以保存
範圍內的國粹，有個性的新文學便是這國民所有的真的國粹的文
學。」[2]「我想現在講文藝，第一重要的是『個人的解放』，其
餘的主義可以隨便；人家分類的說來，可以說這是個人主義的文
藝，然而我相信文藝的本質是如此的……」[3]郭沫若曾經宣稱：
「我們反抗不以個性為根底的既成道德。」[4]「五四」文學革命
宣導的新道德以以尊重個性權利、維護個人權益的個人主義基
礎，並要求文學表現「個人的解放」，具有非同小可的意義。郁
達夫指出：「五四運動，在文學上促生的新意義，是自我的發
見……自我發見之後，文學的範圍就擴大，文學的內容和思想，
自然也就豐富起來了。」[5]

七、毛澤東人學思想的前後演變

在中國現當代歷史上，毛澤東的影響無疑是最大的而且最
長久的。從毛澤東思想[6]的實際影響來看，敘述毛澤東的人學思

---

[1] 周作人：《新文學的要求》，《周作人文類編》卷三，湖南文藝出版社
　　1998年版，第46頁。
[2] 周作人：《個性的文學》，《周作人文類編》卷三，湖南文藝出版社
　　1998年版，第53頁。
[3] 周作人：《文藝的討論》，《周作人文類編》卷一，湖南文藝出版社
　　1998年版，第65—66頁。
[4] 郭沫若：《我們的文學新運動》，1923年5月《創造週報》第3號。
[5] 郁達夫：《五四文學運動之歷史的意義》，《文學》1933年第7期。
[6] 按：本書所述的「毛澤東思想」，取狹義，指毛澤東本人的思想，不包

想,將他放在當代一編中述評更為合適;而由於毛澤東在建國以後三十多年中占統治地位的人學思想實際上在建國之前就形成了,因而本書仍將他置於中國現代人學史一編中加以述評,並述及建國之後其人學思想的新的發展變化。

毛澤東,馬克思列寧主義者,中國共產黨創始人,中華人民共和國締造者。字潤之,湖南湘潭人。生於1893年12月26日,1976年9月9日逝世。出身於富裕農民家庭。1913年進長沙湖南第一師範學校求學,受老師楊濟昌和譚嗣同、曾國藩、孟子、陳獨秀、克魯泡特金、泡爾生、馬克思等人的影響,以「貴我」、「利己」、「唯心」、「尚鬥」為追求,為《新青年》撰寫文章,創辦《湘江評論》、建立新民學會和俄羅斯研究會,組織社會主義青年團和共產主義小組,投身「五四」新文化運動。1939年在紀念五四運動二十周年時,毛澤東曾說:「五四運動的成為文化革新運動,不過是中國反帝反封建的資產階級民主革命的一種表現形式。」[1],「五四」前後的毛澤東正是以資產階級民主革命戰士的形象歷史舞臺上的。1921年7月,他代表湖南共產主義小組到上海出席中國共產黨第一次代表大會,會後出任中國共產黨湘區(包括江西安源)委員會書記,標誌著他已在組織上轉變為馬克思主義者。1925年12月發表《中國社會各階級的分析》,1927年3月發表《湖南農民運動考察報告》,不僅將馬克思的唯物史觀和階級鬥爭學說引入中國革命,而且提出了堅持無產階級對資產階級民主革命的領導權和依靠農民同盟軍進行民主革命的主張,初步形成了無產階級領導的工農聯盟反帝反封建的

括中國共產黨其他領導人的「集體創造」。

[1]　《五四運動》,《毛澤東選集》第二卷,人民出版社1991年版,第545頁。

資產階級民主革命──即「新民主主義革命」的概念，並在1926年主持廣州農民運動講習所（第六屆），同年11月到上海，任中共中央農民運動委員會書記，從思想到實踐上都標誌著毛澤東已開始成為馬克思主義者，並開始告別陳獨秀（陳主張資產階級民主革命領導權應由資產階級擁有）。1927年蔣介石、汪精衛發動軍事政變後，毛澤東在8月7日中共中央於漢口召開的政治局擴大會議上，提出「槍桿子裡面出政權」的著名論斷。他將這種思想運用於實踐，舉行秋收起義，創建了工農革命軍第一師和井岡山第一個農村革命根據地。後與朱德、陳毅會師，組成工農革命軍（後改稱紅軍）第四軍，毛澤東住黨代表，朱德任軍長。中共軍隊組建、壯大後，從1930年11月開始相繼遭到國民黨政府軍隊的五次圍剿，被迫於1934年10月退出中央根據地，開始長征。1935年1月，中共中央在貴州遵義召開政治局擴大會議，毛澤東當選為政治局常委，隨後在行軍途中又組成毛澤東、周恩來、王稼祥參加的三人軍事指揮小組，結束了王明左傾路線在中央的統治，確立了毛澤東在黨內的領導地位。1936年12月，毛澤東被推選為中共中央軍委主席。抗日戰爭爆發期間，毛澤東發表了《論持久戰》、《統一戰線中的獨立自主問題》等著作和講話，批判了悲觀論和速勝論，確立了建立抗日民族統一戰線和堅持獨立自主的方針、路線。1942年號召開展全黨範圍的整風運動，強調黨的政治統一、組織統一、思想統一，為奪取抗戰的最後勝利奠定了基礎。1943年起擔任中央政治局主席、中央書記處主席。抗戰勝利後，率領中共軍隊和全國人民打敗國民黨政府及其軍隊，取得了解放戰爭和新民主主義革命的勝利。1949年9月21日，毛澤東在中國人民政治協商會議第一屆全體會議上當選為中華人民共

和國中央人民政府主席。10月1日，宣告中華人民共和國成立。
此後，毛澤東一直擔任中共中央委員會主席、中共中央政治局主
席、中共中央軍委主席，直至逝世，實際上是集黨、政、軍最高
權力於一身的最高領導人[1]，他的思想作為占統治地位的思想，
「統一」了中國近四十年。

新民主主義革命勝利後，按他在1940年《新民主主義論》中
的設想，本來要「建立新民主主義的社會和建立各個革命階級[2]
聯合專政的國家」。但到了1949年3月中共七屆二中全會時，毛
澤東則指出，新民主主義革命勝利後，要不停頓地轉變為社會主
義革命。於是建國初期，中共按照毛澤東確定的路線，開展了對
「農業、手工業和資本主義工商業」的社會主義改造，改造的目
標是農業合作化和國家工業化。私有制取消之後，1958年發動了
「一大二公」的農村人民公社化運動和「大躍進」運動。在經濟
領域開展「大公無私」的所有制改造的同時，在政治思想領域乃
至整個社會生活領域大搞「興無滅資」的階級鬥爭，從1959年批
判彭德懷、反右派，到六十年代的「四清」、「文化大革命」、
批判劉少奇和鄧小平，提出「資產階級就在共產黨內」，都是這
種「階級鬥爭」擴大化的表現。於是，原先設想的「新民民主義
共和國」中參加「聯合專政」的資產階級，到了「社會主義革
命」時期成了革命、批判的對象。

無論是新民主主義時期還是社會主義革命時期的毛澤東，
都是馬克思列寧主義者，其思想主張是統一的。現行《毛澤東選
集》一至四卷選錄了1925年以後新民主主義革命時期毛澤東的論

---

[1] 20世紀50年代末國家主席由劉少奇擔任，「文革」中不設國家主席。
[2] 引者按：包括民族資產階級和小資產階級。

著，第五卷選錄了社會主義革命時期毛澤東的論著。它們集中反映了毛澤東的唯物史觀、階級鬥爭、無產階級專政和社會主義的學說，而「五四」前後的毛澤東其思想恰好與此形成鮮明對照。1925年當毛澤東發表《中國社會各階級的分析》時已32歲。顯然，這之前毛澤東對社會對人生就有了自己的思考和看法，它們勢必在毛澤東此後的思想歷程中留下深遠的影響。遺憾的是，現在公開出版的《毛選》未收「五四」前後青年毛澤東的論著。從實際情況看，從1914年（毛澤東時年21歲）開始到1920年，毛澤東寫過好多文章、書信，代表作如《講堂錄》（1914—1915）、《倫理學原理批語》（1917—1918）、《體育研究》（1919），它們集中展示了接受馬克思學說之前的毛澤東「唯心」、「貴我」、「好鬥」等思想。研究毛澤東思想，包括其人學思想，應當將毛澤東的前後變化聯繫起來。只有這樣才能準確、完整把握毛澤東思想，才能加深對毛澤東思想的理解。

1、從共同人性論到階級人性論

20世紀初的中國，康有為、梁啟超為代表的戊戌變法雖然失敗了，但改良派重視人性人心的改良對社會改良重要作用的思想卻成為那個時代的通識。梁啟超的「欲新人心必新小說」、陳獨秀的「道德革命」、魯迅的「改造國民性」等口號，均出於人性改良的思路。毛澤東也不例外。在人與物的關係上，他認為人比物更重要。「山河大地，一無可據，而可恃惟我。」[1]、「吾從前固主無我論，以為只有宇宙，今知其不然，蓋我即宇宙

---

[1] 《講堂錄》，轉引自李澤厚《中國現代思想史論·青年毛澤東》，東方出版社1987年版。

也。」[1]這裡的「我」作為與「宇宙」相對待的一個概念，實即指「人」。毛澤東早年創辦「新民學會」，即以「砥礪品行、改良人心風俗為宗旨」[2]。

那麼，人心、人性是怎樣的呢？「五四」時期的毛澤東是從他後來批評為「抽象人性論」的「共同人性論」角度立論的。這普遍共同的人性，一是人的食色溫飽之生物屬性，一是人的良知意志之精神屬性。他說：「人者，動物也。」生物欲求是人的基本欲求。「自有生民以來，……無不知自衛其事者[3]。是故西山之薇，饑極必食（顧不得道德意識了）；井上之李，不容不咽」[4]。雖然「對立志而言」，「志不在溫飽」，生物欲求不是人性的全部要義，「若言[5]作用則王道之極亦是衣帛食粟不饑不寒而已，安見溫飽之不可以謀也？」[6]從肯定人的基本生物欲求出發，青年毛澤東提出，道德的當然律應當符合人性的自然律：「蓋（道德）意志本原於（生理）衝動，意志者之良心何獨不然！……要之二者原為一物……吾人之良心固未有不以食欲性欲之事為然者也……良心不過加以節制而已，並非反對它，其節制正所以完成衝動之本職也，故良心與衝動理應一致」[7]。

---

[1] 《倫理學原理批語》，轉引自李澤厚《中國現代思想史論・青年毛澤東》，東方出版社1987年版。

[2] 該會會章。

[3] 引者按：指養生之事。

[4] 《體育之研究》，載《新青年》1917年4月。

[5] 生物欲求──引者。

[6] 均見《講堂錄》，轉引自李澤厚《中國現代思想史論・青年毛澤東》，東方出版社1987年版。

[7] 《倫理學原理批判》，轉引自李澤厚《中國現代思想史論・青年毛澤東》，東方出版社1987年版。

基於對人的生物本性的重視，毛澤東重視人的體魄鍛鍊。他說：「人類自養其生之道，使身體平均發達，而有規則，次序之可言也。」、「欲文明其精神，先自野蠻（即指鍛鍊）其體魄。苟野蠻其體魄矣，則文明之精神隨之。……體全則而知識之事以全。」[1]此外，受無政府主義者人天生愛勞動之性善論影響，青年毛澤東還強調勞動、運動乃至鬥爭給人類帶來的快樂：「人者，動物也，則動尚矣……動也者，蓋養乎吾生、樂乎吾心而已。」[2]、「我現在很想作工……我現在頗感覺專門用口用腦的生活是苦極了的生活。我想我總要有一個時期專用體力去作工就好。」[3]、「我所願做的工作，一教書，一新聞記者。……現覺專用腦力的工作很苦，想學一宗用體力的工作，如打襪子、制麵包之類……」[4]、「身體弱就只有讀書人。要矯正這弊病，……個人方面須養成工讀並行的習慣，至少也要養也讀書和遊戲並行的習慣。」[5]

　　毛澤東早期對人的基本屬性——生物欲求和物質欲求的重視，使他後來很容易也接受了馬克思的唯物主義：人們首先必須吃喝穿住，然後才能從事上層建築和意識形態的各項工作。他主

---

[1]　《體育之研究》，轉引自李澤厚《中國現代思想史論・青年毛澤東》，東方出版社1987年版。

[2]　《體育之研究》，轉引自李澤厚《中國現代思想史論・青年毛澤東》，東方出版社1987年版。

[3]　1920年11月26日給羅榮熙信。《新民學會資料》，人民出版社1980年版，第72頁。

[4]　《新民學會會務報告第2號》1921年夏刊，《新民學會資料》，人民出版社1980年版，第39頁。

[5]　1920年11月26日給羅家瓚信。《新民學會資料》，人民出版社1980年版，第120頁。

張被壓迫階級起來造反，稱讚農民運動「好得很」，完全也是出於這種對人的基本生存權利的肯定。在毛澤東後來領導的工農武裝革命中，我們可以看到早期的這樣一種道德觀念：即道德「良心未有不以食欲性欲之事為然者也」。從重視人的物質欲求和生物欲求出發接受了馬克思唯物主義以後的毛澤東，當用唯物主義觀照歷史、社會時，就產生了經濟基礎決定意識形態、社會存在決定人的思想感情的唯物史觀和階級屬性論，再由唯物史觀和階級屬性論去觀照人性，就得出了否定共同人性的階級人性論。而其最終結論，不僅否定了資產階級等非無產階級的人性基本欲求，而且把無產階級人民大眾的起碼生存欲求在後來進行的社會主義革命中都當作資產階級的反動利己主義欲求而否定了。1942年，毛澤東《在延安文藝座談會上的講話》中明確、完整地提出了他階級人性論：「有沒有人性這種東西？當然有的。但是只有具體的人性，沒有抽象的人性。在階級社會裡就是只有（注意「只有」二字。魯迅後期主張人性「帶有」階級性，批評以為人性「只有」階級性的觀點，可見出魯、毛之異同）帶著階級性的人性，而沒有什麼超階級的人性。」、「至於所謂『人類之愛』，自從人類分化成為階級以後，就沒有過這種統一的愛。過去的一切統治階級喜歡提倡這個東西，許多所謂聖人賢人也喜歡提倡這個東西，但是無論誰都沒有真正實行過，因為它在階級社會裡是不可能實行的。真正的人類之愛是會有的，那是在全世界消滅了階級之後。階級使社會分化為許多對立體，階級消滅後，那時就有了整個的人類之愛，但是現在還沒有。我們不能愛敵人，……我們的目的是消滅這些東西。」、「我們主張無產階級的人性，人民大眾的人性，而地主階級資產階級則主張地主階級

資產階級的人性，不過他們口頭上不這樣說，卻說成為唯一的人性。有些小資產階級知識分子所鼓吹的人性，也是脫離人民大眾或反對人民大眾的，他們的所謂人性實質上不過是資產階級的個人主義[1]，因此，在他們眼中，無產階級的人性就合於人性。」[2]毛澤東認為，在階級社會中，沒有共同的人性，不同的階級有不同的人性。工業無產階級「經濟地位低下」，「失了生產手段，剩下兩手，絕了發財的望，又受著帝國主義、軍閥、資產階級的極殘酷待遇，所以他們特別能戰鬥」，「是中國新的生產力的代表者，是近代中國最進步的階級」[3]。後來馬克思主義教科書的闡發，工人階級處於社會最底層，受剝削最深，因而最大公無私，最有遠見，最有覺悟。換句話說，工人階級是「性善」的。農村無產階級的人性略遜於工業無產階級，但總體上說來也是「性善」的。《在延安文藝座談會上的講話》中，毛澤東通過工農與知識階層的比較，進一步闡明了他對「無產階級的人性」的看法：「拿未曾改造的知識分子和工人農民比較，就覺得知識分子不乾淨了，最乾淨的還是工人農民，儘管他的手是黑的，有牛屎，還是比資產階級和小資產階級知識分子都乾淨。」[4]毛澤東美化無產階級的人性，是為新民主主義革命服務的。到了社會主義時期，毛澤東這種無產階級人性本善的觀點仍未變化，大躍進時他說「六億神州盡舜堯」，文革中他號召「工人階級領導一

[1]　毛澤東早期是以個人主義為行為準則，並從「貴我」出發參加「五四」、走上革命道路的。
[2]　《毛澤東選集》第三卷，人民出版社1991年版，第870—871頁。
[3]　《中國社會各階級的分析》，《毛澤東選集》第一卷，人民出版社1991年版，第8頁。
[4]　《毛澤東選集》第三卷，人民出版社1991年版，第851頁。

切」,「向貧下中農學習」,再如說「要具有無產階級的徹底革命精神,不為名、不為利、不怕苦、不怕死,一心為革命」等等,都是顯徵。由於不適當地美化了無產階級的人性,不承認無產階級身上也存在著好逸惡勞、自私自利等普遍的人性弱點,過高地估計了無產階級的自覺性和集體主義精神,因而在經濟活動中缺少有效的制約和防範機制,「主人」們在社會主義公有制的大樹下出工不出力、損公肥私,「公僕」在社會主義公有制的名義下假公濟私、以公為私,結果,社會主義經濟走到了崩潰邊緣。

在美化無產階級人性的同時,毛澤東對地主階級、資產階級和知識分子的人性作了以偏概全的批判。地主階級雖然是新民主主義革命的對象,但地主階級也應有正常的生存權利,地主階級中也有進步的人性思想的閃光,而毛澤東對地主階級的人性是一概否定的。資產階級本是新民主主義革命的同盟力量,但按毛澤東的看法,中國的民族資產階級具有先天的軟弱性,不能承擔領導民主革命的重任;資產階級宣揚的個人主義,則與反帝反封建的革命鬥爭所要求的「一不怕苦、二不怕死」精神不合,因而也被視為「性惡」。而舊社會的知識分子由於出身於有產階級,因而只能叫做「資產階級和小資產階級知識分子」,它們有一個思想改造的任務。如果說在民主革命時期還需要聯合資產階級和知識分子共同反帝反封建,那麼在強調無產階級與資產階級鬥爭的社會主義革命時期,資產階級和知識分子則成了革命對象,地主階級的殘餘及其子女則非常危險,值得嚴加管制。所以整個社會主義革命時期,興無滅資、反右、批判「臭老九」、批判地富反壞,成為毛澤東「性惡」人性論導致的必然實踐。這種實踐對基本人性的踐踏在文化大革命中達到了頂峰。據《北京文學》

1998年第9期《「文化大革命」野蠻性和殘酷性的文化根源》披露：「1966年8月26日，大興縣公安局局務會議，傳達了謝富治在市公安局擴大會議上的講話。……從此，鬥打、亂殺事件日益嚴重，由開始時鬥打個別『表現不好』的『四類分子』，發展到鬥打一般的『四類分子』；由一個大隊消滅一兩個、兩三個『尖子』，發展到一個大隊一下子打死十來個甚至幾十個；由開始打殺『四類分子』本人，發展到亂殺家屬子女和有一般問題的人，最後發展到全家被殺絕。自8月27日至9月1日，該縣的13個公社48個大隊，先後殺害『四類分子』及其家屬共325人。最大的80歲，最小的僅38天，有22戶被殺絕。又如在『文革』中，廣西許多地方流行光天化日之下戮割肢解『牛鬼蛇神』等活人，然後煮熟分食的最野蠻暴行。僅在廣西武宣縣，被吃者就達一百幾十人。其中被吃肉後砍頭的一人，挖心肝的56人，割生殖器的13人，全部吃光（連腳底板都被吃光）的18人，活割生剖的7人。在武宣縣武宣中學，甚至出現了大批學生批鬥完老師、校長之後，在校園內就地架起簡易爐灶，將他們剖腹戮割、煮熟分食的慘劇。吳樹芳老師在批鬥中被打死後，肝被烘烤藥用。」無產階級在剝奪「性惡」的資產階級以及地富反壞右分子的所有人性欲求時，自己的人性基本欲求——生存欲求也被視為「資產階級個人主義」而得不到理直氣壯的滿足。於是，無產階級及其先鋒隊共產黨在滿足個人的基本人性欲求時，必須打著社會主義、集體主義或大公無私的旗號。要維持人的正常生存，無產階級和共產黨員就必須口是心非，做兩面人；要充當名副其實的大公無私的無產階級和共產黨員，就必須忍饑挨餓，過窮日子。

階級人性論實質上是一種不平等的差等人性論。差等人性

論正是古代封建社會統治階級為美化自己、論證自己統治的合法性、醜化被統治者、論證被統治者必須接受奴役的必然性而提出的一種人學依據，這就是「性三品」論。它所反對的正是先秦思想家們提出的具有務實色彩和平等意義的共同人性論。明末清初以來啟蒙主義思想家從追求平等、反對專制的主張出發，進而以共同人性論批判差等人性論。可見共同人性論作為一種平等人性論，在歷史上是有進步意義的。事實上，在階級社會中，正如魯迅指出的那樣，人性帶有階級性，但不是只有階級性。不同的階級所以都叫做「人」，他們之間必然存在著共同的人性。這共同的人性最典型的表現，即人的食色欲求、生物屬性（其實，在精神領域，比如道德觀念領域，不同的階級也可能相通性）。遺憾的是，這種客觀存在、具有平等意義的共同人性論被毛澤東作為「資產階級的抽象人性論」給一筆否定了。代之而起的階級人性論以階級為標準，將人性一分為二，好的一切皆好，純善無惡，壞的一切皆壞，純惡無善，無產階級及其政黨和領袖被美化成了神（如文革中對毛澤東的神化那樣），地主資產階級被醜化成了魔鬼（如建國後一些文藝作品能歪曲的那樣），曾經為近代啟蒙思想家批判過的封建專制主義「性三品論」在新形勢下改頭換面復活了。這種人性論雖然有助於無產階級專政的建立，卻無助於無產階級專政的生存。毛澤東在社會主義時期的失誤可以從許多方面去總結，而否定共同人性的階級人性論是思維教訓之一。

成為馬克思主義者的毛澤東雖然以階級人性論取代了「五四」時期的人性思想，但他早期的某些人性思想在他後來仍有所保留。如在人與物的關係上，他早年重人而輕物，後期也是這樣。如1938年《論持久之戰》中指出：「武器是戰爭的重要因

素，但不是決定的因素，決定的因素是人不是物。」在1949年《唯心歷史觀的破產》中說：「世間一切事物中，人是第一可寶貴的。在共產黨領導下，只要有了人，什麼人間奇跡也可以造出來。」在社會主義時期，他指出：「一切物質因素只有通過人的因素，才能加以開發利用。」[1]不過，在階級觀點形成後，毛澤東的強調的「人」指「人民」、「群眾」，所謂「群眾是真正的英雄」，「人民，只有人民，才是創造世界歷史的動力」。毛澤東何以如此強調人的作用呢？這與他對人的主觀能動性的重視有關：「思想等等是主觀的東西，做或行動是主觀見之於客觀的東西，都是人類特殊的能動性。這種能動性，我們名之曰『自覺的能動性』，是人之所以區別於物的特點。」[2]看到人的主觀能動性是不錯的，但人的主觀能動性的發揮畢竟受到客觀因素的制約，無視這種制約，以為人可以創造一切「人間奇跡」，就把人的作用誇大到了脫離現實的地步。正是在這種思想的指導下，毛澤東徹底否定馬爾薩斯的人口論和馬寅初的計劃生育建議，擬定了建國初期放縱生育的人口政策。他說：「中國人口眾多是一件極大的好事。再增加多少倍人口也完全有辦法，這辦法就是生產。西方資產階級經濟學家如馬爾薩斯者流所謂食物增加趕不上人口增加的一套謬論，不但被馬克思主義者早已從理論上駁得乾乾淨淨，而且已被革命後的蘇聯和中國解放區的事實的完全駁倒。」[3]、「我們相信革命能改變一切，一個人口眾多、物產豐

---

[1]　《毛澤東選集》第五卷，人民出版社1991年版，第278頁。

[2]　《論持久戰》，《毛澤東選集》第二卷，人民出版社1991年版，第469頁。

[3]　《唯心歷史觀的破產》，《毛澤東選集》第四卷，人民出版社1991年版，第1511頁。

盛、生活優裕、文化昌盛的新中國，不要很久就可以到來，一切悲觀論調是完全沒有根據的。」[1]後來的事實表明，毛澤東此論過於樂觀。此外，毛澤東早年重視人的體魄鍛鍊，這一思想他後來一直未變，而且融化在他的行動中，直到六十年代中後期，七十歲高齡的他仍暢遊長江。

2、從唯心主義到唯物主義

毛澤東前後人學思想的另一類化是從唯心到唯物的轉變。然而在他後期唯物主義的主張背後，早期的唯心思想又通過誇大人的主觀能動性的方式曲折地保存了下來。

「五四」前後的毛澤東在人、物關係上重人輕物。當與物相對時，「人」、「我」同時就具有了主體、主觀的品格。重人、貴我，也即唯心是尚。這方面，孟子的「盡心知天」、陸王心學和資產階級改良派的唯心、唯識主張以及導師楊濟昌、陳獨秀等人給青年毛澤東以深刻影響。毛澤東天生的情感氣質，也使他很容易接受「五四」前後的唯心思潮。毛澤東曾自述，「我太富於感情」，「易被感情驅使」[2]。這種氣質的他從小受到過孟子、陸王心學的薰陶，20歲到湖南第一師範讀書時又受到老師楊濟昌的教導。楊濟昌說：「……體魄界之中心點，吾身是也；靈魄界之中心點，吾心之靈是也。總之，天地萬物，以吾為主。……孔子曰：『古之學者為己。』孟子曰：『萬物皆備於我矣。』……宇宙內事，皆吾性分中事。為己者，為此也。」[3]楊

[1] 《唯心歷史觀的破產》，《毛澤東選集》第四卷，人民出版社1991年版，第1512頁。

[2] 1920年6月7日與黎邵西書。

[3] 轉引自王興國：《楊濟昌的生平及思想》，湖南人民出版社1981年，第

濟昌以「吾心」為尚，推崇曾國藩、譚嗣同。曾國藩對心性修養
的重視、譚嗣同的唯識唯心思想，以及後來主辦《新青年》的陳
獨秀對「道德革命」、思想革命的提倡，均對青年毛澤東唯心思
想的產生起了助長作用。毛澤東曾寫過《心之力》一文，很為楊
濟昌欣賞，惜今不存。在給泡生《倫理學原理》所寫的批語中，
他完整地表述了自己的唯心主張：「世界固有人有物，然皆因我
而有也。我眼一閉，固不見物也。」、「吾從前固主無我論，以
為只有宇宙。今知其不然，蓋我即宇宙也。若除去我，即無宇
宙。各我集合，而成宇宙。而各我又以我而存，苟無我，何有各
我哉！是故，宇宙可尊者，惟我也；可畏者，惟我也；可服從
者，惟我也。我以外無可尊，有之亦由我推之；我以外無可畏，
有之亦由我推之；我之外無可服從，有之亦由我推之也。」[1]、
「夫思想主人之心，道德範人之行，二者不潔，遍地皆汙。蓋二
者之勢力無處不為所彌漫也。」[2]毛澤東組織新民學會，不僅是
為改造人的，更直接的是為改良人心的。

　　基於唯心的世界觀和人生觀，早年毛澤東提出「主觀的道德
律」並推崇之：「道德非必待人而有，待人而有者，客觀之道德
解；獨立所有者，主觀之道德解。」、「主觀之道德解」即「吾
人欲自盡其性、自完其心」，這是「最可寶貴之道德解」[3]成為
馬克思主義者以後，毛澤東的唯心思想開始向唯物主義轉變。這

　　53—54頁。
[1]　《倫理學原理批語》，轉引自李澤厚《中國現代思想史論‧青年毛澤
　　　東》，東方出版社1987年版。
[2]　1917年8月23日與黎邵西書。
[3]　均見《倫理學原理批語》，轉引自李澤厚《中國現代思想史論‧青年毛
　　　澤東》，東方出版社1987年版。

個「物」不是靜態的自然物，而是人類物質性的生產實踐和社會鬥爭、包括階級鬥爭生活。不僅二十年代一系列血與火的鬥爭教育了毛澤東，而且1927年陳獨秀坐而論道的投降主義路線所產生的嚴重後果改變了毛澤東。先進行思想改良和道德革命不行，還必須進行現實鬥爭和暴力革命。階級鬥爭和暴力革命光憑主觀主義想當然不行，還必須從實踐出發，在實踐中產產生正確的思想認識，用物質性的活動去檢驗真理。1929年12月，在〈關於糾正黨內的錯誤思想〉一文中，毛澤東對「主觀主義」的批評，標誌著他與早期唯心論的告別：「主觀主義，在某些黨員中濃厚地存在，這對分析政治形勢和指導工作，都非常不利。因為對於政府形勢的主觀主義的分析和對於工作的主觀主義的指導，其必然的結果，不是機會主義，就是盲動主義。」1930年5月，在《反對本本主義》中，毛澤東明確指出：「離開實際調查就要產生唯心的階級估量和唯心的工作指導，那麼，它的結果，不是機會主義，便是盲動主義。」、「必須洗刷唯心精神，防止一切機會主義盲動主義錯誤出現，才能完成爭取群眾戰勝敵人的任務。必須努力作實際調查，才能洗刷唯心精神。」1937年7月毛澤東進一步在《實踐論》中強調了他所信奉的「唯物主義」與舊唯物主義的不同：「馬克思以前的唯物論，離開人的社會性、離開人的歷史發展，去觀察認識問題，因此不能瞭解認識對社會實踐的依賴關係，即認識對生產和階級鬥爭的依賴關係。」、「馬克思主義認為，只有人們的社會實踐，才是人們對於外界認識的真理性的標準。」、「唯心論和機械唯物論……都是以主觀和客觀相分裂，以認識和實踐相脫離為特徵的。」、「實踐、認識、再實踐、再認識，這種形式，循環往復以至無窮，而實踐和認識之每一循環

的內容，都比較地進到了高一級的程度。這就是辯證唯物論的全部認識論，這就是辯證唯物論的知行統一觀。」毛澤東的實踐唯物論，至此完全形成。此後，辯證唯物論一直是毛澤東和全黨乃至全國人民世界觀、人生觀的理論基石。唯物與唯心，成為革命與反革命、進步與反動的分水嶺。建國之後約三十年的各種理論、學說如果與「唯心主義」沾上了邊，那就等於宣判了死刑。

然而，正由於毛澤東的唯物論是以實踐為特徵的，而實踐又是以人的主觀能動性為依據的，所以在實踐唯物論的背後，毛澤東又十分重視人的主觀能動作用，重視人的精神對物質的反作用。從1942年延安整風開始，毛澤東一直把思想改造當作頭等大事來抓：「為要領導革命運動更好地發展，更快地完成，就必須從思想上組織上認真地整頓一番。而為要從組織上整頓，首先需要在思想上整頓，需要展開一個無產階級對非無產階級的思想鬥爭。」[1]知識分子作為文化思想工作者，對他們進行思想改造就顯得尤為重要：「我們的知識分子……得把自己的思想感情來一個變化，來一番改造。沒有這個變化，沒有這個改造，什麼事情都是做不好的，都是格格不入的。」[2]建國之後，思想界的鬥爭一刻沒停止過。毛澤東說：「我國社會主義和資本主義之間在意識形態方面的誰勝誰負的鬥爭，還需要一個相當長的時間才能解決。這是因為資產階級和從舊社會來的知識分子的影響還要在我國長期存在，作為階級的意識形態還要在我國長期存在。」[3]、「思想

---

[1] 《在延安文藝座談會上的講話》，《毛澤東選集》第三卷，人民出版社1991年版，第875頁。
[2] 《在延安文藝座談會上的講話》，《毛澤東選集》第三卷，人民出版社1991年版，第851頁。
[3] 《毛澤東選集》第五卷，人民出版社1991年版，第390頁。

和政治又是統帥，是靈魂。只要我們的思想工作和政治工作稍微
一放鬆，經濟工作和技術工作就一定會走到邪路上去。」[1]、「文
化大革命」說到底是一場思想革命。對此，林彪發揮為「四個第
一」，可謂心領神會：「人的因素第一，政治工作第一，思想工
作第一，活的思想第一。」因而受到毛澤東的肯定。林彪還說：
「共產主義就是講的一個『公』字，反對一個『私』字。要破私
立公，……就要從靈魂深處爆發革命。」、「精神的東西可以轉
化為物質的力量……像原子彈爆炸一樣，爆發出很大的力量。」
因而他宣導全黨全民「活學活用毛澤東思想」，說毛澤東思想
「一句頂一萬句」。於是，唯物主義變成了赤裸裸的唯心主義，
「毛主席語錄」成了不允許用實踐檢驗的「最高指示」。

3、從個人主義到集體主義

　　從個人主義到集體主義，是毛澤東前後人學思想的又一變
化。「五四」時期，青年毛澤東的行為準則是「貴我」的個人主
義。新民主主義時期，為了戰爭的需要，毛澤東竭力批判個人主
義，強調集體主義。社會主義時期，為了無產階級專政和國家的
需要，為了進行共產主義實驗，毛澤東更加強調與私有觀念徹底
決裂的集體主義。然而，在要求別人發揚集體主義精神的同時，
毛澤東本人卻自覺或不自覺地把個人凌駕於黨中央之上，走上了
個人主義甚至專制主義道路。

　　成為馬克思主義者之前的青年毛澤東是一個以我為中心的
個人主義者。「五四」前後，他正是以個人主義道德對封建專制

---

[1]　《工作方法(草案)》，1958年1月。

和北洋軍閥政府發起進攻的。這一點與唯個人主義是尚的陳獨秀一脈相通：「個人有無上之價值，有百般之價值。使無個人（或個體），則無宇宙，故謂個人之價值大於宇宙之價值可也。」、「即使世界上止有我一人，亦不能⋯⋯不盡吾之性，完吾之心，仍必盡之完之。此等處非以為人也，乃以為己也。」、「吾人惟有對於自己之義務，無期於他人之義務也。凡吾思想之所及者，吾皆有實行之義務。即凡吾所知者，吾皆有行之義務，此義務為吾精神中自然發生者。償債、踐約，及勿偷盜、勿作偽，雖系與他人關係之事，而亦系吾欲如此者也。所謂對於自己之義務者，不外一語，即充分發達自己身體及精神之能力而已。至濟人之急，成人之美與夫履危踏險，捨身以拯人，亦並不在義務以上，蓋吾欲如此方足以安吾之心⋯⋯憂人危難之事即所以慰吾心，而充分發展吾人精神之能力也。」、「或謂人在歷史中負有繼往開來之責者，吾不信也。吾惟發展吾之一身，使吾內而思維、外而行事皆達正鵠，吾死之後置吾身於歷史之中，使後人見之皆知吾確然有以自完。」、「大凡英雄豪傑之行其自己也，發其動力奮發，砥礪推輓，一往無前，其強如大風之難於長在，如色者性欲發動而尋其情人，決無有所阻回之者⋯⋯泡爾生謂大人君子非能以義務感情實現，由活潑潑地感情之衝動而陶鑄之，豈不然哉！豈不然哉！」[1]由此可見，青年毛澤東是一個極端個人主義者。他只承認個人「對於自己之義務」，不承認個人對於「他人之義務」。即便個人會做一些「濟人之急，成人之美」的好事，也是為了「慰吾心」，「充分發展吾人精神之能力」，使自己的心靈

---

[1] 均見《倫理學原理批語》，轉引自李澤厚《中國現代思想史論·青年毛澤東》，東方出版社1987年版。

得到安慰。他還指出，凡是個人想到的知道的，都有義務去實行，這也即「敢想、敢幹」的意思。

成為馬克思主義者後，現實鬥爭的需要迫使毛澤東放棄了原先信奉過的個人主義。1929年，他提出反對「極端民主化」和反對「個人主義」思想[1]。1937年，他提出「反對自由主義」，批評「以個人利益放在第一位，革命利益放在第二位」的「小資產階級的自私自利性」[2]。1939年在〈紀念白求恩〉一文中，他號召大家學習白求恩「毫無自私自利之心的精神」，學習他「毫不利己，專門利人」的「共產主義精神」。1942年，在延安文藝座談會上的講話中，他批判「資產階級的個人主義」，要求文藝為工農兵大眾服務。1944年，在紀念張思德的追悼會上，他號召全黨全軍學習張思德「全心全意為人民服務」的精神，「一切革命隊伍的人要互相關心，互相愛護，互相幫助」[3]。這些論述闡明了一個觀點，即自私自利、個人主義是資產階級的思想；為人民服務，毫不利己，專門利人是無產階級的思想、共產主義的精神。

建國以後，伴隨著革命性質的變化和公有制取代私有制的進程，毛澤東愈加強調大公無私的集體主義—社會主義精神。文革中大搞「鬥私批修」、「破私立公」，公與私、利人與利己、集體主義與個人主義水火不容。人們談我色變，談私色變，個人

的欲望、意志、權利，包括人的基本生物欲求都變成了種罪過。於是社會主義變成了與人性相矛盾、甚至扼殺人性的東西，「寧要社會主義的草，不要資產階級的苗」。其實，正如資產階級強調利己，也不得不顧及利群一樣，社會主義講究利人，也不排斥利己，而且是最大範圍、最大程度地利己。割斷利己的集體主義最後只能是烏托邦。口口聲聲宣揚「大公無私」的林彪、「四人」幫最後篡黨奪權的敗績證明了他們所標榜的集體主義是對人不對己的最大謊言。毛澤東本人也在批判個人主義的同時，自覺或不自覺地犯了個人獨斷的錯誤，給全黨全國人民帶來了不可挽回的災難。

4、從好動樂鬥到階級鬥爭

如果說從共同人性到階級人性、從唯心到唯物、從個人主義到集體主義都反映了毛澤東前後思想的變化，那麼毛澤東的鬥爭精神則是前後一脈相承的。

好動樂鬥，是毛澤東青年時期的一個性格特點和思想特點。他認為宇宙自然界是由各種矛盾鬥爭構成的，差別、矛盾、運動、鬥爭，是宇宙的根本法則，人類及其精神生活也是這樣：「凡宇宙一切之差別，皆不過其發顯之方面不同，與吾人觀察及適應之方面有異而已。其本質只是一個形狀也，如陰陽、上下、大小、高卑、彼此、人己、好惡、正反、潔汙、美醜、明暗、勝負之類皆是。吾人各種精神生活即以此差別相構成之，無此差別相即不能構成歷史生活進化者，差別陳迭之狀況也。有差別而後有言語有思慮，無差別即不能有也。」、「人者，動物也，則動尚矣……動也者，蓋養乎吾生、樂乎吾心而已……天地間惟

有動而已。」[1]對於宇宙、人生的矛盾鬥爭，毛澤東不是感到悲觀，而是感到很樂觀：「吾人攬史時，恒讚歡戰國之間，劉、項相爭之時，漢武與匈奴競爭之時，三國競爭之時，事態百變，人才輩出，令人喜讀。至若承平之代，則殊厭惡之。非好亂也，安逸寧靜之境不能長處，非人生之所堪；而變化倏忽乃人生所喜也。」[2]對《倫理學原理》「無抵抗則無動力，無障礙則無幸福」的原文，毛澤東的批語是「至真之理，至切之言」。他開懷宣稱：「與天奮鬥，其樂無窮！與地奮鬥，其樂無窮！與人奮鬥，其樂無窮！」[3]突出表現了他的好鬥性格。

青年毛澤東尚動好鬥的性格和思想，一方面使他早年和後期一直喜歡體育運動，另一方面使他很容易地接受了馬克思的階級鬥爭學說，從而把後來的一生都投入了與封建主義、帝國主義、資產階級的階級鬥爭中去。並且，由於他認為「安逸寧靜之境不能長處」，所以在階級鬥爭實際上已基本結束的社會主義時期，還不停頓地搞唐吉訶德式的階級鬥爭，並把階級鬥爭誇大化：「盧山出現的這一場鬥爭（指批判彭德懷），是一場階級鬥爭，是過去十年社會主義革命過程中資產階級與無產階級兩大對抗階級的生死鬥爭的繼續。在中國，在我黨，這一類鬥爭，看來還得鬥下去，至少還要鬥二十年，可能要鬥半個世紀……」[4]、「整個過渡時期存在著階級矛盾、存在著無產階級和資產階級的

[1] 《化理學原理批語》，轉引自李澤厚《中國現代思想史論·青年毛澤東》，東方出版社1987年版。
[2] 同上書。
[3] 轉引自汪澍白、張慎恒：《毛澤東早期哲學思想探源》，中國社會科學出版社1983年版，第82頁。
[4] 《機關槍和追擊炮的來歷及其他》，1959年8月16日。

階級鬥爭、存在著社會主義和資本主義的兩條道路鬥爭。」[1]、
「千萬不要忘記階級鬥爭。」、「階級鬥爭要天天講、月月講、
年年講。」、「階級鬥爭，一抓就靈。」[2]、「抓革命，促生
產。」、「要用階級和階級鬥爭的觀點，用階級分析的方法去看
待一切、分析一切。」由於戴上了「階級鬥爭」的有色眼鏡看待
一切，所以歷史上是地主階級與農民階級、剝削階級與被剝削階
級、統治階級與被統治階級的鬥爭，現實中是無產階級和資產階
級的鬥爭，思想領域是馬克思主義唯物論與資產階級唯心論的鬥
爭，道德領域是無產階級集體主義與資產階級個人主義的鬥爭，
文藝領域是進步的現實主義與落後的反現實主義的鬥爭。由於片
面強調階級鬥爭，於是革命、鬥爭、政治異化成了人生的目的，
生活、生產、經濟退居為第二性的東西，「政治是經濟的手段」
這一馬克思主義的基本常識淹沒在轟轟烈烈、鋪天蓋地的革命鬥
爭中，革命鬥爭給人們帶來的是普遍的貧困和彼此的仇恨。歷史
證明，在社會主義時期，沒有及時地將工作中心轉移到發展生產
力、提高人民生活水準上來，無限地誇大階級鬥爭，是毛澤東後
期的嚴重失誤之一。

5、從無政府主義到共產主義

毛澤東從小胸懷大志。追求理想、追求信仰，是「五四」
時期的毛澤東的一大特點。在泡爾生《倫理學原理》「無……信
仰而能立偉大之事業者，未有也。一切宗教以信仰為基本」的論
點上，毛澤東批曰：「教可無，信不可少。」毛澤東後來也一再

---

[1] 《在中共中央政治局召集的全國工作會議上的講話》，1965年1月。
[2] 《人民日報》，1966年10月1日。

指出：「尤其要有一種為大家共同信守的『主義』，沒有『主義』是造不成空氣的……主義譬如一面旗子，旗子豎起來了，大家才有指望，才知所趨處。」[1]

那麼，毛澤東年輕時追求的信仰是什麼呢？這是多種思想的混合物。首先是中國古代的「大同」社會理想：「大同者，吾人之鵠也。」[2]先秦儒家提出的「大同」理想，反映了處於人民的要求，後來曾為不滿現實、追求進步的思想家不斷發揮和利用。毛澤東信仰的「大同」說，更多的是被洪秀全代表起義農民改造過的「大同」說。這種社會廢除剝削、計口授田、共同生產、公享財產，「有田同耕，有飯同食，有衣同穿，有錢同使，無處不均勻，無人不飽暖也」[3]。毛澤東曾稱讚洪秀全是「中國共產黨出世以前向西方尋找真理的一派人物」中的一個代表[4]，可見洪秀全對他的影響是很深的。「五四」前後，克魯泡特金的無政府主義學說傳播進來，尋求理想的進步人士都受過無政府主義的薰陶，他們都曾將無政府主義混同於共產主義。李大釗、毛澤東、蔡和森、周恩來、惲代英等人都是如此[5]如毛澤東說：「我讀了一些無政府主義的小冊子，很受影響……在那個時期，我贊同許多無政府主義的主張。」[6]克魯泡特金的無政府主義與洪秀全的大同學說相混合，就產生了「五四」時期毛澤東的信仰

---

[1] 1920年11月25日給羅璈階（羅章龍原名）信，《新民學會資料》，人民出版社1980年版，第97頁。

[2] 1917年8月23日黎邵西書。

[3] 《天朝田畝制度》。

[4] 《毛澤東選集》第四卷，人民出版社1991年版，第1406頁。

[5] 參李澤厚：《中國現代思想史論》，東方出版社1987年，第28—30頁，第24—25頁。

[6] 轉引自斯諾：《西行漫記》，董樂山譯，三聯書店1979年版，第128頁。

和理想，具體說如「公共育兒院、公共蒙善院、公共學校、公共圖書館、公共銀行、公共農場、公共工作廠、公共消費社、公共劇院、公園、博物館、自治會」等等[1]。毛澤東甚至主張廢除婚姻，使兩性的結合不受束縛：「已有婚約的，解除婚約（我反對人道主義）。沒有婚約的，實行不要婚約……實踐『廢婚姻』這條盟約……務使全人類對於婚姻制度都得解放。」[2]。青年毛澤東的這些理想，與當時「工讀互助團」、「各盡所能、各取所需」的理想和主張是息息相通的。毛澤東曾身體力行，參加過這種共產主義的「新村」實驗。1919年，毛澤東發表文章說：「我數年來的夢想新社會生活，而沒有辦法。七年（1918年）春季，想邀數朋友在省城對岸嶽麓山設工讀同志會，從事半耕半讀，因他們多不能久在湖南，我亦有北京之游，事無成議。今春回湘，再發生這種想像，乃有在岳麓山建設新村的計議。」[3]然而，這類「工讀互助團」和「新村」的實驗很快就陷入破產。大約從1920年底開始，毛澤東對以前信仰的無政府主義的大同理想發生了懷疑：「對於絕對的自由主義、無政府主義，以及德謨克拉西主義，依我現在的看法，都認為理論上說得好聽，事實上是做不到的。」[4]

理想破滅了，但人不能一刻無理想，革命不能一刻無「主義」。加之此間掀起了一場馬克思主義與無政府主義的論戰，毛澤東毫不猶豫地轉而信仰馬克思的共產主義學說。他組織湖南共

---

[1]　《學生之工作》，《湖財教育月刊》1919年12月。

[2]　1920年11月20日給羅家瓚信，《新民學會資料》，人民出版社1980年版，第121頁。

[3]　轉引自彭明：《五四運動史》，人民出版社1984年版，第510頁。

[4]　1920年12月1日給蔡和森信，《新民學會會員通信集》第3集。

產主義小組，參加中國共產黨的創立，從此踏上了為共產主義奮鬥終身的道路。要實現共產主義遠大理想，首先必須完成反帝反封建的資產階級民主革命。整個新民主主義革命時期，毛澤東都是以最終建立一個沒有人剝削人的共產主義社會鼓舞人民的。新民主主義革命成功後，毛澤東本打算建立既不同於資本主義也不同於蘇聯社會主義的幾個革命階級聯合專政的新民主主義國家，但注重當下，「只爭朝夕」的毛澤東等不了在他生後實現共產主義，他希望在他的有生之年親自實現共產主義的偉業，於是馬不停蹄地開始了共產主義初級階段──社會主義社會的過過渡。於是在「馬克思主義與中國社會相結合」的口號下，毛澤東開始了前無古人的社會主義革命實驗。這種實驗取決於毛澤東對共產主義的理解和想像。由於共產主義與無政府主義、古代大同理想有許多相通之處，於是毛澤東年輕時的理想、信仰逐步付諸「共產主義」名義的實踐。土地公有、工廠公有、勞動產品公有、住房公有、醫療公有、學校公有、分配和消費公有，甚至在物質財富還很不豐富的「初級階段」辦起了吃飯不要錢的公共食堂」，颳起了「各層所能，按需分配」的「共產風」。在各種社會主義公有制、合作化實踐中，我們不難發現二十年代工讀互助團和各種新村進行無政府共產主義實驗的影子、看到洪秀全大同理想的痕跡。然而，工讀互助團和新村的實驗以及洪秀全的大同理想都未能成功，毛澤東進行的共產主義過渡也連連受挫。回報1958年吃飯不要錢「共產風」的結果是更加的貧窮和飢餓。公有制剷除不了人們的自私自利之心。人們樂於共產主義式的公共消費和無償享受，卻不願意從事與個人利益無關的社會主義勞動。一方面是無限的消費，一方面是勞動財富的匱乏。結果是毫無積極性的勞

動限制了公共消費，帶來了社會主義勞動者的普遍貧困。毛澤東理解、推行的「共產主義」與他年輕時信奉的「主義」一樣，「理論上說得好聽，事實上……做不到」。

八、從胡適到儲安平：自由主義香火不斷

由「五四」運動開闢的以「民主」和「科學」為口號的反封建的思想啓蒙傳統，儘管隨著1927年以後接連不斷的政治事變和階級鬥爭、民族鬥爭的爆發而逐漸讓位於政治救亡的主題，馬克思主義的階級鬥爭學說伴隨著新民主主義革命的展開而在中國共產黨及其領袖毛澤東的宣導下不斷發揚光大，然而與此同時，思想啓蒙傳統一直香火不斷。如果說，「五四」時期這個傳統主要由陳獨秀、李大釗、魯迅等激進的民主革命者開闢，那麼在「五四」以後革命的急風暴雨時代，這個傳統主要是由《現代評論》、《新月》、西南聯大和儲安平主編的《觀察》所組成的自由主義知識分子一脈相承的。

1、胡適：自由主義的領袖人物

胡適，原名洪騂，字適文，安徽績溪人。生於1891年，卒於1962年。上海中國公學肄業。早年接觸新學，信奉進化論。1910年赴美國留學。1917年初在《新青年》上發表〈文學改良芻議〉，提倡文學形式的革命，主張以白話文取代文言文。同年7月回國，任北大教授，參編《新青年》，發表新詩集《嘗試集》，成為「五四」新文化運動的領導人物之一。而他在中國現代人學史上的地位主要是由他的民主自由主義思想奠定的。這種

思想主張，使他在「五四」時期堅決反對對各種動聽的、革命的「主義」和學說的迷信，因而毛澤東1923年稱胡適為「非革命的民主派」。

1919年7月，他在《每週評論》上發表名文〈多研究些問題，少談些「主義」〉指出：「第一，高談好聽的『主義』，是極容易的事……是鸚鵡和留聲機器都能做的事。第二，空談外來進口的『主義』，是沒有什麼用處的。……我們不去實地研究我們現在的社會需要，單會高談某某主義，好比醫生單記得許多的湯頭歌訣，不去研究病人的症候，如何能用有呢？第三，偏向紙上的『主義』，是很危險的。這種口頭禪很容易被無恥政客利用來做種種害人的事。歐洲政客和資本家利用國家主義的流毒，都是人所共知的。現在中國的政客，又要利用某種某種主義來欺人了。」當時人們熟熱衷的無政府主義，馬克思的社會主義，在他看來都於事無補，反而會被人利用來作惡。與其紙上談兵，空談「主義」，不如面向實際，解決問題。「現在中國應該趕緊解決的問題，真多很得。從人力車夫的生計問題，到大總統的許可權問題；從賣淫問題到賣官賣國問題；從解散安福部問題到加入國際聯盟問題；從女子解放問題到男子解放問題……那一個不是火燒眉毛的緊急問題？」、「不去研究人力車夫的生計，卻去高談社會主義；不去研究女子如何解放，家庭制度如何救亡，卻去高談公妻主義和自由戀愛；不去研究安福部如何解散，不去研究南北問題如何解決，卻去高談無政府主義；我們還要得意揚揚誇口道，我所談的是根本『解決』。老實說罷，這是自欺欺人的夢話，這是中國思想界破產的鐵證，這是中國社會改良的死刑宣告！」在稍後發表的〈三論問題與主義〉一文中，他進一步強調

說：「多研究些具體的問題，少談些抽象的主義。一切主義，一切學理，都該研究，但是只可認作一些假設的見解，不可認作天經地義的信條；只可認作參考印證的材料，不可奉為金科玉律的宗教；只可用作啟發心思的工具，切不可用作蒙蔽聰明、停止思想的絕對真理。」胡適在20年代反對北洋軍閥政府，1929年著文強調人權、法律、自由[1]，批評國民黨政府的獨裁腐敗，30年代起主張「安內」、「剿共」，40年代末對學生運動的同情與理解，等等，都是從他的自由主義立場出發的。40年代末當中國自由主義知識分子打算擁戴他建立自己的黨派以增強在政治中的力量時，他也因黨派組織與自由主義精神不合而終未建黨。胡適所堅持的民主自由主義，其實質是思想自由，亦即後來陳寅恪在為王國維寫的紀念碑銘中推崇的「獨立之精神，自由之思想」。這不只是封建專制主義所容的，也是當時的階級、黨派、主義所不允許的。所以，在整個新民主主義時期，胡適既為北洋政府所痛恨，也曾遭到國民黨政府的文字圍攻和文章查禁，亦曾為共產黨所批判。然而由於當時政治尚有言論自由和思想自由的空間，胡適開闢的自由主義思想傳統仍通過《現代評論》、《新月》、西南聯大、《觀察》一路傳承下來。

2、《現代評論》、《新月》、西南聯大對自由主義的宣導

《現代評論》是一個綜合性週刊，由一部分留學歐美的大學教授主辦。1924年12月13日在北京創刊，1928年12月29日終刊。主要編者為陳源、徐志摩等，主要撰稿人有胡適、陳源、徐

---

[1] 如《人權與約法》、《我們什麼時候才有憲法》。見《胡適文集》第五卷，北京大學出版社1998年版，第524、534頁。

志摩、郁達夫、聞一多、沈從文等。該刊在創刊時發表的《本刊啟事》中闡述了自由主義的辦刊宗旨:「本刊的精神是獨立的,不主附和;本刊的態度是科學的,不尚攻訐;本刊的言論趨重實際問題,不尚空談。」這最後一句,正是胡適「多研究問題,少談些『主義』思想的翻版。《現代評論》的自由主義主張,使它在文學上以反對「革命文學」相尚,而遭到後來「馬克思主義者」的攻擊。

《新月》是由新月社主辦的文藝月刊,1928年3月10日創刊於上海,1933年6月1日出版第四卷第七期後終刊。編者為徐志摩、聞一多、梁實秋、潘光旦等。該刊初期是一個比較純粹的文藝刊物,從1929年第二卷開始,則回到了《現代評論》的綜合性路子上,以發表政治評論為特色。關於這個變化,1930年1月10日出版的《新月》第二卷第六、七期合刊上發表的〈《新月》警告讀者〉解釋說:「……自從第2卷第2期起新月月刊的面目和從前不同了。我們接連著登了胡適、梁實秋、羅隆基幾位先生的文章,於是許從人都異口同聲的說『新月談政治了!』不錯,我們是談政治了,我們以後還要繼續的談。現在我們就把我們談政治的由來及今後談論的計畫略為讀者諸君告。我們辦月刊的幾個人的思想是並不完全一致的,有的是信這個主義,有的是信那個主義,但是我們的根本精神和態度卻有幾點相同的地方。我們都信仰『思想自由』,我們都主張『言論出版自由』,我們都保持『容忍』的態度(除了『不容忍』的態度是我們所不能容忍以外),我們都喜歡穩健的合乎理情的學說。……如今這個時局真是沉悶……我們沒有法子使我們不感到空虛時局的嚴重。我們有幾個人便覺得忍無可忍,便說出話來了,說出現在時局有關的話

來了。這幾篇文章都是作者個人良心上的呼聲，絕沒有經過團體的討論和指使……我們沒有黨，沒有派，我們只是個人用真名真姓說我們的真話。我們幾個人說的話並不一定是一致的，因為我們沒有約定要一致。我們的立場態度希望能做到嚴正的地步，我們不攻擊私人，實際政治我們由有那種能力的人去幹，我們的工作是批評的工作。」這種解釋分明可以見出《新月》獨立自由的辦刊宗旨。《新月》於1933年6月停刊了。這以後，自由主義思想仍在以大學教授為主體的知識分子隊伍中傳播著。1937年抗日戰爭爆發，北京大學、清華大學、南開大學為躲避戰火遷至昆明組成西南聯大，自由主義不但沒有被抗日戰火吞滅，反而得到了長足的發展。整個抗戰時期，政治中心在重慶，而思想文化中心則在昆明。西南聯大當時被稱作「民主堡壘」，在思想上繼續著「五四」傳統，這個傳統就是西南聯大教授陳寅恪說的「獨立之精神，自由之思想」。對大學教授而言，思想自由和學術自由，最終都要體現在自己的思想和學術成果能否進入傳播。在三十年代，傳播的意義主要在於能否變成鉛字，即能否以出版的形式流傳。西南聯大時期，集中體現教授這種權利的是教授的任何學術活動政府未加干涉。先後辦有《當代評論》、《今日評論》、《戰國策》這樣政治傾向明顯不同的時評週刊。對當時的學生來說，他們享受了結社和出版的自由，在校園內以各種形式的壁報來表達自己的觀點，形成了一個較為活躍的思想空間。在整個抗戰時期，西南聯大做為自由精神的堡壘，自覺抵制了國民黨試圖強加給學校的思想控制。」[1]一直擔任西南聯大文學院院長的馮

---

[1]　謝泳：《逝去的年代》，文化藝術出版社1999年版，第240—241頁。

友蘭在《南渡集》中寫過一篇〈大學與學術獨立〉，極力主張學術（科學）獨立和思想自由。他指出，對於大學，國家社會應持不干涉的態度，國家社會要給他們研究自由，並且要給他們選擇人才的自由。外邊的人，不能干涉。西南聯大著名教授賀麟1941年寫過一篇〈學術與政治〉的文章，其中一段話很能代表西南聯大知識分子的自由主義精神：「學術在本質上必然是獨立自由的，不能獨立自由的學術，根本上不能算是學術。學術是一個自主的王國，她有她的大經大法，她有她神聖的使命，她有她特殊的廣大的範圍和領域，別人不能侵犯。每一門學術都有每一門學術的負荷者或代表人物。這一些人，一個個都抱『鞠躬盡瘁，死而後已』的態度，忠於其職，貢獻其心血，以保持學術的獨立自由和尊嚴，在必要時，犧牲性命亦在所不惜。……假如一種學術，只是政治的工具，文明的粉飾，或者為經濟所左右，完全為被動的產物，那麼這一種學術就不是真正的學術。」西南聯大的負責人梅貽琦曾說過：「對於校局則以為應追隨蔡孑民先生相容並包之態度，以克盡學術自由之使命。昔日之所謂新舊，今日之所謂左右，其在學校應均予以自由探討之機會……」西南聯大前後存在了九年，隨著抗戰的結束，三校也分別返回北京、天津複校。在此之後，自由主義又通過儲安平主編的《觀察》週刊，奏出了新民主主義時期最後的強音。

3、儲安平的《觀察》：自由主義曲終奏雅

儲安平，1910年出生。青年時期喜歡文學，曾給魯迅主編的《奔流》等刊物投過稿，他曾是《新月》的後期作者，出版過小說集《說謊者》。如果說胡適是中國現代史上第一代自由主

知識分子的領袖，他則是第二代自由主義知識分子的代表。在創辦《觀察》之前，他曾與幾個同人在重慶編過一個《客觀》週刊。《客觀》於1945年11月創刊，儲安平主編了12期。因不能自由按照自己的意志辦刊，儲於1946年春南下上海創辦《觀察》。在主編《客觀》時，他就希望能把刊物辦成一個不受國、共黨派之爭干擾的客觀、自由主義的進步刊物。他堅持《客觀》所發表的「每一篇文字都是獨立的」。在為《客觀》所寫的政論中，他一方面批評國民黨是「一場爛汙」，另一方面又認為「共產黨員敗事有餘，成事不足」[1]。他還指出：「中國的共產黨執政後，它的施政較之今日他們所揭櫫者，恐將打一個大折扣。」[2]共產黨強調「統制」、「一致」，使他「不相信在共產黨的統治下，人民能獲得思想及言論等基本自由，能實行真正的民主」。「唯有承認人民思想及言論的自由，始能真正實現民主的政治。然則吾人以此事衡量共產黨，則共產黨是否能容許今日生活在共產黨統治區域中的人民有批評共產主義或反對共產黨的自由？假如容許，則何以我們從來沒有看到在共產黨區域中出版的報紙有任何反對共產黨或批評共產黨的言論？或在共產黨區域中有何可以一般自由發表意見的刊物？」、「就我個人言，共產黨今日雖大呼民主，大呼自由，而共產黨本身固不是一個能夠承認人民有思想言論自由的政黨，同時共產黨所謂的民主，是『共產黨的民主』，而不是我們所要求的『人人可以和平地、出乎本願地、不受任何外力干涉，而自由表示其意見』的民主」。[3]1946年9月創

---

[1]　《國民黨的病症》，《客觀》第2期。

[2]　《共產黨與今日中國政治上的需要》，《客觀》第2期。

[3]　《共產黨與民主自由》，《客觀》第4期。

刊的《觀察》週刊繼承、延續了主編《客觀》時追求的自由主義
精神。由於主編與出版者均為儲一人,因而這種精神得到了更淋
漓盡致的展現。在《觀察》的創刊宗旨中,他明確聲明:

> 我們這個刊物的第一個企圖,要對國事發表意見。意
> 見在性質上無論是消極的批評或積極的建議,其動機無不出
> 於至誠。這個刊物確是一個發表政論的刊物,然而絕不是一
> 個政治鬥爭的刊物。我們除了大體上代表著一股自由思想分
> 子,並替善良的廣大人民說話外,我們背後另無任何組織。
> 我們對於政府、執政黨、反對黨,都將作毫無偏袒的評論;
> 我們對他們有所評論,僅僅因為他們在國家的公共生活中
> 佔有重要的地位。毋須諱言,我們這批朋友對於政治都是
> 感覺興趣的。但是我們所感覺興趣的「政治」,只是眾人之
> 事——國家的進步和民主的改善,而非一己的權勢。同時,
> 我們對於政治感覺興趣的方式,只是公開的陳述和公開的批
> 評,而非權謀或煽動。政治上的看法,見仁見智,容各不
> 同,但我們的態度是誠懇的、公平的。我們希望各方面都能
> 在民主的原則和寬容的精神下,力求彼此的瞭解。[1]

　　《觀察》「誠懇、公平」的批評態度並未得到國、共兩黨
的承認。國民黨嫌它太左,共產黨嫌它太右,結果兩邊都得罪
了。例如對於「自由」的評論。儲安平認為國民黨執政自由是多
少的問題,共產黨執政自由則是有無的問題。楊人楩指出:國

---

[1]　《我們的志趣和態度》,《觀察》第1卷第1期。

民黨和共產黨對於自由主義均是格格不入的，國民黨干涉，限制自由，「共產黨則根本否認自由，其干涉之嚴密更有甚於國民黨」[1]。然而，這種兩邊不討好的結果是編者意料之中的，明知如此而不改初衷，正見出自由主義的真精神。儲安平在《觀察》面臨國民政府查禁危機時，對批判時政的來稿照發不誤，並聲明：生死之權操之於人，說話之權操之於我，刊物要封，悉聽尊便，一天不封，一天就要說真話：「在這混亂的大時代，中國需要的就是無畏的言論，就是有決心的、肯為言論而犧牲生命的人物！……儘管本刊已遭遇到政治危機，但我們既不因此事而增加我們在感情上對政府的不滿，也不因此事而減少了我們在理智上對政府的批評。假如有人想扇我們，我們不會被人扇得衝前一步，假如有人想嚇我們，我們也不會被人嚇得後退一步。」[2]1948年10月，《觀察》被國民黨當局查封。《觀察》前後存在了三年，這三年正是國、共兩黨衝突走向白熱化的三年。三年中，《觀察》團結了中國第二代自由主義知識分子，站在國家和民眾利益的立場，以客觀公正的良知，就國共內戰、中國的出路、學潮、自由主義向何處去以及國民黨政府的腐敗和共產黨的是非得失等重大現實問題發表了獨立的評論，使自由主義思想達到了最強音。

中華人民共和國成立後，儲安平曾主編過《新觀察》、《光明日報》，他仍保持著原先的自由主義精神，向毛澤東提意見，1954年被打成右派，最後下落不明。[3]

---

[1]　《觀察》，第2卷第11期。
[2]　《觀察》，第3卷第24期。
[3]　參謝泳編：《儲安平：一條河流般的憂鬱》，中國青年出版社1999年版。

九、王實味：延安自由思想的犧牲

在中國現代思想史上，王實味是延安時期因發表不同意見而被定罪、最終被殺的知識分子。他的死，既是30年代以後中共寧左勿右、以「革命」壓制「民主」的結果，也是建國以後毛澤東時代知識分子命運的先兆。

王實味，原名叔翰，河南潢川人，1906年生，1925年考入北京大學文學院預科，1926年加入中國共產黨，創作出短篇小說〈楊五奶奶〉、中篇小說〈毀滅的精神〉，投稿給《現代評論》後，受到主編陳西瀅讚賞。1927年與黨失去聯繫，不久，因繳不起學費被迫輟學。1930年開始翻譯小說，並創作自傳式小說《休息》。1937年抗日戰爭爆發，王實味不僅在這一年重新與黨接上了聯繫，而且顧不得等待去長沙打胎的妻子，懷著理想隻身奔赴革命聖地延安。他被分配到馬列學院編譯室。1941年7月，馬列學院改組成馬列研究院，不久又改名為中央研究院，王實味調到中央研究院中國文藝研究室，任特別研究員。從1937年10月到1941年，王實味共譯出200萬字的馬列著作。當時延安解放出版社出版的《馬恩論叢》十種中，《價格、價值和利潤》、《德國的革命與反革命》兩本是他翻譯的；《列寧選集》十八卷中，有兩卷半出自他之手。可以說是一位資深的馬克思主義理論家。

1942年2月1日和8日，毛澤東相繼在中央黨校開學典禮和延安幹部會上作了《整頓黨風的作風》的動員和《反對黨八股》的演講，號召大家對黨進行整風。王實味結合延安現實發表了一組題為〈野百合花〉的雜文，提出了自己的批評意見。

1、「敢勇正視」、「自身靈魂中的骯髒與黑暗」

2月17日，他寫的雜文〈政治家、藝術家〉發表在延安《穀雨》雜誌第1卷第4期上。這篇文章實際上是一篇理論宣言。在此文中，王實味並沒有具體批評延安的缺點，而只是在理論上闡述了政治家與藝術家的不同使命（一在改造社會制度，一在改造人道靈魂；一在「進行實際鬥爭去消除骯髒和黑暗」，一在「善於揭破骯髒和黑暗，指示純潔和光明，從精神上充實革命的戰鬥力」）和共同使命，這共同使命就是無論政治家還是藝術家在消滅外在黑暗的同時，都有一個「消除自己靈魂中的骯髒黑暗」、「揭露自己的缺點」的任務，因為「革命」陣營存在於舊中國，革命戰士也從舊中國產生出來的，「舊中國是一個包膿裹血的、充滿著骯髒與黑暗的社會」，「這已經使我們的靈魂不能免地要帶有骯髒和黑暗」，「這是殘酷的真理，只有勇敢地正視它」。政治家的一般弱點是：「在為革命事業而使用它們[1]的時候，把它們織成最美麗絢爛的『革命的藝術』。但除非真正偉大的政治家，總不免多少要為自己的名譽、地位、利益也使用它們，使革命受到損害。」藝術家一般弱點是：「驕傲、偏狹、孤僻，不善團結自己的隊伍，甚至互相輕蔑、互相傾軋。」王實味特別指出防範政治家的弱點：「在這裡，我們要求貓的利爪只用以捕耗子，不用來攫雞雛。這是劃分政治家與政客的分界線。對於那種無能捕耗子擅長攫雞雛的貓，我們更須嚴防。」

---

[1] 指文藝──引者。

2、對延安「大人物」、「缺點」的尖銳批評

不久，他又寫了一組總題為〈野合合花〉的雜文，分兩次發表在3月13日23日的中共中央機關報《解放日報》上。這是對《政治家、藝術家》所批評的「革命陣營」內部的「缺點」或「骯髒與黑暗」的具體化。文章由「前記」和「我們生活裡缺少什麼」、「碰《碰壁》」、「『必然性』『天塌不下來』與『小事情』」、「平均主義與等級制度」四個單篇組成，如果不是由於後來的批判，他的這組雜文還要寫下去。在「前言」中，他指出，當時的國家，「每一分鐘都有我們親愛的同志在血泊中倒下」，可延安則是「歌轉玉堂春、舞回金蓮步的升平氣象」。在「我們生活裡缺少什麼」中，他通過一段對話的記錄，尖銳批判了延安的官僚主義，指出延安生活中真正缺少的東西是領導與群眾的平等和領導對群眾的關心：「我兩年來換了三四個工作機關，那些首長及科長、主任之類，真正關心幹部愛護幹部的，實在太少了。」在「碰《碰壁》」中，他指出：我們不應指責延安青年碰壁後發出的「叫嚷」和「牢騷」，而應該「從這些所謂『牢騷』『叫嚷』和『不安』的現象中，去探求那產生這些現象的問題的本質，合理消除這些現象的根源」，也就是應肯定人們批評延安「黑暗方面」的「合理」性，並給人們自由發表意見的民主權利：「1938年冬天，我們黨曾大規模檢查工作，當時黨中央號召同志們要『議論紛紛』，『意見不管正確與不正確都儘管提』，希望這樣的大檢查再來一次，聽聽一般基層青年的『牢騷』。這對我們的工作一定有很大的好處。」在「『必然性』、『天塌不下來』與『小事情』」一文中，他批評了某些馬克思主

義「大師」們在「必然性」的「藉口」之下對自己靈魂中「一點小小黑暗」的「寬容」，而且指出不要藉口「天塌不下來」就放任靈魂中的「小小黑暗」，不去做有益的「小事情」。他尤其指出：「『大人物』生活中的『小事情』，更可以在人們心裡或是喚起溫暖，或是引起寂寞。」在「平均主義與等級制度」一文中，儘管作為中央研究院特別研究員，王實味本人享受著「幹部服、小廚房」的特殊待遇，儘管他懂得「共產主義不是平均主義」，但他還是對「衣分三色，食分五等」的「等級制度」的「合理性」提出了質疑：「如果一方面害病的同志喝不到一口麵湯，青年學生一天只得到兩餐稀粥，另一方面有些頗為健康的『大人物』作非常不必要不合理的『享受』，以至下對上感覺他們是異類，對他們不惟沒有愛，而且──這是叫人想來不能不有些『不安』的。」他還指出：在當時「大家都是拖著困憊的軀體支撐著煎熬，許許多多人都失去了最可寶貴的健康」的「艱難困苦」形勢下，「無論是誰」都不應當談「享受」，「相反，負責任更大的人，倒更應該表現與下層同甘共苦的精神，使下層對他有衷心的愛，這才能產生真正的鐵一般的團結。」、「……政府的薪級制，也不應有太大的差等，對非黨人員可稍優待，黨員還是應該保持艱苦奮鬥的優良傳統，以感動更多的黨外人士來與我們合作。」並補充說：「當然，對於那些健康上需要特殊優待的重要負責者，予以特殊的優待是合理的而且是必要的。」

王實味寫這篇雜文之前，思想是矛盾的。一方面，他「聽說曾有某同志用與這同樣的題目，在他本機關的壁報上寫文章，結果被該機關的『首長』批評打擊，致陷於半瘋狂狀態」，自己繼該同志之後，再來談「平均主義與等級制度」，所以作好了

「聽候批判」的準備。另一方面,他又相信黨內整風的意圖是真誠的,中央號召人們對各級領導提意見是真誠的,他從維護黨的事業出發對延安的「黑暗」之處和「大人物」的「缺點」提出的批評,不會被誤解、被批判。事實上他想錯了。

3、自由評論的厄運

3月底,毛澤東看了〈野百合花〉,對胡喬木說:這篇文章是從不正確的立場說話的,這就是絕對平均主義的觀點和冷嘲暗箭的方法。要求絕對平均,這是一種幻想,不能實現的。批評的態度應該是誠懇、坦誠的、與人為善的,冷嘲暗箭,是一種銷蝕劑,對團結是不利的。文章充滿了對領導者的敵意,並有挑起一股同志鳴鼓而攻之的情緒,只要是黨員,這是不能容許的。康生在此基礎上把王實味的「思想問題」上升為「政治問題」、「敵我問題」,把他定性為「託派分子」。得到毛澤東認同。他在4月初的一次高級幹部會上說:「〈三八節有感〉同〈野百合花〉不一樣⋯⋯丁玲同王實味也不同,丁玲是同志,王實味是託派。」中央研究院從5月27日到6月11日開了16天的「座談會」,其中14次是大會,集中對王實味的「極端民主化偏向」和「託派罪行」進行批判。7、8月間,鬥爭進一步繼續,根本不存在的「反黨五人集團」被挖出了,王實味被打成該集團成員,並被打成「國民黨特務分子」。10月23日,中央研究院黨委作出了開除他黨籍的決定。1943年4月,他被逮捕。1946年作出他是「反革命託派奸細分子」的結論。1947年3月,胡宗南部隊進犯延安,中央機關人員被迫撤離。保衛部門認將王實味祕密處決。

4、王實味之死的警示

　　王實味是自由思想的犧牲品。王實味來自國統區，曾受過「五四」運動的洗禮。「五四」的民主要求、國統區中立派知識分子的自由主義思想以及魯迅的獨立精神曾給他深刻影響。民主、自由，是他批判國民黨統治的武器，也是他追求的理想，是他理解、信仰的馬克思主義應在之義。當他奔赴延安，發現延安的民主狀況並不如人意，而黨中央又號召人們對黨整風、提意見時，便直抒所見。在這之前，他曾說過：「史達林的人性不可愛」，「中國大革命的失敗，共產國際應負責」，「託派理論有些地方是正確的」。這是後來把他打成託派的重要證據。在1942年3月28日李維漢主持中央研究院整風動員大會後，王實味寫了《我對羅邁（李維漢）同志在整風檢工動員大會是發言的批評》、《零感兩則》貼在院辦壁報上，反對整風檢查工作委員會委員在院各級領導中欽定產生，要求由民主選舉產生；不同意將普通群眾的個人思想檢查作為整風重點，認為整風的重點應放在「大人物」身上，鼓動大家「必須有至大至剛的硬骨頭」，「絕不能讓邪氣更大的人得勢」，「我們的眼光不應只看到本院，更應該注意全延安以至全黨」。向全院乃至全黨、全延安的「大人物」身上的弱點開戰，這是王實味民主思想和自由意識的集中體現，也是導致王實味悲劇命運的根本所在。

　　王實味的死，是中共30年代以來「階級鬥爭」擴大化和寧左勿右、非左即右思想方法和路線政策的必然結果和典型個案。中共作為一支獨立的武裝社會力量自30年代登上中國社會以來，受蘇聯史達林肅反擴大化和共產國際代表的影響，一度曾在黨內

實行「殘酷鬥爭、無情打擊」。中共領導的文藝團體「左聯」並不要求作家從事文藝創作，卻要求作家非得參加示威遊行、寫標語、散傳單、到工廠鼓動工人罷工等政治活動不可，否則就要受到批判打擊。郁達夫因表示「我是個作家，不是個戰士」，即遭「左聯」除名；茅盾因為請假創作《子夜》，在會上受到攻擊；蔣光慈因小說《麗莎的哀怨》流露了消沉情緒，便開除出「左聯」；即便被奉為「左聯」主帥的魯迅，因為在雜文中表現了自己的獨立思考，也曾被指責為文章「摻有毒汁」、「右傾機會主義」。延安時期，儘管結束了王明統治，但王明的左傾思想仍然在黨內根深蒂固。王實味之後，丁玲因為「學習他的堅定的永遠的面向著真理，為真理而敢說，不怕一切」的精神寫了《「三八」節有感》，受到毛澤東、康生的尖銳批評。蕭軍因為寫了批評延安宗派主義「壞現象」的雜文，因為對人們批判王實味而不允許王實味本人申辯抱不平，受到毛澤東的批評和周揚等人的指責。其他如羅烽、艾青、高長虹等人都因為發表了魯迅式雜文或不同意見而受到「搶救」整肅。並且，由於挖出了莫須有的王實味「五人反黨集團」，中共進一步誇大了「敵情」，在1943年開展了規模更大、範圍更廣的「搶救（失足者）運動」，許多沒有問題的人硬說成有問題而受到衝擊。[1]總之，一切與中共領導人理解的「馬克思主義」乃至與中共領導人不符的思想，都可能遭到批判，甚至會被作為敵對階級的思想而將思想者進行組織處理，直至定罪、處決。王實味是延安蘇區第一個因思想而被定罪、處死的知識分子。

---

[1] 詳參溫濟澤：《延安的搶救運動》，《文匯讀書週報》1999年7月24日。

　　王實味處死後，毛澤東曾表示震驚。1949年進京後，當他獲悉這個消息時，大為震怒，厲聲說要還他一個王實味。然而，這並不意著毛澤東真的後悔。在內心深處，毛澤東容忍不了不同思想。這決定了毛澤東與自由思想者的根本分歧。所以，當1957年知識分子在他「百家爭鳴」、「百花齊放」方針鼓動下向黨提意見時，《文藝報》又開展了對〈野百合花〉的再批判。當後來的「王實味」們，如胡風、馬寅初、巴人、儲安平、顧準、遇羅克、張志新等等等等又出現在毛澤東時代時，他們仍逃脫不了比王實味更好的下場。王實味的命運是新中國的思想者，尤其是思想的擁有者知識分子的命運的前兆。

　　值得說明的是，1991年2月7日，王實味冤案由公安部徹底平反。1986年，胡耀邦同志曾經說：「回顧我們黨的歷史，有好多經驗教育可以總結。從延安時期的批王實味，後批胡風，直至『文革』批『三家村』，把思想問題搞成政治問題，然後再以組織手段加以懲處，這樣作出的結論最後都是站不住的。」這段話值得我們永遠記取[1]。

十、梁漱溟：「新儒學」的人論

　　梁漱溟，字肖吾，祖籍廣西桂林，出生於北京。生於1893年，卒於1989年。1900年入北京中西小學堂讀書，1906年入順天中學，畢業於直隸法政學校。1917年前曾任司法秘書，1917年被聘為北京大學講師，主講印度哲學。1924年辭去北大教授職務，

---

[1] 參溫濟澤等：《王實味冤案及平反紀實》，群眾出版社1993年版。

到山東曹州辦學。1927年到廣州創辦省立一中，任校長，並任廣東省府委員、政治分會委員專職。1929年到河南輝縣籌辦河南村治學院。1931年到山東鄒平創辦鄉村建設研究院，兼任山東省府委員、鄒平縣縣長等職。後任北平《村治月刊》主編。抗日戰爭起，為國事奔走，謀求國共兩黨合作。1940年參加發起中國民主同盟，1946年代表民盟參與「國共和談」。中華人民共和國建立後參加中國人民政治協商會議及憲法修改委員會，曾任全國政協常委。主要著作有《東西文化及哲學》（1920—1921）、《村治論文集》（又名《中國民族自救運動之最後覺悟》，1929—1930）、《鄉村建設理論》（1932—1936）、《中國文化要義》（1941—1949）、《人心與人生》（1984年）。

　　梁漱溟的一生，橫跨中國現、當代。他思想發生巨大影響的主要在現代。他在「五四」時期發生過很大影響，「與陳獨秀、胡適、魯迅」同為「五四時期的思想領袖」[1]。與「五四」時期陳獨秀、魯迅等西化派不同，他是新儒學的代表。在打倒傳統、全面西化的高潮中，梁漱溟舉起儒學旗幟，重新解釋和估價傳統，真可謂是「逆天下潮流而動」的一種異響。李澤厚指出：「除了馬列哲學的中國化之外，在現代中國思想史、哲學史上，比較具有傳承性特色和具有一定創造性的，就只能是『現代新儒家』了。」、「在辛亥、五四以來的二十世紀的中國現實和學術土壤上，強調繼承、發揚孔孟程朱陸王，以之為中國哲學或中國思想的根本精神，並以它為主體來吸收、接受和改造西方近代思想（如『民主』、『科學』）和西方哲學（如柏格森、羅素、康

---

[1]　李澤厚：《略論現代新儒家》，《中國現代思想史論》，東方出版中心1987年版，第288頁。

得、懷特海等人）以尋求當代中國社會、政治、文化等方面的現實出路。這就是現代新儒家的基本特徵。」[1]

1、「仁是本能情感、直覺」

與魯迅揭示「國民性」的劣根性、西化派對人性持「性惡論」相反，梁漱溟著重揭示了受中國傳統儒學薰陶，「國民性」中優良的一面，其對人性的基本見解是「性善論」。「性善論」是孔孟儒學的基本主張：「從孔子那形而上學而來之人生觀察，徹頭徹尾有性善的意思在內[2]」。儒家的性善論，本指人類本性中具有善的理性和道德觀念，但受柏格森、權本華等人的影響，梁漱溟則抓住先秦儒學中對人的自然感性欲求的寬容和肯定，將天賦善性說成是人的本能、情感、直覺和意欲：「生活……是什麼呢？生活就是沒盡的意欲……和那不斷的滿足與不滿足罷了。」[3]、「孔家本是讚美生活的，所有飲食男女本能的情欲都出於自然流行，並不排斥；若能理順得中，生機活潑，更非常之好的。所怕理知出來，分別一個物我而打量計較，以致直覺退位，成不了仁。……仁就是本能情感、直覺。」[4]、「孔子的東西不是一種思想，而是一種生活。」[5]、「生活」的本質又是叔本華、柏格森所說的「意欲」（又譯為「意志」、「欲望」）。

由此可見，梁漱溟所崇尚的孔門儒學，不是「存天理、滅人欲」的儒學，而是允許、鼓勵人的本能、情欲「自由流行」、

---

[1] 李澤厚：《中國現代思想史論》，東方出版中心1987年版，第265—266頁。

[2] 《東西文化及其哲學》，臺灣九鼎出版社1982年版，第146頁。

[3] 同上書，第24頁。

[4] 同上書，第128頁。

[5] 同上書，第214頁。

「生機活潑」的「新儒學」。由此出發，他反對西方人所崇尚的「理智」和宋儒所強調的「性理」：「其實，生活是無所為的[1]，不但全整人生無所為，就是那一時一時的生活亦非為別一時生活而生活的。……事事都問一個『為什麼』，事事都求其用處……這徹底的理智把直覺、情趣斬殺得乾乾淨淨。其實我們生活中處處受直覺的支配，實在說不上來『為什麼』的。」[2]、「我不喜歡用性理的名詞，在孔子只有所謂人生，無所謂性理。情理乃宋人之言，孔子所不甚談者。戴氏（震）之思想對於宋人之反抗，……其以仁義禮智不離於血氣心知……有此反動，實為好現象。」[3]不難看出，梁漱溟所標榜的儒學，與其說是孔門儒學，不如說是被戴震等啟蒙思想家批判、改造過的天理、人欲二而為一的儒學變種。

　　梁漱溟反對用冷冰冰、死氣沉沉的理性扼殺生氣活潑的感性生活，進而反對佛家和宋明理學「清靜自守」的「禁欲」生活，是否意味著主張放縱人的感情欲望呢？不。恰恰相反，梁漱溟是反對過分追求人的感官享受、主張以理節情的：「把生活的美滿全放在物質的享受上，如飲食男女起居器用一切感覺上的娛樂」，這是「人生態度的謬誤」[4]。「孔子之作禮樂，其非聽任情感，而為回省的（地）用理知調整情感，既其明瞭，然孔子尚有最著明說出用理知之處，則此中庸之說是也。……於直覺的自然求中之外，更以理智有一種揀擇的求中。雙、調和、平衡、

---

[1]　引者按：指生活之外無理性目的，生活本身就是目的。
[2]　《東西文化及其哲學》，臺灣九鼎出版社1982年版，第133—134頁。
[3]　同上書，第150頁。
[4]　《合理的人生態度》，《漱冥卅前文錄》，商務印書館1923年12月版。

中，都是孔家的根本思想。」[1]於是，反對理智的梁漱溟自相矛盾地走到了理智的「揀擇」和控制。為此，他在肯定「本能」、「意欲」的同時，又將「情感」與「欲望」、「剛」與「欲」作了劃分，從而揚前抑後：「『剛』之一義也，可以統括了孔子全部哲學。……『剛』就是裡面力氣極充實的一種活動。……我今所要求的，不過是要大家往前動作，而此動作最好發於直接的情感，而非出自欲望的考慮。孔子說，根也欲，焉得剛？大約欲和剛都像是很勇的往前活動，卻是一則內顯充實有力，而一則全是假的——不充實，假有力；一則其動為自內（指內心道德修養）發出，一則其動為向外（指外物）逐去。」[2]、「剛者，無私欲之謂。」[3]經過這般辯別，梁漱溟表達了他完整的人性論和人生觀：「人類的本性不是貪婪（指縱欲），也不是禁欲；不是馳逐於外，也不是清靜自守。人類的本性是很自然很條順很活潑如活水的流了前去。」[4]

梁漱溟反對理智，他的著述也充滿感性色彩，這便使他在闡述觀點時常有自相矛盾之處，令人難以準確把握，如他肯定欲望又否定欲望，否定理智又肯定理智，以情感為善又以欲望為善，等等。陳獨秀曾批評過：「他說『富於情感是東方人的精神』，又說，『這情感與欲望的偏盛是東西兩文化分歧的大關鍵』。他這層意思，我都不大明白。情感果然都是美嗎？欲望果然都是惡嗎？情感果然能絕對離開欲望嗎？……欲望情感的物質的衝動是

---

[1]　《東西文化及其哲學》，臺灣九鼎出版社1982年版，第144頁。
[2]　同上書，第211頁。
[3]　同上書，第139頁。
[4]　均見《合理的人生態度》，《漱冥卅前文錄》，商務印書館1923年版。

低級衝動，是人類的普遍天性（即先天的本能，他自性沒有善
惡），恐怕沒有東洋西洋的區別。欲望情感的超物質的衝動，是
高級衝動，也是人類的普遍天性，也沒有東洋西洋的區別。」

　　梁漱溟的人性論和人生觀，是從當時的現實出發的。當時
的社會現實，在梁看來是：「西洋人近世理知活動太盛太強……
人對人也是劃界線而持算帳的態度，成了機械的關係。……至於
精神生活一面，也是理智壓倒一切。」[1]、「然而他們精神上也
因此受了傷，生活上吃了苦。這是十九世紀以來暴露不可掩的事
實。」[2]、「西洋人風馳電掣地向前追求，以致精神淪傷苦悶，所
得雖多，實在未曾從容享受。」[3]、「中國國民性原來的特點恐怕
是比別的民族好講清高，不見得是比別的民族貪婪，現在社會上
貪風的熾盛，是西洋人著重物質生活的幸福，和倡言利的新觀念
啟發出來的。」、「同時在這社會上有一般人恰好與此相反。他
們看見旁人那樣的貪婪，那樣的陷溺在肉欲，如此污濁紛亂的世
界，就引起厭惡物質生活的反動，就要去學佛修道，喜歡清靜修
行做工夫。」、「這兩條路同樣是迷離了人類本性的。」[4]因此，
他既反理智和物欲功利、又反禁欲主義，崇尚超功利、超欲望、
超理智的「本能情感」和「直覺」的自然生活。然而事實上，由
於這種學說內在的矛盾，它在實踐上是行不通的。

---

[1]　《東西文化及其哲學》，臺灣九鼎出版社1982年版，第152—153頁。
[2]　同上書，第63頁。
[3]　同上書，第152頁。
[4]　均見《合理的人生態度》，《漱冥卅前文錄》，商務印書館1923年版。

2、重親情而貶「有我」

梁氏人學的另一主張是重親情而貶有我。他之所以貶理智而尚情感，也由於理智導致個人主義意識，情感消解了個人主義觀念。他指出：「西洋人是要用理智的，中國人是要用直覺的——情感的；西洋人是有我的，中國人是不要我的。在母親之於兒子，則其情若有兒子而無自己；在兒子之於母親，則其情若有母親而無自己；兄之於弟，弟之於兄，朋友之相與，都是為人可以不計自己的、屈己以從人的。他不分什麼人我界限，不需什麼權利義務，所謂孝弟禮讓之訓，處處尚情而無我……家庭裡、社會上處處都能得到一種情趣，不是冷漠、敵對、算帳的樣子。」[1]他認為資本主義社會的痛苦和種種弊病是由極度「物質文明」帶來的，西方物質文明又是由個人主義競爭帶來的。正是「有我」的個人主義，使人與人之間充滿了「冷漠、敵對」意識。因此，只有個人主義帶來的物質文明，人的生活未必幸福愉快。相反，以「無我」的情感關係為基礎建立起來的「東方精神文明」則可使物質生活水準不如西洋人的中國人生活得很幸福、很愉快：「雖然中國人的車不如西洋人的車，中國人的船不如西洋人的船……中國人的一切起居享用都不如西洋人，而中國人在物質上所享受的幸福，實在倒比西洋人多。我們的幸福樂趣，在我們能享受的一面，而不在所享受的東西上——穿綿緞的未必便愉快，穿破布的或許很樂。」[2]這種觀點，把社會的罪惡和痛苦歸咎於個人主義競爭帶來的物質文明，無視資產階級個人主義所

---

[1] 《東西文化及其哲學》，臺灣九鼎出版社1982年版，第152—153頁。
[2] 同上書，第151頁。

追求的平等互利原則，無視中國古代忠孝親情的虛偽，在物質文明已落後西洋很大差距的二十世紀初仍重複「不患貧而患不安」的老調，未免是一種迂腐之見。

3、重人心而輕物質

梁漱溟在說明「無我」的精神文明勝過「有我」的物質文明時，已表明了這樣的思想：人生的幸福和價值不在物質享受，而在人心的獨立自足。重人心而輕物質，是梁氏人學的另一思想。在早年所寫《東西文化及其哲學》中，梁漱溟曾直接表示了這種傾向：他將經濟、物質等問題稱作「低的問題」，精神、情感問題叫作「高的問題」；「低的問題」解決之後「高的問題」就會產生出來：「以前人類似可說在物質不滿意的時代，以後似可說轉入精神不安寧時代」。資本主義社會的痛苦正是物質之類「低的問題」解決之後，精神、情感等「高的問題」解決不了產生的痛苦。而中國恰好是「高的問題」早已解決得比較好的。因而，要消滅資本主義社會的痛苦，唯一的出路是「由西洋態度改變為中國態度」，「世界未來文化就是中國文化的復興」，「中國的文藝復興，應當是中國人自己人生態度的復興」。

1984年，學林出版社出版了梁氏建國後的唯一著作《人心與人生》。這部著作僅管嘗試運用毛澤東思想對人性作出新的解釋，但仍保留了他早年重人心輕物質的思想。他指出：「講到人，離不開人心。要必從人心來講，乃見出人類之首出庶物。」、「人之所以為人，獨在此心，不其然乎。」[1]、「何謂

---

[1] 《人心與人生》，學林出版社1984年版，第2頁。

人性？——此若謂人之所不同於其他動物，卻為人人之所同者，即人類的特徵而已。人的特徵可得而言者甚多，其見於形體或生理機能之間者殆非此所重，所重其在心理傾向乎？所謂心理傾向，例如思維上有彼此同喻的邏輯，感情上於色有同美，於味有同嗜，而心有同然者是已。」[1]顯然，在人的物質屬性和精神屬性中，梁是更注重人的精神屬性在人性、人的特徵中的地位的。孟子曾說，人如果「飽暖，逸居而無教，則近於禽獸」。梁氏重人心而輕物質，與此暗合。

值得交代的是，在梁氏晚年的這部著作中，其人性思想有一個發展變化。

首先，梁漱溟指出：「自一九五七年『反右』運動以來，人無敢以人性為言者。蓋右派每以蔑視人性、違反人憂詰責於領導，領導則強調階級性，指斥在階級社會中離階級性而言人性者之非。」[2]

其次，「人性」一詞到底應當如何定義？梁漱溟引用謝姆考夫斯基的話：「生物學者達爾文是在同獸類密切關係上認識人類，而社會學者馬克思則進一步是在同獸類大有分別上認識人類。」並說：「達爾文之認識到人獸間密切關係者是從人的個體生命一面來的，而馬克思之認識到其間大有分別者卻從人的社會生命一面來的。」[3]、「達爾文所觀察比較的對象是在人身，馬克思所觀察比較的對象在古今社會。雖不即是人心，然須知人心實資於社會交往以發展起來，同時，人的社會亦即建築於人心之

---

[1]　同上書，第7頁。
[2]　同上。
[3]　同上書，第3頁。

上，並且隨著社會形態構造的歷史發展，而人心亦將自有其發展史。」[1]正像馬克思那樣著眼於人「同獸類大有分別」，梁以「人之所不同於其他動物，卻為人人之所同者」，以「人類的特徵」定義「人性」。

再次，「人性」、「人的特徵」是什麼呢？這時，一方面，在早年一以貫之的重人心、輕人身的思想作用下，梁認為「人的特徵」主要凝聚在「人心」上；另一方面，在思想界剛剛解凍的情況下，梁漱溟仍不得不從毛澤東的著作中尋找根據，來說明「人心」的特點。這特點就是「主動性、靈活性、計劃性」：「有以如何認識人心為白者，吾輒請讀《毛澤東選集》。……選集中〈抗日遊擊戰爭的戰略問題〉、〈論持久戰〉兩文，人見其言用兵也，我則見其言心。前後兩文中，一皆列舉主動性、靈活性、計劃性之三點以言用兵，而要歸於爭取主動。實則此三點者，非即人心之所以為人心乎？今我之言心，即將從此三點者入手而申說之。」[2]

複次，階級性與人性之關係。毛澤東認為在階級社會中除了階級性之外沒有共同人性。梁則指出：「階級性之在人者，縱許烙印深重些，然其人性未嘗失也。」、「人類原始社會無階級，階級為後起，則階級性必後於人性而有」，如此，則「人性將在階級性消滅之後而顯現，不亦為論者所公認乎？」[3]、「生物有相同之機體者，必有相同之性能；其在人，則身與心之相關不可離也。在不同時代、不同種族、不同階級的人，果其身的一

---

[1] 同上書，第3—4頁。
[2] 《人心與人生》，學林出版社1984年版，第16頁。
[3] 同上書，第8、10頁。

面基本相同矣，豈得無基本相同之心理傾向？」[1]

梁漱溟晚年對人性的「主動性、靈活性、計劃性」的論述，其是非得失姑且不去談它。他在「四人幫」粉碎之後較早地提出「共同人性」問題，並科學論證了階級性與人性的關係，這在當時是極有啟蒙意義的。

十一、張競生：自然主義的性學體系

張競生，廣東潮州饒平縣人，生於1889年。出身於一個富裕的華僑家庭。早年入鄉間私塾讀書，十五歲考入縣立小學讀書。受當時社會宣傳的「軍國民主義」影響，中學時又轉入黃埔陸軍小學就學，「暗中因為偷看當時革命人士所出版的《民報》，提倡顛覆滿清，恢復漢族，大大受其影響，曾與數位同學，把所謂豚尾的辮髮剪去了」[2]。後因未能選拔到法國去大士官學校留學，遂離開陸軍小學，到新加坡投奔孫中山，試圖得到他的幫助到國外留學，將來做一個革命黨人。未能如願，回國後繼續求學。先入上海法國天主教會辦的震旦學校，半年後考入北京京師大學（北京大學前身）法文系，二年後，即1912年到法國留學。1919年5月獲里昂大學「哲學博士」學位。1920年回國後，聘為潮洲金山中學校長。1921年至1926年在北京大學擔任哲學教授。其間出版過《美的人生觀》、《美的社會組織法》、《愛情定則》和引起軒然大波的《性史》第一集。1926—1927年之際，在

---

[1]　同上書，第10頁。
[2]　李洪生編、張競生著：《性學博士懺悔錄》，內蒙古人民出版社1999年版，第11頁。

上海創辦「美的書店」，繼續性啟蒙教育，出版靄現士的各種性
學譯著，主辦《新文化》雜誌（基本可視為性學雜誌），並著述
過轟動一時的《第三種水》小冊子。書店辦了二三年，因為時局
的不容，被迫關閉。1932年他再度赴法，轉而研究地方自治與農
村組織。兩年後回國，一直過著隱居而浪漫的生活，直至建國以
後。晚年寫過自傳，坦陳自己的性經歷和性觀念，由李洪寬編輯
為《性學博士懺悔錄》（內蒙古人民出版社1999年出版），1972
年病逝。

張競生是20年代與魯迅、周作人、梁實秋齊名的文化名人，
中國第一代性學家。他痛感封建禮教下婚姻制度的不自由和性禁
錮主義給男女造成的種種痛苦，高舉盧梭回歸自然的旗幟，首倡
婚姻自由和性解放，主張以「試婚制」、「情人制」代替「婚姻
制」，公開研究性學，出版《性史》，普及性知識和性教育，進
行性啟蒙，身體力行他的性道德觀念，為當時社會所不容，被人
們戲稱的「性學博士」，並與主張畫裸體畫的劉海粟、唱「毛毛
雨」的黎錦輝一起，被稱為當時中國三大「文妖」。今天看來，
儘管張氏的性學研究客觀上可能導致一些副作用，其性學觀念可
能也有一些荒唐和值得商榷之處，但其主體精神卻具有反對封建
束縛、回歸自然人性的積極意義。他上承金聖歎，下啟李銀河、
潘綏銘、劉達臨等人的當代性學研究，在中國性觀念的發展史
中，的確是一個里程碑式的人物。周作人曾經指出：「張競生的
著作上的最可佩服的是他的大膽，在中國這病理的道學社會裡
高揚美的衣食住以至娛樂的旗號，大聲叱吒，這是何等痛苦的
事！」魯迅指出：「至於張競生的偉論，我也很佩服，我若作文
也許這樣說的，但事實很難。」但他又指出：「張競生的主張要

實現，大約當在25世紀。」[1]1988年北京的《科學博覽》指出：「張競生是我國第一個宣導『生育節制』、第一個主張『愛情定則』，第一個宣揚『美的人生』、及第一個在中國開闢性學研究和性教育、成就最高、影響最大的『性學博士』。」

1、自然主義人生觀

　　張競生早年留學法國。法國是資產階級啓蒙運動的故鄉。主張天賦人權、社會契約的盧梭是法國反抗封建專制啓蒙運動的傑出代表。除開天賦人權說，盧梭還是自然主義和浪漫主義的積極宣導者，也可以說是關於人的情感及人和自然關係方面的啓蒙大師。平民出生的他一生得到過不少貴夫人的關愛，他也維繫過與不少貴夫人之間的性愛，並從這種性愛中獲得過創作激情和靈感[2]，可以說是自然主義思想的實踐。他在《懺悔錄》中對自己一生的經歷作了大膽的不加任何修飾的描寫，實為自然主義文學創作的經典之作。盧梭的自然主義思想和經歷深深吸引了這位來自東方古國、一直束縛著自身天性的青年學生，他的博士論文題目即是盧梭研究。20年代末、30年代初，張競生曾親自翻譯過盧梭的《懺悔錄》，成為中國第一代翻譯盧梭的學者。他將盧梭譯為「盧騷」，將愛彌兒譯為「愛美兒」，比今天通行譯法還傳神。盧梭的自然主義人生觀和人生經歷對張競生產生了很大影響。他在兩度留學法國期間曾與十多名法國女子有過風流豔情，在國內也曾有過幾位紅粉知己，甚至到了垂垂老年還與一位37歲

---

[1]　轉引自《性學博士懺悔錄》，內蒙古人民出版社1999年出版。

[2]　詳參摩羅：《盧梭與貴夫人》，摩羅《恥辱者手記》，內蒙古教育出版社1998年版。

的少婦同居，從中可看出盧梭的影子。他在20世紀20年代社會對「性」尚諱諱莫如深時坦陳對性的態度和研究，在晚年所寫的自傳中對自己整個性史及性學思想的真實記錄，都緣於性是一種自然存在，「是怎樣的事情，就怎樣寫去，不自欺，更不可去欺人。」充分反映了他自然主義的人生觀。如他說：「我曾加入法國的自然派，這是一個衛生的會社，……他們得到法國政府的幫助，在靠近法國南部海邊的一個大島嶼──日本島為實行自然派的主義的根據地，我曾與巴黎情婦特到此島享受數個月的自然生活……而至今日，我仍然是一個積極的自然主義信奉者。」[1]

2、「全裸體是極道德的」

基於自然主義人生觀，張競生認為，裸體不僅是道德的，而且是美麗的，因而他反對女子束胸。他指出：「若就自然構造上說，男女彼此裸體，但見男的胸部平直而性部突出，與女子的奶部突出及性部的整緻，當然男的極不好看，而女的甚見美觀。」、「全身裸體，在男子方面的性部那樣突出陰毛的蓬鬆，未免有些礙眼，今把它用三角布遮起來，更覺為悅觀。在女子方面來全裸體是極美麗的，尤其是她們的酥胸與那二粒含苞的花蕊。但今把它們遮藏起來，也引起人常常向這部門去注意、去引起興趣。因為全身赤裸了，性部與奶部也不過是整個身體的一部分，並不見得有什麼特殊。今把它們隱藏起來，更使人有可望不可即的『匪夷所思』。所以，就道理上說，全裸體是極道德的，因為使習慣了因而不會有對性部與奶部的好奇心。」[2]

---

[1]　《性學博士懺悔錄》，內蒙古人民出版社1999年版，第223頁。
[2]　《性學博士懺悔錄》，內蒙古人民出版社1999年版，第221、224頁。

　　裸體，在中國傳統道德觀念看來是極可恥的事情。1927年5月，漢口有一班婦女擬舉行一次裸體大遊行，「以打破女子的羞恥問題」，報名「加入者已達千餘人之多」。消息既出，輿論大嘩。張競生在他主辦的《新文化》月刊上發表評論，提倡裸體，但又反對不分時間地點無條件地裸體：「裸體是我們所歡迎的，但全不因『免恥』而為。裸體是為身體的壯健！裸體是為美的身材！裸體是為經濟的節儉！裸體是為精神的活潑！」、「我們提倡裸體者，乃是有限制的，如裸睡等，此全為救濟一班過於束縛而言，不是主張平日無論何地而裸體也。總之，有裸有裏，始有好果。常裸不好，常裏更糟。應裸當裸，應裏則裏，既不失過於神祕，也不陷於太發洩。」[1]他還發表《美的裸體遊行組織法》：「聽說居然漢口有一班女子將於一九二七年五月中舉行一次裸體大遊行，……在我們提倡裸體之人看來，此事不但不可阻止，而且應當獎勵進行。不過此為破滅蕪大事，應該鄭重其事舉行，始能使社會得了裸體利益的好印象。故我現擬一個簡略組織法於後：（一）凡參加裸體遊行的女子，應先由『內行』的審查委員會從美的方面審定誰才配有赤裸的資格。中國女子——新式女也不免——自少就把奶壓束及種種服裝的不稱，遂養成一個極壞的身材。若使這班女子去裸體遊行，勢必使觀者起了醜感，或者說還是裸體醜而穿衣服為美也。（二）選擇一班好身材的女子全身裸體遊行外，並使一部分女子穿了各種新鮮顏色的紗料與極薄的服裝，使人覺得穿衣服得法者，也將能有美身體的表現。（三）此外應備一班子女將束奶及穿褲種種怪狀，不惜現身說

---

[1]　同上書，第216頁。

法，襯托出來，使人知道束奶的不衛生及中國女子服裝的醜惡。（四）是日這班裸體的女子應該坐極美麗的大車中，並且扮成為種種景致及各種有意義的表現。有能乘馬，坐自行車，及種種跳舞及活動的表現更美。（五）官廳方面應當竭力保護，並當特備盛會及紀念品以贈這班裸體女子。市民方面，如能將一市中的女子最美者選為『裸後』，以為一市之光。」[1]女子裸體遊行，不只是為了「免恥」，而且是為了展示人體美、自然美，反對過分的束縛給人體造成的醜。

3、「提倡性的自由」

同樣出於自然主義的人生觀，張競生提倡性自由。性按其天性來講，本身是要求自由的。張競生在法國留學時，看到「在法國，尤其是青年的男女們，對於性交是極其自由的，可以說一切男女都有獲得接觸的機會。在我們學生居住（巴黎的拉丁區）的某條大街上，都盛行了一種『獵豔』的風俗：即是在街上遇到你中意的女郎，你就可向她問安，並請她食咖啡茶點。她如不願意麼，只說一聲『多謝』，彼此哈哈一笑離開。她如願意麼，那就有機會可乘。當然不能初相識就發生肉愛。可是經過多次的相識，就不免於『那個』了。」[2]、「在法國的國慶日（又名狂歡節），獵豔的情況，只別有一番滋味。任何你中意那位女子，你就要與她親吻與跳舞，覓處尋歡的事也是很容易發生的。」[3]中國的情況正好與此相反。張競生本人也是封建婚姻的直接受害

---

[1]　同上書，第217—218頁。
[2]　《性學博士懺悔錄》，內蒙古人民出版社1999年版，第92頁。
[3]　同上書，第27頁。

者。他說：「我個人受了舊時婚姻制的毒害，更加慘痛。然而最大受到傷害的還是我們第一位妻子……我在十歲，即與八歲的她訂婚，當然是『父母之命，媒妁之言』。我娶她那一日，她的容貌……矮鈍身材，表情有（又）惡狠狠的狀態，說話以及一切都是俗不可耐。」[1]他厭惡她，從未與她發生過親熱或性關係，但一直到留學回來後任金山中學校長時尚不敢與她離婚。於是在他「厭世到極端而至於想自殺」、到北京與她離婚後，她也自殺身亡。正是「在法國習慣了性交的解放與自由後，反觀了我國的禮教下的拘束，心中不免起了一種反抗的態度，所以我想提倡性的自由。」[2]

張氏提倡的性自由，「不是亂交和禽類一樣的無選擇性的」，而是有選擇性的，這選擇的標準就是情感。在他看來，只要有情，就可同居。由於情感是不斷變化的，所以他主張情人制、反對舊式婚姻制。他曾在《晨報》上發表「愛情定則」：「（一）愛情是有條件的；（二）是比較的；（三）可變遷的；（四）夫妻為朋友的一種。」[3]又指出：性愛應是「由肉感、情感、靈感」三者的合一。只有肉感而無情感與靈感，也不過與禽獸一樣，使性欲淪落為一種本能。唯三者合為一體，「才能成美的性欲」[4]。「兩位情人……他們的結合，除了肉體的享受外，最重要的是一些『情人的情感』，這個情感……是一種極複雜的、從肉體昇華的情感。」[5]、「情人所以比婚姻的夫妻制優越處，就是它能適應這個兩性情感的複雜與進化的要求。一

---

[1] 同上書，第5頁。
[2] 同上書，第91頁。
[3] 同上書，第74頁。
[4] 同上書，第205頁。
[5] 同上書，第210頁。

對情人或許彼此只有一種情感而缺乏其他種，但她們又要向別的情人去滿足。因為情人制是不固定與限定那對情人終久結合的，他們可以變遷，可以去再找更滿意的對方，這是婚姻制所不允許的。因為情人制具有這樣的知識性、進化性與能夠隨時滿足最大範圍的兩性情感要求，所以不管社會制度的如何限制，自古以來，自初民社會到封建社會、資本主義的社會，情人制在祕密存在中，在有高度文化人類中間通行。」總之，「本能的性欲，昇華為兩性的複雜的情感與絕淨的靈感，只有由情人制去尋求始能得到。」[1]、「我以為性交能得到自由發展就可幫助情人制的發展，就是把舊時婚姻制打垮了。」[2]張競生以「性交自由制」為基礎的不受婚姻約束的「情人制」，顯然「與我國人情不相合」[3]。魯迅說「張競生的主張要實現，大約當在25世紀」，當是指的這種情況。

4、性啟蒙與性學研究

性在中國傳統社會中一直是很隱秘、很忌訊的話題。張競生既然在中國提倡性自由和情人制，就不得不對中國的性現狀作一些實證性的研究，並對國民進行必要的性啟蒙教育。作為他性研究和性啟蒙的實際行動，就是《性史》第一集的收集出版與《第三種水》的研究與問世。他何以想到收集出版《性史》的呢？「我當時受了英國大文豪藹理斯（Havelock Ellis）那六大部世界聞名的性心理叢書極大的影響。在這部書中，藹氏於論各種

---

[1] 《性學博士懺悔錄》，內蒙古人民出版社1999年版，第212頁。
[2] 同上書，第92頁。
[3] 同上書，第93頁。

性問題後，就附上許多個人的性史。因為要成為一種科學，當先有這種科學的證據材料，那麼，假如性也要成為科學，當然要先有性史做材料……我當時抱著這個野心，欲在國人的性行為中，做出一點科學的根據，所以我也學藹氏先從性史著手搜集材料了。」[1]他又通過了報紙上刊登徵集廣告和性史的出版，使這種性研究變成了性啟蒙。《性史》由張氏的序以及調查對象自撰的性史和張氏的評點組成。從徵集廣告到《性史》的具體內容，都強烈浸透著一個特點：真率大膽。如《性史》徵文啟事中說：

> 您竭力記起幾歲時頭一次知道兩性的分別。其時的情況如何？僅僅覺得一個虛乏的觀念？或感到一個需要的安慰？只憑妄想就算了？抑且有種種把戲的接洽？
>
> 您幾歲春情發生？精幾時有？月經何時來？初次的情狀如何？久又是怎麼樣？那時對於異性什麼心情？含羞嗎？外拒而內迎嗎？喜歡人談婚姻及交媾等事嗎？
>
> 您會手淫或別種「自淫」否（如用器具摩擦或以陰陽具摩擦外物）？何時起始？次數幾多？怎麼使您生了這個動作（或聽別人說過，或看書畫引起，或不知不覺中發現，或因生殖器痛癢而按擦等等）？結果於身體發什麼妨礙：頭痛，眼昏，神情，意怠，背脊酸軟，神經刺激，交媾力不振作，陽萎，陰衰，諸如此類以及記憶力減失，聰明與毅力日衰等事，至少有無一件感覺得到否？每當手淫時的前後，有無愧悔這件事不應該做麼？

---

[1] 同上書，第91頁。

您有夢遺否？怎樣夢遺法？似與人交，抑無因而至？遺精多少？每月次數多少？有定期否？夢遺與手淫有無關係（如無手淫就不免夢遺，夢遺了就不想手淫，或一經手淫就無夢遺，或手淫後更多夢遺之類）？

您會與同性即男和男（女和女）戀愛過否？曾用陰陽具接觸過否？又用什麼方法接觸？或僅看作一種精神的愛戀嗎？你現在對於這個嗜好如何？此外尚有別種變態的出精法否？如與母雞公狗交，如與……您喜歡用口或手使對手上的生殖器出精嗎？

您曾嫖妓否？如您是女人，曾否做過浪漫的性生活？曾受過何種生殖器病？治療狀況如何？現在愈否？

你現在娶未？幾歲婚娶？有子女也無，曾用過何種手段避孕否？未婚前及到現在曾否知這些「性教育」？看何種書？有什麼實行？初婚時或與人初次交媾時的情況如何？

您算到今日曾與若干人交媾？無論和誰，請詳細寫出來。您一向的性量大小，興趣厚薄，次數多少，請詳細寫出來。您喜歡哪一樣的交媾法？從春宮圖見來，或由自己創造，請詳細寫出來。與您交媾的對手人的性欲狀況，性好，性量，性趣等等，請你為詳細寫出來。[1]

《性史》序說明該書編輯初衷：「這部《性史》斷斷不是淫書，斷斷是科學與藝術的書。這個可以用許多事實來證明；豈有淫書，其中所指示的乃是一切至美善的方法！」、「倘有人讀

---

[1] 《性學博士懺悔錄》，內蒙古人民出版社1999年版，第94—95頁。

後仍說它是淫書，則我再抄聖歎的話告訴他：『你只為中間有此一事耳。但細思此事，何日無之，何地無之？不成天地中間有此一事便廢卻天地耶？細思此身自何而來，便廢卻此身耶？』」、「這是科學的書，因所寫的皆是事實。就事說事，這是自然的事，這尤其是自然的妙事。它所寫的乃許多許多的妙人所做的無數的妙事。故我們所鑒賞的就在這些妙事怎樣而來從何而去，如何發展如何壓迫，什麼是正什麼是奇，何事算乖巧，何件為笨拙。總之，閱者應當具慧心，張智眼，伸妙手，把這些平常的妙事再變成為人間更加美善的妙事，有些使整理起來變成了極有價值的科學材料了，又有些點綴起來就變成為最藝術的事了。」、「它所寫的都是自然的事實。即使所寫的有時不免被人看作淫事，但實在上仍然不是『誨淫』。它所要寫的是事實，事實如何便寫如何，這才是科學家的態度。」、「由此說來，在這書中無論所寫的為正態為變態，只要它是實在，它便具有科學的價值。它與淫書不同處，淫書是以作者個人虛構的情狀，專門挑動讀者的獸欲為宗旨。這書乃以科學的方法，從種種實在的方面描寫，以備供給讀者研究的材料。」[1]

《性史》之外，張競生生還出版過《第三種水》，演講過「性部呼吸」。所謂「第三種水」，是指女性性交興奮時排出的一種液質。張氏認為：「在我以為這個第三種水的重要性，是由我所發現的。」[2]至於提倡「性部呼吸」的文章，曾發表在《新文化》月刊上，原是他在上海勞動大學做的一篇演講稿。相對於「腹式呼吸」、「丹田呼吸」，他提出「性部呼吸」：「通常人

[1]　《性學博士懺悔錄》，內蒙古人民出版社1999年版，第254—255頁。
[2]　同上書，第127頁。

們不能擅長房事者，皆因他性官太衰弱以致一觸即發，一發即不可收拾。……若把性部得由個人意志去操縱，要它久戰則久戰，要它休兵則休兵，有興時則交鋒，無意時則作各種『情玩』的事情就能滿意，如摩乳、新吻、擁抱以致於調情諧謔，盡夠達到性欲的滿足，而不用泄精。凡能使性部呼吸者，自然能操縱它而不為它所操縱。」[1]在論述「性欲發展的好處」時，他還指出：「性欲發展之人，同時也富於詩性及創造性之人。……自來一切詩人文學家藝術家，大都是富於性欲之人呵！……凡情欲發展之人，同時也是勇於改革與建設社會一切事業之人，自來一般大政治家、大軍事家、大社會家等皆是富於性欲之人。」[2]

　　張競生是學哲學的，他提出的「第三種水」和「性部呼吸」儘管自以為是自己的發現，卻並無多少生理學根據，當時就有人視為荒唐；他公開出版的《性史》儘管以藝術的、真實的描寫著稱，然而由於不符合國情，被人視為「誨淫」之作，他自己也被人視為「大淫蟲」、「性學博士」，對一部分青年確也「發生了許多惡劣影響，如手淫、同性交等等，甚至有發生色情狂，其中也有因貪看這本書至於忘餐廢寢誤入歧途的」[3]。因此，《性史》第二集、第三集不得不中止出版。不過，要求性從原來的禁錮中解放出來，不只為生殖，而且為愉樂，這種追求則是無可非議的。

　　張氏的性學研究後來沒能繼續下去。完成這一未竟事業的是中國新時期以來的一批性學家們。

---

[1]　同上書，第129頁。
[2]　同上書，第131頁。
[3]　同上書，第93頁。

5、最早提倡節育

中國傳統的性道德是，只有指向生殖的性事才是正當的，而指向愉樂的性事則是「淫」，「萬惡淫為首」。「不孝有三，無後為大。」為了生殖，人們不必節育，多多益善。張競生的觀點正好相反。他提倡性自由與性快樂，但卻反對當時社會漫無節制生兒育女的風俗，主張節育。這一主張，是他在北大教書時提出的。他在自傳中回憶說：「在我國從前，多生子女的苦痛，實在有筆難描。女子與男子一樣，在今日都應為社會服務，漫無節制地多生子女無異使母親變成生殖的機器。有覺悟的女子，對此節育問題，更比男子有急切的需求。」、「我希望使大家得到必需的節育常識，容易得到便利的節育藥科與器具。我希望個人方面的確有需要時，就當去實行節育。尤其是當節省肉欲而多去享受夫妻間的精神生活。」[1]這似乎是我們看到的中國歷史上最早的關於節育的論述。

性不只是為了生殖，它更多地承擔著快樂的功能。人們不應注重從性中追求生殖，而應注重從性中追求歡樂。張競生的這種思想，與20世紀末性社會學家李銀河在《性的問題》一書中所闡述的道理是相通的。

---

[1] 《性學博士懺悔錄》，內蒙古人民出版社1999年版，第83頁。

下篇：當代人學：失落與復歸

一、概述：從人的失落到人的復歸

1949年10月1日，毛澤東在天安門城樓上向全世界莊嚴宣佈：中華人民共和國成立了。歷史從此掀開了新的一頁。中國當代歷史由此開端。

1、毛澤東的建國構想及其變化

中華人民共和國是中國三十年新民主主義革命的結果。早在1940年《新民主主義論》中，毛澤東就明確指出：「這種新民主主義共和國，一方面和舊形式的、歐美式的、資產階級專政的、資本主義的共和國相區別，那是舊民主主義共和國，那種共和國已經過時了；另一方面，也和蘇聯式的、無產階級專政的、社會主義的共和國相區別……但是那種共和國，在一定的歷史時期內，還不適用於殖民地半殖民地國家的革命。」按照毛澤東原先的設想，這個新建立的共和國既不同於蘇聯無產階級專政的社會主義國家，也不同於西方資產階級專政的資本主義國家，而是參加新民主主義革命的幾個革命階級聯合專政的新民主主義國家。「國體」是「各革命階級聯合專政」。「政體」則實行無男女、信仰、財產、教育等差別的真正普遍平等的選舉制，以「適

合於各革命階級在國家中的地位」。新民主主義共和國的經濟是多種經濟成分並存的經濟，即「大銀行、大工業、大商業歸這個共和國的國家所有」；「國營經濟是社會主義的性質，是整個國民經濟的領導力量」。同時，「這個共和國並不沒收其他資本主義的私有財產，並不禁止『不能操縱國民生計』的資本主義生產的發展」，並「將採取某種必要的方法，沒收地主的土地，分配給無地和少地的農民，實行中山先生『耕者有其田』的口號，掃除農村的封建關係，把土地變為農民的私產。農村的富農經濟，也是容許其存在的」[1]。當時黨內有人希望「畢其功於一役」，在新民主主義革命成功後直接進入「無產階級專政的社會主義」，遭到毛澤東的批判。毛澤東把這種觀點批評為「左傾空談主義」，指出：「中國革命不能不做兩步走，第一步是新民主主義，第二步才是社會主義。而且第一步的時間是相當地長，絕不是一朝一夕所能成的。」[2]如果新中國成立後真按毛澤東原先的這些客觀、理性的考慮去運作，也許中國的現實會更好。然而，事實並不是這樣。建國以後，毛澤東改變了原先的想法。當時黨內有人按照他在1940年《新民主主義論》中設計的框架，提出「確立新民主主義社會秩序」、「確保私有財產」等主張，但又被毛澤東否定了。「一萬年太久，只爭朝夕」的精神、對共產主義理想的嚮往和浪漫主義的詩人氣質，使毛澤東在向蘇聯「社會主義老大哥」學習的國際共產主義運動高潮的推動下，轉向了他原先批評過的「左傾」道路。在他的領導下，新中國很快邁上

---

[1] 均見《新民主主義論》，《毛澤東選集》第二卷，人民出版社1991年版，第668—678頁。

[2] 同上書，第683—685頁。

第二步即「社會主義改造階段」，「要在十年到十五年或者更多一些時間內，基本上完成國家工業化和對農業、手工業、資本主義工商業的社會主義改造」。對於黨內有人提出的他原先的「分二步走」的主張，他批判道：「有人在民主革命成功以後，仍然停留在原來的地方。他們沒有懂得革命性質的轉變，還在繼續搞他們的『新民主主義』，不去搞社會主義改造。這就要犯右傾的錯誤。」[1]

於是，新中國的航船離開了原先設定的新民主主義共和國的航程，駛向了社會主義共和國的航道。原先設想的幾個革命階級——包括民族資產階級在內的聯合專政變成了共產黨領導的單一的無產階級專政，原先允許保留、發展的資本主義私有財產和農民分田分地得到的土地私產一概收為公有，原先設想的無信仰差別的「真正普遍平等的選舉制」變成了事實上只有一種信仰的階級其政黨的最高領袖的個人獨斷制。

由於對共和國社會性質的認識發生了變化，資產階級由「人民民主專政」的一員變成了「無產階級專政」的主要對象，由「新民主主義革命」的同盟軍變成了革命成功後新中國所要打擊的敵人，無產階級和資產階級、社會主義和資本主義的鬥爭被描述為新中國的主要社會矛盾。原先為爭取自由、民主、個性而參與「五四」和反封建反國民黨獨裁政府鬥爭的知識分子，現在由於同樣的原因而成為「小資產階級」這一社會主義革命改造的對象。在重新確認了共和國的主要矛盾、確立了「以階級鬥爭為綱」的行動綱領，完成了公有制的轉變之後，毛澤東相繼發動了

---

[1] 《批判離開總路線的右傾觀點》，1953年6月15日，《毛澤東選集》第五卷，人民出版社1991年版，第81頁。

「反右」、「四清」[1]、「文化大革命」等一系列階級鬥爭，直到1976年粉碎「四人幫」，1978年黨的十一屆三中全會徹底否定「兩個凡是」，這種局面才得到根本扭轉。

2、毛澤東時代的人學狀況

從1949年新中國建立到1978年中國共產黨十一屆三中全會召開以之前，可稱之為毛澤東時代。這段歷史時期，執政黨延續著民族救亡時期對五四啟蒙追求的壓抑，造成了「人」的嚴重失落。突出表現是：

（1）對人的社會性、階級人性論的誤解

在人性問題上，依據馬克思《關於費爾巴哈的提綱》中「人的本質在其現實性上是一切社會關係的總和」的論斷，推斷人性、人的本質就是人區別於動物的根本特性，就是社會性；[2]然後，又將社會性說成是與個性對立的一個概念，進而高揚集體主義、貶低個人主義；再將社會性說成是與感性對立的理性範疇，進而高揚理性、貶低感性。另外，依據毛澤東《在延安文藝座談會上的講話》中提出的階級人性論，否定共同人性的存在，認為自私自利是資產階級的人性，大公無私是無產階級的人性，無產階級與資產階級的鬥爭，就是公與私、義與利的鬥爭，是非此即彼、你死我活、不可調和的。

---

[1] 作者按：指1963—1965年在農村和城市基層開展的清政治、清經濟、清組織、清思想的社會主義教育運動。

[2] 作者按：其實這是對馬克思的誤解。馬克思認為人的本質、特性是勞動、實踐，「社會關係」只是人在勞動中結成的群體關係，是勞動關係的一種表現。

（2）對個體的生存權利、物質利益、思想自由的否定

在這種人性論的作用下，中國人學呈現出對個體性的全盤否定。個體性是不符合人的社會性和無產階級集體主義精神的，因而作為資產階級個人主義的東西加以否定，在人與我、公與私、集體主義與個人主義關係上片面強調「利人」，反對「利我」，強調「集體主義」，反對「個人主義」，強調「大公無私」、「破私立公」、「鬥私批修」、「頭頂一個『公』字，腳踏一個『私』字」。而當「階級鬥爭」慘無人道，人們依據「愛人」、「利人」的人道主義思想相責難時，這又被批判為「虛偽」的「資產階級人道主義」。於是，在徹底批判個人主義的同時，封建專制主義假借「社會主義」和「集體主義」旗號乘虛而入。不只虛擬的「資產階級」、「修正主義分子」等非無產階級失去了個體存在的地位，而且無產階級也失去了個體存在的價值，工人、貧下中農只有在成為「革命機器上的螺絲釘」時才有存在的價值。

對個體價值的否定，首先是對個體生存權利的否定。這在「文化大革命」中發展到極致。

否定個體的價值，勢必否定個人的物質利益，於是在義與利、貧與富、物質與道德、政治與經濟的關係上，片面地貶低物質利益，提防物質富裕，宣揚「毫不利己，專門利人」。革命、政治、道德被當作人類一切活動的目的，物質、利益、經濟則是與這種目的背道而馳的障礙，「無產」、「貧窮」才是這種「革命道德」的物質標誌和基礎保障，所謂「寧要社會主義的苗，不要資本主義的草」，「小生產是每日每時地產生著資本主義

的」。於是，工人階級和農民階級因為被剝削得一無所有而起來
進行剝奪有產者的革命，在革命成功後依舊是「無產」階級——
工廠公有，土地公有，勞動成果公有[1]；他們依舊要不斷「革
命」下去、「無產」下去，而不能與經濟、富裕沾上邊。「革
命」、「道德」走到了自己的反面，成了「無產階級」和人民大
眾生存的異化物。余秋雨在分析無產階級革命與道德對貧困與富
裕的矛盾態度時深刻指出：「大家並不喜歡貧困，卻又十分擔心
富裕。大家花費幾十年時間參與過的那場社會革命，是以改變貧
困為號召的，改變貧困的革命方法是剝奪富裕。為了說明這種剝
奪的合理性，又必須在邏輯上把富裕和罪惡畫上等號。結果，既
要改變貧困又不敢問津貧困的反面，不追求富裕又想像著一個朦
朧的（富裕）遠景」，這種矛盾態度在現實中找到的樣板，就是
大寨[2]。「不患貧而患不安」，這是古代儒家的社會理想。而整
個毛澤東時代的社會狀是，既貧困而又不安：一方面是階級鬥
爭、政治鬥爭接連不斷，弄得人心惶惶、人人自危，另一方面是
公有制助長了工人農民這些「主人」的惰性和共產黨幹部這些
「公僕」的私心，生產力不發達而又不允許抓生產，有限的物質
財富被「主人」、「公僕」的損公肥私、假公濟私所糟蹋，人們

---

[1] 作者按：當然，為了說明「無產階級」翻身作主，「公有」被說成是
「全民所有」或「集體所有」，然而，這種財產事實上並不屬工人農民
個人所有，所以後來有人將社會主義公有制諷刺為「人人所有，人人沒
有」。儘管新中國成立後原來的無產階級成了生產資料的「所有者」，
是法理上的「有產階級」或「資產階級」，但由於談「資」色變，不理
解「無產階級」是一個變化流動的概念，革命成功後的工農階級仍然叫
「無產階級」。這突出暴露了「無產階級專政」學說自身的邏輯矛盾和
理論混亂。
[2] 《抱愧山西》，《山居筆記》，文匯出版社1999年版，第149頁。

在「勒緊褲腰帶」的飢餓狀態中苦苦掙扎。

對個體性的否定，還滲透到對個體的思想權利的扼殺。人是思想的動物。思想本是人生而有之的特點和與生俱來的權利。然而新中國成立後，毛澤東思想被確立為全國人民的唯一指導思想，人們沒有自由思想、自由發表意見觀點的權利。這對於從事精神活動的知識分子是莫大的不幸。解放前中國一大批曾獨立批評、尖銳抨擊過國民黨政府政治弊病的自由知識分子，在懷著滿腔希望留在新中國後，或則因為同樣的獨立批評精神屢遭打擊，或則因為失去了自由思想權利而沉默終生，或則發生了與以前判若兩人的違心變化。敢於堅持自己意見的，如胡風、馬寅初、顧準等人，都慘遭迫害。1957年，全國約有50多萬人因發表不同意見被打成「右派」。在黨內高層，彭德懷、劉少奇、鄧小平等人因發表或持有不同政見而先後被打倒；在民間，像遇羅克、張志新、李九蓮這樣的民間思想者因堅持不同思想而被處死。新中以來沒有產生魯迅那樣的文化巨人，巴金、冰心、茅盾等文化大師都成名於解放以前，解放以後無重大建樹，根本原因是知識分子缺少自由思想的權利。

（3）蔑視本能、感性的「無性文化」

在上述人性論的指導下，中國人學呈現的另一特點是對感性、本能、欲望的蔑視。社會性說到底是一種社會理性。強調人的社會理性，感性、本能便都成了動物性、非人性的東西。新中國建國以後直到「文化大革命」中，儘管中國的人口急劇增長，中國社會上通行的卻是「無性文化」。文學中不允許愛情描寫，《天鵝湖》不准演，裸體像不准畫（北京天文館50年初建成時外

牆有一幅裸女浮雕，幾年後用標語擋住，「文革」中用水泥抹平，漆上「為人民服務」），短裙不能穿，性教育不能講，1972年出版的《新華字典》，連娼、妓、嫖這幾個字都不收。「無性文化」帶來的結果，是性愚昧。一對夫婦結婚數年不育，去醫院檢查，女人尚是處女。「無性文化」否定人類愛情的生物學內容，片面突出愛情的社會、政治內容，於是，性成了服從於、服務於階級鬥爭和革命政治需要的工具。有一則故事說：新郎拒絕過性生活，岳父不得已詢問，新郎回答說：「那是資產階級生活方式。」岳父無言以對。苦思幾日又來勸：「但是，咱們還得培養革命接班人啊！」事遂成。

（4）性善論導致政治專制和經濟落後

由於信奉階級人性論，以性善論美化了無產階級及其共產黨人的人性，因而在政治上、經濟上、法律上、新聞上缺少防範人性弱點的有效監督機制，結果政治形成「一言堂」，經濟上生產力發展嚴重低下，國民經濟日漸萎縮。同時，由於以性惡論醜化了資產階級人性，將資產階級在反對封建專制主義時提倡的平等、自由、民主、博愛都當作醜惡的東西加以批判，結果在批判資產階級思想的同時，封建專制主義假借「社會主義」、「集體主義」、「馬克思主義」、「無產階級專政」之名乘虛而入。

3、鄧小平時代的人學狀況

1975年，毛澤東逝世。1976年10月，華國鋒為首的黨中央一舉粉碎「四人幫」，結束了長達十年的「文化大革命」，開始了以建設社會主義現代化強國為根本任務的「新時期」。

　　然而，從思想實質來看，華國鋒當政的時期並不能算真正的「新時期」，因為在重視發展經濟的同時，他仍強調毛澤東說的「以階級鬥爭為綱」，堅持毛澤東「無產階級專政下繼續革命」的理論，強調「凡是毛主席作出的決策，我們都堅決擁護；凡是毛主席的指示，我們都始終不逾地遵循。」因而，華國鋒執政時代是毛澤東時代的延續。

　　真正意義上的「新時期」是從鄧小平開始的。1978年，全國上下開展了真理問題大討論。同年12月13日，鄧小平發表了《解放思想，實事求是，團結一致向前看》的講話，否定「兩個凡是」，主張從實際出發研究新問題。幾天之後召開的十一屆三中全會上，這一思想被確認為黨的各項工作的根本指導方針。從實際出發，全會毅然拋棄了「以階級鬥爭為綱」的方針和「無產階級專政下繼續革命」的理論，並指出，發展國民經濟，搞現代化建設，就是最大的政治，就是今後全黨工作的中心。1997年9月12日，江澤民在中共十五大報告中指出：「1978年鄧小平《解放思想、實事求是、團結一致向前看》這篇講話，是在『文化大革命』結束以後，中國面臨向何處去的重大歷史關頭，衝破『兩個凡是』的禁錮，開闢新時期新道路、開創建設有中國特色社會主義新理論的宣言書。」1978年鄧小平關於真理問題大討論發表的講話和十一屆三中全會的召開是一個歷史標誌，它標誌著新的歷史時期——鄧小平時代的開始。

　　如果說毛澤東時代是一個理想主義時代，鄧小平時代則是一個務實主義時代；如果說毛澤東時代是一個主觀主義時代，鄧小平時代則是一個客觀主義時代；如果說毛澤東時代是一個革命至上、階級鬥爭的時代，鄧小平時代則是一個經濟至上、發展生

產的時代；如果說毛澤東時代是一個閉關自守的時代，鄧小平時代則是一個改革開放的時代。從客觀務實、實事求是的基本觀點和方法出發，鄧小平時代果斷停止了虛擬的、擴大化了的階級鬥爭，給劉少奇、彭德懷等一大批冤假錯案平反，給一大批「地主」、「富農」、「反革命分子」、「壞分子」和「右派分子」摘帽，給他們及其子女以人的解放；明確提出社會主義不是貧窮，衡量社會主義的標準是三個「有利於」[1]，政治的目的是經濟，社會主義的目的是「富民」；明確提出當前中國社會的主要矛盾和中心任務是發展經濟，增強國力，提高人民生活水準；明確提出共產主義也承認個人利益，資本主義有許多值得借鑒的優點和長處，開展了經濟體制的責任制、私有化改革。中國人學也迎來了新一輪的大啟蒙，也就是中國思想史上的第六次啟蒙，久已失落的完整的「人」終於回來了。

（1）新時期人學歷程

新時期中國人學的復甦主要是在思想領域（如哲學、文學、美學、經濟學）和性學領域（包含社會學）展開的，而不同於毛澤東時代，人學只是政治學（道德學）的附庸。在思想領域，從1978年到1988年約十年是第一個時期，這個時期討論的焦點，是人性、人的本質、人道主義與異化、人的主體性等問題。起初以討論人性、人的本質、人道主義與異化問題為主，後期討論的重心轉向人的主體性。討論是由文學、美學引發的，而後進入哲學層面。文學是人學，是人的社會生活的反映。1978年，以

---

[1] 作者按：有利於生產力的提高，有利於綜合國力的增強，有利於人民生活水準的提高。

劉心武的《班主任》、戴厚英的《人啊，人》、盧新華的《傷痕》為代表的「傷痕文學」，以描述與控訴十年「文革」對人的摧殘贏得了社會的共鳴和廣泛的反響。於是，人性、人的本質是什麼，社會主義要不要講人道主義，社會主義有沒有異化問題，成為整個民族亟需反思的問題。同時，作為對「無美時代」（王小波叫「無趣時代」）的反撥，新時期之初全國掀起了繼五十年代後又一次美學熱。人們不滿於對美既有的解釋，於是，「美是人的本質力量的對象化」這種新定義開始引起人們的興趣。

那麼，「人的本質」是什麼？還僅僅是人的「社會性」、「意識性」嗎？如果不是，它又應是什麼？回答這些問題，必須靠哲學思維來完成。於是，80年代初，哲學界、文學理論界、美學界掀起了一場「人性、異化與人道主義」的大討論，參與討論的人很多，發表的文章著作很多[1]，最後以1984年胡喬木發表的《關於人道主義和人的異化的幾個重要問題》為標誌告一段落。如關於人性和人的本質，一種新觀點是自然屬性與社會屬性「雙重因素統一」說：「人的本質是自然性和社會性的統一，其理論基礎是人和自然的統一」，「人具有雙重關係：人與自然的關係，人與人之間的關係。人的本質是由這兩方面關係決定的，人的本質是這兩方面關係的總和」[2]。關於共同人性，經

---

[1] 詳參《人是馬克思主義的出發點——人性、人道主義問題論集》，人民出版社1981年版；《人道主義和異化問題研究》，北京大學出版社1985年版；《人性、人道主義問題討論集》，1983年版；《近幾年（1978—1982）關於「人」的問題論文索引》，載同上書第505—520頁；《關於異化論、人性論、人道主義》，載《新時期文藝學論爭資料》上冊第189—267頁，復旦大學出版社1988年版。

[2] 參見石文年《〈手稿〉的人性觀是唯心主義的嗎?》，《文藝研究》1982年第6期；成月《共同人性和階級性》，《社會科學戰線》1982年第3期。

過論爭取得的共識是：人除了階級性外，還有共同人性。什麼是共同人性呢？就是人的「一般本性」，即人的自然性和人的社會性中非階級性的部分：「基於人的生理結構和人的基本生活而產生的基本天性及其表達，是凡屬人類都共同具有的；人性的時代性和民族性，則是同一時代和同一民族的一般人所共同具有的。」[1]關於人道主義，王若水說：「人是馬克思主義的出發點」，馬克思主義包含人道主義，「共產主義社會將是這樣一個聯合體，在那裡，每個人能得到全面的自由的發展，人將成為社會的主人、自然的主人、自己本身的主人」；「人道主義所反對的有兩個東西，一個是神道主義，一個是獸道主義」[2]；改革即是「尊重人和蔑視人的鬥爭」，其目標是「肅清『使人不成其為人』的封建專制主義餘毒，糾正對於人的才能、人的價值、人的尊嚴、人的自由、人的愛情、人的幸福的蔑視」。關於違反人性的「異化」，一種新的聲音說：「實踐證明，社會主義社會還有異化」，「解決社會主義社會中的異化問題」，是新時期「不可回避的歷史使命」，這種異化表現在思想領域，是「科學的馬克思主義被異化為反科學的僵死的教條，教條主義發展到頂點，就成了個人迷信」；表現在政治領域，是「一切權力歸人民變成了一切權力歸公僕」，「人民的權力異化為封建專制權力」；表現在經濟領域，是一再違反社會主義建設規律，幹了若干蠢事，倒頭來自食其果。80年代中後期，在人性、人道主義在繼續得到探討的同時，人們將興趣轉移到了人作為個體的主體性（自主性、能動性、自由性）方面，在人性方面，出現了李澤厚、劉再復的

---

[1]　毛星：《人性問題》，《文學評論》1982年第2期。
[2]　均見王若水：《人是馬克思主義的出發點》，人民出版社1981年版。

「二重組合」說，劉曉波非本質主義的感性、直覺、本能說。在人的本體性、個體性方面，出現了李澤厚、劉再復的「主體性論綱」，王元化以「獨立之精神、自由之思想」相尚的《新啟蒙》和劉曉波的個人主義論。1989年政治風波之後最初的幾年，在反「資產階級自由化」、防止「資本主義和平演變」的口號聲中，人學討論歸於沉寂。90年代中期，人學研究重新啟動。1995年，北京大學成立人學研究中心。之後，一些省市也成立了各自的人學研究會。1996年5月，中國人學學會宣告成立。人學作為一門跨學科的獨立的人文社會學科，正式為學界接受，中央黨校、北京大學、北京師大、首都師大、黑龍江大學開設了人學課程，甚至設立了人學方向的研究生專業。1997年，有120人參加的全國人學研討會在中共中央黨校召開。1998年，中美人權對話論壇設立。人學思想深化到一個新的層次，出現了錢理群、摩羅、余杰等「體制外」的民間自由思想家。伴隨著思想界將人的感性、本能、自然性納入人性的範疇，新時期的性學對這一問題作了大量探索。由於性的問題與政治無關，因而新時期的性學研究從未中斷；由於市場經濟的利益驅動作用，這部分著作因為暢銷而大大走俏，呈現出前所未有的繁榮景象。外國性學著作大量翻譯。這類譯著在解放前除潘光旦1946年翻譯出版的靄理士的《性心理學》外，出得很少，但在80年代以來則出版得很多，其中較為著名者如《金賽性學報告》[1]、靄理士的《性心理學》[2]、福

---

[1] 《金賽性學報告》，王瑞琪、莊雅旭、莊宏毅、張鳳琴譯，明天出版社1993年版。
[2] 靄理士：《性心理學》，潘光旦譯，三聯書店1987年版。

柯的《性史》[1]、佛洛德的《精神分析引論》[2]、喬伊絲‧布拉澤的《男人──寫給女人》[3]、哈斯的《人與性》[4]、詹達的《人類性文化史》[5]、拉里亞的《人類性心理》[6]、莫里斯的《裸猿》[7]、凱查杜里安的《人類性學基礎》[8]、《海蒂性學報告》[9]（海南出版社，2002）等等。在大量翻譯外國性學專著的同時，中國古代的房中術也得到挖掘與整理，如《中國古代房中文化探秘》[10]、《房中術》[11]的出版。二是中國性學專家及其性學專著的出現，如李銀河、潘綏銘的性學系列論著，劉達臨的性學調查和研究，樊民勝、蔣蘊芬主持的性啟蒙與性教育。解放前只有一個張竟生以性學名家，新時期這方面有貢獻的專家則多多，而且性學研究的科學性、豐富性、嚴密性也大大提高。

（2）新時期的人學特點

　　與毛澤東時代相比，新時期的人學呈現出一系列截然不同的特點。這些特點概括而言是，毛澤東時代的人性論是單一的社

---

[1]　福柯：《性史》，張廷琛、林莉、範千紅等譯，上海科技文獻出版社1989年版。

[2]　佛洛德：《精神分析引論》，高覺敷譯，商務印書館1984年版。

[3]　喬伊絲‧布拉澤：《男人──寫給女人》，王小敏譯，吉林科學技術出版社1988年版。

[4]　哈斯：《人與性》，王炳強、趙西苑譯，工人出版社1989年版。

[5]　詹達等：《人類性文化史》，中國婦女出版社1988年版。

[6]　拉裡亞：《人類性心理》，張叢元等譯，光明日報出版社1989年版。

[7]　莫里斯：《裸猿》，周興亞等譯，光明日報出版社1988年版。

[8]　凱查杜裡安：《人類性學基礎》，李洪寬等譯，農村讀物出版社1989年版。

[9]　《海蒂性學報告》，林淑貞譯，海南出版社2002年版。

[10]　《中國古代房中文化探秘》，廣西民族出版社1993年版。

[11]　《房中術》，海南出版社1993年版。

會屬性論，鄧小平時代的人性論則是雙重的自然——社會屬性合一論；毛澤東時代的人性論是不平等的階級人性論，無產階級及其政黨、領袖成為神靈，地主資產階級彷彿魔鬼，鄧小平時代的人性論則是肯定共同人性存在的平等人性論，任何人都是自然性與社會性、感性與理性、神性與獸性的統一體，偉人不斷性惡，壞人不斷性善；毛澤東時代無視人，尤其是非無產階級分子的生命存在權利，鄧小平時代則呼喚對一切人的生命權利的人道主義關懷；毛澤東時代片面強調義與利、個人與集體、政治與經濟、道德與財富的對立，鄧小平時代則傾向主張這二者的統一；毛澤東時代片面破私立公，取消個人利益，否定私有觀念，鄧小平時代則承認私有觀念和個人利益，主張公私合一，包產到戶、股份制、民營經濟、個體經濟、合資企業、市場經濟都是公私合一觀念的體現；毛澤東時代堅持思想一元化，鄧小平時代則在堅持馬克思主義理論的主旋律的前提下放寬了言論自由，允許思想多元；毛澤東時代談性色變，鄧小平時代則將性從禁錮中解放出來，使性獲得了實現自我的權利。總之，鄧小平時代是人性復歸的時代，是人性張揚的時代。建國以後的中國人從來沒有這樣瀟灑，這樣揚眉吐氣。

二、一統天下的異響

在毛澤東的一統天下之下，也曾有一些不同的聲音，如石縫中迸出的綠草、天穹中劃過的的流星。它們給禁錮時代的中國人學留下了不致讓人汗顏的寶貴座標。而發出這種聲音的人由此所遭受的悲劇命運，恰恰是那個時代人學狀況時典型證明。

1、胡風：「精神重於一切」

胡風，生於1902年，原名張光人，湖北蘄春人。1929年留學日本，翌年參加日本共產黨與日本反戰同盟，1933年被日本政府驅逐回國。先後在中共領導的中國作家左翼聯盟任宣傳部長、書記等職。抗日戰爭爆發後，按黨的方針從事進步的文藝活動，主編《七月》、《七月詩叢》、《七月文叢》、《希望》等文藝刊物，寫了大量文藝評論文章，培養了大批革命作家。1954年因上書《關於近幾年來文藝實踐情況報告》，被打成「反革命分子」和「反黨集團」的代表，坐了24年的牢。1980年平反後，任全國政協常委、中國文聯第四屆委員、中國作協顧問，1985年逝世。

毛澤東時代是不能允許不同思想和個性存在的。這在准毛澤東時代——延安時期的王實味命運中已得到明顯的體現。而胡風恰恰是有著很強個性、堅守獨立見解的理論家。他並沒有從王實味身上吸取教訓，這就註定了他的不幸命運。他曾提出：「精神重於一切。」這既是他的文藝主張，也是他一生身體力行的人學追求。

（1）倔強剛烈的個性

胡風的個性非常倔強剛烈。「五四」以來為理想而戰的鬥爭進一步鑄就了這種剛強不屈的戰士品格。1925年6月，為抗議「五卅」慘案，南京爆發了聲勢浩大的學生罷課、遊行示威活動。胡風作為組織者之一，有一次在講臺上報告工作情況時竟激動得痛哭流涕、雙腳直跺。1934年底，有人誣陷他國民黨政府派來的內奸，周揚等人對他表示懷疑，他一氣之下乾脆辭掉了「左

聯」書記之職。一次紀念魯迅逝世的集會上，當有人造遙說許廣平已經投敵、不應該再紀念魯迅時，胡風火冒三丈，跳起來厲聲斥責，幾個特務圍上來動手，胡風不但沒有退縮，而且準備還擊，最後被人拉出了會場才避免了事態的擴大。其倔強性格可見一斑。正是這種剛強倔強的性格，助成了他在新民主主義革命時期不畏強敵，勇猛地與惡勢力作鬥爭。1933年6月，在日留學的胡風因參加日本普羅作家同盟和「左聯」東京支部活動，被日本當局逮捕，受盡酷刑被押送回國後，正趕上國民黨政府圍剿共產黨的白色恐怖。胡風英勇不屈，一回上海就投身到「左聯」革命活動中去，出任宣傳部長，不久又接替茅盾，擔負起「左聯」行政書記的重任。1937年抗戰爆發，胡風立即告別上海，奔波於武漢、重慶、香港、桂林等地，為民族救亡呼號吶喊。在武漢，胡風不顧遭到敵機轟炸的危險，四處奔波，在極其艱難的條件下創辦了《七月》雜誌，出版抗戰文學，培育了田間、艾青、阿壟、路翎、賈直芳等大批詩人和小說家，表現了大無畏的戰鬥精神。同時，胡風的剛烈倔強的個性，也使他得罪了不少自己的同志和領導。不管什麼人的意見，只要他覺得不對，他都敢於批評，甚至與之爭論。「左聯」時期，圍繞「典型」問題和「兩個口號」（「大眾文學」、「國防文學」），胡風和當時中共中央文藝界領導人周揚發生過激烈的論爭。1940年在重慶文藝界開展的民族形式問題論爭中，他公開點名批評過周揚、何其芳、陳伯達、郭沫若、艾思奇、胡繩、巴人、光未然等人。如批評何其芳：「30年代左翼運動時，我們都在戰鬥，他卻躲在大學裡畫白日夢，唱小夜曲；抗戰了，他跑到延安去投機，馬上就換了一副臉孔，變成他是最革命、最馬列的了，反過來對別人指手劃腳，整別

人。這種連人格都不要的人，我如果向他學習，才是對人民犯罪。」[1]1944年初，毛澤東《在延安文藝座談會上的講話》傳到重慶。討論會上，胡風不僅沒有立即表示完全擁護，反而提出國統區不同於解放區，不能簡單理解、機械套用《講話》精神，甚至說《講話》有些說法，如培養工農作家，在國統區就行不通。1946年3月胡風到上海後，喬冠華與他談起文藝問題，胡風評論茅盾：「他對問題的理解庸俗得很。」評論毛澤東的《講話》並沒有解決創作方法問題。胡風的這種個性，解放前就給他帶來過好多麻煩。如他對毛澤東《講話》的意見被喬冠華、何其芳等人傳到延安後，1948年，共產黨在香港主辦的《大眾文藝叢刊》連續發表了喬冠華、邵荃麟、林默涵等人的文章，嚴厲地點名批判胡風，指出胡風先前提出的文藝創作中「精神重於一切」是對抗毛澤東文藝方向的「主觀唯心主義」。然而生性倔強的胡風並未退縮，繼續論戰，即便預感到「我的血在地上流成了一個湖」也在所不辭。

（2）「精神重於一切」

　　胡風不僅是一個有著鮮明個性的作家，也是一個有著獨立思想的文藝理論家和思想家。和同時代的許多知識分子一樣，胡風深受「五四」運動的洗禮，反帝愛國思想與反封建的民主自由思想在他心靈深處紮下了根。抗日戰爭時期，由於拯救民族危亡、抗擊日本帝國主義侵略的愛國鬥爭成為壓倒一切的國家大事，反封建的民主鬥爭遭到壓抑。胡風不以為然，他不止

---

[1]　賈直芳：《獄內獄外》，上海遠東出版社1985年，第68頁。

一次地說，戰爭開始之後，並不是反帝反封建的鬥爭只剩下了反帝鬥爭，而應該以反帝來規定並保證反封建，「五四」的思想啟蒙傳統不能丟。他分析說：中國人民是「堅強和善良」，「同時又是以封建主義底各種各樣的具體表現所造成的各式各態的生命精神為內容的。前一側面產生了創造歷史的解放要求，但後一側面卻又把那個要求禁錮在、麻痺在、甚至悶死在自在的狀態裡。」[1]、「封建意識和復古運動都在大眾裡面保存甚至助長『亞細亞式的麻木』……都能減少甚至消滅他們的熱情、力量；醉生夢死的特權生活濫用的權力，在動員和團結人民大眾的活動裡都是毒害。」[2]針對當時許多文藝家、理論家片面重視戰時文學藝術的政治宣傳效果和反映現實功能的傾向，胡風主張：戰時的文藝，既要歌頌人民反帝愛國的戰鬥精神，更要著力於揭示人民身上長期被封建主義精神奴役的創傷，使人民創造歷史的解放要求從「自在」狀態進入「自為」狀態。同時，文藝不能被動、消極地為現實服務，應發揮作家的「主觀戰鬥精神」和「對現實人生的真知灼見」，用「不存一絲一毫自欺欺人的虛偽」[3]的真實方法，在歌頌抗戰的同時揭露出人民自身「精神奴役的創傷」。他說：「對象的生命被作家所擁入，使作家擴張了自己，但在這『擁入』的當中，作家的主觀一定要表現出或迎合、或選擇、或抵抗的作用，而對象也要主動地用它的真實性來促成、修改甚至推翻作家的或迎合、或選擇、或抵抗的作用，這就引起了深刻的自我鬥爭。經過了這樣的自我鬥爭，作家才能在歷史要求

---

[1]　《胡風評論集》下，人民文學出版社1984年版，第273頁。
[2]　同上書，第349頁。
[3]　《在混亂裡面》，作家書屋1946年版，第58頁。

的真實性上得到自我擴張，這是藝術創造的源泉。」[1]胡風的這些思想，實際上提出了民族救亡與思想啟蒙相統一以及文藝創作的主體性問題。20世紀80年代以來，隨著人們對歷史的反思，胡風的這些思想日益得到廣泛的共鳴。胡風提出的反帝與反封建相統一的思想，李澤厚在《中國現代思想史論》中反復表述為救亡與啟蒙的統一；胡風提出的創作主體性，劉再復在《性格組合論》中加以發揚光大。然而，在當時人們簡單理解的「馬克思主義唯物論」面前，尤其是在毛澤東《在延安文藝座談會上的講話》發表、現實生活被釋定為文藝創作的唯一源泉後，胡風的這些思想從抗戰時期到解放戰爭時期一再被中共語文藝界人士批判為「主觀論」、「唯心論」。面對一直為中共工作（胡風因此被國民黨特務列入追捕的黑名單）而一再被誤解、批判甚至誣陷的情況，胡風既無奈痛苦又不改初衷，他曾對路翎說過：「只要能工作，能為自己的理想工作，我是絕不後退的。」

（3）「為知識分子多說了幾句話」

由於胡風的思想本身與毛澤東思想存在著分歧，加之他原來得罪的許多人建國後成了黨的主管宣傳和文藝的領導人，所以在建國後召開的第一次全國文代會茅盾所作的大會報告中，他就遭到了不點名的批判。此後，他的文藝思想又受到林默涵、何其芳的指責。在工作安排方面他也受到排擠，未被重用。不僅個人道路的不順使他感到苦悶，他對建國後黨的一統天下的文藝政策和文藝管理方式也有不同看法。1851年在武漢，他曾對綠

---

[1] 《逆流的日子》，希望社1946年版，第24頁。

原說：「我不過為知識分子多說了幾句話。真不知十多年來為
什麼那樣輕視知識分子，不知為什麼離開『五四』精神越來越
遠。」、「國統區作家也並不是個個都脫離人民，或者站在人
民的對立面，以至需要脫胎換骨，完全否定自己，才能為人民
服務。」[1]1954年7月，胡風將自己經過深思熟慮寫好的30萬字的
《關於解放以來的文藝實踐情況的報告》（即「三十萬言意見
書」）直接呈送中共中央。在「意見書」中，他一方面對當時
文藝界缺少正常的民主空氣和宗派主義深表遺憾：「一年多以
來，我是處在兩種感情的交錯狀態裡面。一是，我幾乎每一天都
想到要向黨交待問題，擔負我應該擔負的責任；一是，林默涵、
何其芳同志的批評所代表的理論實質，正是幾年以來在文藝實踐
中起了嚴重的危害作用的一種力量，它危害了黨對文藝的期待，
它抵銷了黨對文藝發展所提供的巨大的政治保證，我不能回避這
個問題。」、「從一年多來的情況看，林默涵、何其芳同志當然
還是相信他們的理論是正確的，問題只是等我表示同意。一年多
以來我還沒有表示同意他們的批評，……在他們的『我就是黨』
的觀念上是越想越覺得是不能容忍的。」、「……我自己也渴望
得到工作條件，但……文藝上負責的同志完全拒絕聽一聽我對具
體問題的看法，又曉得我不肯無原則地隨聲附和，所以用辦法使
得我不敢工作，不能工作，但卻向黨中央說我不肯工作，……到
我參加工作了，用著謹慎小心的和委屈求全的態度也還是得到了
不能工作的結果。」另一方面，他將當時指導黨的文藝政策的理
論指責為懸在作家和讀者頭上的「五把刀子」，它們是：作家從

---

[1] 綠原：《胡風和我》，《新文學史料》1989年第3期，第42頁。

事創作非得首先具備完美無缺的共產主義世界觀不可；只有思想改造好了才能創作；只有工農兵的生活才算是生活，日常生活不是生活，而且，誰的作品裡寫的工農兵生活不是一帆風順的勝利故事，那就是歪曲了革命；題材有重要與否之分，題材決定作品的價值；只有傳統的形式才算民族形式，如果吸收外國文藝創作的經驗，就是拜倒在資產階級文藝面前。胡風指出，在這「五把刀子」之下，已沒有什麼創作自由和創作實踐可言。胡風的這些批評，有著相當的合理性，但在當時則被視為大逆不道。他遭到了意想不到的更為猛烈、嚴厲的批判。1955年5月13日，毛澤東在《人民日報》刊登的〈關於胡風反黨集團的一些材料〉「編者按」中批批示：「從舒蕪文章所揭發的材料，讀者可以看出，胡風和他所領導的反共反人民的文藝團體是怎樣老早就敵對、仇恨和痛恨中國共產黨和非黨的進步作家。讀者從胡風寫給舒蕪的那些信上，難道可以嗅出一絲一毫的革命氣味來嗎？從這些信上發散出來的氣味，難道不是同我們曾經從國民黨特務機關出版的《社會新聞》、《新聞天地》一類刊物上嗅到過的一模一樣嗎？」此從，胡風上書被定性為「向黨和人民猖狂進攻的反革命活動」，胡風本人被定性為「反黨集團」的核心人物。胡風看到《人民日報》後，幾乎驚呆；妻子梅志提出與他一起自殺。胡風又一次顯示了硬骨頭精神：「這不行！他們會認為我們是畏罪自殺……今後有誰敢出來為我們辯護呀！」直到被捕入獄，他仍堅信自己無罪：「我只是做了一個中國人應做的事……我相信歷史會對我作出公正結論的。」[1]胡風先是被判刑14年，後改判無期

---

[1]　參戴光中：《胡風傳》，寧夏人民出版社1994年版，第320、335頁。

徒刑。1980年，他的冤案才平反昭雪。[1]

（4）「胡風分子」們的命運

胡風一案牽涉面很廣。全國圈定的「胡風集團」嫌疑犯達2100名之多，最後隔離62人，停職反省73人，定為「胡風反黨集團分子」的78人，逮捕28人。那些曾經被胡風培養起來的抗戰作家幾乎無一倖免。胡風老友、時任復旦大學中文系教授的作家賈直芳，以「宣傳胡風的反動思想」、「為胡風通風報信」、「支持胡風反黨反革命活動」為名，與胡風幾乎同時被捕，在獄中關了10年10個月。在獄中，由於吃不飽，吃完飯後只好再用手指將搪瓷杯子裡的剩粥湯米粒刮光，放在嘴裡舔。賈直芳後來回憶起這段生活時說：像他這樣「受過高等教育，又都是有些社會身分的人，此刻的生活境界和人生欲望已經縮小到動物境界了！」[2]這個解放前就參加革命，曾經坐過日本人監獄、國民黨監獄的革命文藝戰士，想不到在革命成功以後又坐進了自己人的監獄。晚年回憶起這段往事，他悲痛欲絕：「過去種種苦難，正是我作為一個不安分的知識分子在專制社會裡的必然報應，稱其為『咎由自取』也說得過去，而這次我吃的是人民政府的官司。每想到自己在風裡泥裡爬滾了二十多年，好容易看到一個新的政權誕生，也曾歡欣鼓舞地寫文章謳歌這個因解放而變得美麗的『早晨』，激動得流著眼淚寫道：『我們竟還能活到這個美麗時日的

---

[1]　另參梅志、曉風編：《胡風：死人復活的時候》，中國青年出版社1999年版。

[2]　賈直芳：《獄內獄外》，上海遠東出版社1995年版，第182頁、第96—97頁。

來臨！』然而，太平歲月還沒有過滿七個年頭，種種自作多情的理想還沒有施展，就被現實擊得粉碎！自己也隨之成了『人民的敵人』、『反革命分子』，同自己一生與之奮鬥的魍魎成了同一營壘裡的『東西』。這就像做夢一樣，無論如何，也是心不安、理不得的。」[1]

路翎解放前因深刻揭露舊中國黑暗、表現人民反抗呼聲的《財主底女兒們》、《飢餓的郭素娥》等作品成為國統區引人注目的革命作家，這時也因胡風的牽連入獄。由於不堪凌辱，終於精神分裂。保外就醫後，他給黨中央寄發抗議書，結果被重新投入監獄。長期的精神折磨使這位當年才華橫溢的作家幾近癡呆。

綠原、阿壠也是胡風扶持起來的革命作家。解放戰爭時期，綠原曾以詩歌為武器鼓動人民與國民黨政府進行鬥爭；阿壠曾以國民黨軍官身分為掩護，給共產黨祕密提供過軍事情報。這時一夜之間成了囚徒。阿壠上書黨中央否定自己的罪名，但直到1967年3月他死在獄中，也未獲解放。

毛澤東親筆為〈胡風反革命集團的材料〉所寫的按語中，曾提到「張中曉」。毛澤東指出：「他的反革命嗅覺是很靈的，較之我們革命隊伍裡的好些人，包括一部分共產黨員在內，階級覺悟的高低，政治嗅覺的靈鈍，是大相懸殊的。在這個對比上我們的好些人比起胡風集團裡的人來，是大大不如的。」現在人們已知道，這個當時被描述為「嗅覺很靈」的「反革命骨幹分子」，其實不過是一位病體纏身、喜歡文學的普普通通的青年編輯。他出身於紹興一個貧寒的小職員家庭，因患嚴重的肺結核

---

[1] 賈直芳：《獄內獄外》，上海遠東出版社1995年版，第182頁、第182頁。

病，動過手術，切除了五根肋骨，不得不中止了大學學業。後來被人推薦到上海新文藝出版社當了編輯。病魔的打擊、坎坷的經歷，仍使他性格上鬱鬱寡歡。因此，在給胡風的信中，他曾坦陳過對人生的怨恨。這便成了他「反黨」的重要證據。他被捕入獄後，父親遭到禁閉吊打，弟弟遠放新疆。因不斷吐血，他得以回鄉保外就醫。1963年，獲准到上海新華書店儲運部勞動謀生。不久，病情惡化，英年早逝。

2、馬寅初：「新人口論」

馬寅初，浙江嵊縣人。生於1882年，卒於1982年。早年留學美國，獲經濟學博士學位。1915年回國，先後在北京大學等多所高校執教，擔任北京大學經濟系主任、教務長，重慶大學商學院院長、國民黨政府時期立法委員。曾因激烈批判國民黨政府腐敗被捕入獄，是一位著名的民主鬥士。建國後，歷任中央人民政府委員、中共政府政務院財政經濟委員會副主任，北京大學校長等職。1955年起，提出控制中國人口的主張。1957年發表《新人口論》，受到打擊。1979年平反。著述甚多，主要有《馬寅初演講集》、《馬寅初經濟論文集》、《中國經濟改造》、《經濟學概論》、《通貨新論》等。

馬寅初是受過西方民主、自由思想洗禮的留美經濟學家。從自己認可的良知與正義出發，對國家和時局自由發表的意見，是他一生的個性特點。馬寅初說：「言人之所言，那很容易；言人之所欲言，就不太容易；言人之所不敢言，就更難。我就言人之欲言、人之不敢言。」憑著「敢言」的自由、無畏精神，他曾對蔣介石作獅子吼。1940年，他應邀到國民黨中央陸軍大學講

演，他怒罵宋子文和孔祥熙是「豬狗不如的上等人」，「他們依仗權勢，利用國家機密翻手為雲、覆手為雨，大發超級國難財，存到國外銀行。應把他們撤職，把他們的不義之財分出來立作抗戰經費！」同年11月10日，他應邀到重慶實驗劇院發表演講，他公開抨擊：「有人說蔣委員長領導抗戰，是我國的民族英雄，我馬寅初認為他根本不夠資格。要說英雄，蔣先生也算一個，不過他只是『家族英雄』，因為他庇護他的親戚家族，危害國家民族！……前些時有人寫匿名信對我進行威脅，說什麼不聽招呼，要請我吃衛生丸（子彈），今天我在這裡發表聲明，本人實在難以從命。在會場上的員警憲兵們，你們要逮捕我馬寅初嗎？要開槍殺人嗎？」馬寅初說著拉開長袍，請特務們往這兒打，並告訴公眾，他已把女兒帶到會場，準備收屍。

馬寅初是學經濟學的。十八世紀英國的經濟學家馬爾薩斯（1766—1834）在1798年出版的《人口原理》中曾提出生活資料增長跟不上人口增長的理論，指出在沒有任何限制的自然條件下，人類社會人口以幾何級數增長，而生活資料以算術級數增長，因此人口必然發生過剩現象，只有貧困和罪惡（包括戰爭和瘟疫）、「道德的抑制」（包括禁欲、無力瞻養子女者不得結婚等）可使生活資料和人口之間恢復平衡。中國是一個人口大國。如果放任人口的自然生育，必然也會出現人口急劇增長與生活資料不足的嚴重社會矛盾。對此，毛澤東不以為然。1949年9月，毛澤東在《唯心歷史觀的破產》中明確表達：「中國人口眾多是一件極大的好事，再增加多少倍人口也完全有辦法。」、「革命加生產即能解決吃飯問題……」、「世間一切事物中，人是第一可寶貴的。在共產黨領導下，什麼人間奇跡也可以造出來。」、

「西方資產階級經濟學家如像馬爾薩斯者流所謂食物增加趕不上人口增加的一套謬論，不但被馬克思主義者早已從理論上駁斥得乾乾淨淨，而且被被革命後的蘇聯和中國解放區的事實的完全駁倒。」、「我們相信革命能改變一切，一個人口眾多、物產豐富、生活優裕，文化昌盛的新中國，不要很久就可以到來，一切悲觀論調是完全沒有根據的。」毛澤東早有定論，但作為一個經濟學家和中央財經領導人，馬寅初還是堅持做人口普查和調研工作。1953年上半年，中央政府統計局根據馬寅初的建議，第一次對全國人口作了普查，普查結果證實了馬寅初原先的擔憂：中國人口年增長千分之二十二以上，每年淨增1300萬人口，已突破6億大關。為了進一步核實普查的準確性，年邁的馬寅初三次去家鄉浙江蹲點考察。「我在浙江觀察三次，舊時代的浙江，分成十一個府，我跑了十個。」可見他行跡之廣。經過三年調查，他發現中國人口的實際增長率可能比普查結果還高，達到千分之三十。這是一個極其驚人的數字。如不加以控制，五十年後中國人口將達26億，後果不堪設想。1955年7月，馬寅初寫了一份題為「控制人口與科學研究」的發言稿，準備在一屆人大二次會議上提出。此前，先將發言稿交浙江人大代表小組徵求意見。代表們對毛澤東的主張是清楚的。他們不敢贊同馬寅初的提案。中央領導聞此提案，認為「社會主義國家不存在人口問題」，在人代會上提出這個問題，「簡直是挑釁，是無法無天！」馬寅初看到當時氣氛不適合在人代會上討論這個問題，撤回提案，直接找周恩來據理力爭：「人口問題對國家民族太重要了。我既然發現和認識了這個問題的極端重要性，就一定要堅持到底！否則，作為一個經濟學家和人民代表，我就沒有盡到自己對國家和人民應盡的

責任。」馬寅初的苦心得到了周總理的理解。1956年9月，周總理在「八大」報告中提出：「為了保護婦女和兒童，很好的教養後代，以利於民族的健康和繁榮，我們贊成在生育方面加以適當的節制。」馬寅初深受鼓舞，於1957年春在中南海紫光閣召開的最高國務會議上，當著毛澤東的面提出控制人口問題。毛澤東表現出相當的民主，：「人口是不是可以搞成有計劃的生產，可以進行研究和試驗嘛。」4月27日，他在北京大學大飯廳就人口問題發表演講，公開闡述他的人口主張，全校幾千名師生濟濟一堂。6月，他加工整理成「新人口論」，作為提案提交一屆人大四次會議，並在7月5日《人民日報》上全文發表。他警告人們：「控制人口，實屬刻不容緩，不然的話，日後的問題益形棘手，愈難解決」，「難免農民把一切恩德變為失望和不滿。」

馬寅初的觀點，與毛澤東迥異。公開承認它們，就等於公開否定了毛澤東原先在這個問題上的一貫主張。毛澤東的神聖和權威是不容挑戰的。於是不久，全國各地報刊開始批判馬寅初，批判文章連篇累牘，達200篇之多。而北京大學師生也對自己的校長馬寅初貼出了數萬張大字報。調門愈來愈重，帽子愈扣愈大，發展成一場全國性的討伐馬寅初運動。批判持續了二年。馬寅初始終不檢討、不認錯、不撤回提案。原來理解支持他的周總理也勸他撤回提案，檢討過關。馬寅初回答：「吾愛吾友，吾更愛真理。為了國家和真理，應該檢討的不是我馬寅初！」，幾天後，他又把堅持己見的文章《重述我的請求》交由《新建設》發表。他再次聲明：「我雖年邁八十，明知寡不敵眾，自當單槍匹馬出來應戰，直到戰死為止，絕不向專以力壓服、不以理說服的那種批判者的投降！」並發出哲言：不怕孤立，不怕坐牢，不怕

炸油鍋！北京大學再以萬張大字報齊轟馬寅初。馬寅初從此離開
北大校長崗位，辭掉全國人大常委職務，遷出北大校園，住到
破舊的東總胡同32號，過上了「不得發表文章，不得公開發表講
話，不接受新聞記者訪問，不得面見外國人士和海外親友」的軟
禁生活。他的名字從而在1960年以後從公開的政治舞臺和學術論
壇上消失了。中國失去了一次絕佳的控制人口增長的機會。歷史
最終印證了馬寅初的自信。20年後，中國因無法承受人口壓力而
不得不強制推行只生一胎的計劃生育政策。1979年下半年，中央
為馬寅初正式平反。中央代表向馬老表示：「1958年以前和1959
年底以後這兩次對您的批判是錯誤的。實踐證明，您的節制生育
的『新人口論』是正確的。」年近百歲的馬老又擔任上了北大名
譽校長。

3、從巴人到錢谷融：「文學是人學」

　　文學作為現實的反映，它是政治生活的晴雨錶。建國以後50
年代後期到60年代初期文藝領域開展的一場關於人性、人情、人
道主義的大討論，就是當時政治生活實際狀況的反映。

　　50年代後期，新中國完成了所有制的三大改造，新民主主
義國家轉變成了社會主義國家。隨著社會性質的轉變，原先無產
階級聯合資產階級反帝反封建的任務轉變為無產階級反對資產階
級的社會任務。階級鬥爭邏輯地要求階級人性論為它提供理論依
據。根據毛澤東在延安時期提出的階級人性論，無產階級人民大
眾是最完美的，地主資產階級是最反動的，小資產階級知識分子
也是有問題的。因此，建國以後一直強調「為政治服務」的無產
階級革命文學所描寫的人物就不可避免地充滿了政治氣味和階

級鬥爭色彩，好人一切皆好，壞人一切都壞，人物對立二分，沒有豐滿的人性和豐富的人情，而事實並不是這麼回事。1956年9月，《人民文學》發表秦兆陽（化名何直）的《現實主義──廣闊的道路》一文，呼喚文學「寫真實」。1957年，巴人（即王任叔，1901─1972）在《新港》1月號上發表〈論人情〉一文，批評當時的文藝作品「機械地理解了文藝上的階級論的原理」，「政治氣味太濃，人情味太少」，主張「能『通情』，才能『達理』；通的是『人情』，達的是『無產階級的道理』」。那麼，什麼是「人情」？他說：「人情是人和人之間共同相通的東西。飲食男女，這是人所共同要求的。花香鳥語，這是人所共同喜愛的。一要生存，二要溫飽，三要發展，這是普通人的共同希望。」可見巴人的「人情」即「共同人性」。巴人的這些思想，即魯迅在承認階級性之外還強調不要忽視有共同人性存在的思想的延續。巴人早年參加過文學研究會，後來參加中國共產黨、左翼作家聯盟，主持過《魯迅全集》的編輯工作。在重申魯迅的人性思想之外，巴人以巨大的勇氣和不凡的見識指出：「階級社會總是壓抑人類本性的，這就是階級鬥爭」，「而我們要使文藝服務於階級鬥爭，正是要使人在階級消滅後⋯⋯回復到人類本性。」、「任何一個偉大的作家，他的作品能夠傳之不朽，卻有一個共同的基本精神：這就是人道主義。人道主義是件好東西，本身沒有什麼所謂革命的和不革命的。」巴人解放後他一直擔任文化部門的領導工作，自1953年起曾任人民文學出版社副社長、總編、黨委書記。他論人性、人道主義的文章，自然引起了人們的廣泛注意。巴人的觀點本質上與毛澤東對這些問題的論述是相違背的，因而引起別人的批駁。巴人先後寫了《給〈新港〉編輯

部的信》[1]和《以簡代文》[2]作答，對〈論人情〉一文的觀點作了補充解釋。但這些並未能挽救他被批判的命運。「文革」中再次受到迫害，含冤而死。

在巴人關於「人情」、「人道主義」的答辯中，有一位大學青年教師予以聲援，他就是錢谷融。

錢谷融，1919年出生，江蘇武進人，1938年至1942年就學國立中央大學國文系，後在中學、交通大學執教，1951年起在上海華東師範大學任教至今。1957年5月，他在《文藝月報》上發表《論「文學是人學」》一文，對當時文學創作「把揭示生活的本質、反映生活發展的規律當做文學的任務」[3]，將人物形象當作圖解社會現實工具的概念化傾向提出批評。

關於文章的寫作、發表過程，錢先生回憶說：「1957年3月，學校要舉行以此較大規模的學術討論會，邀請全國各地的兄弟院校代表參加。校、系各級領導早早就鄭重地向教師們發出了號召，要求他們提交論文。〈論『文學是人學』〉一文就是我響應號召，為參加這次學術討論會而寫的，時間是那年的2月初。當然，如果不是在剛宣佈不久的『雙百方針』的精神的鼓舞下，如果沒有當時那種活潑的學術空氣的推動，我也不一定會寫。即使寫，文章的面目恐怕也將大大不同了。」[4]校學術討論會上，「許多發言的同志都對我的文章提出了不少批評意見，幾乎沒有

---

[1] 《新港》1957年4月號。

[2] 《北京文學》1957年5月號。

[3] 錢谷融：《論「文學是人學」》，《錢谷融文集》第一卷，上海人民出版社2013年版，第8頁。

[4] 錢谷融：《〈論「文學是人學」〉發表的前前後後》，《錢谷融文集》第一卷，上海人民出版社2013年版，第64頁。

一個人表示贊成我的觀點，只有一個畢業班的學生（他就是陳伯海同志）最後站出來為我辯護了幾句。」[1]討論會結束後不久，《文藝月報》一編輯由校內一同事陪同來訪索稿，閱後告知編輯部理論組同意發稿，讓他在仔細校閱一遍。1957年5月5日，《文藝月報》5月號正式刊載了這篇文章。

文章從四方面論述了「文學是人學」的問題。一、文學的首要任務究竟是什麼。二、人道主義在作家的世界觀與創作方法中佔有什麼地位。三、各種創作方法的區別實質上是什麼。四、人物的典型性、階級性與人學的關係。[2]歸結到一點就是要以「人學」為指導、為核心。

文學的任務到底是反映現實還是描寫活生生的人？錢谷融「反對把反映現實當做文學的直接的、首要的任務，尤其反對把描寫人當做反映現實的一種工具、一種手段」[3]，主張「一切都是從人出發，一切都是為了人」，「把文學當做影響人、教育人的利器」，指出「一切藝術，當然也包括文學在內，它的最最基本的推動力，就是改善人生、把人類生活提高到至善至美的境界的那種熱切的嚮往和崇高的理想」[4]。人是處在社會關係中的，「假如寫出了真正的人，就必然也寫出了這個人所生活的時代、

---

[1] 錢谷融：《〈論「文學是人學」〉發表的前前後後》，《錢谷融文集》第一卷，上海人民出版社2013年版，第64頁。

[2] 參錢谷融：《我怎樣寫〈論「文學是人學」〉》，根據《論「文學是人學」》原文內容有所改動。《錢谷融文集》第一卷，上海人民出版社2013年版，第44—53頁。

[3] 錢谷融：《論「文學是人學」》，《錢谷融文集》第一卷，上海人民出版社2013年版，第5頁。

[4] 錢谷融：《論「文學是人學」》，《錢谷融文集》第一卷，上海人民出版社2013年版，第5頁。

社會和當時的複雜的社會階級關係」[1]。強調文學以寫活生生的人為首要任務與文學反映社會生活的職能不僅不矛盾，而且可以統一，是抓住了問題的關鍵。可見把文學定義為「人學」，「不但說明了文學的對象是什麼，而且還把文學的對象和它的性質、特點，和它的任務、作用等等相統一起來了」[2]。

關於人學與作家的世界觀及創作方法的關係，文章指出：「在文學領域內，既然一切都決定於怎樣描寫人、怎樣對待人，那麼，作家的對人的看法，作家的美學理想和人道主義精神，就是作家世界觀中起決定作用的部分了。」[3]、「偉大的文學家必然也是偉大的人道主義者。」[4]現實主義作家巴爾扎克是如此，浪漫主義作家雨果也是如此[5]。「假如我們明白一切時代的進步藝術跟頹廢藝術之所以針鋒相對，主要就在於他們描寫人的態度的不同、對人的理想的不同，那麼，我們就不會懷疑人道主義精神在文學領域內的崇高地位了。」[6]顯然，作者在這裡以「人道主義」原則沖淡「人民性原則和現實主義原則」[7]，強調「人道

---

[1] 錢谷融：《論「文學是人學」》，《錢谷融文集》第一卷，上海人民出版社2013年版，第7頁。

[2] 錢谷融：《論「文學是人學」》，《錢谷融文集》第一卷，上海人民出版社2013年版，第9頁。

[3] 錢谷融：《論「文學是人學」》，《錢谷融文集》第一卷，上海人民出版社2013年版，第10頁。

[4] 錢谷融：《論「文學是人學」》，《錢谷融文集》第一卷，上海人民出版社2013年版，第22頁。

[5] 錢谷融：《論「文學是人學」》，《錢谷融文集》第一卷，上海人民出版社2013年版，第23頁。

[6] 錢谷融：《論「文學是人學」》，《錢谷融文集》第一卷，上海人民出版社2013年版，第23頁。

[7] 錢谷融：《論「文學是人學」》，《錢谷融文集》第一卷，上海人民出版社2013年版，第19—20頁。

主義」在完成成功的藝術創作的作家的世界觀與創作方法中的重要地位。古往今來，出現了各種各樣的創作方法，它們的區別實質上源於它們「描寫人、對待人的態度和方法」的不同[1]。關於人物的典型性與階級性，作者反對將人物的典型性與抽象、普遍的階級本性等同起來的流行做法，而主張側重從「具體」的、「個別」的「個性」角度去塑造典型[2]。

文章發表後不久及遭到幾篇署名文章批判。「大約是那年八九月間，即文章發表的三四個月之後吧，上海文藝界曾由葉以群同志主持召開過一個小型座談會，針對我這篇文章作了初步批判。」[3]這些批判文章後來由新文藝出版社彙編為《〈論『文學是人學』〉批判集》（第一集）。雖然沒有被打成右派，但在「文革」結束前的二十多年中經常遭受批判，直到改革開放的新時期才回復正常的做人的資格。

4、遇羅克：「文革」初期的人權宣言

遇羅克，男，1942年生，北京市人。出身資本家家庭。1966年底創辦《中學文革報》，並發表〈出身論〉等一系列文章，批判血統論，唯成分論、唯出身論。1968年1月以「現行反革命罪」被判死刑，1970年3月5日執行，年僅27歲。80年代初始獲平反。

遇羅克的〈出身論〉批判了建國以後一直流行、到「文

---

[1] 錢谷融：《論「文學是人學」》，《錢谷融文集》第一卷，上海人民出版社2013年版，第24頁。

[2] 錢谷融：《論「文學是人學」》，《錢谷融文集》第一卷，上海人民出版社2013年版，第43、40頁。

[3] 錢谷融：《〈論「文學是人學」〉發表的前前後後》，《錢谷融文集》第一卷，上海人民出版社2013年版，第67頁。

革」初期發展到極致的血統論，揭示了以人的家庭出身決定人的善惡本性和社會權利的荒謬性，闡述了人生而平等的主題，呼喚社會給予每一個人以平等的生存權、發展權和政治待遇，是那個時代發出的一份震聾發聵的人權宣言。

（1）〈出身論〉出現的主客觀因素

使遇羅克遭罪的是〈出身論〉，給他死後帶來崇高榮譽的也是〈出身論〉。〈出身論〉的誕生，既有特定的客觀原因，也有長期的主觀原因。

這主觀原因早在他出生時就註定了。父親遇崇基，出身於城市平民，15歲時在鐵路上當小職員，邊工作邊學習，以優異成績被保送去日本留學，在早稻田大學土木建築系深造，並靠翻譯著書為生。抗戰爆發後回國，在建設總署任工程師，與王秋琳女士相識並結婚。1948年，在妻子任經理的工廠做工程師。解放後曾在良鄉鎮首創過「竹筋樓」社區。施工結束後不久被打成「右派」，開除公職並被勞動教養多年。80年代中期「右派」得到「改正」，但因在日本人的公司工作過，仍然保留著「漢奸」的身分。1988年去世，享年73歲。母親王秋琳，出身於較為富裕的大家庭。高中畢業後去日本進中專學商業管理。抗戰爆發後中輟學業憤然回國，在建設總署任打字員。1948年與別人合股，用1000元接辦了北京市的一個小鐵廠，任經理。廠裡有十多個工人，解放後她便成了資本家。1954年公私合營，她第一批主動交出了全部產業，仍擔任廠長，並且被選為全國婦女代表、北京市代表、工商聯委員、民建委員。1957年「反右」運動中，她被打成「右派」，免除廠內外一切職務，下放車間勞動，降低工資待

遇。80年代右派獲改正。1983年去世，享年63歲。

　　家庭的資本家出身和父母的右派成分給遇羅克帶來了一連串的挫折。小學時，遇羅克品學皆優。到了初一，學生有了履歷表。他在填母親成分時寫了「資本家」，他的「操行」成績就成了「良」。到1957年他上高中時，父母打成「右派」，他的「操行」成績立即變成了「中」。出身使他無法入團，也把他擋在了大學門外。1960年他參加高考，儘管他成績特異，但連最末一個志願也未被錄取。1961年初，他來到京郊紅星人民公社當農業工人，利用空余時間自學俄文、英文和文史、哲學書籍，為再次考大學作準備。1962年7月，他獲准報考師大中文系，儘管成績很優異，卻由於出身問題，還是被大隊卡住了。由於下鄉來的青年家庭出身都不好，他們被視為「反動學生」，有人被開除，有人被調走。為了表明自己的一顆紅心，也為了重新尋找一條希望之路，他在蔣介石反攻大陸風聲日緊之際報名參軍保衛祖國，然而還是因為出身不好，他連體檢都未批准。1964年初離職回城後，曾到首都圖書館整理圖書目錄，到中國情報研究所管理外文卡片。僅管他工作賣力，當時這兩個單位都有招工名額，但他卻無法轉為正式員工。後來他任小學代課老師。因在報上發表了批評姚文元的文章，被解聘。經人推薦，1966年6月他進北京人民機器廠當正式學徒工。然而，他這個「出身不好」的正式工人仍擺脫不了被工人子女的歧視。一連串不幸的遭遇和好學深思的品格促使他反思像禁錮咒一樣套在他頭上的唯出身論的合理性。當他讀到盧梭《論人類不平等的起源和基礎》中的一段話：「法學家既鄭重宣佈了奴隸的孩子生下來就是奴隸，換句話說，他們也就肯定了人生下來就不是人。」便激起深深共鳴：社會主義社會的

現實為什麼與社會主義所批判的奴隸社會那麼相像？！出身不好的人生來就是有罪的嗎？出身好的人生來就是神聖的嗎？

就在他剛進機器廠時，「文化大革命」爆發了。血統論到這時發展到了極致。鼓吹血統論的紅衛兵公開宣稱並實行赤裸裸的歧視和壓迫：「所有的『自來紅』，拿出我們大紅的革命精神來，和一切資產階級『權威』以及他們的狗崽子、和大大小小的牛鬼蛇神鬥到底！」[1]、「我們工農革幹子弟要當家做主人，任何出身不好的人在我們面前必須老老實實，不許亂說亂動！」、「凡出身非工農革幹子弟者，我們可以隨意找來談話。他們在我們面前必須矮三寸！」[2]北京工大學生譚力夫責問出身不好的學生：「一講就是團結，怎麼團結？鬥爭中求團結。先把你鬥了，七鬥八鬥，鬥得你背叛了家庭，改造了思想，我們就團結了。」、「有人大講什麼平等、博愛。在階級社會中，哪裡有什麼平等？我們有許多哥哥姊姊小弟弟小妹妹，剛一出生就慘遭敵人的殺害。叫做斬草除根！現在，我們對你們的老子專政，實行仁至義盡的改造政策，給他們重新作人的機會，他們的子弟可以上學，表現好的還可以入團、入黨。你們還要怎麼樣？你們現在搬出這套『平等』、『博愛』的垃圾來大講，我看還是到廁所裡去講！」[3]。1966年7月底，血統論紅衛兵提出了「老子英雄兒好

---

[1] 北大附中紅旗戰鬥小組：《自來紅們站起來了！》，約成文於1966年6—8月間，載北京《兵團戰報》1966年11月26日。

[2] 紅衛兵戰校（前清華附中）高655班核心組《做頂天立地的人》，1966年8月，北京《兵團戰報》1966年11月18日。

[3] 《辯論會譚力夫發言記錄》，1966年8月20日，北京工大東方紅公社批判資產階級反動路線遠征軍駐重慶記者站編印《東方紅〈有關批判譚力夫講話材料專輯〉》，1966年10月17日。

漢，老子反動兒混蛋」。署名為「北京紅衛兵」的傳單《無產階級的階級路線萬歲》對出身不好的人說：「我們要正告你們：如果你們死不悔改，反動到底，那我們就不客氣了！我們要像父兄一樣，把刻骨的階級仇恨凝聚到刺刀尖上，挑出你們的五臟六腑，那你們就活該倒楣！」北京的8月被命名為「紅八月」。在這個月，北京六中的校舍變成了審訊室，牆上用人血大書「紅色恐怖萬歲！」在這個月，紅衛兵在大興縣對「四類分子」大開殺戒，打死鬥死300多人，其中最年長者80歲，最年幼者才出生38天，有22戶被斬盡殺絕。

　　儘管個人經歷和現實遭遇令遇羅克不能不走上批判血統論的道路，然而，倘不是歷史賦給他一次稍縱即逝的機遇，懂得保護自己的遇羅克是不會發表地的〈出身論〉，並天真地把它寄給中央文革小組的。文革初期，為了爭取更多的人向鼓吹血統論的「走資本主義道路的當權派」發動進攻，中央文革小組發表了批判血統論的講話。1966年10月16日，文革小組組長陳迫達在《無產階級文化大革命中的兩條路線》講話中，要求為「文化大革命」以來被打成「反革命」的群眾平反，並明確把「血統論」列為資產階級反動路線的表現形式之一。他說：所謂「自來紅」、「老子英雄兒好漢」，實際上是「剝削階級的反動的血統論。封建地主階級宣揚什麼『龍生龍，鳳生鳳，老鼠生兒打地洞』，就是這樣的血統論。」遇羅克認為時機已到，便拋出了他深思熟慮的〈出身論〉，為自己乃至一大批家庭出身不好的人爭取做人的平等權利。

（2）爭取平等，反對特權

〈出身論〉初稿於1966年7月，開始只是幾百份油印的傳單，是遇羅克從每月20元的工資中買來鋼板、蠟紙刻印而成，他弟弟遇羅文等幫忙張貼到北京的大街小巷及電線杆上。遇羅克為自己起了一個「北京家庭出身問題研究小組」的筆名，在回答別人這一筆名源起時，他說：「我不喜歡什麼戰鬥隊之類浮而不實的名字。我希望這筆名能啟發億萬個家庭，希望每個家庭都能認真研究一下家庭出身問題。」北京男四中學生牟志京從電線杆上讀到後擊節讚歎，當即便按照油印文章上所附連絡人地址，趕到六十五中，見到了遇羅克的弟弟遇羅文。經商量，他們決定把〈出身論〉變成鉛印，廣為散發。牟志京借了五百元錢，去解放軍1201印刷廠聯繫印刷事宜。經牟志京、遇羅克修改後的〈出身論〉共有三萬多字，排版成對開四版，取名《中學文革報》，主辦單位署名「首都中學生革命造反司令部」──中國文革中第一份純民間背景的報紙便如此誕生了。

〈出身論〉如一聲驚雷，炸開了當時社會萬馬齊暗的沉悶空氣。第一期三萬份報紙數天內一售而空，很快又出專刊六萬份。一紙風行，京城紙貴。有人用25倍的高價從別人手裡轉買。民間群眾還自發地將它抄成大字報，印成傳單，在全國各地大街小巷廣為散發。《中學文革報》編輯部每天都要收到幾千封全國各地的來信，表示堅決支持〈出身論〉。因為信太多，郵遞員馱不動，後來索性讓編輯部人員到郵局去取，一取就是半麻袋。《中學文革報》自1967年1月創刊，至4月遭到中央文革的批判，共出版了6期。遇羅克在上面共發表了6篇論文：

〈出身論〉（創刊號，1967年1月18日）

〈談「純」〉（第二期，1967年2月2日）

〈「聯動」的騷亂說明了什麼？〉（第三期，1967年2月10日

〈論鄭兆南烈士的生與死〉（第四期，1967年2月21日）

〈反動血統論的新反撲〉（第五期，1967年3月6日）

〈為哪一條路線唱頌歌〉（第六期，1967年4月1日）

　　此外，他還有一篇〈談鴻溝〉，發表在首都《中學論壇》的創刊號（1967年2月27日）上[1]。

　　這些論文構成了〈出身論〉的人權主義體系，即便對〈出身論〉只投去匆匆一瞥，也不難發現它的核心觀點是兩個字：「平等」——即為無產階級專政下家庭出身不好的子女們爭取政治權利的平等和受教育的平等。〈出身論〉等一系列論著指出：由於十七年中錯誤的「階級路線」，在中國已形成了一種與「美國的黑人、印度的首陀羅、日本的賤民等種姓制度」沒有什麼區別的社會性的歧視制度——出身歧視。許多「出身不好」的青年，實際上已在十七年中被剝奪了受高等教育的權利。即便在工廠、農村，也同樣在提升、工作分配、經濟待遇，乃至選舉與被選舉權上得不到平等的權利。作者揭露進行出身歧視的真正目的：「把群眾分成三六九等，把非對抗性矛盾擴大化，以便分而治之。」作者指出，不僅不同出身的人應享有同樣的人生權力，而且出身好的人與出身不好的人同樣具有思想改造的任務。

　　由於〈出身論〉是在與血統論的論戰中發展起來的理論，對血統論的鼓吹者——那批狂熱的大多為幹部子弟的「老紅衛

---

[1]　上述文章均收入徐曉、丁東、徐友漁編：《遇羅克遺作與回憶》，中國文聯出版公司1999年版。

兵」的批判，必然使遇羅克的筆鋒涉及到反特權這一敏感話題。在遇羅克看來：相當一部分高級幹部和他們的子女成了「物質上的特權階層」和「精神上的特權階層」[1]；「一個新的特權階層形成了，一個新的受歧視的階層也隨之形成了……種族壓迫就是階級壓迫。」遇羅克呼籲「一切受壓抑的革命青年，起來勇敢戰鬥吧」；「在表現面前，所有青年都是平等的」[2]。尤其值得一提的是，遇羅克充分肯定了資產階級在歷史上對血統論的瓦解作用，並指出血統論完全是企圖使「新中國也形成封建社會的等級制度」[3]。

（3）遇羅克之死

遇羅克毫不隱瞞自己的觀點，他堅信自己的觀點是正確的，他也希望自己的文章能得到中央領導人的肯定，從而徹底推翻幾十年來壓得人們喘不過氣來的血統論。當初〈出身論〉剛剛面世時，他便在四處張貼的同時寄給了毛澤東、周恩來、陳毅、謝富治和中央文革小組的每一位成員。《中學文革報》被迫停刊後，他五次上書毛澤東進行申辯。然而，如前所述，遇羅克的思想，本質上是與毛澤東的階級鬥爭學說和人性論相矛盾的；中央文革小組批判血統論是為了打倒老幹部，絕不是為了給「黑五類」子女正常的社會地位和政治權利。1967年4月14日，中央文革小組成員戚本禹在一次講話中，點名批判了〈出身論〉和《中

---

[1]　《聯動的騷亂說明了什麼?》，轉引自遇羅文：《我家》，中國社會科學出版社2000年版。
[2]　〈出身論〉，轉引自遇羅文：《我家》，中國社會科學出版社2000年版。
[3]　《談鴻溝》，轉引自遇羅文：《我家》，中國社會科學出版社2000年版。

學文革報》，他說：「〈出身論〉是大毒草，它歪曲黨的階級路線，挑動出身不好的青年向黨進攻」，「否定階級觀點，否定階級分析，否定階級出身對人的影響」，「攻擊社會主義制度」，「實際上用資產階級的觀點來反對血統論，煽動部分青年對黨不滿，向黨進攻」。他要求造反派「批它的反動思潮」。1967年5月，林彪作過一篇關於出身問題的長篇講話，不點名地批判了〈出身論〉。中央文革小組陳伯達、關鋒也批判過〈出身論〉。1968年1月1日，公安部長謝富治親自授意逮捕遇羅克。1月5日，遇羅克被捕，被判刑15年。遇羅克拒絕簽字，想不到更重的刑罰降臨在他的頭上，他被改判死刑，主要罪名是「陰謀暗殺偉大領袖毛主席」，兩年後執行槍決。

遇羅克是勇於為爭取人權而死的戰士。當他決定將〈出身論〉散發出去時，就意識到了處境的危險，並作好了犧牲準備。他說：「我所做的一切都是為了出身不好的青年，我為他們說話是應該的。為了千千萬萬的人，即使我犧牲生命也是情願的。」《中學文革報》停刊後，他預感到大禍將臨，便吩咐其他辦報人員：所有事情都往他一個人身上推，出了事由他一人頂著。入獄後，他對一位出身好的獄友說：「我們這些『出身不好』的人，一直沒有和你們一樣擁有同等的政治權利和生活權利。所以，即使在我們有機會說話的時候，我們也往往會出現先天性的自卑感──一種政治上的軟骨病。因此，我們這些人很難勇敢地團結起來奮勇前進，形成一股政治力量，去爭取自身應有的權利。這次〈出身論〉的發表，也許是我們這類青年所能發出的最強音了，它甚至比我想像的還要強些。我很有滿足感，我願為此付出任何代價。」在獄中，面對審訊，他軟硬不吃，無所畏懼；對當時人

們視若神明的《毛澤東選集》，他竟敢在空白處寫下自己的評語，這也成為後來定性他「反對毛澤東思想」的「罪證」。當他從另一個老犯人那裡借來延安版本的《毛澤東選集》與文革版本對照後，竟大膽地對獄友說：「從他們刪改的地方可以看出，他們在理論上是非常混亂的！是反馬克思主義的！」打進死囚牢以後，受盡折磨的他依然堅強不屈。遇羅錦在《乾坤特重我頭輕》一文中寫道：

　　哥哥被關在腐臭陰暗的「活棺材」裡。一米寬，二米長，雙層鐵條門，下面有一個塞飯的小口。沒有棉被、沒有一切洗漱用具。夏日蚊蠅叮咬，虱蚤遍身，30斤重的鐐銬更添了這些「小吸血鬼」們的狂妄和自由。嚴冬，沒有火爐，寒風無遮擋地從鐵條門吹入，渾身凍得麻木生疼。一間間的死囚牢關著待死的人。有的人瘋了，吼叫聲、求饒聲使人毛骨悚然，簡直足以使正常的人發瘋……何況還伴隨著肉體的摧殘。在兩三個月之中，哥哥和一些政治犯天天被拉到各大廠校機關去挨鬥。他們的嘴唇雖被封閉著，但哥哥每次都用他那單薄無力、久已虛弱不堪的身體，死命地向上掙，絕不肯低頭。押著他的彪形大漢踢他、打他，台下的群眾啐他、罵他；手腕腳踝全破了，鐐銬無情地蹭磨著鮮血淋漓無法癒合的傷口。每天批鬥回來，血跡斑斑，渾身青腫，活人像死人一樣被拖進牢房。那滋味兒，不比死更難受嗎？而哥哥是怎樣驚人地在死神和魔鬼們面前，昂著他那不屈的頭呵！他全身浮腫了，忍受著疾病和酷境的折磨，忍受著刑後的創痛，忍受著精神

上的種種刺激，度過了一個又一個難眠的寒冷的長夜……
也許他精神分裂了？失望了？懷疑了？消沉了？不！他沒
有！他以超人的毅力頑強地支撐著，他想活下去，活下
去！他唯一掛在心上的，就是琢磨著如何把自己的情況告
訴上層領導人。他在獄中五次上書毛主席，給陳毅同志寫
過信，希望能有一線生機……

然而這一切都無濟於事。1970年3月5日，北京工人體育場召
開十萬人宣判大會，遇羅克在觀眾震耳欲聾的口號聲和員警兇狠
的推搡中昂起不屈的頭顱，毅然走向刑場。

遇羅克一案給他的家人帶來了牽連。弟弟遇羅文，1968年
被「少管」一年，解除少管後先在陝西與《中學文革報》編輯成
員張富英一起插隊、結婚，因生活困難他們曾賣掉親生孩子，後
來又以「窩藏罪」被判五年徒刑。妹妹遇羅錦，因「書寫反動日
記」被勞教三年。受〈出身論〉牽連，安徽的丁廣武、瀋陽的
孫剛、廣東的楊玉鑒、銀川的雲傑被判刑10至20年。這裡值得補
記一筆的是北京地質學院附中高三年級學生鄭曉丹。1966年的冬
天，當她看到張貼的〈出身論〉後，激起強烈共鳴。近年來，家
庭問題像塊巨石壓在她的心上。父親鄭新潮1939年從國統區奔赴
延安，參加革命。1942年末始的整風審幹運動中，他被誣陷為特
務，列入槍斃名單，後僥倖活命。抗日戰爭勝利之後，他輾轉到
了東北牡丹江創辦軍馬場，在解放戰爭和抗美援朝戰爭中向前
方輸送了上萬匹軍馬。1950年9月，周總理在中南海懷仁堂接見
他時，肯定他「熟悉生物生態學、物種學，對改良馬種很有經
驗，為我軍軍馬建設打下了有利的基礎。」1957年，因不同意取

消軍馬場,他被劃為「右派」,從此女兒鄭曉丹受到百般歧視。
〈出身論〉言她之所欲言、所不敢言,她買來一份載有〈出身
論〉的《中學文革報》,像保護自己的眼珠一樣珍藏起來。1967
年4月14日,戚本禹公開表態:〈出身論〉是反動文章。鄭曉丹
無處收藏,便藏到邢臺郊外鄉下的家裡。造反派經常到鄭曉丹家
裡抄家。鄭曉丹和兄妹們把〈出身論〉先後藏在頂棚上,砌入爐
坑裡,埋進泥土裡,塞進牆壁裡。然而,造反派又來抄家。這一
次,他們把牆壁拆開,七千冊藏書連〈出身論〉一起抄走!曉丹
弟弟鑽進倉庫把〈出身論〉「偷」了回來。1968年2月春節過後
不久,鄭曉丹聽說〈出身論〉作者遇羅克已於1月初被捕入獄。
這一切遭遇促使她思想的覺醒,她一連提出十八個問題,指出康
生是野心家,林彪、江青是毛主席身邊的定時炸彈,中央文革搞
的一套絕不是馬列主義……。1968年4月26日,她被關押逼供。
1968年6月6日清晨,這位21歲的姑娘被迫害致死!

5、顧準:「用鮮血做墨水的筆桿子」

作為毛澤東時代極具個性、敢於秉筆直書的思想家,顧準
在他人生最艱難的歲月記下了中國的現實以及他對社會主義革命
成功以後的政治經濟、民主自由等問題的思考和焦慮,其膽其識
給他死後帶來了崇高的榮譽。李慎之在《顧準日記》序中說:
「在那高唱『六億神州盡聖堯』的日子裡……只有他留下了這樣
一份斷斷續續的日記,而且正如有人所說,『只因為他的思想變
成了鉛字』,他給整個一代中國的知識分子挽回了榮譽。」王元
化指出:「在造神運動席捲全國的時候,他是最早清醒地反對個
人迷信的人:在『凡是』思想風靡思想界的時候,他是最早衝破

教條主義的人。僅就這一點來說，他就比我以及和我一樣的人，整整超前了十年。」[1]吳敬璉說：「在林彪、『四人幫』法西斯專政的淫威下，一般老百姓議論尚有身限囹圄甚至慘遭殺身之禍的危險，顧準是一個戴過兩次右派帽子的『反革命分子』，由他來探討……無產階級專政建立以後的政治經濟發展問題，是冒著多麼大的風險，需要什麼樣的勇氣啊！」[2]

（1）從理想主義到經驗主義

顧準，1915年生於上海。父姓陳，他自幼從母姓。1927年至1940年在上海立信會計事務所打工。他邊工作邊自學，19歲開始便先後撰寫、出版了6部會計學專著，成為上海幾所大學的兼職教授。1934年初以他為核心，成立了祕密的馬克思主義小組——進社，結識了他後來的妻子汪璧。1935年加入中國共產黨。1936年起，先後擔任上海職業界救國會黨團書記、江蘇省委職委宣傳部長、書記，江蘇省文委副書記等職。1940年8月離滬奔赴蘇南抗日根據地，而後又到蘇北解放區。1943年3月赴延安。1946年回華東從事地下革命領導工作，歷任中共中央華中分局財委委員、山東省工商總局副局長、山東省財政廳廳長等職。1949年隨軍回到上海。解放後在上海財政局、稅務局、財經委擔任主要領導工作。因提出不同稅收方法（這種方法受到過陳毅的認可、陳雲的稱讚，使上海1951、1952年的稅收分別比1950年增加了6倍和10倍），1952年2月19日被上海市委以「一貫存在個人英雄主

[1] 《〈從理想主義到經驗主義〉序》，載《顧准日記》，經濟日報出版社1997年版。
[2] 《顧准日記》，經濟日報出版社1997年版。

義,自以為是,目無組織,違犯黨的政策方針,思想上、組織上與黨對抗」為由,作為「惡劣分子」撤職。1953年調至北京。1956年他進中國科學院經濟研究所從事研究,並兼管研究所工作。1957年第3期在《經濟研究》上發表〈試論社會主義制下商品生產和價值規律〉一文,提出了不同於馬克思主義經濟學的理論問題,1958年被打成「右派」,開除黨籍,遣送到河南商城農村勞動改造。連連的打擊促使他猛醒,他從革命體制內的一分子走到體制外來思考這種體制所存在的問題,並以「做一個歷史觀察家」[1]自命,寫下了「商城日記」,記載了「大躍進」時期那段荒誕而殘酷的歷史真實。1962年摘帽後重返經濟研究所,這期間他翻譯了兩部西方經濟學著作,20世紀80年代由商務印書館出版。1965年9月,因在清華大學讀書的大姐的次子和幾個同學組織「馬列主義研究會」,顧準被認為思想上有直接聯繫,再次打成右派。同年底,妻子被迫與他離婚。1968年,妻子含恨自殺,5個孩子與他斷絕往來。從1965年9月到1974年逝世,他就沒再能和妻子、兒女見上面。再次打成「右派」後,先下放到北京近郊勞動改造;「文革」爆發後受盡折磨,經濟所將他調回京城。1969年底,遣送河南息縣勞動改造。不久林彪事件爆發,政治形勢出現相對的鬆弛,顧準於1972年前後回到經濟所,在生命的最後兩年,他寫出了《希臘城邦制度》(未完稿),並在與六弟陳敏之的通信中寫下了一系列筆記式的學術論文,這些筆記論文後來被陳敏之在90年代初以《從理想主義到經驗主義》結集出版。顧準在商城勞改時就得了肺炎,長期的超負荷的體力勞動和精

---

[1]　1959年12月2日日記,《顧准日記》,經濟日報出版社1997年版。

神折磨使肺炎發展為肺病，最後轉化成肺癌，1974年12月3日病逝。80年代初獲得平反。

在中國思想史、人學史上，給顧準留下不朽地位的是《顧準文集》[1]和《顧準日記》[2]。《顧準文集》收有《試論社會主義制度下的商品生產和價值規律》、《希臘城邦制度》、《從理想主義到經驗主義》一組論文，其中以後者最富思想價值。《顧準日記》由《商城日記》、《息縣日記》、《北京日記》組成。《北京日記》過於簡略，《息縣日記》有不少違心的話，《商城日記》最富史料和思想價值。90年代中後期，思想界掀起了一股顧準熱。顧準原來是一位財會學家，解放以後一直從事經濟工作。如果不是後來一連串的人生不幸遭遇，他是不會成為一個傑出思想家的。是現實的一連串打擊，粉碎了他原來抱有的理想，促使他思考起他所面臨的現實。他說：他原來是一個虔誠的、甚至狂熱的「革命理想主義者」，「然而，今天當人們以烈士的名義，把革命的理想主義轉變成保守的反動的專制主義的時候，我堅決走上徹底經驗主義、多元主義的立場，要為反對這種專制主義奮鬥到底！」[3]從理想主義到經驗主義，這是顧準一生經歷的轉變，也是他成為一個思想家的重要契機。

（2）現實反思：「苛政猛於虎」

1949年10月，毛澤東向全世界人民莊嚴宣告：中國革命成功了，中國人民翻身作主了，中華人民共和國成立了！參加革

---

[1]　《顧准文集》，貴州人民出版社1994年版。

[2]　《顧准日記》，經濟日報出版社1997年版。

[3]　《顧准文集》，貴州人民出版社1994年版，第424頁。

命十多年的顧準自然為革命的成功歡欣鼓舞。然而不久他就發現，革命成功後的現實並不像成功前革命旗幟上所寫的那樣。1952年，他以莫須有的罪名被撤職，1958年他再次因發表了不合「經典」的經濟言論被打成右派，這促使他走上了現實批判的道路。他說：「這個勞動隊[1]所鍛鍊出來的我的政治態度應該繼續下去——做一個歷史觀察家。」[2]、「我還要戰鬥，而這個戰鬥不會是白費的。至少應該記下一個時代的歷史，給後來者一個經驗教訓。」[3]《商城日記》正是他對當時歷史的忠實記錄和深刻反思。這個時期，全國正在搞「大躍進」、刮「共產風」，輿論宣傳形勢一片大好，鋼鐵、糧食產量連放「衛星」，可實際上都在鬧饑荒，餓腫和餓死的人不計其數。吃、浮腫和餓死，是《商城日記》記載的主題。當時人們吃的主食是紅薯、胡蘿蔔和菜，後來連這也吃不飽，就吃紅薯藤粉、紅薯葉。再連這也吃不飽，就吃草根樹皮。「刨紅薯四天，今日事畢。……民工路過，欣羨不已。都到田頭撿殘屑，揮之不去。一個新發明，有薯藤磨粉，……」（1959年1月3日）「……一個很可怕的事實……有些民工隊一頓中午飯，每人菜一斤，紅薯半斤。如何禁得人們不來紅薯地撿薯頭？」（11月8日）「二頓均以紅薯葉當菜。在冀魯豫不能不咽的，這回全部吃完。尤其晚飯，三百斤菜，七十五斤米的菜飯，加一盆紅薯葉，居然吃完。」（11月20日）「第一天吃紅薯葉，三頓，每飯一碗。晚間菜稀飯，加大碗紅薯葉，翌晨拉肚子。20日吃紅薯葉，量減半。」（11月22日）「荒年，農村

---

[1] 指商城的右派勞動改造隊——引者。
[2] 《顧准日記》，經濟日報出版社1997年版，第61頁。
[3] 同上書，第104頁。

人吃草根樹皮，全身浮腫，所在都有。」（12月17日）由於吃不到什麼糧食，大便都變了樣。「在商城農場，看稻田所澆糞水中有死蟲，以為是死蚯蚓。撿糞才知，那是蛔蟲。蛔蟲甚多，有一堆糞便，糞極少間，蛔蟲倒有七八條。」（11月22日）「前天既把壩頂上石頭縫裡的散糞撿完，昨晨的檢糞就來得困難了。壩頂廁所，糞不多，有一個民工說你們撿不到糞了，因為我們都喝米湯。……在這個廁所內一個看來是基層幹部的人在拉屎，便秘，硬是用手挖出一個個糞蛋。我想與他交談一下農村吃飯情況，他只說了現在沒米，過年時國家會供應，其他不說了。」（12月24日）在飯菜都吃不飽的年代，死豬肉、生鹹菜也成了珍貴的美味佳餚：「中午大改善，……死豬肉與豬血豆腐湯。」（11月23日）「街上賣鹹菜是食品商店的唯一業務，很多人買了，就當飯吃——在路上用手送到嘴裡就這麼吃起來了。」（12月24日）飢餓迫使人們到處尋吃的，以至於不得不偷吃東西，連擔任過「首長」的顧準也不能倖免。「在城關招待所我們的食堂裡，今天有一個老太婆拿起我們吃完了的飯碗，用手撈其中十分稀薄的殘羹在吃。殘羹之少，原因是我們這些人已經刮得很乾淨了。似乎隨那個老太婆在一起的還有幾個孩子，實在精瘦得可憐，藏在床底下，吃我們的魚丸子和牛肉。」（1960年1月5日）「我的胡蘿蔔被偷了。被偷至少十幾個。蘿蔔種至少有一個大的被偷了。昨下午，一個婦女當著……許多人，偷胡蘿蔔。當群眾飢餓的時候，如何看得住？」（1959年12月2日）「今天發現他[1]偷了鵝屁股兩塊，藏在羊棚，黃給他展覽了，寫了大字報。」（12月10

---

[1] 指同在勞改的柳學冠——引者。

日）「偷其實普遍之至。」、「所以我也偷了。」（12月6日）「我是否變得卑鄙了？我偷吃東西，我偷東西吃……不……若集中期間不偷吃東西，我將如何？……若這段期間無補充，我不會大腫嗎？」（1月14日）飢餓還迫使流竄犯增多，使農村出現了青年婦女為食而嫁的情況：「現在農村流竄犯比城市流竄犯多。」、「南山糧多……人們都往南山跑。青年婦女，分不清是姑娘還是媳婦，只要有吃的，自願留在那裡給人當媳婦，……」（1月15日）飢餓帶來了大量的腫病和死亡，甚至發生了人吃人的慘劇：「……勞動隊的腫病病員，一下子在一個月中，從四十四人增加到七十多人。……民工腫得更厲害，一眼望去，浮腫的很多。」（12月17日）「劉引芝的父親死了。腫病——勞動過度，營養不良。縫紉室張的哥嫂同時死亡，也是腫病。」（11月14日）「死人，已知柳學冠之弟，楊文華的女兒，劉方惠的父親。其他所聽說的還不少。」（11月27日）「柳學冠家母弟同時死了。楊柔遠母親死了，夏伯卿家死了人，張保修家死了人。」（11月30日）「昨晚，附近路上倒屍二起。……八組黃渤家中，老婆、父親、哥哥、二個小孩，在一個半月中相繼死亡。這個家庭也特別大……十五人中死五人……」（12月7日）「吳華家也死了幾口，三個，留一個孩子，寄養在附近……死幾口的人還有哪。」（1960年元旦）「村裡死亡相當重，一死就是一家。」（1月4日）「昨晚趙生祥說，他到鯉魚山買魚，半路上帶來了一個腫病的女人，家裡已腫死二人，剩她一人，走到城內找叔叔，實在走不動，要趙的自行車帶一下。這樣，他帶了一個人，也帶來了一個消息。腫病，全家死亡，不僅限於右派家屬。」（1月5日）「在農場耽擱了很短一會兒，聽到彭仁鑫一家死完，剩一個

孩子，人家給他送來了。」（1月15日）「勞動隊又死了一個。三組的周為風，腫死的。前天抬進醫院，昨天死了。」、「徐雲周說，沈家畈附近一個生產隊，七十餘人死了三十餘人，這是一個典型的數字了。」（1月16日）「人相食。除民間大批腫死而外，商城發生人相食的事二起，十九日城內公審，據說二十日要公判。一是丈夫殺妻子，一是姑母吃姪女。」（12月22日）顧準用那支有意識的筆，客觀地記錄了一幅「社會主義大躍進」時期餓殍遍地的饑亡圖。

在這樣的慘景中，顧準還用他那犀利的筆觸揭示了官場的貪污腐敗和各級領導扼殺真實的虛偽與專制。如農場的沈場長：「每月38元，卻已買了一隻手錶，昨天又買了一輛自行車。勞動隊對他是便宜的。晚飯七元，全家伙食費估不超過十八元，卻能隨意選吃好菜與最好的生蔬菜。利用勞動力種菜已得三四十元。右派沒錢，出賣的東西，他就會優先購買。與此相同的是幾位場長買菜。羅買蘿蔔白菜已三四次，價格與黑市相比，只有1/2—1/3而已。黃也買菜。」（11月30日）「在此哀鴻遍野之際，商城生活水準高的人還有的是。蔡璋說，他那兒住著城關公社的黨委書記，天天吃油炸果……而醫院病人無肉。」（12月24日）「哀鴻遍野……陳毅宴會，還有著名演員演出助興。」（1月9日）革命成功後「人民公僕」的腐敗和幹群的嚴重不平等令他深深失望。而隱瞞真相、謊報實績的弄虛作假和不允許人們講出真相的專制獨裁更令他深惡痛絕：「……產量已被誇大到遠離實際，以後還要每年加10％。」（1月17日）「產量的謊報，卻是大苦我民了。」（1960年元旦）「徐家斷炊。收成，畝產三四百斤，各家偷藏一些糧稻米，均被翻檢以去。（我）來時（指來

勞改時）斷炊，吃菜而已。」（1959年11月4日）「遍地哀鴻，
人相食，災荒報豐收，打腫臉充胖子。……公開說謊，已成風
氣，歲初，鄭州會議時還想恢復實事求是之風，積弊已深，騎虎
難下……現在類似舒同所寫的文章，都是表態度，其中最重要的
是：毛主席的領導絕不會錯，跟定毛主席走，是中國人民長期鬥
爭所得出的最重要的經驗教訓。至於事實，尤其是農村現狀，所
遵循的唯一原則是根據上級的指標定產量，根據上級的意圖做調
查而已。」（12月22日）「……死亡起於腫病。醫生若說是餓死
的，醫生就是右派或右傾機會主義者。」（同上）「今晚站隊，
黃（場長）大講腫病是思想問題。他說，若一發腫病即怕死，精
神垮了，再治也治不好。」（12月17日）「糧食問題是思想問題
不是實際問題，今天的討論中還重複著這個濫調。」（1月5日）
「沈場長……指示了……就是要從大處看黨的成績。這意思就
是，說謊、飢餓、死亡都是小事，你們回去說話小心。」（12月
29日）面對飢餓、專制、謊話和排除異己的「階級鬥爭」，顧準
原來為之奮鬥的理想破滅了，他從現實中得出的結論是：「苛政
猛於虎」（1月17日）。他尖銳批判說：「十年前強調入城後腐
化的危機，闖王集團的這個危機是自上開始的，不圖我們亦複如
此。」（12月26日）「這是一個歷史的悲劇。雖然從歷史來說，
這個悲劇是無可避免的，然而他們的救命恩人（隱指毛澤東）
卻全然不懂得這個問題。不，或者應該說，1958年以前他不懂，
以後他逐漸懂得了，並且摸索一些解決辦法，結果選擇了現在的
藥方——馬列主義的人口論，恐怖主義的反右鬥爭，驅飢餓的億
萬農民從事於過度的勞動以同時達到高產、高商品率的農業與消
滅過剩人口——是最堂皇、又是最殘酷、最迅速、最能見效的辦

法。若說這也將記入史冊成為豐功偉績，那確實與Peter The Great（彼得大帝）、與曹操一樣。」（1月17日）「……我不忍參加這個剿滅人口的向地球宣戰的戰役（指由階級鬥爭和大躍進形成的饑荒）」，然而中國除此之外，別無其他路徑可走。這個戰役不會長期繼續下去，結果必將以坦率、開明、寬恕、人道主義、文明的方向來代替目前的用說謊、專制、嚴刑峻法、無限制的鬥爭、黑暗的辦法來完成的歷史使命。……貧病愚昧，還自誇天上神仙不如我的農民，又如何能文明得起來！」（12月22日）早在50年代末，羈身勞改的「右派分子」顧準就對革命成功後的現實作了如此勇敢的實錄和批判，其識其膽實在過人。

（3）破除迷信，否定絕對真理

與現實批判的精神相一致，顧準還對被迷信為絕對真理的馬列主義、共產主義和辯證法等提出了批評。他說：「說『真理是絕對的』或『能夠是絕對的』這個判斷難於成立，並不是因為它絕對化了，而是說，它沒有得到任何經驗的證實。」[1]從「經驗」出發，顧準認為馬克思主義只是認識真理進程中的一家之言，不能把它捧為絕對真理：「人各有自己的眼鏡」，「馬克思、恩格斯也有他自己的眼鏡」，「馬克思、恩格斯的眼鏡從人類歷史來說，不過是無數眼鏡中的一種，是百花中的一花。唯理主義者總以為他自己的一花是絕對真理；或者用另一種說法，理論對於科學總具有指導意義。可是這種指導總不免是窒息和扼殺，如果這種理性真成了欽定的絕對真理的

---

[1]　《顧准文集》，貴州人民出版社1994年版，第406頁。

話。」[1]基於不迷信權威、不高視「導師」、與「革命導師」站在同一探討真理立場的平等精神，顧準早在1957年發表的《試論社會主義制度下商品生產和價值規律》中就對馬克思、恩格斯的經濟學觀點提出了迥然不同的意見。馬、恩在《資本論》和其他著作中再三提到，在社會主義社會中，個人交換將被廢除，作為一般等價物的貨幣將不再存在，分配將利用勞動券，商品生產將被取消，社會產品將直接用作再生產的生產手段與生活資料，不再是為交換而生產的商品，因此，價值範疇和價值規律也就不復存在。顧準從實際出發，以一個經濟學家的經驗和思考，提出在社會主義社會貨幣、商品不能廢除，價值範疇、價值規律應繼續存在並發揮作用。

在70年代初與其弟的通信中，他又對馬克思的古代史學觀[2]及其對資本主義的剖析與批判、對共產主義的構想[3]和恩格斯關於辯證法三規律的「自相矛盾」情況[4]作了批評。他認為資本主義民主政治制度雖然「極不完善」，但「迄今為止，沒有一種足以代替它的制度」[5]。對於列寧的「帝國主義是垂死的資本主義」論，顧準指出：由於資本主義允許並鼓勵對自身弊病的自我批判和改良，它不但沒有「垂死」，相反「還有生命力」；如果說它會滅亡，那也不是在無產階級的「暴力革命」中滅亡，而是在自己的「批判—改良中一點一點滅亡掉」[6]。對於列寧締造、

---

[1]　同上書，第420頁。
[2]　同上書，第286頁。
[3]　同上書，第259、321頁。
[4]　同上書，第421—422頁。
[5]　同上書，第259頁。
[6]　《顧准文集》，貴州人民出版社1994年版，第341—342頁。

史達林統治之下的蘇聯，顧準揭示到：「列寧強調直接民主的無產階級專政……實行的結果是……以工廠蘇維埃和農村蘇維埃為基層的直接民主制，列寧生前已被工廠的一長制所代替；一切權力歸蘇維埃嬗變為一切權力屬於黨，再變而為一切權力屬於史達林。」[1]、「1917年革命勝利了，列寧跟他那時代的青年人說，你們將親身而見共產主義。當時的青年，現在……還活著的人，目睹的是蘇聯軍隊遊弋全球，目睹的是他們的生活水準還趕不上捷克，目睹的是薩哈羅夫的抗議和受迫害。」[2]

關於辯證法這一「馬克思主義的方法論」，顧準說：「『辯證法』作為批判的即『破』的武器，是有巨大價值的。一旦它成為統治的思想，它的整體性的真理，它的『一元主義』，都是科學發展的死敵。」、「凡在科學上有所創造發明的人，雖然他的創造發明對於揭示大自然的祕密來說，不過是『人類知識寶庫中的一粒砂子』（居里夫人語），然而他總會陶醉於他的成就，總會以偏概全。他既戴上了他自己製造的有色眼鏡，他自然會有一種通過這副眼鏡所見的世界——世界觀。這並無害處。以一個人而論，是以偏概全；多少人『偏』湊合起來，也就接近於全了……人類就是在這種不斷的偏中蹣跚行進的。」[3]

關於共產主義，顧準指出：「馬克思親自擬定的定義是『每個人的自由發展是一切人的自由發展的條件』。」而後來

---

[1] 同上書，第361頁。
[2] 同上書，第374頁。
[3] 同上書，第418、419頁。

人的理解卻「愈來愈紛歧，愈來愈不一致」[1]。按現實中流行的庸俗化理解，共產主義是「天國」式的「沒有異化的、沒有矛盾的社會」。在這樣的前提下，顧準說：「地上不可能建立天國，天國是徹底的幻想；矛盾永遠存在。所以，沒有什麼終極目的，有的只是進步。」[2]他還通過對斯巴達的批判表現了對現實中的「社會主義」的不滿：斯巴達的「尚武精神」、「平等人公社」、「它的看來是『共產主義』的平等主義的生活方式」，曾使它成為「後代人仰慕的對象」；「平等主義、鬥爭精神、民主集體主義，我親身經歷過這樣的生活，我深深體會，這是艱難環境下打倒壓迫者的革命運動所不可缺少的。但是，斯巴達本身的歷史表明，藉寡頭政體、嚴酷紀律來長期維持的這種平等主義、尚武精神和集體主義，其結果必然是形式主義和偽善，是堂皇的外觀和腐敗的內容，是金玉其外而敗絮其中；相反，還因為它必定要『砍掉長得過高的谷穗』，必定要使一片田地的穀子長得一般齊——它又不精心選種、不斷向上，卻相反要高的向低的看齊——所以，斯巴達除掉歷史上的聲名而外，它自己在文化和學術上什麼也沒有留下……」[3]

（4）民主自由、多元政治

顧準一直懷念「五四」傳統，在建國初就對「五四」傳統的失傳表示遺憾。現實的專制更加深了他對「五四」民主自由傳

---

[1]　同上書，第374頁。
[2]　同上書，第370頁。
[3]　《顧准文集》，貴州人民出版社1994年版，第257頁。

統的嚮往。他說：「科學和民主我們還是太少。」[1]、「我主張完全的民主」，「主張把民主放在科學的前面」，「因為唯有民主才能發展科學研究，才不致扼殺科學」[2]。民主應當包含在「革命目的」之中，如果「社會主義實現了……連民主也不存在了」[3]，這種「社會主義」絕不是「革命的目的」。「史達林是殘暴的」，他的「殘暴」在相當程度上是為革命的「終極目的而犧牲民主、實行專政」所致[4]。

與民主相聯繫的是自由。顧準「要求新聞、言論出版等等的自由」[5]，強調「哲學上的多元主義」。他說：「新聞自由、出版自由、言論自由、批評自由、學術自由」是「消除片面性的解毒劑」[6]。「事實上，所有的唯心主義、唯物主義、唯理主義、經驗主義，所有一切宗教，所有一切人類思想……都對人類進到目前的狀況作出過積極的貢獻」，甚至「最有害的思想也推動過思想鬥爭」和思想「進步」[7]。

由此他提出「多元政治」和「民主政治」的概念：「哲學上的多元主義，貫徹到政治上也是多元主義。那就是，可以有各種政治主張的存在，有政治批評——來自各種立場的政治批評。」、「政治上的權威主義」應該「排除」[8]。「唯有有了真正的議會，不僅政策受到監督，日常行政也可以受到監督……眼

---

[1] 同上書，第298頁。
[2] 同上書，第344頁。
[3] 同上書，第370頁。
[4] 同上書，第375頁。
[5] 同上書，第419頁。
[6] 同上書，第418頁。
[7] 同上書，第346頁。
[8] 同上書，第346頁。

睛逾多，無法無天的事情逾可以減少。」[1]顧準同時指出：民主還必須由科學來指導。倘若不然，民主就可能滑到它的反面。列寧的人民群眾當家作主的「直接民主」最終蛻變成史達林的一人獨裁就是一例。由此他提出了「社會主義兩黨制」[2]的民主政治構想：「直接民主的口號是人民當家作主……『人民當家作主』其實是一句空話。」、「我們實際上不可能做到人民當家作主，那一定是無政府。我們要的是不許一個政治集團在其執政期間變成皇帝及其宮廷。怎麼辦呢？不許一個政治集團把持政權，有別的政治集團和他對峙，誰上臺，以取得選票的多少為准。要做到這一點，當然要有一個有關政黨、選舉的憲法，好使兩個集團根據一套比賽規則（憲法、選舉法）變成球賽的兩方，誰勝，誰『作莊』。」、「輪流作莊就是輪流當少數派。輪流著來，走馬燈——螺旋就轉得起來了。」、「我們這個人間也是螺旋形前進的。」、「兩黨制的議會政治的真正意義，是兩個都可以執政的政治集團，依靠各自的政綱，在群眾中間爭取得選票。」[3]、「直接民主，不久就會被假民主所代替。沒有兩黨制，散在於不以政治為專業的群眾中的各種意見，會被『擁護』的高聲呼喊所淹沒。唯有存在一個政治上的反對黨的時候，才會有真正的批評和自我批評。56年蘇聯的歷史，24年中國的歷史，難道還沒有充分證明這一點？」、「看看一黨制的社會主義國家……盛行的那一套阿諛崇拜，你不覺得噁心嗎？一個人，手裡集中了為所欲為

---

[1] 同上書，第366頁。
[2] 同上書，第370頁。
[3] 《顧准文集》，貴州人民出版社1994年版，第364—365頁。

的權利，你用什麼辦法來約束他不亂搞？有什麼保證？」[1]如果「聯共分成兩個黨，先後輪流執政」，「史達林、布哈林、托洛茨基輪流當了總統」，「十月革命會被葬送掉嗎？我不相信……因為執政者總有反對派在旁邊等著他失敗，等著他失卻群眾的擁戴，等著下次選舉時取而代之，隨便什麼事情不敢做得過分，更不用說把真理過頭成為荒謬了，後來蘇聯發生的一切弊害的大半倒反而是可以避免掉的。」[2]

顧準講的這些問題值得我們反思。願英明的政治家能從這血寫的真言中得到借鑒。

三、鄧小平：富民利國的人學思想

鄧小平，1904年8月生於四川廣安縣，1997年去世。早年赴法國勤工儉學（1920—1926）。新民主主義革命時期曾任紅七軍政委等要職。新中國建立後他曾在毛澤東為首的中央第一代領導集體中擔任領導工作[3]。「文革」中作為僅次於劉少奇的二號人物被打倒。文革結束後，歷任國務院副總理、中央軍委主席等職，成為中共中央第二代領導集體的核心。他開創了與毛澤東時代不同的鄧小平時代。關於鄧小平時代與毛澤東時代的不同，美國記者邁克・華萊士1986年9月2日在採訪鄧小平時曾說得很清

---

[1] 同上書，第370頁。

[2] 同上書，第362頁。

[3] 《總結歷史是為了開闢未來》：「從一九五四年起，我就擔任黨中央秘書長，軍委副主席和國務院副總理，一九五六年起擔任黨的總書記，是在領導核心之中。」《鄧小平文選》第三卷，人民出版社1993年版，第271頁。

楚：「毛澤東逝世已經十年，他對現在的一些事會怎麼看？現在的領導人主張致富光榮，主張個人幸福，允許私人辦企業，準備搞政治改革，人民有了言論自由，這一切同毛澤東的主張都不一樣，……」、「鄧小平領導下的中國和毛澤東領導下的中國是不一樣的。」[1]在人學思想方面，鄧小平的思想更加求真務實、更符合實際、更得人心。

1、實事求是，破除個人迷信

整個毛澤東時代，毛澤東作為「偉大的領袖、偉大的導師、偉大的統帥、偉大的航手」，他的思想被美化為「放之四海而皆準」的真理，他的言論被神化為「一句頂一萬句」的「精神原子彈」，他本人被人們當作十全十美的「神」來崇拜。毛澤東去逝、「四人幫」粉碎之後人們對毛澤東的個人迷信和崇拜仍有很大市場。華國鋒執政時提出的「兩個凡是」（「凡是毛主席作出的決策，我們都堅決維護；凡是毛主席的指示，我們都始終不逾地遵循。」）便是典型的例證。鄧小平主持工作時期，如何撥亂反正、清除毛澤東時代造成的冤假錯案、糾正毛澤東時代的錯誤口號和方針呢？破除「兩個凡是」，破除對毛澤東的個人迷信和盲目崇拜就成為首要任務。怎樣破除對毛澤東的個人迷信呢？那就是高揚「實事求是」、「實踐是檢驗真理的唯一標準」這一毛澤東思想的活的靈魂。1978年9月，在真理問題大討論中，鄧小平說：「大家知道，有一種議論，叫做『兩個凡是』，不是很出名嗎？凡是毛澤東同志圈閱的文件都不能動，凡是毛澤東同志做過的、說過的都不能動。這是不是叫高舉毛澤東思想的旗幟呢？不

---

[1] 《鄧小平文選》第三卷，人民出版社1993年版，第174頁。

是！這樣搞下去，要損害毛澤東思想。毛澤東思想的基本觀點就是實事求是……毛澤東同志在延安為中央黨校題了『實事求是』四個大字，毛澤東思想的精髓就是這四個字。」[1]、「實事求是」具有「解放思想」的意義。1980年12月25日在中共中央工作會議上講話時，他指出：「解放思想，就是使思想和實際相符合，使主觀和客觀相符合，就是實事求是。今後，在一切工作中要真正堅持實事求是，就必須繼續解放思想。」[2]1992年，鄧小平在南方視察時指出：「學馬列要精，要管用的。……實事求是是馬克思主義的精髓。要提倡這個，不要提倡本本。我們改革開放的成功，不是靠本本，而是靠實踐，靠實事求是。……實踐是檢驗真理的唯一標準。我讀的書並不多，就是一條，相信毛主席講的實事求是。過去我們打仗靠這個，現在搞建設、搞改革也靠這個。」[3]

　　靠著「實事求是」這一「毛澤東思想的精髓」，鄧小平大膽破除「兩個凡是」，將毛澤東從神壇上請下來。他指出：「領袖是人不是神。」[4]、「對於錯誤，包括毛澤東同志的錯誤，一是要毫不含糊地進行批評……」[5]就主張、決策而言，「總起來說，一九五七年以前，毛澤東同志的領導是正確的，一九五七年反右派鬥爭以後，錯誤就越來越多了。」[6]、「一九五七年反右派鬥爭……錯誤在於擴大化。」[7]、「一九五八年（毛澤東）

---

[1]　《鄧小平文選》第二卷，人民出版社1983年版，第126頁。
[2]　《鄧小平文選》第二卷，人民出版社1983年版，第364頁。
[3]　《鄧小平文選》第三卷，人民出版社1993年版，第382頁。
[4]　《鄧小平文選》第二卷，人民出版社1983年版，第165頁。
[5]　同上書，第301頁。
[6]　同上書，第295頁。
[7]　同上書，第294頁。

批評反冒進」[1]、推行「大躍進」[2]，也「是不正確的」[3]。「一
九六二年七、八月北戴河會議[4]……重提階級鬥爭……十中全會
以後，他自己又去抓階級鬥爭，搞『四清』[5]了，然後就是兩個

---

[1]　同上書，第330頁。一九五六年六月二十日，《人民日報》，根據中共中
　　央政治局的意見，發表題為《要反對保守主義，也要反對急躁情緒》的
　　社論，指出在社會主義建設事業蓬勃發展的過程中出現了一些超過實際
　　可能的急躁冒進現象。根據這個精神，各地著重糾正這方面的問題。到
　　了一九五七年秋天舉行的擴大的中共八屆三中全會上，毛澤東開始對一
　　九五六年的反冒進提出批評。在一九五八年一月的南寧會議上和三月的
　　成都會議上，毛澤東進一步對一九五六年的反冒進提出嚴屬的批評。一
　　九五八年批評反冒進使黨內的「左」傾思想迅速發展起來。
[2]　大躍進：指一九五八年的「大躍進」和人民公社化運動中的錯誤。這一
　　年八月，中共中央政治局在北戴河舉行擴大會議，提出一九五八年鋼的
　　產量要比一九五七年翻一番，達到一千零七十萬噸；並決定在農村普遍
　　建立人民公社。會後，在全國很快形成了全民煉鋼和人民公社化運動的
　　高潮。以高指標、瞎指揮、浮誇風和「共產風」為主要標誌的「左」傾
　　錯錯誤嚴重地氾濫開來，打亂了正常的經濟建設秩序，浪費了巨大的人
　　力和資源，造成了國民經濟比例的嚴重失調。
[3]　《鄧小平文選》第二卷，人民出版社1983年版，第346頁。
[4]　北戴河會議：指一九六二年七月下旬至八月下旬中共中央在北戴河召開的工
　　作會議。這次會議為八屆十中全會的召開做了準備。會議期間，毛澤東著重
　　講了階級、形勢和矛盾問題，一再強調我們國家仍然存在階級和階級鬥爭，
　　認為在整個社會主義歷史階段中資產階級都將存在並企圖復辟，把社會主義
　　社會中一定範圍記憶體在的階級鬥爭作了擴大化和絕對化的論述。
[5]　四清：即社會主義教育運動，是一九六三年至一九六六年五月先後在部
　　分農村和少數城市工礦企業和學校等單位開展的一次清政治、清經濟、
　　清組織、清思想的運動。這次運動，雖然對於解決幹部作風和經濟管理
　　等方面的問題起了一定作用，但由於把這些不同性質的問題都認為是階
　　級鬥爭或者是階級鬥爭在黨內的反映，在一九六四年下半年使不少基層
　　幹部受到不應有的打擊。一九六五年一月，中共中央制定了《農村社
　　會主義教育運動中目前提出的一些問題》，共二十三條。這個檔雖然對
　　「四清」運動中某些「左」的偏向作了糾正，但又錯誤地提出了這次社
　　會主義教育運動的重點是整所謂「黨內走資本主義道路的當權派」。

文藝批示[1]……到一九六四年底、一九六五年初討論『四清』，不僅提出走資本主義道路的當權派，還指出北京有兩個獨立王國」[2]，「導致爆發了『文化大革命』」，「『文化大革命』是錯誤的」。「毛主席在去世前一兩年講過，文化大革命有兩個錯誤，一個是『打倒一切』，一個是『全面內戰』。只就這兩點講，就已經不能說『文化大革命』是正確的」[3]。總之，「由於勝利，他不夠謹慎了，在他晚年有些不健康的因素、不健康的思想逐漸露頭，主要是一些『左』的思想，有相當部分違背了他原來的思想，違背了他原來十分好的正確主張……」[4]就思維方法而言，「毛澤東同志到了晚年，確實是思想不那麼一貫了，有些話是互相矛盾的。比如評價『文化大革命』，說三分錯誤、七分成績，三分錯誤就是『打倒一切』、『全面內戰』。這八個字和七分成績怎麼能聯繫起來呢？」[5]就工作作風而言，「從一九五八年批評反冒進、一九五九年『反右傾』以來，黨和國家的民主生活逐漸不正常，一言堂、個人決定重大問題、個人崇拜、個人

---

[1] 兩個文藝批示：指毛澤東一九六三年十二月十二日關於藝術工作方面存在的問題給中共北京市委負責人彭真、劉仁的批示和一九六四年六月二十七日在中宣部《關於全國文聯和各協會整風情況的報告（草稿）》上的批示。批示說：在戲劇、曲藝、音樂、美術、舞蹈、電影、詩和文學等各種藝術形式中問題不少；文藝界各協會和他們所掌握的刊物的大多數，十五年來基本上不執行黨的政策，「最近幾年，竟然跌到了修正主義的邊緣」。中共十一屆三中全會以後，中共中央正式宣佈，這兩個批示對文藝工作的指責不符合實際情況，並且被後來的《部隊文藝工作座談會紀要》所利用，產生了嚴重的後果。

[2] 《鄧小平文選》第二卷，人民出版社1983年版，第295—296頁。

[3] 同上書，第345—346頁。

[4] 同上書，第345頁。

[5] 同上書，第301頁。

凌駕於組織之上一類家長制現象，不斷滋長」[1]，「家長制或家長作風發展起來了，頌揚個人的東西多了，整個政治生活不那麼健康，以至最後導致了『文化大革命』」[2]。

在實事求是地評價毛澤東的錯誤、破除對毛澤東的個人崇拜之後，鄧小平還指出：「對其他領導人的紀念，有時也帶有個人崇拜的成分……這些不適當的紀念方法不但造成鋪張浪費，脫離群眾，而且本身就帶有個人創造歷史的色彩，不利於在黨內外進行馬克思主義教育，不利於掃除封建思想……的影響。」[3]

按同樣的思路，鄧小平也反對神化自己。他說：「我們應該承認，不犯錯誤的人是沒有的。拿我來說，能夠四六開，百分之六十做的是好事，百分之四十不那麼好，就夠滿意了……」[4]、「我自己能夠對半開就不錯了……我是犯了不少錯誤的……」[5]、「就我個人來說，我從來不贊成給我寫傳……如果要寫傳，應該寫自己辦的好事，也應該寫自己辦的不好的事，甚至是錯事。」[6]對於我們一向奉為「革命導師」的馬恩列斯，鄧小平借毛澤東的話說：「馬恩列斯都犯過錯誤，如果不犯錯誤，為什麼他們的手稿常常改了又改呢？」[7]鄧小平對馬、恩、列、斯、毛澤東以及自己的實事求是的評價，對於破除庸俗社會學和階級論對革命導師、領袖的神化與盲目崇拜，具有極大的思想解放意義。他在中

---

[1] 同上書，第331頁。

[2] 同上書，第345頁。

[3] 同上書，第330頁。

[4] 同上書，第277頁。

[5] 同上書，第353頁。

[6] 《鄧小平文選》第三卷，人民出版社1993年版，第173頁。

[7] 《鄧小平文選》第二卷，人民出版社1983年版，第39頁。

共黨內開了一個先例：即不只對毛澤東，而且對馬恩列斯，包括對他本人和一切領袖人物，人們均有權利以事實為依據，以實踐為準繩，對其是非得失作出客觀評價。

2、解放思想，言論自由

鄧小平執政伊始，便將恢復黨內民主、允許發表不同意見、打破精神枷鎖作為解放思想的重要內容提出來。即便後來他反對「資產階級自由化」，但也主張對持不同思想言論者實行「三不」；雖然他後來明令不給「資產階級自由化」言論以「出版自由」，但人們私下可以自由議論，這些在「文革」時代是不可想像的。在1978年12月發表的那篇〈解放思想、實事求是、團結一致向前看〉的著名講話中，鄧小平挖掘人們思想僵化的原因：「一是因為十年來，林彪、『四人幫』大搞禁區、禁令，製造迷信，把人們的思想封閉在他們假馬克思主義的禁錮圈內，不准越雷池半步。否則，就要追查，就要扣帽子、打棍子。」、「二是因為民主集中制受到破壞，黨內確實存在權力過分集中的官僚主義。這種官僚主義常常以『黨的領導』、『黨的指示』、『黨的利益』、『黨的紀律』的面貌出現，這是真正的管、卡、壓。許多重大問題往往是一兩個人說了算，別人只能奉命行事。這樣，大家就什麼問題都用不著思考了。……」歷數思想僵化的危害：「思想一僵化，條條、框框就多起來了……思想一僵化，隨風倒的現象就多起來了……其實隨風倒本身就是一個違反共產黨員黨性的大錯誤。獨立思考，敢想、敢說、敢做，固然也難免犯錯誤，但那是錯在明處，容易糾正。思想一僵化，不從實際出發的本本主義也就嚴重起來了……一個黨，一個國

家，一個民族，如果一切從本本出發，思想僵化，迷信盛行，那它就不能前進，它的生機就停止了，就要亡黨亡國。」[1]鄧小平還指出：「一個革命政黨，就怕聽不到人民的聲音，最可怕的是鴉雀無聲。現在黨內外小道消息很多，真真假假，這是對長期缺乏政治民主的一種懲罰。」[2]因此，他提出：「解放思想是當前的一個重大政治問題。」[3]、「在黨內和人民群眾中，肯動腦筋、肯想問題的人愈多，對我們的事業就愈有利。幹革命、搞建設，都要有一批勇於思考、勇於探索、勇於創新的闖將。」[4]、「當前這個時期，特別需要強調民主。因為在過去一個相當長的時間內，民主集中制沒有真正實行，離開民主講集中，民主太少。」[5]、「一聽到群眾有一點議論，尤其是尖銳一點的議論，就要追查所謂『政治背景』、所謂『政治謠言』，就要立案，進行打擊壓制，這種惡劣作風必須堅決制止。」[6]、「我們要創造民主的條件，要重申『三不主義』：不抓辮子、不扣帽子、不打棍子。」[7]在後來的講話中，鄧小平繼續重申了這一思想：「我們要廣開言路，廣開才路，堅持不抓辮子、不扣帽子、不打棍子的『三不主義』，讓各方面的意見、要求、批評和建議充分反映出來，以利於政府集中正確的意見，及時發現和糾正工作中的缺點、錯誤，把我們的各項事業推向前進。」[8]、「解放思想必須

---

[1] 同上書，第141—143頁。
[2] 同上書，第145頁。
[3] 同上書，第140頁。
[4] 同上書，第143頁。
[5] 《鄧小平文選》第二卷，人民出版社1983年版，第144頁。
[6] 同上書，第145頁。
[7] 同上書，第144頁。
[8] 同上書，第187頁。

真正解決問題。我們的思想懶漢不少，講現成話、空話的多。真正仔細地研究新情況、解決新問題、切實地想辦法使我們的步伐快一些、使生產力發展快一些，使國民收入增加快一些，把領導工作做得更好一些，這樣的同志還不多。」[1]、「我們在強調開展積極的思想鬥爭的時候，仍然要生意防止『左』的錯誤。過去那種簡單片面、粗暴過火的所謂批判，以及殘酷鬥爭、無情打擊的處理方法，絕不能重複……絕不能以偏蓋全、草木皆兵，不能以勢壓人，強詞奪理。」[2]

3、肯定個人正當利益

大公無私、破私立公，是建國以後的一貫口號。事實上，無論無產階級也好，共產黨人也罷，都是活生生的人，都有人維持個體生命存在的基本欲求。馬克思主義有句名言：無產階級只有徹底解放全人類，才能徹底解放無產階級自己。可見解放全人類（利人）只是解放自己（利己）的手段，解放自己才是目的。當初無產階級起來鬧革命時，恰恰不是出於「無私」的理想，而是出於對個人生存利益的捍衛。因而，完全否定個人利益，在實踐上是行不通的。基於同樣的實事求是的態度，鄧小平對個人利益在理論上作了適度的肯定，在實踐上則作了充分的肯定。儘管在理論上，鄧小平仍像毛澤東一樣，堅持「個人利益和集體利益是統一的」、「個人利益要服從集體利益」[3]，但他在具體闡釋中，並未用「集體利益」消融「個人利益」，其出發點和重心是放

---

[1] 同上書，第279頁。
[2] 《鄧小平文選》第三卷，人民出版社1993年版，第49頁。
[3] 《鄧小平文選》第二卷，人民出版社1983年版，第175頁。

在「個人利益」上。包產到戶、勤勞致富、私有經濟、股份制改革、市場經濟、合資企業等等經濟改革，無不建立在對個人利益的充分肯定之上。1980年8月，義大利記者法拉奇採訪鄧小平：「我記得幾年前，你談到農村自留地時說過，人是需要一些個人利益來從事生產的，這是否意味著共產主義本身也要討論呢？」鄧小平回答說：「按照馬克思說的，社會主義是共產主義第一階段，這是一個很長的歷史階段，必須實行按勞分配，必須把國家、集體和個人利益結合起來，才能調動積極性，才能發展社會主義的生產。共產主義的高級階段，生產力高度發達，實行各盡所能，按需分配，將更多地承認個人利益、滿足個人需要。」[1]他的意思是說，個人利益與共產主義並不矛盾，可以統一在一起。八十年代末他在接受一位外國女記者採訪時明確說：共產主義也承認個人利益。按照同樣的思路，在別人看來社會主義與以私人利益為出發點的市場經濟相矛盾[2]，在他看來並不存在：「社會主義和市場經濟不存在根本矛盾」，「社會主義也可以搞市場經濟」[3]。於是，個人利益不再是反動的「資產階級思想」，社會主義、共產主義也承認正當的個人利益，於是出現了共產黨員億萬富翁這樣的「紅色資本家」，「無產階級」不再「無產」了。

4、「貧窮不是社會主義」

正如社會主義與個人利益不是矛盾的一樣，社會主義與富裕也不是對立的。這本來是一個常識，可在高喊「寧要社會主義

---

[1] 《鄧小平文選》第二卷，人民出版社1983年版，第351—352頁。

[2] 《鄧小平文選》第三卷，人民出版社1993年版，第148頁。

[3] 《鄧小平文選》第二卷，人民出版社1983年版，第231頁。

的草，不要資產階級的苗」的時代，這樣的常識卻被搞亂了。假社會主義給人們帶來了貧窮，然後再叫人們為這種「社會主義」忍受貧窮。鄧小平指出：「我們幹革命幾十年，搞社會主義三十多年，截至一九七八年，工人的月平均工資只有四五十元，農村的大多數地區仍處於貧困狀態。這叫什麼社會主義優越性？」、「『四人幫』叫嚷要搞『窮社會主義』、『窮共產主義』，胡說共產主義主要是精神方面的，簡直是荒謬之極！」、「社會主義必須大力發展生產力，逐步消滅貧窮，不斷提高人民的生活水準。」[1]總之，「貧窮不是社會主義」，「社會主義要消滅貧窮」[2]。鄧小平由此重新界定了「社會主義」：「什麼叫社會主義，什麼叫馬克思主義？我們過去對這個問題的認識不是完全清醒的。馬克思主義最注重發展生產力。……社會主義階段的最根本的任務就是發展生產力，社會主義的優越性歸根到底要體現在它的生產力比資本主義發展得更快一些、更高一些，並且在發展生產力的基礎上不斷改善人民的物質文化生活。」[3]、「……姓『資』姓『社』的問題，判斷的標準，應該主要看是否有利於發展社會主義社會的生產力，是否有利於增強社會主義國家的綜合國力，是否有利於提高人民的生活水準。」[4]、「社會主義經濟政策對不對，歸根到底要看生產力是否發展，人民收入是否增加。這是壓倒一切的標準。空講社會主義不行，人民不相信」[5]說到底，真正的社會主義，就是比資本主義更能給人民帶來富裕

[1] 《鄧小平文選》第三卷，人民出版社1993年版，第10—11頁。
[2] 《鄧小平文選》第三卷，人民出版社1993年版，第63—64頁，116頁。
[3] 《鄧小平文選》第三卷，人民出版社1993年版，第63頁。
[4] 《鄧小平文選》第三卷，人民出版社1993年版，第372頁。
[5] 《鄧小平文選》第三卷，人民出版社1993年版，第314頁。

生活的制度，反之就是假社會主義。

　　從對社會主義的這種基本認識出發，鄧小平提出了富民方針，確定了富民國策。鄧小平給中國未來發展制定的大體規劃和目標是：「從一九八一年開始始到本世紀末，花二十年的時間，翻兩番，達到小康水準，就是國民生產總值人均八百到一千美元。在這個基礎上，再花五十年的時間，再翻兩番，達到人均四千美元。……如果那時十五億人口，人均達到四千美元，年國民生產總值就達到六萬億美元，屬於世界前列。」[1]為了達到富民強國的目標，鄧小平一方面反對平均主義大鍋飯，鼓勵人們勤勞致富，允許一部分人先富起來，另一方面又反對兩極分化，主張最終實現共同富裕。這種富民思想，應當說是建立在對人的基本生存欲求和權利肯定之上的極為務實、極富光彩的思想，它貫穿在鄧小平主持工作的始終。1978年，他說：「在經濟政策上，我認為要允許一部分地區、一部分企業、一部分工人農民，由於辛勤努力成績大而收入先多一些，生活先好起來。一部分人生活先好起來，就必然產生極大的示範力量，影響左鄰右舍，帶動其他地區、其他單位的人們向他們學習……使全國各族人民都能比較地富裕起來。」[2]1985年，他說：「一個公有制占主體，一個共同富裕，這是我們所必須堅持的社會主義的根本原則。」、「社會主義的目的就是要全國人民共同富裕，不是兩極分化。如果我們的政策導致兩極分化，我們就失敗了；如果產生了什麼新的資產階級，那我們就真是走了邪路了。我們提倡一部分地區先富起來，是為了激勵和帶動其他地區也富裕起來，並且使先富起來的

---

[1] 《鄧小平文選》第三卷，人民出版社1993年版，第224—225頁。
[2] 《鄧小平文選》第二卷，人民出版社1983年版，第152頁。

地區說明落後的地區更好地發展。提倡人民中有一部分人先富起來，也是同樣的道理。對一部分先富裕起來的個人，也要有一些限制，例如，徵收所得稅。」[1]、「社會主義與資本主義不同的特點就是共同富裕，不搞兩極分化。創造的財富，第一歸國家，第二歸人民，不會產生新的資產階級。」[2]1986年他說：「我們堅持走社會主義道路，根本目標是實現共同富裕。然而平均發展是不可能的。過去搞平均主義，吃『大鍋飯』，實際上是共同落後，共同貧窮，我們就是吃了這個虧。改革首先要打破平均主義，打破『大鍋飯』，現在看來這個路子是對的。」[3]、「我的一貫主張是，讓一部分人、一部分地區先富起來，大原則是共同富裕。一部分地區發展快一點，帶動大部分地區，這是加速發展，達到共同富裕的捷徑。」[4]、「『文化大革命』中有一種觀點，寧要窮的共產主義，不要富的資本主義。我在一九七四、一九七五年重新回到中央工作時就批駁了這種觀點。……當時我告訴他們沒有窮的共產主義……致富不是罪過……社會主原則，第一是發展生產，第二是共同致富。我們允許一部分人先好起來，一部分地區已先好起來，目的是更快地實現共同富裕。正因為如此，所以我們的政策是不使社會導致兩極分化，就是說，不會導致富的越富，貧的越貧。坦率地說，我們不會容許產生新的資產階級。」[5]鄧小平的這些主張和設想很好，但在操作實踐中如何確保個人致富以後不會變成「資產階級」（即有產階級）、

---

[1]　《鄧小平文選》第三卷，人民出版社1993年版，第110—111頁。

[2]　《鄧小平文選》第三卷，人民出版社1993年版，第123頁。

[3]　《鄧小平文選》第三卷，人民出版社1993年版，第155頁。

[4]　《鄧小平文選》第三卷，人民出版社1993年版，第166頁。

[5]　同上書，第171—172頁。

如何在實現「共同富裕」的目標進程中不致形成過度的「兩極分化」，仍是理論和實踐上有待探討和好好處理的問題。

四、滿園春色關不住

　　鄧小平的思想，好像一夜春風，吹開了新時期中國人學園地千樹萬樹的春花，中國人學史迎來了又一次啟蒙思潮。從七十年代末到八十代初，中國思想界掀起了一場聲勢浩大的關於人性、人道主義和社會主義異化問題的大討論，爭論的焦點是要用溫馨的人道主義代替的階級鬥爭，用平等的共同人性代替不平等的階級人性，用生物屬性與非生物屬性相統一的人性論代替否定、踐踏人的最起碼的生物屬性的人性論，消除毛澤東時代的「社會主義」對人、人性、人的起碼的生存權利和思想權利的異化。其思想代表當推李澤厚和劉再復。二人都強調人性是感性與理性、個體性與社會性、自然屬性與文化屬性的統一，反對扼殺人的基本屬性和生存權利的人性論；都強調人的主體性，即精神自主性、能動性，反對把人變成工具、奴隸；都對歷史與現實，尤其是毛澤東時代的現實中扼殺人性的一面作出了大膽的批判。特別值得一提的是李澤厚，他公開用能動的實踐本體論改造馬克思的自然本體論，用「告別革命」（借用他後期語）改造馬克思的階級鬥爭和暴力革命學說，並把這種經過他批評、改造的馬克思主義稱作「後馬克思主義」。在這場批判異化的討論中，一直緊跟毛澤東、堅決貫徹毛澤東思想的中共文藝界、思想界領導人周揚，深感於建國以後自己造成的一連串「異化」罪孽的深重，在生命的垂暮之年淌下了懺悔的眼淚。這場討論儘管提出了精神主體性問題，然而它要解決的首要問題乃是人的起

碼的生存權利，所以突出的問題聚焦在利與性兩點上。在個性、
個人利益這點上，1980年下半年潘曉在《中國青年》雜誌上挑起的
「主觀上為自己，客觀上為他人」的討論，賦予了「個人主義」以
「合理」的可能性；劉曉波高揚個體性、否定群體性，以矯枉過正
的方式肯定了個人利益的地位。在性問題上，戴厚英的長篇小說
《人啊，人》初涉愛河，張賢亮的小說首次對性大量的直接描繪，
揭開了建國以來長期籠罩在性上的禁欲主義神祕面紗；而劉曉波片
面提高感性、貶斥理性，則以過激的方式肯定了人的性權利。隨著
時代的發展，八十年代初期人學大討論中提出的精神主體性問題，
經由八十年代後期王元化主辦《新啟蒙》的實踐，傳到世紀末，匯
成了「獨立之精神，自由之思想」的強烈交響。「思想自由」，成
為生存問題基本解決之後九十年代中國知識分子不約而同所重複的
主旋律。所謂「新啟蒙」，含義有二，一是「啟蒙」，即繼承五四
的民主啟蒙、個性獨立、思想自由傳統；二是「新啟蒙」，即超越
五四的「激進主義」、「高調民主」、「意圖倫理」等局限性，使
當代啟蒙運動提到一個新的高度。由此他激賞當年西南聯大教授陳
寅恪追悼王國維時所說的「獨立之精神，自由之思想」，並以此為
標準去重新審視五四人物。經濟學家何清漣以「獨立之精神，自由
之思想」自勵，懷著對民生國計強烈的人文關懷，在新時期中國經
濟轉型中的經濟學狀況研究中揭露了權力尋租、官僚腐敗、兩極分
化等大量觸目驚心的黑暗內幕。北京大學教授錢理群借周氏兄弟
之研究，澆胸中現實之塊壘，遠紹魯迅和周作人的「個體精神獨
立」，對專制時代的奴隸話語、對中國現當代某些號稱「人民革
命」的「吃人」本質及其罪惡，對中國文化的專制主義特點作了徹
底的反思。其弟子余杰繼續以「獨立之精神」批判「獨裁」、批判

「殺人」的「主義」，包括對違反人性的「愛國主義」也大聲說「不」，並對「太監化」的喪失獨立人格的中國文人作了尖刻的批判。面對歷史與現實中存在的種種人性罪惡，他提出「人性本惡」。另一位精神傳人，來自社會底層江西農村的摩羅，則不僅經錢理群上承魯迅，而且從法國啟蒙主義思想家盧梭以及俄國民主主義思想家中汲取養料，形成了具有極強現實批判性的現代民主主義人學思想系統。貫穿在他人學思想系統中的一個主旨，是「反叛非人」。為此，他提出「三重自我」（生物自我、符號自我——追求對特定集團、特定勢力的認同以求獲得安全感的自我、精神自我——追求自由意志的伸展和尊嚴的實現的自我）的人性論來論證「反叛非人」的重要性。從「反叛非人」出發，他對二十世紀中國革命和蘇俄革命中出現的「犧牲人民」的「革命邏輯」、對專制時代喪失人格的「醜陋的中國文人」，對「人民」身上麻木不仁、逆來順受、助紂為虐的劣根性作出的曠世批判。此外，一大批揭露反右、盧山事件、文革以及蘇聯肅反等內幕的傳記、實錄的出版，不僅給自由思想提供了土壤，而且本身就是世紀末思想界自由空氣和獨立精神的表徵。

1、潘曉：「主觀為自己，客觀為他人」

當代新時期的人學史上，1980年下半年《中國青年》雜誌上由潘曉來信引起的「主觀為自己，客觀為他人」的「合理的利己主義」的思想大討論，拉開了新時期人學的序幕。

如前所述，毛澤東時代是不允許談論個人價值、不給利己思想一席存在權利的。然而，五十年代末出生、與社會主義共和國一起長大的潘曉在其親身經歷中並未感受到社會主義集體主義

的溫暖，相反倒是親眼目睹了人性的醜惡。現實使他認識到，人是自私的；即便人客觀上有「利人」之舉，也擺脫不了主觀上「為我」的動機。既然人性的本來面目是這樣，為什麼要用虛假的道德說教去遮掩它呢？《中國青年》雜誌1980年5月號發表了潘曉的〈人生的路啊，怎麼越走越窄……〉這篇來信。來信以親經歷撕去了社會道德說教的虛偽，展現了社會主義時期人生和人性的真實面目：

　　我今年23歲，應該說剛剛走向生活，可人生的一切奧秘和吸引力對我已經不復存在。過去，我對人生充滿了美好的憧憬和希望。小學的時候，我就聽人講過《鋼鐵是怎樣煉成的》和《雷鋒日記》。雖然還不能完全領會，但英雄的事蹟也激動得我一夜一夜睡不著覺。我想。爸爸、媽媽、外祖父都是共產黨員，我當然也相信共產主義，我將來也要入黨，這是毫無疑義的。

　　在我進入小學不久，文化大革命就開始了。爾後愈演愈烈。我目睹了這樣的現象：抄家、武鬥、草菅人命。家裡人整日不苟言笑，外祖父小心翼翼地準備檢查，比我大一些的年輕人整日污言穢語，打撲克、抽煙。小姨下鄉時我去送行，人們一個個掩面哭泣，捶胸頓足……我有些茫然，我開始感到周圍世界並不像以前看過的書裡所描繪的那樣誘人。我問自己，是相信書本還是相信眼睛……

　　我初中時，外祖父去世了。一個和睦友愛的家庭突然變得冷酷起來，為了錢的問題吵翻了天。我在外地的母親因此拒絕給我寄養費，使我不能繼續上學而淪為社會青

年……我得了一場重病。病好後……被分配在一家集體所
有制的小廠裡……

我相信組織。可我給領導提了一條意見，竟成了我多
年不能入團的原因……

我求助友誼。可當有一次我犯了一點過失時，我的一
個好朋友，竟把我跟她說的知心話全部悄悄寫成材料上報
給領導……

我尋找愛情，我認識了一個幹部子弟。他父親受「四
人幫」迫害，處境一直悲慘。我把最真摯的愛和最深切
的同情都撲在他身上，用我自己受傷的心去撫摸他的創
傷……可沒想到，「四人幫」粉碎之後，他翻了身，從此
不再理我……

我躺倒了，兩天兩夜不吃不睡。我憤怒，我煩躁。我
心裡堵塞得像要爆炸一樣。人生啊，你真正露出了醜惡、
猙獰的面目……

為了尋求人生意義的答案，我觀察著人們。我請教了
白髮蒼蒼的老人，初出茅廬的青年，兢兢業業的師傅，起
早貪黑的社員……可沒有一個答案使我滿意。如說為革
命，顯得太空，不著邊際，況且我對那些說教再也不想聽
了；如說為名吧，未免離一般人太遠，流芳百世和遺臭萬
年者並不多；如說為人類吧，卻又和現實聯繫不起來，為
了幾個工分打破了頭，為了一點小事罵碎了街，何能奢談
為人類？如說為吃喝玩樂，可生出來光著身子，死去帶著
一副皮囊，不過到世上來走一遭，也沒什麼意思。有許多
人勸我何必冥思苦想，說：活著就是為了活著，很多人不

明白它，可不是活得挺好嗎？可我不行……

我求助於人類的智慧寶庫——拼命讀書……我讀了黑格爾、達爾文、歐文……巴爾扎克、雨果、屠格涅夫、托爾斯泰……大師們像刀子一樣犀利的筆把人的本性一層層揭開，讓我更深刻地洞見了人世間的一切醜惡。我驚歎現實中的人與事竟和大師們所寫的如此相像……慢慢地，我平靜了，冷漠了……人畢竟都是人哪……在利害攸關的時刻……沒有一個人真正虔誠地服從那平日掛在嘴上的崇高的道德和信念……

對人生的看透，使我成了一個雙重性格的人。一方面我譴責這個庸俗的現實；另一方面我又隨波逐流。黑格爾說過：「凡是現實的都是合理的，凡是合理的都是現實的。」這成了我安慰自己，平敷創傷的名言……

我體會到這樣一個道理：任何人，不管是生存還是創造，都是主觀為自我，客觀為別人。就像太陽發光，首先是自己生存運動的必然現象，照耀萬物，不過是它派生的一種客觀意義而已。所以我想，只要每一個人都儘量去提高自我存在的價值，那麼整個人類社會的向前發展也就成為必然的了。這大概是人的規律，也是生物進化的某種規律——是任何專橫的說教都不能淹沒，不能哄騙的規律！

這封訴說自己理想的升起及破滅、思考人生意義、剖析人性本質的信一經發表，立即在青年中引起極大反響。各地青年的來信如同洪水一般湧進編輯部。《中國青年》雜誌隨即就潘曉來信展開了討論。從5月號開始，一直討論到年底12月號。《中國

青年》共收到6萬多件來信來稿,其中有不少信稿是幾十名、上百名青年聯名寫的。這個數字,打破了解放以來報刊專題討論來稿數量的紀錄。投稿的人有各個行業各個部門的青年、團員,也有不少成年人和老年人,還有香港、澳門和美國的來信。在八期雜誌中,共編發111位作者的111份稿件。許多青年在來信中表示自己和潘曉有著類似的遭際和心路歷程。他們認為,潘曉說的是真話。潘曉的思想反映了相當多的青年思想發展過程。「四人幫」統治時期「假、大、空」盛行,令人厭惡。潘曉能把探求人生意義的心裡話坦率地說出來,是一個歷史的進步。有彷徨、有痛苦,總比麻大和僵化強。許多人在信中都高度評價《中國青年》敢於發表潘曉的來信並就此展開討論,說:「這也是中國報刊前所未有的光榮——不同的聲音發出了,說明我們的神經衰弱症正在好轉。」來信還說:這樣的討論,可以使青年有一個研討人生的機會,互相交流,在切磋中共同前進。他們認為:在人類歷史上每一個較大的社會進步的前夕,差不多都發生過一場人生觀的大討論。歐洲文藝復興時期關於人性論、人道主義的討論,俄國革命前關於人本主義和新人生活的討論,中國「五四」時期關於科學與人生觀的討論,都曾經對人類社會的發展前進做出過貢獻。今天,在我們民族經歷了這樣大的災難之後,在國家亟待振興的關頭,討論人生的意義,必將能促進新時期所需要的思想解放和社會改革。

關於潘曉的觀點,討論中大致有這樣幾種意見:

一種是直接贊成、高度肯定個體價值的,如有的青年來信說:「個人乃是世界的中心和基礎」,「自我就是一座宏大精深的宇宙」,「自私是人的本質」。從動物的「自保」到人的「自

私」就成為「社會發展的動力」。「說謊、欺詐、恭維、奉承是人生的要諦。」、「一切集體主義的觀念都是個體靈魂被歪曲的結果，是個人本質異化的結果。」、「我的一切就是為表現自我，要給外物都打上我的烙印。」。

另一種意見是間接或大體贊成、但枝節上有所不同的。如一種贊成潘曉「主觀為自己，客觀為別人」的觀點認為，黃河本身必須有豐富的水源和生命力，才能成為中華民族的搖籃。人的活動，首先是要滿足自己生存需要，然後才能去滿足別人。為自己的生存和生活而奔波，不是自私。只有為自己的利益去損害別人利益才是自私的。另一種贊成的意見認為，「人活著是為了使別人更美好」不是科學人生觀的表述。共產主義道德不是禁欲主義，不是基督教道德。人的「自我」和「為別人」不是截然對立、只能側重其一的。人考慮「自我」是正常的，是人性的特點。「自我」是偉大的，但探索「自我」不能躲進孤獨和哀怨中。「自我」離不開社會。生活中有許多假惡醜，也有許多真善美。「自我」只有在不斷完善中，在為整體的奮鬥中才能得到光輝的體現。人生的河流是由為自己、為別人等各種泉源匯合而成的。要承認「為自我」有存在的合理性。合理的解決，應是發展的「合題」：「主觀為社會，客觀成就我。」

還有一種意見則是傳統的。這種意見認為，「人活著是為了使別人更美好。」許多革命者所受挫折比潘曉還大，但他們不改初衷，為了理想不惜獻出生命，這樣的人生態度才是正確的。因此，「主觀為自己，客觀為別人」是錯誤的人生觀。應當指出，《中國青年》1981年1月號上發表的總結文章〈六萬顆心的迴響〉所持的觀點也是傳統的。總結文章在引用英雄事蹟之後指

出：人不都是自私的，有自私的人，也有高尚的人。我們還是應
該提倡公而忘私，先公後私，助人為樂的精神。「主觀為自己，
客觀為別人」，不是先進的人生態度。在利己中利他，是較低的
要求。人應該在實現整體中去實現個體。

　　儘管《中國青年》的總結表態又回到了爭論的原點，難以
讓人信服，但它組織了這場大討論，讓各種不同觀點都自由發表
出來，這些觀點響亮地為個人利益和權利張目，並涉及人的自私
本性，令人耳目一新，思想解放功不可沒。

2、李澤厚：「哲學的主題是命運」

　　在中國當代人學史上，李澤厚無疑是在理論界具有廣泛影
響的哲學家。二十世紀五十年代，剛在北京大學讀書的他就以實
踐美學和近代維新派思想研究嶄露頭角。五十年代以來，他開創
的實踐美學派支配了中國美學界達半個世紀之久：「四人幫」粉
碎後，他轉入中國思想史和「主體性實踐哲學」（又稱「人類學
本體論」）的研究，相繼出版了《中國近代思想史論》[1]、《中
國古代思想史論》[2]、《中國現代思想史論》[3]和《批判哲學的批
判——康得述評》[4]、《主體性哲學概說》、《關於主體性的哲
學提綱》、《主體性的哲學提綱之二》[5]、《主體性的哲學提綱

---

[1]　《中國近代思想史論》，人民出版社1979年版。
[2]　《中國古代思想史論》，人民出版社1986年版。
[3]　《中國現代思想史論》，東方出版社1987年版。
[4]　《批判哲學的批判——康得述評》，人民出版社1979年初版，該書收入
　　安微文藝出版社1999年出版的《李澤厚哲學文存》上編。
[5]　《主體性哲學概說》、《關於主體性的哲學提綱》、《主體性的哲學提綱
　　之二》，1983年稿，載《中國社會科學院研究生院學報》1981年第1期。

之三》[1]、《主體性的哲學論綱之四》、《哲學問答》[2]、《哲學探尋錄》。[3]與此同時，他早年心膺的美學研究也未中斷，出版了《美學論集》[4]、《美的歷程》[5]、《藝術雜談》[6]等。直接與人學有關的，是李澤厚新時期以來的哲學研究。他強調，「哲學的課題是命運，是探詢人『如何活』、『為什麼活』和『活得怎樣』三個問題」[7]，並研究「人的社會化」（工具、語言、工具本體）、「社會的人化」（主體性、偶然性）、「自然的人化」（積澱、心理本體）、「人的自然性」（新的天人合一、自由）。可見，他的哲學研究與本書所說的人學研究。在《中國現代思想史論》等史論著作中，他將他的人學思想運用於對歷史、現實（尤其是文革現實）的批判，體現了一個知識分子的理性、良知、正義感和勇氣。

（1）人性是感性與理性、個體性與社會性、自然性與文化性的統一

　　七十年代末在全國範圍內開始的人性、人的本質大討論產生的現實背景，是以人的社會性否定個體性、以人的理性否定感性、以人的非生物性否定人的自然性。有感於過去對人的感性、個體性、自然性壓抑太甚，討論中又出現了片面抬高感性、個體

---

[1]　《主體性的哲學提綱之三》，1985年稿，載《走向未來》1987年第3期。

[2]　《主體性的哲學論綱之四》、《哲學問答》，《明報月刊》1994年3月號。

[3]　《哲學探尋錄》1994年改畢。按：以上諸篇均收入安徽文藝出版社1999年出版的《李澤厚哲學文存》下編。

[4]　《美學論集》，上海文藝出版社1980年版。

[5]　《美的歷程》，文物出版社1981年版。

[6]　《藝術雜談》，《文藝理論研究》1986年第3期。

[7]　《哲學問答》，載《明報月刊》1994年3月號。

性、自然性在人性中的地位、並以此等同於全部人性的矯枉過正現象。李澤厚的人性論正是在這種現實背景下出現的。

他強調人性應當是感性與理性、個體性與社會性、自然性與文化性的辯證統一，反對將二者割裂開來、偏尚一端的人性觀。一方面肯定人的感性、個體性、自然性，並提出維繫個體的感性自然存在的「工具本體」範疇，另一方面又反對將人降低為動物，提出理性、社會性、文化性的「心理本體」範疇，指出這正是人所以為人的地方。他說：「人性是什麼？現在許多人都同意人性不能等於階級性了[1]，這很明顯，因為階級社會在整個人類社會中只占很短的一段，從階級社會發生前的幾十、幾百萬年到階級消滅後的『共產主義』都是無階級社會。階級性沒有了，人性卻仍存在。」、「人性是否等於社會性呢？很多說法都把人性看作社會性。但『社會性』這個概念弄不很清楚，究竟什麼是社會性？是群體性嗎？動物也有群體性，在某些動物群體中，也有某種、分工、等級甚至某些『道德行為』、『利他主義』，如犧牲個體以保存群體等。人性並不能等同於這種本能式的『社會性』」，「那麼，社會性是否即某種社會意識呢？但我們知道這種社會性經常被解釋成某種脫離感性又支配、主宰感性的純理性的東西。與其說它是人性，還不如說它是強加於人的神性。」[2]、「順便提一句，我早說過我不同意把馬克思所說的『人是一切社會關係的總和』作為人的定義。馬克思並沒有說

---

[1] 毛澤東時代一般認為人性就是階級性——原注。

[2] 均見《關於主體性的哲學提綱》，下稱《提綱》，《李澤厚哲學文存》下編，安徽文藝出版社1999年版，第617—618頁。

過這是關於『人』的定義。」、「馬克思是重視個體的[1]。但常被人引用的這段話中，忽略了作為生物存在的感性個體。」[2]、「人性是否等於動物性呢？人性是否就是吃飯、睡覺、飲食男女呢？現在我國以及西方常有人把人性等同於這種動物性或人類某些原始的情欲（如性、『侵略』等等），認為人性復歸就是回到這些東西。這是我不同意的。人性恰恰應該是區別於動物而為人所特有的性質或本質，這才叫人性。」、「就人與物性、與神性的物志區別而言」，「人性應該是感性與理性的互滲，自然性與社會的融合。這種統一不是二者的相加、湊合或混合，不是『一半天使，一半惡魔』，而應是感性（自然性）中有理性（社會性），或理性在感性中的內化、凝聚和積澱，使兩者合二而一，融為整體。這也就是自然的人化或人化的自然。」[3]、「人性不是自然性（動物），也不是社會性（神或機器），而是『自然的人化』，即動物性生理基礎上的感知等等各種功能的人化。它們仍是感性的、個體的、心理的，具有偶然性……但有歷史來作理性的根基。這就是心理形式，也即是區別於動物的心理本體。……稱之為人性，也可。」、「『積澱』的要點即在於建立心理形式，這形式也就是人性。」在自然性中歷史地「積澱」理性，即文化，李澤厚引述C.Geertz的話說：「沒有離開文化的獨

---

[1] 引者按：李澤厚多次引述過馬克思恩格斯《共產常之言》中「每個人的自由發展是一切人的自由發展條件」。

[2] 《哲學問答》，載《哲學文存》下編，安徽文藝出版社1999年版，第491—492頁。

[3] 《提綱》，載《李澤厚哲學文存》下編，安徽文藝出版社1999年版，第618—619頁。

立的人性」，「沒有文化，便沒有人。」[1]而「我不能設想那種與任何社會毫無關係的自然人，如果他的衣食住行、意識情感完全與社會毫無關係，那他就不過是個動物，像多次發現過的『狼孩』那樣；用四肢爬行、吃生的血肉、無人的語言、無理性邏輯……那不是人。現在有些人喜歡鼓吹非理性的自然人，其實如果徹底一點，就應乾脆鼓吹人類退回到動物世界去。」

從人類發生史看，「個體的人正是這樣由群居動物族類中不變的一員成為變化中的社會人。例如，人由血緣人（從氏族成員到家族成員到家庭成員）到地域人（作為某個國家、民族的臣民或公民）到未來的『世界公民』。人的社會，亦即作為為個體的人在群體生存中的存在、地位、作用、價值和性質，在不斷變化和擴展，個體由氏族、民族、家庭的成員到國家的公民到世界的主人，最後他的存在和活動可以聯繫著全世界。」[2]、「理性是人類存在和發展的基本」，但「理性容易陷入教條主義、科技至上主義等等傾向。在這意義上，非理性因為與人作為個體感性的生物生存有關，它對理性主義的反叛恰好是某種人文的補充。所以我說，非理性主義可以作為理性主義的解毒劑，但它始終不能和不應成為主流。非理性儘管比理性更根本，更與生命相關，更有生命力，更是人的存在的確認，但由此而否棄理性，否棄工具，那人就回歸動物去了，就不成其為人了。如果毀棄掉一切理性，人類也就完蛋。所以我說，人不是機器（泛理性主義），也

[1] 均見《哲學問答》，載《李澤厚哲學文存》下編，安徽文藝出版社1999年版，第475頁。

[2] 均見《哲學問答》，載《李澤厚哲學文存》下編，安徽文藝出版社1999年版，第470頁。

不是動物（非理性主義）。」[1]

由此他批評劉曉波：「以劉曉波為代表的反理性，即情緒行動，實際上那是動物性的東西，他所講的感性是動物性的本能。分析理性是機器，是機械性的。但從這裡逃出來就成了動物。我恰恰要反對這種傾向。人既不是機器，也不是動物。強調非理性，強調要人還原為個體的、當前的存在，不要人類的歷史，不要什麼意義，認為意義本身就沒有意義。這就是動物性的存在。另一方面，科學主義、理性主義、分析哲學把人變成機器，像機器的部件、齒輪、螺絲釘，人就是Robot（機器人），這也太可怕了。哲學要從這兩個傾向中走出來。」[2]哲學既不能是「動物的哲學」，也不能是「機器的哲學」，或「神的哲學」，而應該是真正意義上的「人的哲學」，亦即「人學」[3]。「人性既不是絕對的感性（動物性），也不是絕對的理性（神性），而是感性與理性、自然性與社會性的統一。所以我一直反對兩種傾向，一方面反對縱欲主義，把人性歸結為動物性，……另方面反對禁教主義，把人性歸結為神性……」[4]因此，他一方面主張「人的社會化」，另方面又主張「社會的人化」，即「將人道主義、倫理主義具體地注入歷史，使生產人性化，生活人道化，交往人性化，從而使個體主體性從各種異化下掙脫和發展起來」[5]。李澤厚認為，人性中人的感性、自然性、物質性要求是

---

[1] 同上書，第478—479頁。

[2] 同上書，第494頁。

[3] 同上書，第501頁。

[4] 《藝術雜談》，載《文藝理論研究》1986年第3期。

[5] 《哲學問答》，載《李澤厚哲學文存》下編，安徽文藝出版社1999年版，第473頁。

更為基本的人性，為了維持這一層面的人性要求，人類必須借助工具進行勞動生產，因而人類必須以「工具」為自己生存的「本體」（「工具本體」）。同時，「人類除了物質方面的生存、發展之外，還有精神——心理方面」的「超生物需求」，它正是人所以為人的地方，是人性的根本、特殊層面。因而人類又必須以「心理」的滿足為自由生存的「本體」（心理本體）。在此基礎上，李澤厚提出人類學的兩個結構或兩個本體世界，即工藝——社會結構（工具本體）和文化——心理結構（心理本體）[1]。並指出：人類社會愈向前發展，人的精神需要、心理需要愈突出，「當整個社會的衣食住行只需一週三日工作時間的世紀，精神世界支配、引導人類前景的時刻即將明顯來臨。歷史將走出唯物史觀……從而『心理本體』將取代『工具本體』。」[2]、「當衣食住行，即吃喝穿住等人的基本物質需要在世界範圍內日益得到基本的解決後，即全世界達到溫飽小康之後，不但人的精神需要，文化需要愈益突出，而且維繫社會存在和推動社會發展的動力也愈來愈不大取決於或依賴於物質生產和社會必要勞動時間，而將取決和依賴於人的精神生產和自由時間。儘管前者（物質生產）始終是基礎，衣食住行也仍將不斷地發展、改善、擴充，但人類和個體的重心會自覺地放在完善人自身這方面來。所以……教育人將是未來的中心學科。」[3]人的精神—心理需求並非都是理性需求，「社會愈前行，生活愈裕，反理性的文學、藝術、生活風

---

[1] 《哲學問答》，載《李澤厚哲學文存》下編，安徽文藝出版社1991年版，第463—464頁。

[2] 《哲學探尋錄》，載《李澤厚哲學文存》下編，安徽文藝出版社1991年版，第503頁。

[3] 同上書，第463頁。

格和風貌也將愈益發達」[1]。「教育學——研究人的全面生長和發展、形成和塑造的科學，可能成為未來社會最主要的中心學科。」[2]

李澤厚對人性的雙重性及其相互關係以及人類社會發展前景的剖析和揭示，不僅很有現實意義，而且也相當客觀求實，很有啟迪意義。然而，他在論述人的特性、人獸的根本區別時闡述的觀點，則令人不敢苟同。他認為，人性是「生物性與超生的性的統一」[3]。人區別於動物的「超生物性」是什麼呢？他不同意西方現代哲學許多派別的津津樂道的「語言」[4]，認為「動物也有言語和語言，它的功能也是傳遞資訊、交流經驗、表達情感[5]，人的「語言仍可以追根。從個體追根，可追到人的大腦先天結構；從群體追根，可追到人的社會生活」[6]。他認為，「從猿到人，恰恰恩格斯所說，是由於使用——製造工具。……這就是人與物（動物）的分界線所在」[7]，「使用工具製造工具是人類的最基本的實踐……並以此區別於動物界」[8]。這種表述有幾點有待商榷：第一、如果以無目的意識的使用工具、製造工具的謀生活動為人獸區別，那麼正如有人指出的那樣，「某些動物也

---

[1]　同上書，第509頁。

[2]　同上書，第510頁。

[3]　《主體性哲學概說》，載《李澤厚哲學文存》下編，安徽文藝出版社1999年版，第608頁。

[4]　《哲學問答》，載《李澤厚哲學文存》下編，安徽文藝出版社1999年版，第466頁。

[5]　同上書，第467頁。

[6]　同上書，第466頁。

[7]　同上書，第464—465頁。

[8]　同上書，第458頁。

使用工具甚至製造工具」[1]。李澤厚並未令人信服地說明二者有何質的差異。第二、如果以有目的、意識的使用工具、製造工具的「實踐」、「勞動」作為人與動物的根本區別，那麼，這「勞動」、「實踐」還可追問：即人類使用、製造工具的勞動、實踐何以是「有意識」的？說穿了，是因為人腦具有「意識」機能。顯然，有意識機能的大腦是使用、製造工具的「勞動」（有意識的謀生活動）存在的前提[2]。正如某些強調人腦決定作用的古人類學家所詰難的那樣：「人所特有的勞動是從製造工具開始的，但作為……製造工具的活動，已有某種目的、意識的自覺活動在內，那麼是否人的意識先於人的勞動（實踐）呢？」[3]

（2）關於人的主體性

當李澤厚說人性是感性與理性、個體性與社會性、自然性與文化性、物質性與精神性、生物性與超生物性的統一時，「人性是就人與物性、與神性的靜態區別而言」。「就人與自然、與對象世界的動態區別而言，人性便是主體性的內在方面」。人類「區別於自然界而又可以作用於它們的超生物族類的主體性」，是李澤厚理解的「人性」的又一方面[4]。

---

[1] 《哲學問答》，載《李澤厚哲學文存》下編，安徽文藝出版社1999年版，第465頁。

[2] 參見祁志祥：《馬克思恩格斯「人的本質」定義獻疑》，《探索與爭鳴》1988年第2期。祁志祥：《美學關懷》「美是人的本質的對象化嗎」節，復旦大學出版社1998年版。

[3] 《人類起源提綱》，載《李澤厚哲學文存》下編，安徽文藝出版社1999年版，第527頁。

[4] 均見《提綱》，載《李澤厚哲學文存》下編，安徽文藝出版社1999年版，第619頁。

什麼是「主體性」呢？「『主體性』概念包括有兩個雙重內容和含義。第一個『雙重』是它具有外在的即工藝——社會的結構面和內在的即文化——心理的結構面（按：即人的『工具本體』性和『心理本體』性，相當於人的物質性和精神性）。第二個『雙重』是：它具有人類群體的性質和個體身心的性質。這四者交錯滲透，不可分割。」[1]可見，李氏「主體性」，即區別於自然本體的人類的身（物質性）、心（精神性）及社會性與個體性四者的統一。由此他提出了「類的主體性」與「個體主體性」[2]、物質主體性與精神主體性四個範疇。

在「類的主體性」與「個體主體性」的關係上，李澤厚一方面認為，人類的發展趨向是「類的主體性」不斷向「個體主體性」發展，「個體主體性」不斷得到高揚。當時中國的現實是要將「個體主體性」從「集體主體性」的解放出來：「人類作為區別於其他動物類的主體性，隨由工具本體和語言系統的確立，早已不成問題，目前的關鍵是作為個體的主體性。」、「個體主體性從集體主體性中徹底解放出來，使『每個人的自由發展是一切人的自由發展條件』……個體主體性也才能真正全面充分地建立起來」[3]。另一方面，他又指出，「個體主體性」離不開「類的主體性」；「凡人皆有死，人類卻久長。個人和人類本來就不可分割，那種想完全、徹底地超脫人類的個體生活、存在、意義，是虛幻的哲學。而且，任何現實的個體總是在前人所造就的各

---

[1] 《主體性的哲學提綱之二》，載《李澤厚哲學文存》下編，安徽文藝出版社1999年版，第633頁。

[2] 《哲學問答》，載《李澤厚哲學文存》下編，安徽文藝出版社1999年版，第472頁。

[3] 同上書，第472—473頁。

種物質的、精神的、文化的、生理的諸條件下出生、成長和生活。」[1]

　　人的物質主體性，指人類以使用、製造工具的實踐（工具本體、實踐本體）區別於動物界，來滿足自己的物質主體存在。人的精神主體性，指「人類除了物質方面的生存、發展之外，還有精神——心理方面」的問題需要解決[2]，亦即「文化——心理結構」的「心理本體」，這是動物所沒有的。人類發展的趨向是精神主體性不斷被突出，受重視。精神主體性不僅包括人的理性欲求、社會性（類主體性）欲求，而且包括人的感性欲求、個體性欲求。與現實個體緊密相連的感性主體性，是李澤厚強調的重點：「主體性更能突出個體、感性與偶然。儘管這些都必須以人類總體存在為條件為前提，但它們將愈來愈突出。」[3]李澤厚在《批判哲學的批判》、《主體性論綱》以及關於中國思想史論的著作中，總是「在肯定人類總體的前提下來強調個體，感性和偶然」，並指出：「我所謂『人類總體』不能等同於任何『集體主義』的概念。相反，我以為，任何集體（如階級、國這家）對個人都不應成為權威概念和外在壓迫，個人絕不能是無足輕重的工具和所謂『歷史狡計』的犧牲品。」、「個體、感性和偶然，在今天和今後會愈來愈突出愈重要。」[4]基於對人的主體性的這二重四種要素的認識和研究，李澤厚稱自己的哲學是「人類學本體

---

[1]　《哲學問答》，載《李澤厚哲學文存》下編，安徽文藝出版社1999年版，第462頁。

[2]　同上書，第463頁。

[3]　同上書，第464頁。

[4]　同上書，第462—463頁。

論」或「主體性實踐哲學」，認為「二者異名而同實」[1]。它以區別於動物的「主體的人」（人類和個體）為「探究對象」。而人類和個人的「主體性」又體現在使用、製造工具的實踐所維繫的物質主體性和長期的歷史實踐所造就的精神主體性兩方面，因而叫「主體性實踐哲學」或「人類學本體論」。

（3）「後馬克思主義」

李澤厚的上述思想，既有繼承馬克思主義的一面，又有超越馬克思主義的一面，因而他又稱之為「後馬克思主義。他對馬克思主義的公然超越，是他追求的「個體主體性」的突出表現。他說：「我認為，我所追求的哲學保存了馬克思最基本的理論觀念，但捨棄了其他的東西。」[2]叫它「後馬克思主義」也好，叫它「新馬克思主義」也行[3]。它「保存」的「馬克思最基本的理論觀念」是恩格斯《在馬克思墓前的演說》中概括的「人首先必須吃、喝、住、穿，然後才能從事政治、科學、藝術、宗教等等」這一唯物史觀，以及與之相聯繫的實踐本體論：「馬克思感興趣和能發現、論證的人類的生產實踐活動作為社會存在和發展的基礎，具有首要地位。這是一個歷史事實。馬克思強調人的實踐主動改造自然、改變世界，從而自然成為人的自然，這也就是我……所再之講的『自然的人化』。[4]而他批判、捨棄的「其他東西」，則是馬克思的「革命」和「階級鬥爭」學說，以及「馬

---

[1] 同上書，第464、633頁。

[2] 同上書，第457頁。

[3] 《哲學問答》，載《李澤厚哲學文存》下編，安徽文藝出版社1999年版，第463頁。

[4] 同上書，第456—457頁。

克思主義」對自然本體、對集體、理性和必然的強調：「馬克思主義，從馬克思本人開始，包括恩格斯、伯恩斯坦、考次基到列寧、托洛茨基、史達林、毛澤東，到盧卡契、葛蘭西的批判理論，基本上都是一種革命的學說，批判的學說，或者發展為暴力革命、武器鬥爭的戰略策略，或者發展為文化批判、日常生活的批判。階級鬥爭也始終是其中的某種基本線索。對於馬克思本人和其他的馬克思主義者很大一部分關於革命的理論、觀念、論證，我是有懷疑的。例如馬克思在上個世紀中葉就提出『全世界無產者聯合起來』進行社會主義革命。其實，按照唯物史觀，當時全世界是走向資本主義時代，而不是走向共產主義，並不需要進行社會主義革命。又如列寧關於帝國主義是資本主義的垂死階段，落後國家可以先搞社會主義革命等理論，也如此。有意思的是，百多年來的歷史證實著馬克思的實踐哲學和唯物史觀的基本觀念非常正確，同時卻又證實著他的一些革命理論和戰略非常不正確，而且已付出了慘重的代價。」[1]、「馬克思主義應從批判的哲學、革命的學說創造性地轉換為建設的哲學。正因為此，從階級鬥爭到無產階級專政這一大套馬克思主義的理論便與我的哲學無關。所以是『後馬克思』。」[2]、「我的哲學之所以叫人類學本體論或主體性實踐哲學，正是因為我一直不欣賞從恩格斯到普列漢諾夫、列寧而史達林集大成的所謂辨證唯物主義，即自然本體論。」[3]、「我……在肯定人類總體的前提下來強調個體、感性和偶然，這正是希望從強調集體（人類、階級）、理性和必

---

[1] 同上書，第459—460頁。
[2] 同上書，第461頁。
[3] 同上書，第458頁。

然的黑格爾—史達林式的『馬克思主義』中解放出來，指出歷史是由人主動創造的，並沒有一切事先都規定好了的『客觀』規律。」[1]

李澤厚的這些評價是1989年3月之前發出的。無論贊成還是批判，都是從歷史、現實出發，從實際出發的。它是鄧小平宣導的「實事求是，解放思想」的直接結果。它吸收馬克思著作中合符實際的真理，剔除被實際否定的謬誤。從這一點上看，李澤厚的「後馬克思主義」是真馬克思主義。然而在現實中，真馬克思主義常遭到堅守馬克思詞句的偽馬克思主義的圍剿和侵害，因而堅持實事求是的真馬克思主義需要極大的勇氣。新時期以來如果說對待毛澤東思想我們卓有成效地開展了以「實事求是」、破除「兩個凡是」的思想解放運動，那麼，對待馬克思主義，我們也很需要開展這樣一種工作。在這種意義上，李澤厚的膽識彌足珍貴。

（4）「毛澤東時代」反思

李澤厚並不是一個遠離現實、固守書齋的經院式哲學家。他對我們這個國家的現實有著的深切的關注。在對他毛澤東時代的反思與批判中，我們又一次感受到他的勇氣和見識，他作為思想家的使命意識，他對於感性、個體性、偶然性、主體性和人道主義的重視。

如前所述，李澤厚的人性觀是感性與理性、個體性與社會性、偶然性與必然性、客體性與主體性的統一。因此，任何對感

---

[1] 同上書，第452—463頁。

性、個體性、偶然性、主體性的否定都是對人性的踐踏。而毛澤東時代恰恰是以理性壓制感性、以集體性壓制個體性、以必然性取代偶然性、以客觀性壓制主體性的。此外，李澤厚否定馬克思主義的革命理論、批判理論，主張現實社會中的每一個人作為個體的感性主體存在都應得到尊重，而毛澤東時代恰恰主張「你死我活」的「階級鬥爭」。這便決定了他對毛澤東時代的基本態度。

李澤厚對毛澤東時代的反思乃至批判是空前、深刻的：「一九四九年中國革命的成功，曾經帶來整個社會和整個民族的文化心理的大震盪，某些沿襲千百年之久的陳規陋習被剷除。……但是，就在當時，當以社會發展史的必然規律和馬克思主義的集體主義的世界觀和行為規約束取代傳統的舊意識形態時，封建主義的『集體主義』卻又已經在改頭換面地悄悄地開始慘入。否定差異、泯滅個性的平均主義，許可權不清一切都管的家長制、發號施令唯我獨尊的『一言堂』、嚴格注意尊卑秩序的等級、對現代科技教育的忽視和低估，對西方資本主義文化的排斥，隨著這場『實質上是農民革命』的巨大勝利，在馬克思主義的社會主義或無產階級集體主義名義下，被自覺不自覺地在整個社會以及知識者中蔓延開來，統治了人們的生活和意識。以『批判資產階級小資產階級個人主義』為特徵之一的整風或思想改造運動……在和平建設時期的一再進行，就反而阻礙或放鬆了對比資本主義更落後的封建主義的警惕和反對。特別是從五十年代中後期到文化大革命，封建主義越來越兇猛地假藉著社會主義的名義來大反資本主義，高揚虛偽的道德旗幟，大講犧牲精神，這稱『個人主義乃萬惡之源』，要求人人『鬥私批修』作舜堯，這便

終於把中國意識推到封建傳統全面復活的絕境。」[1]

關於「文革」，李澤厚提出值得注意的兩點：

一是這場看來似乎是失去理性的「革命運動」，卻並非完全是非理性的產物。儘管其中有某些類似宗教狂熱的成份，如對毛澤東的個人崇拜、如在激烈派仗中的自我獻身，如無端的獸性發洩、瘋狂破壞和虐待狂式的酷刑取樂，等等；但其主體卻仍然是以普通理知為基礎的，即它是以一整套「持之有故，言之成理」的道德理論即關於公私義利、集體個體、關於共產主義理想和「兩個階級兩條道路的道路的鬥爭」等等為根本依據的。它仍然具有普通理知上的可接受性，它仍然是一種理性的信抑、一種道德的宗教。

另一是，正因為中國的文化大革命基本上（至少在指導思想上）仍在理知的主宰、支配下，所以對情感的人性的扭曲也是通過理知來進行。正是這樣，造成了精神上的極大苦痛和心理上的無比折磨。它要求人們從理知上去接受、運用階級和階級鬥爭的觀點來「觀察一切」、「分析一切」，去「分清敵我」、「劃清界限」，要求人們從理知上運用「鬥私批修」、「一不怕苦，二不怕死」的道德標準來檢查自己、反省自己，做到「六親不認」、「大義滅親」。於是社會上和傳統中原來相當濃厚的父子夫婦兄弟朋友的人際關係和情感聯繫，便統統要求用這種階級鬥爭的「革命的」道德主義或者說革命的集體主義去破壞和取代。不是主張非理性的情感迷狂，而是要求一切情感必須經由「理性」批准，必須經過痛苦的「思想鬥爭」。「思想鬥爭」能容許

---

[1] 李澤厚：《中國現代思想史論》，東方出版社1987年版，第35—36頁。

保存的唯一情感是「革命的」、「階級感情」。一切人間的情誼、人際的關懷都必須放在這個新的道德標準下衡量估計、肯定否定。在這種「理性」的摧殘下，人們付出了極為高昂的情感代價。為了「革命」，為了「共產主義的偉大的事業」，互相兇狠地毫無情面地揭發、批判，虔誠地忠實地窮根窮底地交代、檢討。居主要位置的廣大幹部、群眾在這場革命中，不但個性，而且人性也遭到摧殘扭曲，這種摧殘扭曲都是以馬克思主義的名義，在理性控制主宰下由自己積極參與而造成的。這才是真正的巨大悲劇。[1]毛澤東發動「文化大革命」，過去都把他的動機僅僅說成是的「反帝反修」，「防止資本主義復辟」。李澤厚不以為然。他指出：就這場「革命」的發動者、領導者毛澤東來說，情況極為複雜。既有追求新人新世界的理想主義一面，又有重新分配權力的政治鬥爭的一面；既有憎惡和希望粉碎官僚機器，改煤炭「部」為煤炭「科」的一面，又有懷疑「大權旁落」有人「篡權」的一面；既有追求永葆革命熱情、奮鬥精神（即所謂「反修防修」）的一面，又有渴望做「君師合一」的世界革命的導師和領袖的一面。既有「天理」又有「人欲」；二者是混在一起的。而毛澤東青年時代所具有意志主義、理想主義的個性，也在自以為馬克思主義已經嫻熟得可以從心所欲的晚年中，充分展露了出來。毛澤東的「造反有理」的觀念情感、浪漫的反叛欲求，從少年到晚年都一直存在，也表現在他生活的各方面，只是有時被理性自覺壓抑下來（如中年領導民主革命和晚年處理國際關係時必需顧及各種客觀現實條件），但有時卻由於有理論武裝

---

[1] 李澤厚：《中國現代思想史論》，東方出版社1987年版，第198—199頁。

（如上述兩個階級兩條道路鬥爭的理論等等）而更加突出了。對「破壞一個舊世界」的興趣，使毛澤東從孔夫子到新文化、從黨到政府的各種權威，一律加以批判和否定。「不破不立」，「一分為二」，「鬥爭哲學」……在一定意義上正是毛澤東早年「與天奮鬥」、「與地奮鬥」、「與人奮鬥」，「其樂無窮」的繼續。從早年起並在中年獲得重大成功的重視現實的「經驗理性」卻越來越被推置一旁。毛澤東原來制衡得很好的自己的思想構架自1949年以後便開始片面發展，到「文革」達到了頂峰。[1]

關於毛澤東時代借馬克思主義之名行封建主義之實的歷史原因和現實原因，李澤厚也給予了尖銳的剖析：中國近代沒有資本主義歷史前提，漫長的封建社會和半封建半殖民地社會之後，緊接著便是社會主義。無論在社會的政治經濟結構上和人們的文化心理結構上，都沒有經過資本主義的洗禮。也就是說，長久封建社會產生的社會結構和心理結構並未遭受資本社會的民主主義和個人主義的沖毀，舊的習慣勢力的觀念思想仍然頑固地存在著，甚至滲透到人們意識和無意識的底層深處。這就不難怪它們可以藉著社會主義的集體主義衣裝，在反對資本主義自由民主和個人主義的旗幟下，在文化大革命中甚至以前，輕車熟路地進行各種復辟。[2]這就是現代中國的歷史諷刺劇。封建主義加上危亡局勢不可能給自由主義以平和漸進的穩步發展，解決社會問題，需要「根本解決」的革命戰爭。革命戰爭卻又擠壓了啟蒙運動和自由理想，而使封建主義乘機復活，這使許多根本問題並未解決，都籠蓋在「根本解決」了的帷幕下被視而不見。啟蒙與救亡

---

[1] 李澤厚：《中國現代思想史論》，東方出版社1987年版，第192—193頁。
[2] 同上書，第38頁。

（革命）的雙重主題的關係在五四以後並沒得到合理的解決，甚至在理論上也沒有予以真正的探討和足夠的重視。特別是近三十年的不應該有的忽略，終於帶來了巨大的苦果。[1]這也有其現實原因。數十年艱苦奮鬥的戰爭環境畢竟過去，和平時期使日常生活中的物質利益日漸突出出來，供給制在五十年代初期為薪金制取代，人皆同志日益被各種等級官銜所規範，戰爭時期為集中意志反對「極端民主化」而強調命令、集中的習慣，這時演化為封建性的官僚主義和觀念、制度上的等級主義、服從主義。「一言堂」、「唯上是聽」、「當官作老爺」日益在時間和空間中蔓延開來，封建主義的影響從經濟基礎到上層建築和意識形態（包括中國的封建官場惡習）在解放初期被衝擊後再次迅速地以新的形態死灰復燃，而且變本加厲。[2]正因為毛澤東時代的「社會主義」非但沒有繼承「五四」運動的反封建思想啟蒙成果，反而帶來了封建主義的回潮和複合，因而重提「五四」，高揚「五四」的反封建思想啟蒙傳統，就成了當然之論。李澤厚一再強調：五四運動提出科學和民主，正是補舊民主主義革命的思想課，又是開新民主主義革命的啟蒙篇。然而，由於中國近代始終處在強鄰四逼外侮日深的救亡形勢下，反帝任務異常突出，由愛國而革命的這條道路又為後來好幾代人所反復不斷地走，又特別是長期處在軍事鬥爭和戰爭形形勢下，封建意識和小生產意識始終未認真清算，鄒容呼喚的資產階級民主觀念也始終居於次要地位。

資產階級民主思潮並未在中國生根，在中國有深厚基礎的是封建統治傳統和小生產者的狹隘意識。正是這兩者結合起來，

---

[1]　同上書，第41頁。

[2]　同上書，第192頁。

構成了阻礙中國前進、發展的巨大思想障礙。它與近代民主主義格格不入。蒙昧、等級、專制、封閉、因循、世襲，從自給自足的經濟到帝王權術的「政治」，倒成為習以為常的思想狀態和正統力量。在思想觀念上，我們現在某些方面甚至比五四時代還落後，消除農民革命帶來的後遺症候，的確還需要衝決網羅式的勇敢和自覺。

　　不過，時至今日，他又認為不能簡單地重複「五四」，「五四」對傳統的全盤否定和全盤西化的主張他是不贊同的。他指出：「我們今天的確要繼承五四，但不能重複五四或停留在五四的水準上。對待傳統的態度要如此。不是像五四那樣，扔棄傳統，而是要使傳統作某種轉換性的創造。」[1]至少有兩個層面的轉換的創造，一個層面是社會體制結構方面的。與西方工業化資本主義的時代相適應的近代自由、獨立、人權、民主等等，在五四及以後並沒能得到真正深入的研究，並沒有對它們作過馬克思主義的深入的分析探討，而是在救亡革命的浪潮下，一古腦作為資產階級的破爛被簡單地否定了。今天便應該繼承和發展五四的傳統，除了重新提出它們之外，更應該對它們作一步具體的分析、細緻的研究的理論的建設。重視個體的權益和要求，重視個性的自由、獨立、平等，發揮個體的主動性、創造性，使之不再只是某種馴服的工具和被動的螺釘，並進而徹底清除傳統在這方面的強大惰性，在今天比在近代任何時期，便更加緊要。這方面，西方資本主義社會積累了數百年經驗的一些政法理論及實踐，如三權分立、司法獨立、討論會制度等等，應該視作人類的

---

[1]　李澤厚：《中國現代思想史論》，東方出版社1987年版，第42頁。

共同財富，是值得借鑒的。第二個層面是文化心理結構的方面。五四新文化運動的巨大功績正在於它從深處震撼了、影響了中國人的這個層面。今天還應該繼承這個震撼。還有許多事情要作，任務還很艱巨。現代社會不能靠道德而只有靠法律來要求和規範個體的行為。因此真正吸收和消化西方現代某些東西，來進一步改造學校教育、社會觀念和民俗風尚，以使傳統的文化心理結構也進行創造性的轉換，便是一個巨大課題。[1]

李澤厚作為一個理論家，他的價值不僅在於他們清醒的理性客觀、科學地重新界說了人性和人的本質，而且更重要地在於把這種靜態的思想投入到對動態現實的剖析與批判中，顯示了強烈的社會責任感，可貴的良知和巨大的勇氣。李澤厚人學的特別光彩之處，不是他的哲學著作，而是他的史論著作，尤其是《中國現代思想史論》。

（4）人生的本質、意義與態度

人生的本質、意義和態度，是進入晚年的李澤厚思考、論述得比較多的問題。死亡的迫近，存在主義的啟發，使他對此類問題的思考揮之不去。他對這些問題的思考可以說明我們認識李澤厚的另一個側面。

他認為，人生從本質上說是偶然的、無聊的、荒謬的：「作為個體，人的確是很偶然地被生下來，被拋擲在這個世界中，人生本來就無聊。」[2]、「人生有限，人都要死，無可皈

---

[1]　同上書，第44—47頁。

[2]　《哲學問答》，載《李澤厚哲學文存》下編，安徽文藝出版社1999年版，第462頁。

依，無可歸宿。」[1]、「每個人都奔向自己的死亡：那無定的必然。這使人既『畏』且『煩』。」[2]、「『活』本荒謬而偶然；『活』或『不活』的意義」是「由人自己去建的構」的[3]。「生是偶然獲得的，死卻必須纏人。……生是偶然地被拋擲在這個世界裡，我是荒謬、無聊（有我沒有，差不太多）和無家可歸（我是什麼或什麼是我，難弄清楚）。……這些……是感性存在中的本體危機，是感性感受到自己無法超越這有限存在的危機，……亦即是人必然要死從而人生意義、生活價值何在的危機。」[4]生的的偶然性和死的必然性使他深感人生的虛幻、存在的荒謬、活著的煩惱和恐懼。由此出發，他開始了對人生意義的追問。

人生究竟有無意義？或者說，人「為什麼活？有各種各樣的思想學說、宗教信念和社會要求來作解答。有人為上帝活，有人為子孫活，有人為民族、國家、他人活，有人為自己的名譽、地位、利益活，有人為金錢活，有人為活而活，有人無所謂為什麼活而活……。所有這些，也都有某種理論來說明、論證。」、「所有這些都不能真正解決什麼問題。究竟人為什麼活，仍然需要自己去尋找、去發現、去選擇、去決定。」[5]然而由於人生即荒謬，「生活沒意義」[6]，因而每個人都無法找到確定的「本無解答」的人生意義[7]。因此，人生的一切勞作與活動，從本質上說都是無意義的。

---

[1] 同上書，第502頁。
[2] 同上書，第505頁。
[3] 同上書，第515頁。
[4] 同上書，第653頁。
[5] 同上書，第462頁。
[6] 同上書，第498頁。
[7] 同上書，第500頁。

人生的勞作與活動雖然無意義，但如果沒有這些勞作與活動，人生將更加無聊。於是「聊作無益之事，以遣有生之涯」[1]，就成了李澤厚的人生態度。他一生從事「哲學探尋」事業，也不過如此罷了，並未把「哲學」事業看得多麼崇高神聖。不只他所從事的哲學事業，舉凡一切爭、衝突、矛盾、革命，都既是「無益之事」，又具有「遣有生之涯」的相對意義：「沒有爭鬥、衝突、革命，人生不更乏味？人如何活下去？」[2]、「世界是不完美的，不完美就讓它不完美好了，太完美就沒有什麼意思了。」、「一個完美的世界是很乏味的。」、「一切矛盾都沒有了，人生活得就太乏味了。」[3]基於同樣的思路，李澤厚並沒有像佛教那樣，從人生的荒謬和煩惱走向出世的悲觀主義，而主張用樂觀主義的態度對待此生，抓住此生，好好地活一回：「人生本來就無聊，但人又是動物，有戀生之情，不會都去自殺。口說如何厭世、無聊、悲觀的人，又還得活著。」[4]、「我對人類基本上持樂觀的態度。悲觀沒有意義。不想活，自殺好了。不自殺，又感到生活沒意義，還得活下去，那怎麼辦？」[5]、「並非每個人都會自殺。恰恰相反，實際是每個人都活著。活著就要吃飯穿衣，就有事務纏身，便被扔擲在這個世界中，衣食住行，與人共在，從而打交道、結恩怨、得因果，憂樂相侵，苦甜相擾。」[6]、「真實的存在不就在個體自我的

---

[1] 《哲學問答》，載《李澤厚哲學文存》下編，安徽文藝出版社1999年版，第501頁。
[2] 同上書，第510頁。
[3] 同上書，第496頁。
[4] 同上書，第462頁。
[5] 同上書，第498頁。
[6] 同上書，第499頁。

當下片刻麼？」[1]「活著不易，品味人生吧⋯⋯也許，只有這樣，才能戰勝死亡，克服『憂』、『煩』、『畏』。只有這樣，『道在倫常日用中』才不是首先的律令、超越的上帝、疏離的精神、不動的理式，而是人際的溫暖、歡樂的春天。它才可能既是精神又是物質、是存在又是意識，是真正的生活、生命和人生。品味、珍惜、回首這些偶然，悵惘地歡度生的荒謬，珍重自己的情感生存，人就可以『知命』。」[2]、「『活』本身便是件大好事。四大非空，有情更實，生命多麼美好，自然如此美妙，天地何等仁慈！那麼，又何必去追求虛無，講究寂滅，捨棄生命，頌揚苦痛，皈依上帝呢？就好好地活在世界上吧，只要不執著、不拘泥、不束縛於那些具體事件、對象、煩惱中，那麼，『四時佳興與人同』、『日日均好日』，為什麼不去好好欣賞和『享受』這生活呢？」[3]、「一切均已私有化、瞬間化。無本質，無深度，無創造，無意義⋯⋯一切均不崇拜、均不思考，只需瀟瀟灑灑、亦渾渾噩噩地打發著每個片刻，豈不甚好？遊戲人生足矣，又何必他求？用完就甩，活夠就死⋯⋯生活已成碎片，人已走到盡頭，於是只一個『玩』字了結。」[4]

李澤厚的這些言論，有的是獨立發表的自己的看法，有的是對儒家樂感文化、存在主義重視當下生活享樂的人生態度的闡釋和發揮，其實與他無可奈何的選擇態度暗合。但同時，他又指出，「眼前即是一切，何必思前顧後？目標意義均虛無，當下

---

[1] 同上書，第500頁。

[2] 同上書，第526頁。

[3] 同上書，第516頁。

[4] 《哲學問答》，載《李澤厚哲學文存》下編，安徽文藝出版社1999年版，第500頁。

食、色才是真」，這種人生哲學儘管深得人生三昧，有「解構一
切陳規陋習及各類傳統的偉功」，可終究是「動物的哲學」[1]，
表現了他的矛盾態度和無奈心情。

3、劉再復：人性的二重組合原理

　　新時期中，曾為中國社會科學院文學研究所所長和《文學
評論》主編的劉再復是一位發生過重大影響的文藝理論家。

　　劉再復（1941—），1963年從廈門大學畢業後，到中國科學
院哲學社會科學部《新建設》雜誌擔任編輯工作。1977年轉入中
國社會科學院文學研究所從事魯迅研究，有成名作《魯迅美學思
想論稿》。1984年5月，他在《文學評論》上發表《論人物性格
的二重組合原理》，引起學界注意。1985年起擔任中國社會科學
院文學研究所所長、《文學評論》主編。在這一年，他發表了
〈論文學的主體性〉一文，反對人物成為受制於階級鬥爭和政治
意識的工具和符號，強調人物的能動性、主體性，這篇文章引起
學界廣泛爭議，進而迅速在全國掀起了一場關於文學主體性的大
討論。次年，出版代表作《性格組合論》，這是當代中國文學美
學史中一部具備里程碑意義的專著，這本書重新定義了文學作品
中「人物性格」這一核心要素，理清了人與文學的真正關係。該
書榮獲當年全國「金鑰匙圖書獎」。1989年夏，去美國從事學術
交流活動，年底辭去文學研究所所長、《文學評論》主編等職
務，先後在芝加哥大學、斯德哥爾摩大學、卑詩大學、科羅拉多
大學擔任客座教授和訪問學者。

---

[1] 《哲學問答》，載《李澤厚哲學文存》下編，安徽文藝出版社1999年
　　版，第501頁。

　　劉再復的影響，主要得力於八十年代中葉出版的《性格組合論》、八十年代中後期發表的《論文學的主體性》及其在文藝理論領域掀起的一股討論文學主體性的熱潮。在《性格組合論》中，他提出文學要描寫真實的人，真實的人是光明與盲目、偉大與渺小的複合物，絕不是好人一切皆好，壞人一切皆壞。在《論文學的主體性》中，他反對人物成為受制於階級鬥爭和政治意識的工具與符號，強調人的能動性、主體性。從思想潮源看，劉再復是將李澤厚的人性二重論和主體性思想運用於文學領域，且運用、發揮得最為出色的文藝理論家。從歷史源流看，他將被政治救亡掐滅的「五四」時期周作人「人的文學」的思想、被一九五八年反右鬥爭割斷的錢谷融等人的「文學是人學」的主張重新提起，並作了深入發掘，使文學領域的人學思想水準達到了二十世紀的高峰。

（1）人性或人物性格的二重組合原理

　　文學之事，往往是就事論事的純文學研究解決不了的。文學是寫人的。有什麼樣的人性論，就有什麼樣的文學創作。「在一段歷史時期中，我們的土地上發生了種種奇異的精神現象，其中之一就是把天底下最複雜、最瑰麗的現象——人，看得那麼簡單。英雄像天界中的神明那麼高大完美，『壞蛋』像地獄中的幽靈那樣陰森可怖。這種人為地把人自身貧乏化，導致了文學的貧困化。」[1]「文學的貧困化」是由毛澤東時代的階級人性論——無產階級最大公無私、十全十美、非無產階級則自私自利、十惡

---

[1]　劉再複：《性格組合論》，安徽文藝出版社1999年版，自序。

不赦作理論支撐的。要徹底消滅「文學貧困化」和人物形象的臉譜化，必須從文學之外的人學入手。這正是劉再復的高明之處，他在《性格組合論》自序中說：「我的這部書是『人的研究』的一種形式。」當然，作為一部文藝理論著作，「除了研究現實世界的人外，更注意研究審美世界中的人，即文學作品中的人物形象。」關於寫作《性格組合論》的動因，他說：「有一個根本的出發點，這就是：人。我覺得無論從事文學研究還是文學，都應當研究人，研究這種世界上最複雜、最瑰麗的現象⋯⋯」[1]文學是人學。從人學角度切入文學，可以先抓住了毛澤東時代文學問題的根本。他進一步指出：「在我國的文化傳統中，在哲學領域，還比較注意對人的探討，而在文學領域則很薄弱。解放後，在極左思潮影響下，更是產生了一種奇怪的現象，就是談『人』比談『鬼』還可怕。一講起『人』，就有被批判的危險，就有被扣上地主資產階級人性論的危險。因此，在文學觀念中產生三種片面性：（1）研究人只允許講人的實踐論，而不准講人的本體論。⋯⋯（2）研究人的實踐論，只涉及到人的階級鬥爭實踐，因此，絕大多數的作品都設置了階級鬥爭的單一環境，多數的人物形象都是階級鬥爭的工具。（3）某些探討本體論的文章，由於外部條件的限制，只能描述本體的表層現象，⋯⋯而不敢涉足本體的深處的非穩態和潛意識，不敢表現人性深層中的不安、動盪、痛苦、拼搏等等。我提出的人物性格二重組合原理，正是試圖踏進人的本體研究，促使我們的文藝創作向人性的深層挺進，更輝煌地表現人的魅力」[2]。

---

[1]　劉再復：《性格組合論》，安徽文藝出版社1999年版，第499頁。
[2]　同上書，第499—500頁。

　　階級人性論只能帶來「文學的貧困化」和人物形象的臉譜化，平痛化、簡單化，那麼，什麼樣的人性論能取而代之，帶來人物形象的豐富性、深刻性和真實性，促進文學創作的繁榮呢？劉再復提出了他的人性二重論。

　　人性二重論是八十年代人學大討論中李澤厚提出的一個基本觀點。李澤厚認為，「人性既不是絕對的感性（動物性），也不是絕對的理性（神性），而是感性與理性、自然性與社會性的統一。」[1]不贊成毛澤東時代將人性、人的本質僅僅等同於人的理性和社會性，從人是動物性與非動物性的統一體這一基本事實出發，將人性視為感性與理性、自然性與社會性的統一，是李澤厚最早提出的一個科學主義人性論命題。同明相照，同聲相應。李澤厚的這一思想不僅贏得了劉再復的共鳴、吸收和繼承，而且被極富藝術感覺和理論分析能力的劉再復作了豐富的、富有創造性的發揮與論證。

　　結合文學創作的特點，劉再復提出了「人物性格二重組合原理」。「人物性格」，他以認為相對於一般人性來說是「人的特殊性」，但「又是人的表現」，是「人性深處的矛盾內容」[2]。可見，他的「人物性格二重組合原理」與「人性二重組合原原理」是相通的。

　　那麼，「人性」或「人物性格」的「二重組合」原理是什麼呢？《性格組合論》的扉頁，他引述狄德羅的話：「說人是一種力量與軟弱、光明與盲目、渺小與偉大的複合物，這並不是責

---

[1]　李澤厚：《藝術雜談》，《文藝理論研究》1986年第3期。
[2]　劉再複：《兩極心理對位效應和文學的人性深度》，《文藝理論研究》1985年第2期。

難人，而是為下定義。」《性格組合論》在論述「情欲的功能狀態」時引述費爾巴哈的人性論：「在……人之中，我們發現惡和善、生和死、快樂和痛苦、愛情和敵對、憂愁和歡樂。」論述「性格的兩極性特徵」時引述巴爾扎克對自身性格矛盾的分析：「我這五尺二寸的身軀，包含一切可能有的分歧和矛盾。有些人認為我高傲、懶惰、懈怠、冒失、毫無恒心、愛說話、不周到、欠禮教、無禮貌、乖戾、好使性子，另一些人卻說我節儉、謙虛、勇敢、頑強、剛毅、不修邊幅、用功、有恒心、不愛說話、心細、有禮貌、經常快活，其實都有道理。說我膽小如鼠的人，不見得比說我勇敢過人的人更沒有道理。再如說我博學或者無知、能幹或者愚蠢，也是如此，沒有什麼大驚小怪的。」類似的理論資料和文學創作實例在《性格組合論》中極多，使人如行山陰道上，五光十色，目不暇接，在理論剛剛解凍的初期給人們打開了新奇的世界，令人耳目一新。

在對古今中外的各種資料作了獨具慧眼的發掘之後，劉再復就人性二重論作了精彩的論述：「人除了具有人性的一面還帶有獸性的一面。」[1]、「人首先有自然欲求，然後才有文化欲求。這兩種欲求有高低之分，但是又密不可分。要求一個人非此即使是荒謬的。」、「這兩種欲求，形成人的心理世界的兩種內驅力，這兩種內驅力構成一種合力，推動著人的性格運動。但是，這兩種力不是直線運動，而是互相碰擊而又不斷趨向統一的雙向逆反運動。這種雙重欲求在人的心理世界中總是要展開拼搏。」、「人性深處兩種力搏鬥，總是集中地表現在最富有情

---

[1] 引者按：狹義、指人之為人的特性。

感性的『愛』與『不得所愛』的拼搏之中。……人的自然欲求和文化欲求，形而下的欲求與形而上的欲求和由此而派生出來的種種高尚而卑下的欲求，都會在愛中得到反映。……愛，既有生物性，又有社會性；既有不合理性，又有合理性；既有自我擴張，又有自我克服；既有自我滿足，又有自我戰勝。在愛裡，常常展開著靈與肉、善與惡、理性與瘋狂、理想與現實、希望與失望、利己與利他、歡樂與痛苦、仁慈與殘忍的搏鬥。人處於愛的面前，有時是主人，能夠支配自己的情感和命運，有時是奴隸，表現出理智和意志的力量，完全被情感所擺佈，只能在愛面前呻吟與歌泣。因此，在愛面前，人有時顯得崇高，有時顯得卑下，有時變得很美，有時變得很醜。……」[1]、「應當把人當成人，不應把人降低為物，降低為工具和傀儡；這種物本主義只會造成人物的枯死。也不應當把人變成神，這實際上又把人變成理念的化身。這種神本主義必然剝奪人和豐富性。」[2]人「既非神非鬼，人就是人。人應回復到人自身」[3]。「…人的性格正因為具備這種豐富的矛盾內容，才成其為人。一個人，當他被排除一切缺點及弱點時，便成了神；而當他被排除一切『善』的時候，便成了魔。所謂神性與魔性，乃是人的性格一極的畸形化——性格單一化的極端化。文學藝術一旦墮入這種極端化，就會變質，從人學蛻化成神學或魔學，從而喪失文學的本質。」[4]、「真實的人性既具有人的創造性、能動性，又具有人的局限性。具有創造

---

[1] 均見劉再復：《兩極心理對位效應和文學的人性深度》，《文藝理論研究》1985年第2期。

[2] 劉再復：《性格組合論》，安徽文藝出版社1999年版，第4頁。

[3] 同上書，第27頁。

[4] 同上書，第71頁。

性、能動性，人才區別於動物；具有局限性，人才區別於神。美學中的所謂『缺陷美』，往往能有力地表現出人性美。……真實的性格，美而有魅力的性格，常常是在美醜、善惡的矛盾統一的關係之中。」[1]人性或人物性格的二重組合，指每個人都「包含肯定性的性格因素和否定性的性格因素」。「二極性的具體表現是無限多樣的，例如美—醜，善—惡，悲—喜，崇高—滑稽，勇敢—怯懦，聖潔—鄙俗，高尚—卑下，忠厚—圓滑，溫柔—剛烈等等。作為一個優秀的文學典型，其性格的構成因素是複雜多樣的，它們往往以其二極性的特徵交叉融合，構成一個多維多向的立體網路結構。」[2]

現實中的人善惡並存，藝術中的人物性格也應當具有二極性、多維性；然而，這並不意味著，人物是沒有定性的，任何人都是善惡並存、半斤八兩，沒有善惡高低凡聖之分的。為防止落入這種片面化的理解，劉再復提出「性格二重組合的一元論」來界說人的整體屬性。然而由「二重組合」原理可知，即便偉人，也有弱點；即便壞蛋，也有光點。恩格斯評價歌德、列寧評價托爾斯泰「時而高尚，時而渺小」[3]，其實自己又何嘗不然。「任何一個人，不管性格多麼複雜，都是相反兩極所構成的。這種正反的兩極，從生物的進化角度看，有保留動物原始需求的動物性一極，有超越動物性特徵的社會性一極，從而構成所謂『靈與肉』的矛盾；從個人與人類社會總體的關係來看，有適應社會前

---

[1] 劉再復：《性格組合論》，安徽文藝出版社1999年版，第79頁。
[2] 同上書，第489頁。
[3] 分別見《詩歌和散文中的德國社會主義》，《馬克思恩格斯選集》第四卷，人民出版社1958年版，第256頁；《列甯·托爾斯泰是俄國革命的鏡子》，《列寧選集》第二卷，人民出版社1995年版，第370頁。

進要求的肯定性的一極，又有不適應社會前進要求的否定性的一
極；從人的倫理角度來看，有善的一極，也有惡的一極；從人的
社會實踐角度來看，有真的一極，也有假的一極；從人的審美角
度來看，有美的一極，也有醜的一極。」[1]

當劉再復將李澤厚的人性二重論具體化為性格二重論後，
對人的說明和解讀一下子豐富起來。由此可見，劉再復對人性、
人物性格的二極對立品格的分析是直接為文學創作服務，或者說
是為豐富人物性格的塑造提供理論支撐的。他的落腳點、他的旨
歸在文學。我們來看他對郭沫若歷史小說《孟夫子出妻》和法朗
士《泰綺思》所塑造的人物的心靈豐富性的分析：孟子一方面
是聖賢，決心做孔子的弟子，決心超脫世俗而養他的「浩然之
氣」，這是他的真實的文化欲求。但是另一方面，他又是一個
人，他不能擺脫人的生活，人的性愛。這篇故事就是描寫孟夫子
的這種心理矛盾。小說描寫說，大清早，孟子正在養浩然之氣，
孟夫人卻請他吃早餐。當夫人把菜送到他眼前時，他異常矜持，
「目不斜視」。這是為什麼呢？「這理由在矜持著的孟子和怡悅
著的夫人都是很明白的：因為昨晚上的情形和今晨的是全然不
同。……因為有昨晚的愛扶，故爾有目前的矜持。事實本來是這
樣矛盾著的。……原來孟夫子立志要為聖賢，他的入手的大方針
便是要求『不動心』，要求『存浩氣』，然而在他的夫人的身
旁，特別是在夜間，他的心卻不能夠不動。動了，第二天清早便
一身都充滿燥氣，他心目中的孔夫子便要苛責他，於是便有這矜
持的脾氣發作起來。他盡力矜持，一點也不敢正視。然而不正視

---

[1]　劉再複：《性格組合論》，安徽文藝出版社1999年版，第61頁。

也不濟事。他夫人的全身，那赤裸的全身，其實是充塞著的感官的全部。那從葛衫下鼓出的一對隆起的乳頭，那把他的祕密什麼都看透了的一雙黑耀石般的眼睛，那和悅，那柔軟，那氣息，那流線……他就給受了千重的束縛一樣，一點也動顫不得。」在這種矛盾中，孟子歎息一番，自語一般地說：「魚我所欲也，熊掌亦我所欲也」。（這就是孟夫子的雙重欲求）聰明的孟夫人理會了他的意思，曉得他這時是把魚來比女色，把熊掌來比聖賢，二者不可得兼。孟子這種「雙重欲求」而產生的兩種心理能量的碰擊，是每個人的心理世界都存在著的。[1]

法朗士生前曾獲諾貝爾獎金，而《泰綺思》是他的代表作。這部長篇在二、三十年代就在中國文學界產生過很大的影響……書中的兩個人物，即神父巴弗奴斯和妓女泰綺思的內心都經受著激烈的搏鬥。這種搏鬥，特別是神父內心的搏鬥，主要是潛意識層次上的搏鬥。巴弗奴斯為了使自己的靈魂昇華到宗教的境界，即神靈的境界，曾經無情地摧殘自己的肉欲，人為地強迫自己熄滅任何人的欲念。出身於貴族家庭，而且有很高的文化素養。當他被基督所吸引之後，便對基督篤信不疑。並以驚人的虔誠，變賣全部家產施捨給窮人。而且為了驅逐自己的欲念，每天早晚無情地鞭打自己，有時甚至三天不吃飯。他整整十年遠離人群，在尼羅河畔的沙漠中隱居修行。他的高深道行深受宗教界的欽佩，在二十歲左右就擔任修道院院長。他用基督的理性無情地征服自己的情感。這個征服過程中經歷著靈魂的慘烈的戰爭。他曾想起自己在十五歲的時候，有一次在亞歷山大劇院看戲，看見

---

[1] 劉再復：《兩極心理對位效應和文學的人性深度》，《文藝理論研究》1985年第2期。

過一個非常美麗的女喜劇演員泰綺思。這位美麗絕倫的女人曾使
許多青年為之墮落。而他自己也受過誘惑。只是因自己的年齡尚
小，而且父母的家教極嚴，才使他在泰綺思門口停住了腳步。他
在基督理性的陶冶中，想起自己過去的荒唐，認識道自己內心的
罪惡。但是，巴弗奴斯愈是感到自己的罪過，愈是想抹掉泰綺思
在自己少年時代心中所留下的形象，這個形象就愈是動人。一
種與基督莊嚴的神性相反的東西總是在心底呼喚、掙扎、尋求滿
足。這種可怕的東西使他的靈魂感到顫慄。他感到自己沒有足夠
的力量來戰勝這種人性底層的魔鬼。他祈求神的力量幫助他，也
幫助他拯救泰綺思，拯求許許多多為她而墮落的靈魂。於是，他
不顧艱難困苦，忍受沙漠中的饑渴，繞過有女人和孩子的城鎮，
終於來到亞歷山大城的泰綺思面前。他向泰綺思許諾天堂的幸
福，用基督的理性感化泰綺思。泰綺思果然聽信他的話，燒毀了
自己的珍寶衣飾，跟他到了女修道院，孤單地在一間寂靜的小房
裡，過著只有水、麵包和一支三孔笛子的極其艱苦寂寞的修道生
活。但是，當巴弗奴斯用基督理性徵服了泰綺思之後，他心底所
潛伏的那種可怕的東西又再一次向他挑戰。這種挑戰的力量是那
麼強大，那樣強烈地震撼著他心中神聖的基督。他惶恐地回到沙
漠中，遠遠地離開泰綺思。然而那種奇異的東西使他無法平靜。
無論是讀書、祈禱還是在睡夢中，他總是見到泰綺思。有天一天
他夢見有個聲音召喚他，叫他爬到石柱上。他認定這是上帝為了
拯救他的靈魂而給予他的啟示。夢醒之後，他看到寺廟的廢墟上
有一根大圓柱，他就按照上帝的啟示爬到柱頂上，竟然待了一年
多，靠著農民的施捨過日。一年的日日夜夜，他不顧日曬雨淋，
皮膚潰爛，決心要驅逐鑽入他內心的那種可怕的誘惑。但是，這

樣還是無濟於事，泰綺思的形象還是纏繞著他。於是，他從柱頂下來後，又躲進一座蛇蠍出入的墳墓。然而，即使是這種臨近死亡的泥坑也無法埋葬他心底的那一種罪惡而又偉大的愛。就在這時候，他得知泰綺思快死了。此時，他痛苦得幾乎發狂。也就是這個時候，他情感中一直想撲滅的人性深處的可怕的東西終於輝煌地戰勝了他心中的基督了。他認識到基督理性的虛偽和騙局，認識到只有人間的理性和情感才是合理的。他向上帝說：「燒死我吧⋯⋯可笑的上帝，你知道我是多麼蔑視你的地獄：泰綺思快死了，她永遠不會屬於我了」。他跑到女修道院的泰綺思床邊，跪在垂死的泰綺思面前，擁抱著她，用一種自己也辨認不出來的奇怪的聲音大聲叫道：「我愛你，你不要死呀！我的泰綺思，聽我說。我欺騙了你，我原來不過是一個可憐的傻子。天主，天國，這一切微不足道。只有塵世的生活和眾生的愛情才是真的。我愛你，你不要死呀！這是不可能的事情呵！你太可貴了。來，到我這裡來。我們逃吧。我抱著你到非常遙遠的地方。來，我們相愛吧。聽我說，我心愛的人，你說：『我會活下去，我要活下去！』泰綺思，泰綺思，你站起來。」法朗士在巴弗奴斯講完這段話後又作了一段描寫：「她沒有聽他的話。她的眼光在無限遼闊的空中移動著。她喃喃地說道：『天堂開了⋯⋯我看見了天主啦！』她的頭無力地倒在枕頭上。泰綺思死了。巴弗奴斯絕望地抱著她，用充滿欲望、狂想和愛情的眼睛盯住她看著。」巴弗奴斯的形象，如此激動人心，⋯⋯而所以成功就因為法朗士大膽地挺進到巴奴斯的潛意識層次，把這個深邃層次中情感因素與理性因素的真實搏鬥淋漓酣暢、毫不忌諱地表現出來。無論是理性因素還是情感因素，對於巴弗奴斯都是真誠的。他對上帝和泰綺

思都懷著一種虔誠，一種執著的追求。但是，這兩種欲求卻是不可調和的，愛上帝就不能愛泰綺思，愛泰綺思就不能愛上帝。上帝和泰綺思都在他的性格裡投下自己強大的力量。於是，兩種力量在巴弗奴斯性格世界裡互相拚搏，此消彼長，浮浮沉沉，大起大落，便形成巴弗奴斯形象的無限生命力。塑造個性豐富性的形象，就應當大膽地表現這種人性的深度，要敢於寫出潛意識層中兩種欲求的碰擊和拚搏。我們說二重組合型的典型性格具有更高的審美價值，更強烈的心理對位效應，其心理依據也在於此[1]。

劉再復不僅是一位頗富思辯的理論家，而且是一位有著豐富、細膩的形象感受力的作家和評論家。他對小說《孟夫子出妻》和巴弗奴斯神父的分析，使明晰的性格二重組合原理獲得了豐富的內涵，也具有更加雄辯的理論說服力。

（2）論人的主體性

劉再復寫《性格組合論》的另一動機，是要恢復人在文學中的主體性地位，改變建國以來文學人物淪為外在政治觀念工具的現狀。他說：「我寫這部書，正是以微弱的聲音呼喚文學的靈魂，尋找文學的軌跡，探求人的真實世界。我以我的努力，為恢復人在文學中的主體性地位而努力。」[2]

什麼是「主體性」呢？「主體性」就是人的主觀性、能動性、創造性。「人具有二重性：一是受動性，一是能動

---

[1] 劉再復：《兩極心理對位效應和文學的人性深度》，《文藝理論研究》1985年第2期。

[2] 劉再復：《性格組合論》，安徽文藝出版社1999年版，第4頁。

性。」[1]、「人一方面受客觀歷史條件的制約,另一方面又能通過實踐去超越這種制約,實現對客觀環境的能動改造。而後一種特性,恰恰是人區別於動物之所在。它對於作為自由的精神生產的文學藝術來說,表現得尤為強烈。作家正是超越現實條件的限制,憑藉體現著人的全面發展的自由要求的審美理想,才創造出藝術世界。……對於這種常識性的看法,有的同志覺得大逆不道,有背於馬克思主義。按照被他們頭腦所變形的『馬克思主義觀點』,人只能有受動性,作家只能承認受動性至高無上的地位,只能把人描寫成消極適應客觀環境、機械反映客觀環境的物或動物,而不能把人描寫成創造世界、創造歷史的人……」[2]

在文學藝術中,「主體性」表現為創作主體性、對象主體性、接受主體性三種形態:「所謂主體,在文學藝術中,包括作為創造主體的作家,作為對象主體的人物,作為接受主體的讀者。所謂主體性,就是人之所以成為人的那種特性。它既包括人的主觀需求,也包括人通過實踐活動對客觀世界的理解和把握。……作為作家筆下的人物,只有當它獲得主體性的地位時,它才是活生生的充滿血肉的形象。應當把人當成人,不應當把人降低為物,降低為工具和傀儡。這種物本主義只會造成人物的枯死。」[3]就一般情況而言,「作家正是意識到人處於現實關係中、主體需要與客觀條件的矛盾中,因此,他們筆下的人物形象,特別是主要的人物形象,總是帶上二重組合的特點」。

就文學史而言,「現實主義作品中的人物形象,二重組合

---

[1] 劉再複:《性格組合論》,安徽文藝出版社1999年版,第4頁。
[2] 劉再複:《性格組合論》,安徽文藝出版社1999年版,第514—515頁。
[3] 同上書,第4頁。

原理更帶有普遍性，……在其他思潮流派的作家筆下，對象主體往往受到創造主體更大程度的變形。他們往往誇大現實人的某一方面，如古典主義誇大人的理性的方面，浪漫主義誇大的人理想方面，而現代派則誇大人的非理性方面……這些流派的優秀作家，雖然不像現實主義作家那樣嚴格地描寫人物性格的二重組合，但在他的意識中，仍然不同程度承認人的二重性，只是在表現時他們著意把感受最深而偏偏被人們所忽略的一面揭示出來。這種揭示，已包含著作家對人的另一方面的確認。作家通過強調人們所忽略的一面，給人性以補充。這種補充的本意，也正是為了恢復人的完整性，彌合人格上的分裂，解放人身上被壓抑的一面。」[1]

就中國的文學創作現實而言，「我國文學在接受歷史唯物主義世界觀的指導之後，我們的作家……更深切地瞭解人與動物的區別，瞭解人不僅是自然的人，而且是社會的人，而社會是階級的社會，因此，社會人的本質乃是階級本質。這種觀念影響到文學，我們的作家就有了『社會人』的觀念，但是，……我們卻忽視、甚至忘記了『人的社會』這一觀念，即社會是以人為主體、以人為中心的，反而以『社會』為中心，而人成了只是被社會所支配的沒有力量的消極被動的附屬品。……結果便是本末倒置，即見物不見人——人服役於物，而不是物服役於人」[2]。「這樣，在文學過程中，人便變成是十分被動的、消極的、被客體所支配的東西」[3]。「解放後一個時期，人們又把社會現實僅

---

[1] 劉再複：《性格組合論》，安徽文藝出版社1999年版，第515頁。
[2] 同上書，第5頁。
[3] 同上書，第7頁。

僅規定為階級和階級鬥爭的現實，……以階級和階級鬥爭為綱來
規定文學活動，就要求文學只能反能階級矛盾和階級鬥爭的現
實，認為文學的價值就在反映和認識這個現實。按照這種理論，
所有的對象主體，都被規定為階級鬥爭觀念的符號，被規定為階
級機器上的螺絲釘。這種理論要求人完全適應階級鬥爭，服從階
級鬥爭，一切個性消融於階級和階級鬥爭之中。這樣，就發生一
種奇特的現象：人完全喪失主體性，喪失人之所以成為人的東
西。……人不再是人，而是物，而是階級觀念的抽象符號。人本
主義蛻變為物本主義，文學也不再是人學。」[1]

劉再復在人的主觀能動性方面，發展了李澤厚的「主體
性」觀念。人的主體性和文學主體性的提出，是對人性二重性和
人物性格二重組合原理的深化。

（3）論人的情欲

「情感」過去是一個諱莫如深的話題。在文學領域，過去
只強調「形象」是文學的特徵，無視文學的「情感」特徵。劉再
復是新時期較早明確提出文學的情感特徵並對情感的道德屬性及
活動狀態作出深入分析的文論家。他指出：「文學藝術……是一
個洶湧著人的感情的領域。情感性，是文學藝術最根本的審美特
性」[2]。正如文學寫出什麼樣的人性直接受制於對人性的理論認
識一樣，文學寫出什麼樣的人情也直接受制於對情感的理論認
識。就情感與人性的關係來說，情感以及與之緊密相連的欲望是
人性中最深厚、最隱秘的地方。人性的雙重欲求的爭鬥，總是最

---

[1] 同上書，第6頁。
[2] 劉再復：《性格組合論》，安徽文藝出版社1999年版，第409頁。

集中、最豐富地展現在這個地帶。文學是人學。文學表現人性，自然無法逃避這個領域。從情欲與性格的關係來看，「情欲是性格世界的重要組成部分。如果說，性格是一種追求體系，那麼，情欲就是這個追求體系的生理心理動力」[1]。因此，「性格組合原理」無法回避情欲。為此，《性格組合論》特設「情欲論」一章，對「情欲」的結構、功能、屬性、價值作了前所未有的系統論述。

關於情欲的結構，劉再復首先分析了情欲在人的心靈世界中所處的位置：「在心靈世界的無意識層，它擁有最廣大的活動空間；在前意識層，它的活動空間就縮小；到了意識層，活動空間變得最小。」[2]人的心靈分無意識層（潛意識層）、前意識層、意識層。情欲與之形成複合、交叉狀態，這便構成了情欲自身的結構形態：無意識之欲、前意識之情、社會性情感。「情欲的最低層次就是我們通常所說的『欲』，即感性欲望。這是人的生物生理本性的表現，它包括食欲性欲。」、「情欲的中間層次則主要不是欲，而是情了。這一層次是個性在生活實踐中積累起來的情緒記憶。所謂情緒記憶，也叫做情感記憶。這種記憶所識記的是人體驗過的各種情緒。它可以被意識到，但平時沒有被激發時，只作為一種資訊貯存在大腦裡，其中有些則沉澱到無意識層。」[3]、「情欲的最高層次就是社會性情感。它是個體在特定的社會關係中由於理知的作用而產生的。可以說是在『情』中滲入了『理』。這是由於人們共同的社會生活中或在追求某種社會

---

[1] 同上書，第419頁。
[2] 同上書，第421—422頁。
[3] 同上書，第423頁。

目標的過程中誘發出來的帶理性的情感經驗，如……愛情……同情、友誼、愛國熱情等。」[1]

　　關於情欲的功能，劉再復指出：「在第一層次中，情欲作為一種生命的內驅力，它的運動形式是極不確定和極不穩定的，它追求的是合自然目的……」[2]、「情欲第二個層次，也是屬於人的內部深層世界。它是個體在生活實踐中積累起來的情緒記憶。它已超越感情欲望而與人的社會實踐結合，但尚未表現為他人可感知的行為。這一層次的情欲受到上下兩方面的牽制。一方面潛意識層次的衝動對它發生一種自然引力，誘導它往合自然目的的方面運動。另一方面它又受社會的各種規範和理知的制導，總是要把它導向合社會目標的方向運動。因此，它的運動形式往往表現為一種雙向逆反運動，即情感體驗表現為分明的二極，表現為肯定與否定的對立性質。這種情緒記憶，已超越了動物性的感性欲望，而帶上明顯的情感傾向，但還未化為行為的意志。」[3]、「第三個層次，情欲之昇華為行動意志，它的運動形式也隨之改變。所謂行動意志，是指人有意識、有目的地支配自己行為意向。它要求主體做出具有一定目的的行動，以實現情欲的目標。這是人特有的高級的能力……是一種有意識的活動，一種受具體社會關係所制約的理性。」[4]

　　關於情欲的價值、性質，劉再復指出：「情欲處在不同的價值系統中，就表現為不同的系統性質。這種系統性質，是處於

---

[1]　同上書，第424頁。
[2]　同上書，第431頁。
[3]　同上書，第439頁。
[4]　同上書，第441頁。

不同系統的人們，用該系統的價值體系對情欲所作的判斷。」[1]
他將社會生活的價值系統概括為道德系統、政治系統、審美系統、宗教系統四種形態。情欲處在道德系統中，便體現為善惡；處在政治系統中，便體現為是非；處在審美系統中，體現為美醜；處在宗教系統中，體現為正邪，（按：劉又論及歷史動力系統，其價值評價是進步與落後）。一個人總是處在多種價值系統的網路結構中，因此，當情欲外化出來後，就呈現出多種價值形態的互相交叉[2]。「以貪欲為例，……人對權力、地位、金錢的佔有欲，在不同的價值體系中具有不同的性質。在道德系統中，它表現為邪惡，而在歷史動力系統中，它又表現為進步」[3]。一方面，「情欲處於不同的價值體系，帶有不同的系統性質」，另一方面，為了防止陷入「此亦一是非，彼亦一是非」的相對主義和「無是非觀」，劉再復又主張以「符合人類進步的方向」、「符合文明發展」為主要的價值「參照體系」[4]，從而給情欲確定更為根本的價值屬性。在實際生活中，人的三種層次的情欲是「不可分割的」，「情與欲之間、情與理之間的界限是模糊的」，「它們之間的互相交匯與對立統一，構成了活生生的人的心靈世界」[5]。「從情欲的結構的分析中可以看出，情欲具有動物情和社會性的二重性；從情欲的功能形態的分析中可以看出，情欲具有本能的情緒活動與理性的規範二重性；從情欲的系統性質的分析中可以看出，情欲具有善惡、美醜、正邪、利弊、崇高

[1] 同上書，第449頁。
[2] 同上書，第450—451頁。
[3] 同上書，第451頁。
[4] 同上書，第453頁。
[5] 同上書，第425頁。

與卑下、聖潔與卑鄙的二重性。」這裡值得注意的是劉再復對
情欲、尤其是本能性情欲的價值評判。[1]他指出，傳統的價值觀
「把感性欲望看成粗鄙的醜惡的東西」。「現代某些觀念則與此
相反」，「把感性欲望看成美麗的充滿著生命力的東西」[2]。劉
再復一方面認為欲是中性的，不可叫「惡」，也不可叫「善」，
但又包含著善惡的因數和潛能；另一方面，又受現代價值觀的影
響，高度評價、肯定人的生物欲望。關於情感無善無惡或有善有
惡，他引述羅素的話：「在價值的世界中，自然本身是中性的，
不好也不壞，既不應受讚揚，也該受指責。」[3]、「在費爾馬哈
看來，感性欲望本身雖然並無所謂美，也無所謂惡，但是，它可
以成為善的動力，也可以成為惡的動力，因此，感性欲望本身就
是雙重本原，善與惡的本原。」[4]他據此說：「情欲本來無所謂
善，無所謂惡，但是，自身卻具有雙重的積澱。既積澱著善的基
因，也積澱著惡的基因。因此，情欲便有雙重的潛在的可能性，
既有導向惡的可能性，也有導向善的可能性。」[5]、「情欲……
往往顯得很粗鄙，但是它說不上善也說不上惡」[6]關於對欲望的
肯定，有感於過去對人的生物欲望的長期壓抑，劉再復尤其強調
了生物性欲望的地位和價值：「總之，欲望不是一個黑暗的王
國，它是情與理的生物基礎。它的內涵是生命的目的性，即它的
一切表現形態（動物性的情緒表現）的意義都是符合生命目的

1　同上書，第454頁。
2　同上書，第427頁。
3　同上書，第432頁。
4　同上書，第435頁。
5　同上書，第437頁。
6　同上書，第431頁。

性的，即合自然目的。」[1]、「⋯⋯欲望是物質的，它希望能擁有、佔有和享有某物。當我什麼也不渴望時，我便處於和平、自由和平衡之中；可是我也就沒有任何本質，我成了虛無。只有在欲望中，我才獲得特性，我才成為特定的本質，成為飢餓的、口渴的、好色、愛好虛榮的和自私自利的本質，成為自我、某物⋯⋯」[2]、「人的感性欲望是一種強大的生命原動力。死人沒有欲望。感性欲望的強烈，是健康的表現，是具有生命活力的表現。人的才能、人的創造力、人的偉大本質，都首先導源於他本身的感性欲望。最優秀的人物，最傑出的人物，都是一些至情至理的人，都是一些充滿著欲望的人。人的社會化，絕不是絕情滅欲，實行苦行主義，使人變成蒸發掉欲望的傀儡，不是通過滅欲作踐自身，而是把欲望導向有益於人類生存和發展的方向。⋯⋯具有強大生命力的健康的人，不僅充滿著食欲、性欲，而且充滿著運動欲、求知欲、創造欲。一旦沒有機會運動，他會感到痛苦，感到欲望受到壓抑，因此，就在感情上表現出憂鬱，容易發怒。一旦滿足了這種運動欲望，他就會感到愉快。有些人的欲望長期受到壓抑，不能滿足，情感就會產生變態。」[3]劉再復不僅肯定情欲的存在權利，而且指出人的偉大創造力與源於情欲的健旺生命力的內在聯繫，發前人所未發，具有極大的思想解放意義。

---

[1] 同上書，第422頁。
[2] 同上書，第436頁。
[3] 同上書，第443—444頁。

（4）人性二重性組合原理的歷史應用

　　《性格組合論》是一部史、論結合，邏輯與歷史相統一的文學論著乃至人學論著。劉再復不僅展示了關於人性二重性或人物性格二重組合原理的豐富、縝密的理論體系，而且融論入史，以史證論，將性二重論應用於世界文學史和中國文學史的觀照，從而對中外文學史作了不同於以往的解釋。

　　關於世界文學，劉再復分析說：「文學發展的歷史，在很大的程度上，是人的觀念變遷的歷史，……無論什麼時代的代表性作家，他們都在研究人，都有自己關於人的宏觀性認識。帶有世界性的文學思潮的分歧，其內核是對於人的觀念見解的分歧。」[1]如果把「對人的肯定，在文學中把人的情感看作自己的本質，充分地發現人的內心世界」、「看作文學的正題」，把「用理性或客觀現實對人實行規範，使人的情感服從理性和現實」、「看作文學的反題」，那麼，「整個世界文學史過程，關於人的變遷正好是一個正反題不斷交替的歷史」。並且，世界「文學史上的後一個反題都是對前一個反題的深化」，「這個歷史可用下圖表示」：正題（古希臘悲劇）→反題（中世紀文學）→正題（文藝復興時期文學）→反題（古典主義文學）→正題（浪漫主義文學）→反題（批判現實主義文學）→正題（現代文學，非理性主義）並指出：「由此可以預料，今後世界的文學，還可能再出現大規模的帶有思潮性的反題。」[2]關於中國文學，劉再復指出：就整體而言，「五四」以前，「在中國漫長

---

[1]　同上書，第18頁。
[2]　同上書，第17頁。

的封建專制下，人的價值被蔑視，被踐踏，因此，人的觀念始終沒有形成」。「在這種專制社會中，對人性，對人的個性不可能有真正的研究和描寫」，因而，「在中國文學中，對人的研究特別薄弱」[1]。「五四」以後，中國現代文學直至當代文學經歷了三次「人的觀念」的發現和變遷。「第一次人的發現，是五四新文化運動。這個運動首先是發現我國封建專制社會是非人的社會，我國的傳統文學很大的一部分是非人的文學。茅盾在概括這段文學思潮時說『人的發見，即發展個性，即個人主義，成為五四期新文學運動的主要目標……』……魯迅在回憶五四運動的本質時說，當時『文學革命者的要求是人性的解放』。」[2]這段文學思潮在創作上的標誌以魯迅為代表，在理論上的標誌以周作人為代表。周作人提出「人的文學」觀念，要求文學反映真實的人性，而真實的人性便是「獸性與神性」的合一[3]。「第二次人的發現，是五四以後的二十年代到三十、四十年代。…… 一部分先進的文學藝術家……在更深的層次上發現了人類整體中的主幹部分──被壓迫的工農大眾的價值，把人的解放具體地從『個人主義』式的解放發展為被壓迫者整個階級的解放，在文學上出現了『革命文學』、『左翼文學』，到了《在延安文藝座談會上的講話》又發展為工農兵文學。這種人的更深層次的發現，毫無疑問，是一種歷史進步。但由於這種思潮……在幼年時代就表現出過左的傾向，如忽視文學本身的規律，用政治宣傳來代替文學藝術，用臉譜化方法來塑造工農兵形象等……由於階級意識的不斷

---

[1] 同上書，第19—20頁。
[2] 同上書，第21頁。
[3] 同上書，第21—24頁。

343

強化，極端的階級觀念的不斷發展，第二次『人的發現』到了
『文化大革命』期間不幸地走向絕壁。此時文學只能表現一種
人，一切手段都要服從於這種人，這就是『高大完美』的所謂無
產階級英雄形象……他們是機器，但由於這種機器又是支配一切
的樞紐，因此，他們又是神。不管是機器還是神，都不是人。
此時，人在一種神聖的虛幻的靈光中消失了，豐富的人性乾涸
了……人變成非人……這個時候，『五四』開始形成的『人的文
學』思潮和三十、四十年代形成的工農主體文學思潮又走入了死
胡同。」[1]第三次人的發現是在文化大革命結束之後。「這一思
潮是對第二次文學主潮畸形極端化的否定，它主要表現為三個特
點，一是對歷史的反思，二是人的重新發現，三是對文學形式的
新的探求。而中心思潮是對人的重新發現。這一層次的人的發
現，在某些內容上是五四運動人的發現的重複，但這又是在新的
層次上的人的發現。……他們發現，階級論被歪曲成人的毀滅
論，文學被變成神學和庸俗的階級學，因此，他們重新提出人的
尊嚴、人的價值等問題。與這個文學新思潮同時出現的，在文學
理論上，也重新提出了人，重新論證人既不是高大完美也不是一
無是處，既非神也非鬼，人就是人，人應回復到人自身。於是，
人的主體論，人的價值論重新蘇醒。人又從天上回到地下，從地
獄升入人間。有良心的作家堅決地唾棄非人的神話與鬼話，使人
獲得人的特性，使文學恢復本來的面目。人重新佔有人的本質，
文學也重新佔有文學的本質。」[2]、「新時期文學對人的發現，
與『五四』時期新文學對人的發現，其內涵還有一個更顯著的區

---

[1] 同上書，第24—27頁。
[2] 同上書，第27頁。

別，就是『五四』時期對人的肯定，是求諸『社會』，要求社會改變吃人的歷史，要求社會肯定人的價值，包括肯定小人物的價值……而新時期文學，他們主要不是求諸社會，求諸他人，而是求諸『己』，求諸自我。……一些詩人和作家，他們主要的目標是謀求自我肯定，自我解放，他們不再是弱者，而是強者……他們通過對自我的肯定，不僅贏得個人心靈的安寧和尊嚴，贏得自我的實現，而且贏得人的本質的實現，即通過對自我的肯定達到對人的本質的佔有。因此，可以說，『五四』時期人的發現，是對人的弱者本質的發現，而新時期的文學則是對強者本質的發現。」[1]劉再復總結道：中國現當代文學史上「三次人的發現過程，是一個從非人到人（肯定）、從人到非人（否定）、從非人到人（否定之否定）的過程」[2]。

劉再復對中外文學史上「人的觀念」及其思潮演變的剖析和概括，言之成理，自成一說，對今天我們重寫文學史頗有借鑑價值和啟發意義。

4、劉曉波：對感性、個性的過度強調

劉曉波，男，1955年生，1982年畢業於吉林大學中文系，1984年獲東北師大文藝學碩士學位，並留校執教。1986年在職攻讀博士學位。現居北京。著名思想論著有《選擇的批判——與李澤厚對話》[3]等。八十年代中期前後，劉曉波曾以對現象、感性、個性的強調和對李澤厚的批判名震全國。是一個頗具時代代

---

[1] 劉再復：《性格組合論》，安徽文藝出版社1999年版，第28—29頁。

[2] 同上書，第29頁。

[3] 《選擇的批判——與李澤厚對話》，上海人民出版社1988年版。

表性的學者。

劉再復在論述人的情欲時，指出人們對於情欲的價值評價有傳統與現代兩種觀念，傳統觀念「把人的情欲視為消極的東西，把社會的理知規範視為神聖的完全積極的東西，而現代人則另有一種看法，他們把人的情欲看成積極的東西，把內心的自由選擇看成美的東西，因此，它要求給予人的情欲以自由選擇，而把社會理性對這種內心的自由選擇的限制看成是一種消極的東西，看成社會的一種不正常的現象。」[1]劉曉波就是劉再復所說的現代觀念的代表人物。劉曉波在《與李澤厚對話》自序中說：「這本書對我來說，既是與李澤厚的對話，也是與傳統文化，與當代中國的知識分子的對話。通過這種對話來證明我作為一個獨特的人的存在的價值，也證明在當代中國學術界，崇尚權威、懼怕權威、追隨權威的時代應該成為歷史，成為記憶。」

劉曉波的觀點，如他自己概括的那樣：

我與李澤厚的分歧可歸納如下：在哲學上、美學上，李澤厚皆以社會、理性、本質為本位，我皆以個人、感性、現象為本位；他強調和突出整體主體性，我強調和突出個體主體性；他的目光由「積澱」轉向過去，我的目光由「突破」指向未來。在對中國傳統文化的態度上，他一分為二，精華糟粕分得清晰，我全盤否定，看不到精華，只見糟粕。他認為「民本思想」和「孔顏人格」是中國文化中最有價值的東西之一，我認為它們恰恰是最無價值的東西之一；他的理論大有復活孔子之勢，至少認為當代國人、乃至整個世界還部分地需要孔孟之道，我認為必須徹底埋

---

[1] 劉再復：《性格組合論》，安徽文藝出版社1999年版，第28—29頁。

葬孔孟之道，當代國人應該以全新的現代目光審視傳統文化，在孔孟之道的廢墟上建立現代中國文化，因為中國傳統文化的同化能力決定了倘若部分地需要孔孟之道也就等於整體地復活孔孟之道。李澤厚對傳統文化的反思更多的是自我肯定，並從中發現了可以挽救世界於悲劇之中的依稀曙光，我對傳統文化的自我反思是走向極端的自我否定，傳統文化給予我的只有絕望和幻滅。[1]這裡我們要指出幾點。第一、李澤厚的觀點並非傳統觀點，與李澤厚對話並非與傳統文化對話。傳統觀念「以社會、理性、本質為本位」，李澤厚則主張社會與個人、理性與感性、本質與現象的統一[2]。值得指出，劉曉波批判李澤厚「以社會、理性、本質為本位」，是張冠李戴了。在反對傳統的「以社會，理性，本質為本位」這點上，李澤厚與劉曉波是一致的，只不過劉曉波走得比李澤厚更遠。李澤厚是以社會與個人、理性與感性的統一反傳統，劉曉波則單純以個人、感性為本體反傳統。第二、劉曉波對社會、理性、本質以及中國傳統文化的全盤否定是片面的、偏激的，在學理上難以成立的，儘管他的論證一氣呵成，行雲流水，顯得比較雄辨，不失為一份值得注意的思想財富，在思想史上有其獨特價值。第三、儘管劉曉波對個性、感性、現象的強調是極端的、絕對化的、偏激的，但它反映了現實社會中個性、感性和現象所面臨的巨大壓抑，具有片面的深刻性和相當的合理性。這也是不能忽視的。

---

[1]　劉曉波：《選擇的批判》，上海人民出版社1988年版，第13頁。
[2]　《選擇的批判》李澤厚章。

（1）論人的本質

劉曉波是否定「本質」的。他指出：「什麼是本質？本質只不過是人在特定的時空環境中，在特定的動機和目的的推動下對宇宙萬物的理論抽象和主觀把握……是理性藉以規範感

性的個體生命的手段。……人所面對的對象永遠是具體的、活生生的、瞬息萬變的，它們每時每刻都是在具體的條件下，在不斷的運動中創造著新的自我，人的理性認識永遠無法超越這種永恆運動中的具體創造。同一個具體的太陽系，從古希臘到現代，就被一次又一次地重新解釋，將來還會有數不清的新解釋。因此，任何理性所概括出的本質都不是超時空、超歷史、超現象、超感性的，正像任何真理一旦超越自身的界限就會變成謬誤一樣。……理性所抽象出的本質，一般永遠無法究盡個別的、具體的感性現象（存在），正像人無法用理智窮盡情感、用意識窮盡潛意識一樣。……在任何具體的存在背後都沒有本質。在對人的意識呈現著的世界和本來的世界之間（主體與客體、本體與現象），在理性所概括出的本質與具體的存在之間（理性與感性、闡釋與被闡釋），永遠存在著一條鴻溝。這條鴻溝的開掘者不是別人，而是人自身。人的企圖追求無限、永恆的超越衝動和人本身的有限、短暫便決定了這條鴻溝的永遠存在。」[1]

按同樣的邏輯，劉曉波認為「人也沒有固定的本質」，因為「人永遠處在不斷形成的過程中」[2]。因此，「歷史上那些五花八門的關於人的本質如何如何的定義，無論是自然性、本能

---

[1] 劉曉波：《選擇的批判》，上海人民出版社1988年版，第15—17頁。

[2] 同上書，第22頁。

性、感性，還是社會性、階級性、實踐性、理性……都是企圖根據過去的經驗為人規定一個永恆不變的先驗本質，確立一種超越人的具體存在的人性模式……在這裡，從過去的經驗中的抽象出先驗本質就是一種荒謬的二律背反，……任何理論上對人的本質規定都僅僅是描述了人的一個側面，沒有能夠窮盡人的人性理論。」[1]、「對人性的本質規定是蒼白的、淺薄的、有限的，而人性本身則是白色的、深邃的、無限的。」[2]、「人的本質是什麼？每個時代、每個民族都有各自的特殊標準，這些標準只是從不同的側面揭示著人的生存狀態，而不是像那些哲學家們主觀上斷言的那樣，是揭示了人的本質。」[3]

一方面認為人是無本質的，另一方面，在談到人與動物的區別與聯繫時，劉曉波又說：「我認為，人與動物、人與自然之間的區別和聯繫是多層次的，人之為人既在作為一個群體（社會主體）與自然的區別中，也在甚至更在個人與社會之間的區別中。前者只說明了人的群體組織不同於動物的本能式合群，後者則說明了人作為個體與群體的關係絕不同於單個的動物與群體的關係。人作為個體是具有自我意識的、追求自身獨立性的獨立發揮和實現的生物。而動物不是作為獨特的個體，而是作為群體的一份子，動物根本不具有獨立意識……能否成為具有自我意識的獨立個體，這是人與動物的最根本的區別。」[4]、「我認為：人與動物的最根本的區別不但是人能意識到自身，更重要的是能意

---

[1] 同上書，第22頁。
[2] 同上書，第23頁。
[3] 同上書，第86頁。
[4] 同上書，第85頁。

識到自身的特殊性和局限性。意識到特殊性（人與動物的區別、個體與群體的區別、自我與他人的區別），也就具有了追求自主、獨立的自由意識；意識到局限性（人與動物的共同性、人必須在某種程度上依賴群體、自我經常受他人的束縛、人總是要死的），也就具有了追求自我超越的形而上追求。而這兩者的有機結合，便是每個個體在獨立自主地完成自身的自由中達到自我超越的實現。這就是人的主體性。」[1]、「……動物性仍然是人體不可缺少的重要組成部分，它總還是或多或少、或低級或高級地滿足了人的某種現實需要。」[2]

劉曉波對人的自我意識的剖析是深刻的；他在論述人與動物的聯繫與區別、人的局限性與特殊性、人的動物性與自我意識性時，客觀上已顯示了他對人性、人的本質的理解（並且這種理解與李澤厚是無大分別的），並顯示了與他「人無固定本質」觀的內在矛盾。然而為了與他非本質主義的「人的本質」觀相吻合，他又偶爾補充說：這種「關於人與動物、自然之間的區別的規定」、「所描述的也僅僅是人性的一個層次、一個側面」[3]。

事實上，「本質」是事物自身的特殊規定性，是一事物區別於他事物的客觀依據。如果否認了「本質」，事物之間也就失去了區別。顯然，不管人們對事物的本質怎樣認識，客觀事物的本質是不能取消的，也是取消不掉的。就人而言，儘管人生的現象豐富無限，不同時代，不同民族、國度、階級展現的人性也千差萬別，但只要叫做「人」，總有共同的穩定的規定性（即本

---

[1] 同上書，第55—56頁。
[2] 同上書，第75頁。
[3] 同上書，第86頁。

質）存在著。這共同的、穩定的規定性就是，與一般動物區別，人具有意識性；與人類杜撰的神區別，人具有動物性。動物性與意識性的統一，就是人類誕生以來自古不變的人性或人的本質。

從人與動物的根本區別是自我意識出發，劉曉波批判了李澤厚的「工具本體」論：「他突出製造工具、使用工具的實踐活動在人類發展中的決定性意義，認為這種實踐先於人的其他活動，是人類之所以為人（區別於動物）的終極根據。」然而，「如果沒有個體的這種先天的主體能動性（思維創造力），也就不會有任何可以稱之為人區別於動物的工具、實踐的出現。」[1]、「自然一旦進化到了人的階段，那麼人的先天賦予的全部生理機能（思維就是這種機能）在整體上就必然不同於動物。」、「李澤厚認為實踐造就了人、規定著人，但是如果沒有人在這個宇宙上的出現，實踐將從何談起？如果人的實踐不具有意識的自覺性和以自我超越的欲望為動力，那麼人的實踐與動物的活動又有何區別呢？」[2]應當說，劉曉波的這一批判擊中了李澤厚的要害。李澤厚以製造、使用工具的勞動實踐為人的根本特徵，實際上勞動、實踐又是以有意識機能的活動主體──人的存在為邏輯前提的。

從對人的局限性（動物能）與特殊性（非動物性）的上述認識出發，劉曉波指出了人生的痛苦性和悲劇性：「人與動物相區別的特殊性與其說是人能超越動物、超越自然，不如說是人始終處在意識到人的局限，並想超越這種局限而在現實中又無法真正超越的兩難境地中。這就是人的悲劇、人的苦惱。……從這

---

[1]　同上書，第54頁。
[2]　同上書，第55頁。

個意義上講，人的特殊性就在於人能意識到自身的永恆的悲劇命運，意識到必然的死，意識到宇宙和人生在終極意義上的不可知。」[1]認識到人生的悲劇性、虛無性，這是劉曉波深刻的地方；但他批判李澤厚「不能正視人的悲劇」，「對人的悲劇毫無感覺」，則是冤枉了李澤厚（參本書李澤厚章「生死意識」節）。

（2）抬高感性，貶斥理性

儘管理性的自我意識是人區別於動物的根本屬性，但劉曉波並沒有給理性在人的價值系統中挪出應有位置。相反，他片面抬高感性，貶斥理性：「理性是什麼？理性是人的感性生命所具有一種自我意識的機能，只有在感性生命充分迸發的基礎上才會有真實的理性可言。理性一旦不是為感性生命的發展和實現服務，而是反過來壓抑感性生命，那麼理性就成了一種虛假的自我意識，成了專制暴君。這種壓抑一旦過長，就會造成感性生命和理性自我意識的雙重死亡。因為感性生命的枯萎意味著生命本身的死亡。生命本身死亡後，它所具有的一切機能也就隨之死亡。中國人的生命創造力的萎縮正是這種死亡的反映。」[2]認為感性生命是理性意識物質承擔者，反對無視感性生命存在的成見，這是別具識見的；但完全取消理性規範對感性生命的束縛，這在實踐中又是行不通的。

同樣，劉曉波批判中國傳統的人性理論：「理性者、道德者、仁義者，人也；感性者、情欲者、不仁不義者，獸也。社會

---

[1] 同上書，第57頁。
[2] 同上書，第18頁。

公德，萬善之根；個體生命，萬惡之源。」[1]批判中國古代的道德教化：「將人的本能衝動壓入意識的最底層，用層層淤積的道德覆蓋物來嚴密地封閉感性的衝突，使之很難出現，使生命呈現出一種麻木狀態。這就是以人為的非生命徹底代替人的先天生命本身。更可怕的是，當這種內在化達到一種類似於人的本能和天性的狀態之時，人便完全成為非人。這種內在化能將人的一切發自本能的情欲行為變成道德行為，將人的一切自然的感性衝動引向理性規範的方向，使人類天生的、最自然的情欲表現總是與等級之禮教獲得統一性，把人的來自本體生命的對理性道德和社會壓迫的反抗異化為對等級觀念的強化，吃穿往行不是為了活命，而是為了莊嚴的等級禮儀；結婚不是為了性的需求，而是為了生個男兒，光宗耀祖；父子之愛、兄弟之性、夫妻之情、朋友之誼，這些人與人之間最自然的情感需要，被『孝』、『悌』、『夫為妻綱』等道德規範完全社會化了，成為綱常名教的具體內容。」[2]、「儒家的道德理性積澱的時間之長已形成了厚而堅的心理板結層，不僅生命力被徹底壓抑，而且實證理性、思辨理性、宗教理性也一直處在萎縮的狀態。因此，中國人沒有敢於而對真實的精神，缺乏嚴密的邏輯思維能力，更缺少一種純精神性的宗教獻身精神。在形而上的層次上，沒有指向神祕的永恆和無限的超越性追求；在形而下的層次上，又沒有以事實為依據的指向明晰實證的追求和縱欲主義傾向，這是感性生命與理性精神的雙重死亡。因此，突破這種道德性的長期積澱是極為困難的，但又必須突破，不突破將永遠沒有真正的生命創造力

[1] 同上書，第108頁。
[2] 同上書，第92—93頁。

353

的發揮。唯一的辦法是徹底否定性的思想啟蒙，是脫胎換骨的生命更新。」[1]、「人類也好，個人也好，最可怕的莫過於感性生命中長期地積澱著理性。這種長期積澱會因為得不到來自感性生命力的經常衝擊而形成一種無意識心理板結層或『第二天性』，用自身的教條性、保守性、有限性去主宰感性生命，使之在任何情況下都很難擺脫理性的束縛。久而久之，感性生命便異化為一大堆僵硬而冰冷的理性法則。而生命的熱量一旦消失，人就不再是人，而是機器，它的操縱者不是每個人本身，而是來自外在的異己力量。」[2]、「人的生命最光輝燦爛的時刻就在這種[3]突破之中，人的創造力的最充分的發揮也在這種突破之中」[4]。我們反對理性對感性的無理束縛，但我們承認理性對感性的合理約束。這合理的理性就是社會公意，是特定時期、特定國度約定俗成、普遍認可的行為規範。一個情欲橫流的社會是無助於每個個體感性生命的滿足。這是我與劉曉波的根本分歧。他由此全盤否定包含相當合理的理性成分的儒家文化，否定主張感性與理性統一（包括理性的感性積澱）的李澤厚，我也不能贊同。

（3）高揚個性，鄙薄社會性

在人的個體性與社會性關係上，李澤厚主張二者統一。由於現實中社會對個性壓抑過甚，李澤厚更偏重個性的解放。劉曉波則把李澤厚假想為「否是個體主體性」的「整體主體性」或

---

[1]　同上書，第20頁。
[2]　同上書，第18頁。
[3]　感性對理性的——引者。
[4]　同上書，第19頁。

「社會本體論」的宣導者加以批判，片面抬高人的個性、獨立、自由，鄙薄人的社會性、整體性，忽視了人的依他性、不自由性。他批評說：「李澤厚……的哲學思想中最為當代中國的青年人所欣賞的是他突出了的主體性……然而……李澤厚的主體性僅僅是形式上的，……因為他從主體性中抽掉了感性的個體生命，代之以理性主體……社會主體，即以整體主體性來取代和否定個體主體性。所以，李澤厚所突出的主體性與其說是為了強調人的自由，不如說是為了以更巧妙、更迂回的方式，更有效地束縛人的自由。」、「在他那裡，人的主體性只有一個層次上的含義：作為社會的、歷史的人與自然相對立的主體性。而在事實上，人的主體性具有雙重意義：在人與自然的關係中，人的主體性是作為類的、理性的、社會的、一體化的整體主體性而出現的；而在人與社會的關係中，人的主體性是作為個人的、感性的、多元化的個體主體性而出現的。前者表現為人對自然的改造和征服，後者表現為個人對社會的反抗和超越。整體主體性就是人類整體、就是社會組織；個體主體性就是相互獨立的個體，就是個人權利。」[1]

由此，他提出了人的「個體主體性」概念和崇尚個性、獨立、自由、孤獨感等人學主張：「人不是為了束縛自身，而是為了更好地發揮每個人的創造力和滿足每個人的需要才創造社會的，但是社會作為群體組織，其本身卻要產生一種不斷地脫離個體的離心力，異化為對個體的束縛。換言之，人的自我保存、自我發展、自我實現必須以某種程度的自我犧牲為前提，社會的創

---

[1] 同上書，第42—43頁。

立正是個體所做的自我犧牲。但是，只要通過這種自我犧牲能達到更高層次的個體的自我發展、自我完成，那麼人類便會以自願的協作方式訂立某種契約；而一旦這種自我犧牲所帶來的不是更好的自我發展和自我完成，那麼人類便要砸碎這種外在的強迫性約束，重新創立新的契約——社會。因此，一種社會、一種理論的合理與否，就要看它們能否在人類特定的自我意識的水準上、在特定的時空環境和歷史條件之中最大限度地為個人的創造力的發揮、感性欲望的滿足提供可能性和現實性，也就是為每個人提供某一特定歷史階段上的最大限度的自由。」[1]、「特別是那些天才人物，只有給他們每個人以充分的自主和自由，充分發揮其與眾不同的特殊性，使只屬於他個人的內在自然得到自由的迸發，他才能在對外在自然的對抗中、在推動社會（人類整體）的發展中有偉大的發現和創造。」、「如果整體、社會全然不顧個體的特殊性而一味要求統一和服從，那麼個體的創造力便會被削弱、被壓抑以至消失，而個體的創造力的喪失也就等於整體創造力的滅亡。」[2]、「人類作為整體主體性只有落實到每個人的個體主體性身上才能產生無窮無盡的創造力，人類才能呈現出多層次、多色調、多聲部地類存在，世界才能充滿勃勃的生機。自由的權利只有是每個個體的實際權利（特別是思考的自由），自由才不會成為空洞的概念。也就是說，任何權利一旦脫離具體的個體就都變成了虛假的許願和欺騙。每個人要對社會、對法律、對政府明確地發問：我究竟有多少權利，你們必須給予具體的回答。再強調一下，一個社會只有以個人（而不是一般的人、

---

[1] 同上書，第29頁。
[2] 同上書，第44—45頁。

人類）為本位、為目的，為每個個體的充分而自由的發展盡可能地提供最佳條件，這個社會才能在整體上大踏步地前進。」[1]因此，「在個人與社會的關係上」，劉曉波「強調以個人為主體、為本體、為中心，強調個人對社會的能動的參與與改造」，並指出「對『個體主體性』的覺醒、對『個人本位主義』的意識，是人類社會發展到文明階段的產物，也是文明社會的標誌：「人類自覺地意識到了每個個體的人作為人類整體（類存在、社會）中的一個特殊的存在而有別於其他同類，每個人都是一個特殊的世界，人類要想充分地發展自身，必須首先發展每個個體的獨特性，讓個體在社會中保持其獨立性，給個體以經濟上、政治上、言論上的自主權，也就是給個體以自由。自由的程度就是人類發展的尺度，人的實現就是人的自由，因為自由是人的先天權利。」[2]獨立、自由決定了人必須敢於冒險、能夠忍受孤獨、焦慮甚至絕望：「自由意味著必須忍受孤獨，忍受離開母體後來自陌生的世界的威脅。自由就是冒險，是獨身一人面對世界。伴隨著自由而來的必然有焦慮、懷疑、彷徨、甚至絕望。」[3]、「孤獨感、悲劇感、幻天感是知識分子必備的生命體驗。」[4]「沒有孤獨感和獨立性就沒有知識的力量，就沒有天才的個人」，就沒有「無堅不摧」。知識分子的真正力量，正在於「他作為一個自由的思考者的獨立和孤獨」[5]。

　　劉曉波以此觀照、分析人類社會的古今發展和東西方文化

---

[1]　同上書，第49頁。

[2]　同上書，第51頁。

[3]　同上書，第52頁。

[4]　同上書，第41頁。

[5]　同上書，第40頁。

的根本區別，認為人類社會發展的歷史就是群體本位向個人本位發展的歷史[1]，東方文化，尤其是中國傳統文化是群體意識為核心的文化，西方文化尤其是文藝復興之後的西方文化是個體意識為核心的文化。因而他對中國傳統文化竭盡否定之能事。

劉曉波反覆強調的「個性意識」、「獨立意識」、「自由意識」、「自主意識」和「懷疑精神」、「思考精神」、「冒險精神」、「進取精神」[2]，對於恢復長期被踐踏的個人價值、地位和權利，糾正建國三十年來盛行的「破私立公」、「大公無私」的道德偏見，戳穿「以一切為公來變相地獲得私利」[3]的虛偽假象，打破專制主義，粉碎救世主意識，具有一種李澤厚所不及的矯枉過正、震聾發聵的殺傷力。然而就其理論的內在邏輯卻存在不少漏洞。例如從上述引文來看，他是只要個體性、不要社會性，並強調「個體主體性」與「整體主體性」的對立的，然而同時，他又承認，「個人如果毫無節制，社會整體的力量也將受到危害」[4]，「每個人自我保存、自我發展，自我實現的先決條件是征服自然，征服自然的先決條件是社會整體的力量」[5]，人類社會可以「在保證一體化的人類的整體主體性對外在自然的支配權力和征服力量的同時，又能最大限度地發揮多元化的個體主體性的內在自然的創造力」[6]。可見，他又是不反對，甚至認可個性與社會性的統一的。他在肯定個體主體性，特別是「思考

---

[1]　同上書，第45—46頁。
[2]　同上書，第71頁。
[3]　同上書，第70頁。
[4]　同上書，第46頁。
[5]　同上書，第49頁。
[6]　同上書，第45—46頁。

的自由」[1]時，也就肯定了人的理性。諸如此類自相矛盾，令人不知何取何從。既然個性與社會性、感性與理性不是不可以統一的，那麼我們就不明白劉曉波與李澤厚有什麼根本分歧。事實上，儘管劉的表述有不嚴密的地方，但他的主要傾向、基本觀點還是很明確的，即只要個性，不要社會性；只要感性，不要理性；只要自由，不要約束。其實，即使個人本位主義的西方現代社會，也講究「互利」，講究「我為人人，人人為我」。徹底拋開社會性的個性是不存在的，也更加有害和可怕。

（4）對凝聚感性與個性的審美的高揚

審美上，李澤厚提出「積澱」說。所謂「積澱」，即理性以感性的方式存在、社會性以個性的方式存在。說到底還是兩者的統一，只不過是無意識的統一。劉曉波則認為，「感性和個體所形成的生命是審美的『上帝』」，「審美不是『積澱』，而是對積澱的突破，是感性生命突破理性積澱的人性之輝煌，是個體獨立超越社會束縛的人性之解放，是感性的個體生命的自由之最高境界。」[2]劉曉波偏尚感性與個性，因而也就高揚以感性與個性為內核的審美，並反復強調審美的感性和個性特質：「人類之所以需要審美，審美之所以在人類的生活中佔有不可替代的位置，就在於審美最忠實於一切被理性、被社會所壓抑的感性個人，忠實於一切理論概括和本質規定所要捨棄的和無法概括的東西，忠實於具體的、活生生的、豐富多彩的、具有不可預測的深度和無限可能性的人，忠實於人的最深層的潛意識。審美的視野永

---

[1]　同上書，第49頁。
[2]　劉曉波：《選擇的批判》，上海人民出版社1988年版，第41頁。

遠在理性的疆界之外，是理性的目光永遠達不到的人性新大陸，它從不顧忌社會的道德和法律對人的具體評價，直入道德和法律永遠無法光顧的每個人的最隱秘的心靈。」、「理性要求一般、共性、本質、抽象、必然、穩定、法則，要求把千奇百怪的東西納入一種模式之中，而審美則要求特殊、個性、現象、具體、偶然、易變、無法，要求完整地呈現怪怪奇奇，無法重複的每一種事物；理性是分析、歸納、演繹、推理，是邏輯的清晰性，概念的確定性，結論的封閉性，而審美則是物象的自動呈現、心靈的自由表現，是不需要任何分析、歸納、演繹、推理的直接感悟，是非邏輯的模糊性、意義的不確定性、結果的開放性。理論過於自負，總認為能用幾個原理便可窮盡無限的宇宙和人生；而審美則過於誠摯，它相信一縷照在嬰兒臉上的陽光也是無法窮盡的。因此，審美首要的、最後的都是感性的、個人的，它給予了感性個人以在其他的所有活動中從不曾有的主宰地位。凡是無感性、無特殊的生命騷動都將被審美打入地獄。」[1]、「只有在審美中，每個人的個性才能走向自我的極端，走向不可重複的生命的一次性完成。」[2]、「從人自身的矛盾狀態上看，審美是感性動力對理性法則、精神欲求對功利欲求的突破和超越；從人與宇宙、社會的矛盾狀態上看，審美是主體選擇對客體規律、個體自由對社會束縛的突破和超越；從人的自我實現的角度看，審美是人對自身的有限性、短暫性的突破和超越，也就是人的最高層次的本能欲求——自我超越——的充分實現……」[3]、「要說審美是一種

[1] 同上書，第23—24頁。
[2] 同上書，第25頁。
[3] 劉曉波：《選擇的批判》，上海人民出版社1988年版，第27頁。

提煉，那麼審美絕不是從感性中提煉理性，從特殊、個性、差異中提煉一般、共性、相同，而是從被理性規範滲透了生命中提煉出水晶般的感性，從一般、共性、相同之中發現特殊、個性、差異，……」[1]易言之，美在感性對理性、個性對社會性的抗爭，美在在這種抗爭中取得勝利的感性和個性及其凝聚成的生命。

劉曉波的審美論與他前述觀點一樣，也是偏頗的、經不住實踐檢驗的。大量審美實踐表明，美作為一種能給我們普遍帶來愉快的對象，不只事物賞心悅目的形式是美，真理的化身、善的形象因為使我們理智滿足，情感愉悅，也被人們認可為美。因此，審美就不是純感性和個體化的。

儘管劉曉波的人學思想有這樣那樣的片面性和矛盾之處，然而，作為特定時期的特定產物，它既是對過去時代壓抑人的感性、個性、生命和審美的深重災難的反叛。他的思考是豐富的，具有片面的深刻性。在中國當代人學思想史上，他有理由佔有一席之地。

5、王元化：獨立精神、自由思想

20世紀80年代末，有一本辦了四期就停刊、在海內外很有影響的《新啟蒙》雜誌，其主編就是王元化先生。

王元化，1920年11月出生，祖籍湖北江陵，1938年加入中國共產黨，1940年任上海地下文委委員，解放初任上海新文藝出版社總編。1955年受胡風事件株連，直至1979年平反復出工作，先後擔任上海市委宣傳部長、國務院學位委員會評議組成員等職，

---

[1] 同上書，第116頁。

華東師大文學院博士生導師。主要著作有《文心雕龍創作論》、
《文學沉思錄》、《清園近思錄》、《清園論學集》、《清園夜
讀》、《思辨隨筆》、《談文短簡》、《讀黑格爾》等。

　　王元化是一位有獨立思想、獨特個性的知識分子。由於他
的特殊經歷和身分，使他複出後成為中國文化思想界舉足輕重的
人物。複出後他一再強調「獨立之精神、自由之思想」。他辦
《新啟蒙》，正是這種追求的貫徹實施。

（1）《新啓蒙》的前前後後

　　《新啟蒙》創刊於1988年10月，先後出版發行了四冊，分
別是《時代與選擇（1）》，1988年10月；《危機與改革（2）》
1988年12月；《論異化概念（3）》，1989年2月[1]。

　　《新啟蒙》所說的「新啟蒙」，是相對於「五四」啟蒙運
動而言的。一來它要續起建國以後失傳了的「五四」啟蒙傳統，
二來它要在「五四」啟蒙運動基礎上再向前有所推進。王元化在
《新啟蒙》第一冊「編後」中明確表述辦刊宗旨：「理論的生命
在於勇敢和真誠，不屈服於權勢，不媚時阿世。這裡發表的文章
不一定有怎樣高的水準，但我們力求寫得認真、有心得、有創有
新境界的開拓和探索，堅決摒棄一切空話、假話、大話。我們在
探索過程中也會出現錯誤，但這是出於能力有限，而不是出於學
術探討以外的動機，或違反自己的學術良心。」這番表白，與
三、四十年代《新月》、《觀察》的辦刊宗旨何其相似！它表
明，王元化是想在打破輿論一律的格局，將《新啟蒙》辦成類似

---

[1]　《廬山會議教訓（4）》，湖南教育出版社1989年4月版。

於《新月》、《觀察》那樣不依附於權勢、不參和於政治而能獨立表達對現實問題的見解的思想自由的刊物。正如曾為《新啟蒙》編輯之一的陸曉光博士所說：「從知識分子賴以安身之命的『獨立之精神和自由之思想』的精神傳統而言，我以為這也是《新啟蒙》創辦者一直信奉、堅持和宣導的基本方面。」[1]1989年4月答記者問時，王元化特別指出：「叢刊不是時評性的，也不是純學術性的，而是從文化角度的高層次來探討人人關心的具有現實意義的問題。」、「把十一屆三中全會後的思想解放運動稱為『新啟蒙』，無非是說現在的思想啟蒙不僅是繼承五四的啟蒙運動，而是深化了。」[2]1989年「六四風波」爆發，《新啟蒙》被視為思想自由的策源地受到點名批判，被迫停刊。湖南有關出版負責人被撤職。主編王元化有驚無險，他進入了更深沉的讀書思考沉潛期。

（2）總結「五四」、繼承「五四」

　　《新啟蒙》雖然被迫停刊了，但《新啟蒙》所體現的「獨立之精神、自由之思想」並未在王元化心中熄滅。進入90年代，民主成為王元化反思的主要問題之一。而他對民主觀念的反思大體有二。一是強調「獨立之精神、自由之思想」是現代「民主」的主要內涵，這是正題；二是強調要防止「民主」借「公意」走向「專制」，因而他批判了激進的民主主義，這是反題。「民主啟蒙」也好，「獨立之精神、自由之思想」也好，都是「五四」早已觸及了的。於是，總結「五四」的真正價值，繼承「五四」的合理內核，

[1]　陸曉光：《我所知道的〈新啟蒙〉論叢》，《香港書評》1999年1月號。
[2]　《文匯報》1989年4月16日。

就成為90年代王元化的經常話題。觸及這一話題的主要篇章有《再談五四》[1]、《關於現代思想史答問》[2]、《王元化對「五四」的思考》[3]、《對於五四的再認識答客問》[4]等。他指出:「大家都說繼承五四,可是繼承五四的什麼?我認為過去寫五四思想史很少涉及『獨立之精神,自由之思想』。這句話是陳寅恪在王國維紀念碑銘中提出來的,很少被人注意,倒是表現五四文化精神的重要遺產之一。王、陳等一向被視為舊營壘中人,被劃在五四範圍之外,我覺得這是一種偏頗。問題在於這句話是不是可以體現五四時期出現的一種具有時代特色的精神?它是不是具有相當的普遍性?如果不斤斤於用文白之爭來概括五四,那麼它是否在以不同形式寫作的人物身上都同樣存在?近年來這句話漸漸獲得了許多人的認同,比較容易被理解了。倘從『獨立精神自由思想』這方面去衡量五四人物,那麼褒貶的標準會有大不同,一些被我們的教科書或思想史所讚揚的人物,將難以保持其榮譽和威名於不墜了。自然,一般所強調的民主與科學是重要的。但什麼是民主和科學?那時只能說停滯在口號的層面上。這也是民主和科學在中國不能實現的原因之一。此外,我認為五四時期提出的個性解放也是很重要的。因為中國傳統中最大的問題就是壓抑個性。」、「可是後來卻成了歷史的諷刺,個性消亡了,變成了為政治服務的工具,變成了螺絲釘,獨立精神、自由思想蕩然無存了。許多人到了三十年代左傾化之後,放棄了個性解放精神。像魯迅這樣伸張個性的思想家,也是在那時候說

---

[1]　《思辨隨筆》,上海文藝出版社1994年版。
[2]　《清園近思錄》,中國社會科學出版社1998年1月版。
[3]　同上書。
[4]　《文匯讀書週報》1998年5月1日。

自己屬於遵命文學的。」、「魯迅的思想有曲折的發展過程。他自己也說過是由進化論到階級論。大革命時，他受到血的教訓變成階級論者以後，他的思想左傾了，說自己是遵命文學。誠然，他並不是遵奉統治者、權勢者、壓迫者的命令，和那些奴顏媚骨的投機家有著根本區別，顯示了一貫的正直與骨氣。但這並不能使他不犯錯誤，因為一旦跨入遵命文學，就難免會使自己的獨立精神、自由思想不蒙受傷害。三十年代，他參與批評文藝自由與第三種人運動，是受到極左路線的影響。當時第三國際提出了反對中間派的口號，中國黨在左傾路線的影響下，同樣把中間派作為主要打擊對象，認為中間派比反動派對革命的危害還要大。文藝界也傷害了一些不應傷害的文學家。（比如施蟄存當時就被當作第三種人，魏金枝也被當作第三種人的同情者而遭批判）。如果魯迅當時不是基於政治信仰，而是以自己的獨立思想來明辨是非，分清曲直，他也許不會造成這種失誤。此外，同樣由於政治信仰，魯迅在答托洛茨基派陳某的信中，也作出了錯誤的判斷，懷疑他拿了日本帝國主義的金錢。託派也是極左的派別，我並不讚賞。魯迅所指摘的那個人，在信發表六、七年後，因抗日被捕在日本特務機關被害。但魯迅到了晚年，也逐漸領悟這種遵命文學是有弊端的。這一點，從他在不少書信中對於那些被他稱為『元帥』的文藝界黨的領導的抱怨與微詞，以及聲稱要按自以為然的道理去做……這些情況來看，是有跡可尋的。他給蕭軍信中勸他不要參加組織，認為『在外邊』還可以做些工作，恐怕也是同樣心情的流露。」[1]

在《再談五四》中，他說：「多年來我一直贊同獨立之思想、

---

[1] 《關於五四的再認識答客問》，載《文匯讀書週報》1998年5月1日。

自由之精神的說法，並曾援用『為學不為媚時語』這樣的格言……
五四時代的思想大師，無不具此精神。有的較多強調理性態度，有
的則較多表現為啟蒙思想，然而獨立精神，則是他們那一代人共有
的精神氣質。」錢鋼記述的《王元化對「五四」的思考》一文說：
「王先生認為不應因襲過去陳說，將『五四』時期的文化簡單看作
『文白之爭』或『新舊之爭』，因為這兩個概念不能完整地規範
『五四』文化的整體，它具有更深遠、更廣闊的內容。他認為，近
年來受到學界重視的『獨立的思想和自由的精神』，是『五四』
文化思潮的一個重要特徵。如果從這方面去衡量『五四』時代的學
人，過去慣用的文白界限和新舊界限就很不適用了。因為創導白話
從事新文化運動的人，並不是個個都能體現上述這一特點，有的甚
至很不符合這一要求。而那些用文言寫作的，也有人吸收了外來的
自由思想，堅持學術的獨立地位。」、「王先生認為五四時期的思
想成就主要在個性解放方面，這是一個『人的覺醒』時代。」在
《關於現代思想史答問》（1994年）中，王元化強調：「『五四』
的個性解放精神、人道精神、獨立精神、自由精神，都是極可貴的
思想遺產，是我們應當堅守的文化信念。」

　　王元化對「五四」價值的總結，亦即魯迅曾提出，後來錢
理群曾一再發揮的「個體精神獨立」。他主張以此為標準去衡量
「五四」以來的學人。結合他對激進主義的批判，可知在他的心
目中，只知否定傳統、罵倒一切的並非「五四」傳人，而像胡適
那樣的「不趨赴時髦，也不躲避危險」、「在潮流面前保持自己
的獨立思考」[1]的知識分子才是最具「五四」精神的。

---

[1] 《清園近思錄》，中國社會科學出版社1998年版，第84頁。

（3）反思「五四」、超越「五四」

　　90年代王元化做的另一項工作是反思「五四」的教訓，主張超越「五四」的不足。「五四」高舉「民主」的大旗，將具有民本主義思想的儒家傳統一概罵倒，借盧梭的社會「公意」說宣揚極端民主、絕對民主，其結果是專制統治者往往借「公意」、「眾數」、「人民」的名義壓制人的個性和權利，極端民主變成了極端專制。這種激進的民主主義是極左思潮的根源。他說：「五四思潮遺留下來的不都是好的。有的是謬誤，有的是真理中夾雜著謬誤，還有的是走了樣、變了形的真理在起影響。」[1]關於「五四」的不足和教訓，他認為主要有四方面。一是「激進主義」。所謂「激進」，指「思想狂熱，見解偏激，喜愛暴力，趨向極端」，既包括「左」，也包括「右」[2]。「激進情緒是我們今天不應該吸取的五四的思維模式或思維方式的四個方面之一，因為它趨向極端，破壞力很大。此如，由於反對傳統，而主張全盤西化。由於漢字難懂，而要求廢除漢字；更激烈者，甚至主張連漢語也一併廢掉，索性採用外語。由於反對舊禮教，而宣揚非孝。由於提倡平民文學，而反對貴族文學（指思想家、藝術家所創造的精英文化）。」、「陳獨秀在《調和論與舊道德》中曾有過一個比喻。他說：『譬如貨物買賣，討價十元，還價三元，最後結果是五元。討價若是五元，最後的結果，不過二元五角。社會上的隋性作用也是如此。』」魯迅早年寫隨感錄，也說過類似的話。他說要在一個黑屋開窗，必遭反對，但要說把整座屋子

---

[1]　《關於五四的再認識答客問》，載《文匯讀書週報》1998年5月1日。
[2]　同上。

拆掉,那麼也許可以開出一個窗子來(大意)。因此,越激烈越好,矯枉必須過正,結果往往是以偏救偏,為了克服這種錯誤而走到另一種錯誤上去了。本世紀初,無政府學說傳入中土,當時的愛國志士對於無政府主義的激進思想莫不靡然景從,其原因即在此。」王元化指出:「激進主義不是五四時期才有的。一百多年來,中國的改革運動屢遭失敗,這是激進主義在遍地瘡痍的中國大地上得以紮根滋長的歷史原因。」儘管「環境過於黑暗,愛國者認為只有採取過激手段才能生效」,激進主義有其社會歷史理由,王元化也曾因此對為激進主義的理想和事業奮鬥獻身的革命者表示「尊敬」,但他仍然不贊同以偏救偏、矯枉過正的激進主義「思維模式」和「行為方式」[1]。

　　與激進主義相聯繫的還有兩種現象。一種是「對於人的力量和理性能力的過分信賴」。「五四」是一個「人的覺醒」的時代。「人的覺醒、人的尊嚴、人的力量,使人類走出了黑暗的中世紀,但是一旦人把自己的力量和理性的能力視為萬能,以為可以無堅不摧,不會受到任何局限,而將它絕對化起來」,那就會犯錯誤[2]。在今天,「我們不應該再用烏托邦式的天國幻想,把我們所心愛的觀念、理想、制度籠罩在美麗的迷霧中,以為好的全都是好的,沒有任何缺點,沒有絲毫需要我們警惕加以防範或克服的缺陷。」[3]另一種與激進主義相聯繫的現象是崇尚絕對民主或絕對的集體主義。王元化認為,絕對民主——「全民當家作

---

[1]　《關於五四的再認識答客問》,載《文匯讀書週報》1998年5月1日。
[2]　同上。
[3]　《關於近年的反思問答》,載《清園近思錄》,中國社會科學出版社1998年版,第67頁。

主」是一種高調民主，最後往往走向「我為全民當家作主」式的
專制主義。絕對集體主義以多數壓制少數，以集體壓制個人，最
終每每導致專制主義。他說：「今天沒有任何一個有良知、有責
任心的中國人會不擁護民主思想和民主制度。但是如果不對民主
的源流、歷史的發展以及今天的現狀進行理性思考──亦即批判
精神──那將形成一個經不起歷史考驗的高調民主。相比之下，
我覺得邱吉爾的見解倒是實事求是的。他說『民主並不是一個好
的制度，但是今天還沒有比它更好的制度，所以我選擇了民主』
（大意）。雖然我並不贊成邱吉爾的許多政治主張，但是比起上
述那些高調民主論來，我覺得他的低調民主論是值得我們認真思
考的。民主制度在希臘羅馬時代並不代表進步力量，只代表一種
多數的暴政。比如……競技場的群眾以拇指向上或向下來決定人
的生死等等都是，蘇格拉底就是根據民主的程式被處死的……但
是今天有些人甚至連『多數人』應該多到包括『少數』在內即尊
重少數的存在，承認少數的權利這一民主原則都不理解，一味媚
俗……。民主和自由是兩個不同的概念，民主並不能促進自由的
發展，有時反而會成為自由的障礙。所以現代的民主觀念不是一
味強調多數，而是認為沒有少數也就沒有多數。我們把全民當家
作主之類的口號當作民主的精髓，實際上這只是一種高調民主，
一種烏托邦式的幻想。」[1]、「一些宣導自由平等的人，往往會
從他們以幻想絕對的集體主義為終極目標的主張中，導致出專制
主義。……古希臘斯巴達的集體主義，盧梭契約中的集體主義，
以及烏托邦社會主義的集體主義等等……都是自以為播下了龍

─────────────

[1]　《關於近年的反思問答》，載《清園近思錄》，中國社會科學出版社
　　　1998年版。

種，而長出來的卻是怪獸。……上面說的集體主義……相當於盧梭消融個性性和特殊性的『公意』這一概念。」[1]由此他對「五四」抬得很高的盧梭的「公意」概念提出了反思。盧梭的「公意」，即相當於「全民民主」，不僅消融了個性，也排斥了「眾意」[2]。顯然，連「眾意」也不是的「公意」在現實社會中是無法兌現的，是空想。「五四」時期愛走極端的絕對化思維方法和絕對民主觀念，還使得「五四」代表人物偏激地反對儒家而抬高法家，「實際上儒家還有著民主主義思想和誅獨夫的革命思想，可是法家卻站在君主本位立場上，實行徹底的專制主義。」[3]

王元化反思「五四」的「激進主義」，乃是著眼於「它成了後來極左思潮的根源」[4]他對絕對民主、絕對集體主義的批判，魯迅、顧準是其思想淵源。魯迅早就發覺，當人們把「民主」變成「眾數」崇拜時，「必借眾以凌寡，托言眾治，壓制尤烈於暴君」，從而形成「以獨制眾者古，以眾虐獨者今」的歷史循環。顧準指出：「不要奢求人民當家作主」，「『人民直接統治』的民主是不可能的」，「奢望什麼人民當家作主，要不是空洞的理想，就會淪入借民主之名實行獨裁的人的擁護者之列」。他還指出：「人民當家作主」的「直接民主」淵源於古代雅典和羅馬，馬克思的《法蘭西內戰》為「新法蘭西政制」描繪了一幅巴黎公社自由聯合體式的直接民主圖畫，共和國沒有一個中央政府，也打爛行政機構，取消常備軍[5]。顯然，這是一種幻想。

---

[1]　《關於五四的再認識答客問》，載《文匯讀書週報》1998年5月1日。
[2]　同上。
[3]　同上。
[4]　《清園近思錄》，中國社會科學出版社1998年版，第74頁。
[5]　參見《直接民主與「議會清談館」》，載《顧准文集》，貴州人民出版

　　王元化反思「五四」的第二個失誤是「意圖倫理」。「意圖倫理」即「先定了我喜歡什麼，我要什麼，然後想出道理來說明所以喜歡以及要的緣故。」這就是意圖倫理。「近數十年來此這意思是說：在認識真理、辨別是非之前，首先需要端正態度、站穩立場。也就是說，你在認識真理以前首先要解決『愛什麼，恨什麼，擁護什麼，反對什麼』的問題，以達到『凡是敵人贊成的我們必須反對，凡是敵人反對的我們必須贊成』。但是這樣一來，你所認識的真理，已經帶有既定意圖的濃厚色彩了。」

　　第三個失誤是「功利主義」。「五四的一些代表人物多以功利主義自居，比如錢玄同就稱自己『始終是一個功利主義者』。……陳獨秀本人也是一個功利主義者。一九一九年，東西文化問題論戰後，《東方雜誌》主編杜亞泉下臺，由錢智修替代。錢撰《功利主義與學術》一文，認為功利主義使學術失去了一種獨立地位，指出傳統觀念中所謂『《禹貢》治水，《春秋》折獄，三百篇當諫書，即此派思想』。他鑒於當時人以功利主義蔑棄高深之學，借『儒家必有微言而後有大義，佛家必有菩薩乘而後有聲聞乘』之說，來說明高深之學與人眾文化的關係，以闡明高深之學不可廢。陳獨秀對錢的批評不滿，舉釋迦的自覺覺他，孔子的言禮立教，耶穌之殺身救世，以及那些伸張民權自由的人物為例。說他們都是『徹頭徹尾的功利主義者』。這一反駁已缺乏理據，辯到後來更顯出了強詞奪理，意氣用事。他斥問道：『功之反為罪，利之反為害，《東方》記者倘反對功利主義豈贊成罪害主義乎？敢問。』這已不是講道理而變成意氣之爭了。」第四個失誤是「庸俗進化論」，即籠統地認

社1994年版，第354、368頁。

為「新的總比舊的好」[1]。

總之，激進主義、意圖倫理、功利主義、庸俗進化論，它們不僅是「五四」的不足，也是現實中值得防範的偏向。它們殊途同歸，都導致對「五四」的真正思想資源——「獨立之精神、自由之思想」的偏離。故王氏之破，正在證王氏之立也。

（4）人性是人的特性

關於人性，新時期的王元化寫過一篇《人性箚記》加以專論[2]。這是80年代前後國內人學熱中的產物。王元化依據對馬克思《資本論》有關人性論述的理解，認為「人的一般本性」不包括「人的自然屬性」，而是人區別於動物的基本屬性。「人的本質是人的社會屬性，而不是人的自然屬性。人具有各種屬性，但是人的本質並不是所有這些屬性加在一起的混合物，或者這些屬性的任何一種都成為人的本質的組成部分。人的自然屬性，像前面說的飢餓和性衝動等等，也是動物所具有的。構成人的本質的東西，恰恰是那種為人所特有、失去了他就不成其為人的因素。而這種因素就是人的社會性。」80年代末他主編《新啟蒙》，90年代他一再高揚「獨立之精神、自由之思想」，正是他80年代初表達的人性是人的特性思想的延伸和發展。王氏提出這一觀點，完全出於他自己的獨立思考，這本無可厚非，但這種看似獨立的思考卻不自覺地受到了他早年參加革命以後幾十年思想教育形成的固有人性觀念的影響，因而是陳舊的，也是有違事實的。毛澤東時代壓制、踐踏人的基本食色欲求和自然屬性，理由之一就在

---

[1]　《關於五四的再認識答客問》，載《文匯讀書週報》1998年5月1日。
[2]　《談文短簡》，遼寧教育出版社1998年版。

於認定食色欲求是非人性的，自然屬性是動物性的。其實，人性正如李澤厚、劉再復所講，應包括動物性和非動物性兩方面。剔除動物性的人性只是神性，而非真正的人性。

6、李慎之：呼喚民主與自由

20世紀末的中國思想界，有「南王北李」之稱。「王」是上海的王元化，「李」是北京的李慎之。

李慎之（1923—2003），出生於小康之家，父親參加過辛亥革命，曾任《申報》、《新聞報》駐無錫記者。慎之幼時即受過良好的傳統文化教育，又拜新文化運動之賜，得以親炙西學。在念中學時，便接觸到西方的憲政民主思想。1941年考入燕京大學讀經濟學，只念了3個月，就因太平洋戰爭的爆發加上肺病而失學。先是跑到重慶自流井曙光中學教《公民》課，一邊教書，一邊宣傳馬列，半年後，遭特務追捕而跑至成都，找到了共產黨，後調入重慶新華日報社工作。中華人民共和國成立後，在新華社編輯，周恩來外交秘書。1957年被打成右派，開除黨籍。毛澤東逝世後，摘掉「右派」帽子，歷任鄧小平外交助理、中國社會科學院美國研究所所長、中國社會科學院副院長，1990年被免職。2003年4月22日上午10時05分，因老年性肺炎不治逝世，享年80歲。

李慎之自1990年後從位子上退下來後方才開始從事著述，平均每年只寫三篇文章，產量不能算高。然而幾乎每一篇出來，都能不脛而走，成為思想界的新話題，引起議論紛紜。他留下了許多文章，卻沒有一部公開出版的文集。[1]他所做的一切，用一句

---

[1] 有一部《李慎之文集》，為李慎之夫人張貽於2004年自費編印。

話來概括就是：反對專制，呼喚民主和自由。

（1）反思、批判「專制主義」

　　李慎之一生追求自由、民主。他堅信自由、民主是馬克思主義和共產主義的應在之義。當他發現社會主義革命成功後國際國內的現實與他的自由民主理想相去甚遠，自己並身受其害時，便開始了對專制主義的反思與批判。

　　李慎之對專制主義的反思與批判起因於1957年被打成右派。1956年蘇共20大揭開史達林殘暴統治的真相，不久又發生了震驚世界的波匈事件。毛澤東派秘書向時為新華社國際部副主任的李慎之瞭解看法。李先生回憶當年情景時寫道：「當毛主席看到波匈大亂而派秘書林克到新華社來向王飛和我徵求意見的時候，我們就大談蘇聯東歐出問題的根本原因就在於沒有在革命勝利後建立起一個民主制度。冷西同志（時任新華社社長、列席中共中央政治局會議的吳冷西）向我說過，『毛主席說我們現在還是在訓政時期』，我就向林克說『請毛主席除了經濟建設的五年計劃之外，還要制定一個還政於民的五年計劃』；冷西還向我說過：『毛主席說我們現在實行的是愚民政策』，我就說『我們也要開放新聞自由』；『小學中學都要設立公民課或者憲法課，新中國每一個公民都要清楚自己的權利與義務』；冷西又告訴我『毛主席說我們的問題不止是官僚主義，而且是專制主義』，我就說『我們應當實行大民主』，『應當建立憲法法院』。」[1]現在看來，李慎之是黨內最早提出政治制度民主化改革這個重大問題的

---

[1]　李慎之：《「大民主」和「小民主」》，《百年潮》1997年第5期。王飛：時為新華社國際部主任。

思想家。但他的這番言論卻成為1957年打成右派的重要依據。然而，「就是在被劃為右派分子以後，我也還是椎心泣血日思夜想怎樣改造自己，使自己能跟上毛主席的思想。」、「當然，我也得承認後來對他老人家的思想也慢慢產生了懷疑以至異議，但是那是1959年在農村經過兩年改造看到大躍進失敗，開始有人餓死以後的事情了。」[1]這些「懷疑以至異議」，直至新時期思想界打破禁區後，尤其是他退休後才得以系統地表達出來。

反思首先對準毛澤東。中國共產黨十一屆三中全會決議對毛澤東建國以後逐漸把自己凌駕於黨和人民之上的專制主義及其發動的「文化大革命」曾有過定評。李慎之結合自己的經歷，對此有深切的反思。「我寫過一篇文章，透露了一個內容，就是毛主席在蘇共二十大以後在中央政治局常委會上說：『我們不是官僚主義，我們是專制主義。』毛主席還說：『我們執行的就是愚民政策。』……專制主義到現在也沒有變。」[2]、「1949年中華人民共和國成立，結果卻迎來了1957年到1976年的二十年極『左』路線。毛澤東自稱『我就是馬克思加秦始皇』。中國人民一百幾十年的維新、革命並沒有改變兩千多年的專制主義本質。」[3]、「中國不但有兩千年的專制主義，而且到了二十世紀下半期還發生了歷史上空前野蠻黑暗的，以『文化大革命』為頂點的當代專制主義。」[4]

由此他上溯到蔣介石、孫中山。當代專制主義有著切近的

---

[1] 李慎之：《「大民主」和「小民主」》，《百年潮》1997年第5期。

[2] 李慎之：《與杜維明先生的對話》，1998年《國際儒學聯合會簡報》。

[3] 李慎之：《中國文化傳統與現代化——兼論中國的專制主義》，《戰略與管理》2000年第4期。

[4] 李慎之：《與杜維明先生的對話》，1998年《國際儒學聯合會簡報》。

現實根源，這個根源就是蔣介石、孫中山。毛澤東由反抗蔣介石
的專制主義起家，但革命成功後卻不自覺地重蹈覆轍。李慎之批
判蔣介石：「……蔣介石率領國民革命軍北伐，統一了中國，但
是不久就暴露出其法西斯獨裁的本質。」[1]

「蔣介石是在『五四』啟蒙運動以後，以革命的名義誓師
北伐登上最高權力的寶座的，他利用民族主義來轉化人民的自由
要求，做得尤其巧妙，以『國家至上、民族至上；力量集中、意
志集中』和『為國家盡大忠，為民族盡大孝』的口號，作為排斥
異己實行獨裁的理論基礎。」[2]、「事實上，孫中山生前，國民
黨還沒有奪得全國政權。國民黨的一黨專政是他死後他的學生蔣
介石北伐成功後才實現的，但是其思想則確實導源於孫中山，導
源於軍政—訓政—憲政三階段論。而到他的學生蔣介石統一中國
以後，訓政就至少訓了二十來年。國民黨只講黨權，不講人權，
絕不考慮如何培養人民的民主精神和法治習慣，而只是在『一個
主義、一個政黨、一個領袖』的口號下獨霸政權，直到失盡民
心，自己被逐出大陸，為中國政治開了極壞的惡例。」[3]

孫中山是中國資產階級民主革命的先驅者，毛澤東對他評
價很高，也頗多繼承。不過，我們過去對孫中山民主的一面談得
頗多，而對他的專制一面談得極少。李慎之則首先捅破了這個話
題，指出「專制主義思想在他身上也一樣根深蒂固」：

---

[1] 李慎之：《中國文化傳統與現代化——兼論中國的專制主義》，《戰略
與管理》2000年第4期。

[2] 李慎之：《重新點燃啟蒙的火炬——「五四」運動八十年祭》，《開放
時代》1999年年11、12月號。

[3] 李慎之：《和平奮鬥與中國——辛亥革命九十周年祭》，《戰略與管
理》2001年第5期。

　　首先，孫中山以先知先覺自況，以天生的革命家自居，擺脫不了古來聖王明君的格局。1914年國民黨改組為中華革命黨之際，就規定了『誓言』。黨員必須發誓：『願犧牲一己之生命自由權利。服從孫先生……如有二心，甘受極刑。』1914年孫中山就任國民黨總理以後，黨章公然規定『總理對於中央執行委員會之決議有最後之決定權』。這些都給中國以後的獨裁不絕、民主難成，留下了極其惡劣的榜樣。

　　同時，孫中山革命依靠的力量基本上是遊民組成的會黨辛亥革命以前的十次革命，實際上不過是少數敢死隊攻打官衙的『舉事』，大似今天所謂恐怖主義行動。事實上，1904年1月孫中山自己在檀香山加入洪門致公黨時，就在五祖像前發三十六誓。這就決定了他在以後領導革命的時候不能不把這種會黨的習氣帶到革命內部。

　　……他還相信只要目的正確，就可以不擇手段，甚至不惜使用收買、暗殺等等陰謀權術，從而使政治上的正氣始終無由建立，使中國離民主與法治越來越遠。[1]

　　李慎之進而溯源，指出20世紀中國政治中的專制主義的最深淵源，是由秦始皇開闢的二千年多的皇權專制主義。「皇權專制主義」是李慎之對秦以後中國社會政治制度的獨特提法。李慎之不贊成「封建專制主義」的提法，更不贊成中國自秦以後是封建專制主義社會的說法。在他看來，「封建」與「專制」恰恰是矛

---

[1]　李慎之：《和平奮鬥與中國——辛亥革命九十周年祭》，《戰略與管理》2001年第5期。

盾的。秦以前的周朝實行「封邦建國」的封建制，諸侯國擁有很大權利，周天子到沒有太大的專制特權。因此才出現了春秋戰國時期周天子被架空，諸侯爭霸，秦統一六國，取而代周的結果。秦始皇吸取周朝封建制不利於天子集權的教訓，廢除封建制，實行郡縣制，郡縣不再擁有諸侯國那麼大的獨立自主權，由中央垂直領導、皇帝直接統轄，開專制主義政治統治之先河。「中國專制主義是從什麼時候開始的呢？我想避開一切可能的爭議，截斷眾流，定為西元前221年秦始皇時算起。」、「他既然掃滅諸侯，併吞六國，就索性廢除了有近千年歷史的封建制度，而改行郡縣制，分天下為三十六郡，沒郡又分為若干縣，由皇帝派出的大臣直接統治。」[1]漢朝雖然推翻了暴虐的秦朝，但除了小範圍地給皇室兄弟分封邦國外，主要實行的還是對皇帝直接負責的郡縣制。尤其是漢初七國諸侯王的叛亂，更堅定了皇帝專制集權的郡縣制。後來郡縣改為行省名異而實同，皇權專制主義實質不變。因此，李慎之指出：

> 漢承秦制，後世又承秦漢的制度，歲不無斟酌損益，但是到底沒有什麼根本的變動。所以譚嗣同說「兩千年之政皆秦政也」，毛澤東也說「百代皆行秦政制」，實在是千真萬確的。[2]

---

[1] 李慎之：《中國文化傳統與現代化——兼論中國的專制主義》，《戰略與管理》2000年第4期。

[2] 李慎之：《中國文化傳統與現代化——兼論中國的專制主義》，《戰略與管理》2000年第4期。

中國政治的專制主義體制決定了中國文化傳統的專制特徵。李慎之因而對中國文化傳統評價不高：「中國的文化傳統可以一言以蔽之曰『專制主義』。」[1]他由此解釋中華人民共和國歷史上民主政治不健全的文化成因：「中華人民共和國成立的時候繼承的就是從秦始皇到孫中山、蔣介石這樣一份專制主義的遺產，因此它在建立民主政治方面的艱難竭蹶，也就可想而知了。」[2]

李慎之對中國古今專制主義的這份正視、批判與反思，表現了一位老共產黨員敢於敢於實事求是、自我批評的坦誠和勇氣，帶有現實和歷史的深度。

（2）自由主義、個人主義

正是基於對中國歷史和現實中專制主義的深惡痛絕，李慎之開始了對自由、民主、個人主義的追求。他說：「對這種專制主義的深刻批判、深刻反思是中國自由主義的最大資源。」[3]這句話也可作為他本人思想歷程的自況。他也因此被稱為「中國自由主義者的領袖」。[4]

李慎之最早是在1997年7月給《顧準日記》寫的序《智慧與良心的實錄》中提出「自由主義」概念的：「說他放棄的是專

---

[1] 李慎之：《中國文化傳統與現代化——兼論中國的專制主義》，《戰略與管理》2000年第4期。

[2] 李慎之：《和平奮鬥與中國——辛亥革命九十周年祭》，《戰略與管理》2001年第5期。

[3] 李慎之：《與杜維明先生的對話》，1998年《國際儒學聯合會簡報》。

[4] 《關於自由主義答客問》，1999年12月，張貼2004年自費編印《李慎之文集》。

制主義，追求的是自由主義，毋寧更符合他思想實際。」[1]他正式、全面、系統地闡述「自由主義」的涵義和主張是在1998年北京大學建校100周年時為《北大傳統與近代中國──自由主義的先聲》（中國人事出版社1998年版）一書所作的序〈弘揚北大的自由主義傳統〉一文中。在這篇文章中，他清晰勾畫出北大的自由主義傳統：

> 第一個把「自由「概念引入中國的就是曾任北大校長的嚴復。他翻譯了穆勒的《論自由》，……給中國帶來了自由的經典定義：人生而自由，他可以做任何他願意做的事情，但是必須以不妨礙他人的自由為界限。……1902年他出任京師大學堂譯書局總辦，正式成了「北大人」，1912年出任北大改名後的第一任校長。

> 蔡元培在1917年出任北大校長，提出「囊括大典，網羅眾家，思想自由，相容並包」的方針，把北大改造成一所名副其實的現代大學，使北大正式成為在中國引進和發揚自由主義的基地。正是在這個方針的指導下，北大出現了中國學術史上自稷下學宮以來從來沒有過的百家爭鳴的局面，而且超越這個傳統，使學術得以脫離政治權力而具有完全獨立的品格。以後，在1919年形成了震動全國的「五四」運動。

> 繼蔡元培自1923年起任北大校長十五年的蔣夢麟也把「大度包容」作為辦校方針……蔣夢麟宣告「我們當繼續

---

[1]　《顧准日記》，經濟日報出版社1997年版。

不斷的向『容』字一方面努力。『宰相肚裡好撐船』，本
校『肚裡』要駛飛艇才好。」

曾經擔任北京大學客座教授的陳寅恪一生盡瘁學術，
謹守「獨立之精神，自由之思想」。……他的後半生經歷
了及其險惡的政治壓力，然而他到死也沒有向政治壓力低
頭，實踐了他早年說過的話：「不自由，毋寧死耳！」

1957年以後，大批判在全國已成不可抗拒之勢，當自
由主義在中國眼看就要滅絕的時候，寫了《新人口論》
的北大校長馬寅初在猛烈的圍攻下仍然在1959年11月發出
《重申我的請求》說：「我雖年近八十，明知寡不敵眾，
自當單槍匹馬出來應戰，直到戰死為止，絕不向以力壓服
不以理說服的那種批判者投降。」

北大可以永遠自豪的是，它是自由主義在中國的播種
者和啟蒙者。

同時，李慎之對「自由主義」的內涵作了系統界說：

自由主義認為：人人都有追求自己的快樂和幸福的自
由，都有發展自己的創造性的自由，只要不損害他人的
自由。

人人都享有自由，就有可能形成一種制約的機制，使
社會有序發展，同時堵塞了產生專制暴君的門路。自由主義
者最懂得一個人必須自尊、自強、自律、自勝，最懂得對他
人要尊重、要寬容。自由主義者不但樂於聽取各種各樣的反
對意見，而且保護反對意見。他的信條是：「我雖然反對你
的意見，但是堅決認為你有發表你的意見的權利。」他只是
絕不寬容扼殺別人的自由的專制者和獨裁者。

　　自由主義可以是一種政治學說，可以是一種經濟思想，也可以是一種社會哲學。它可以是一種社會政治制度，更是一種生活態度。只有全社會多數人基本上都具備了這樣的生活態度，也就是正確的公民意識，這個社會才可以算是一個現代化的社會，這個國家才可以成為一個法治國家。

　　由此，他明確提出了「自由主義」的價值主張：「在人認為有價值的各種價值中，自由是最有價值的一種價值。」、「值此北京大學建校100周年之際，最要緊的是要弘揚北大的自由主義傳統。「發軔於北京大學的自由主義傳統在今天的復興，一定會把一個自由的中國引進一個全球化的世界，而且為世界造福爭光。」

　　自由主義價值的核心是個人主義。李慎之宣導「自由主義」，必然要對「個人主義」加以正名。在1999年發表的另一篇文章中，李慎之公開提倡「個人主義」：「對於中國的自由主義者的第一個教訓就是，不但要提倡自由主義，而且要提倡作為自由主義的核心的個人主義。要提倡不但有自尊而且有自律，不但能自強而且能自勝的個人主義，能伸張自己的權利也能擔當自己的責任的個人主義。」[1]在《修改憲法與公民教育》一文中，李慎之挖掘「為什麼中國的現代化一百年來成就不大」的原因：「第一個原因就在於中國始終沒有能培養出夠格的現代化公民，沒有能培養出不但能自尊而且能自律、不但能自強而且能自勝的

---

[1]　李慎之：《為龍應台〈八十年代這樣走過〉一文所作的按語》，《廣州文化時報》1999年1月。

獨立、自由的個人，沒有能培養出既能伸張自己的權利，也能擔當自己的責任的個人。」[1]

　　眾所周知，毛澤東對自由主義和個人主義是持否定態度的。對此，李慎之頗不以為然：「毛澤東在1937年歸納了11種不怎麼合乎『黨性』的行為，稱之為『自由主義』的表現，專門寫了一篇《反對自由主義》的文章，可以說是敗壞了自由主義的聲譽；同時，他更是不斷地批評個人主義，直到稱之為『萬惡之源』，從而切斷了對民主的正解。」[2]作為一個馬克思主義者和共產黨員，如何將「共產主義」與「自由主義」調和起來，確實是一個有待回答的理論課題。在1999年《關於自由主義答客問》中，有人提出這樣的問題。李慎之的回答是：

　　如果倒退到60年以前，那時的我只知道共產主義是最自由的，自由主義不過是比較低級的階段而已。因此，根本不認為兩者有什麼矛盾。如果倒退到40年前，那時我已經知道了實踐中的馬克思主義，亦即蘇聯、中國式的共產主義是與自由主義完全對立的，自由主義完全是資產階級意識形態。但是當時的我雖然知道了這一點，心裡卻是懷疑的……如果退到20年以前，那時極左思潮已開始失勢，改革看法已經開始。我又覺得共產主義與自由主義沒有太大的矛盾了。尤其是「初級階段」的理論確立以後，心裡更加明確，不論共產主義何時實現，人民目前首先要爭取自由，這點是沒有疑問的。

　　李慎之多次引用馬克思、恩格斯在1848年寫的《共產黨宣

---

[1]　《改革》1999年第3期。
[2]　李慎之：《革命壓倒民主——〈歷史的先聲〉序》，《歷史的先聲》，香港博思出版集團2002年版。

言》和毛澤東在1945年寫的《論聯合政府》中的兩段話為論證共
產主義與自由主義、個人主義並不矛盾,而且前者應當包含後者
的論據。《共產黨宣言》指出:在共產主義社會裡,「沒一個人
的自由發展是一切人的自由發展的條件。」《論聯合政府》指
出:「沒有幾萬萬人民的個性的解放和個性的發展⋯⋯要想在殖
民地半殖民地半封建的廢墟上建立起社會主義社會來,那只是完
全的空想。」、「只有經過民主主義,才能達到社會主義。」

　　李慎之對自由主義和個人主義價值的重新認識和公開宣
導,既源於批判專制主義的需要,也包含著一個馬克思主義理論
工作者在全球化的時代背景下努力使馬克思主義學說與普世價值
譜系融合起來的睿智。

(3) 重新點燃民主與啓蒙的火炬

　　李慎之一方面以「自由」為最高的價值追求,另一方面,又
把「民主」作為中國當下的歷史使命和現代化的目標提出來。如
他說:「中國當前的第一任務仍然是『爭民主』。」[1]、「作為一
個中國人,我對新世紀最大的希望就是能夠完成毛澤東在1945年
提出的任務」,即「幾萬萬人民的個性的解放和個性的發展」的
「民主主義」。[2]2003年2月21日李慎之逝世前在天則經濟研究所
所作的演講中,他又一次提出:「中國現代化的目標是民主。」

　　李慎之時而高舉「自由」的旗幟,時而抬出「民主」的目
標。看似說法不同,實則二者是相互聯繫的兩面,有時甚至是一

---

[1]　李慎之:《為龍應台〈八十年代這樣走過〉一文所作的按語》,《廣州
　　文化時報》1999年1月。
[2]　李慎之:《新世紀,老任務》,《書屋》2001年第1期。

回事。如前所述，李慎之強調的「自由」，是人人享有的獨立自主權利，在這個意義上就是「民主」。在具體論述中，李慎之常常二者聯繫起來談。如說：「無論問題如何複雜，中國當前的第一任務仍然是『爭民主』。只有有了言論、出版自由，有了結社自由，中國人才有可能著手更艱難的任務──改造國民性，其實是解放被幾千年的專制所扭曲了的人性，發揚沒一個人的本真人性。」[1]「民主的價值歸根到底是個人的價值，所以民主主義者必須以自由主義和個人主義為出發點。」[2]

長期以來，我們習慣在「民主」前面加上「無產階級」、「資產階級」等標籤，而事實是「無產階級民主」往往使人民享受不到「民主」，有的倒是專政的血腥與恐怖。而那些盛行「資產階級民主」的國家，人民倒享有更多的自由權利。事實教育了李慎之：「我更是恍然大悟：根本就沒有什麼資產階級民主和無產階級民主的不同，也沒有什麼舊民主與新民主的不同，民主就是民主。」[3]

這個共同的「民主」原則是什麼呢？大原則是「主權在民」，具體原則是：

（1）在現代，主權的價值就在於保障公民的個人權利，亦即人權。包括聯合國人權公約所列的各項權利……

（2）實行多數決定原則（不是少數服從多數）……

---

[1] 李慎之：《為龍應台〈八十年代這樣走過〉一文所作的按語》，《廣州文化時報》1999年1月。

[2] 李慎之：《革命壓倒民主──〈歷史的先聲〉序》，《歷史的先聲》，香港博思出版集團2002年版。

[3] 李慎之：《回歸五四，學習民主》，《書屋》2001年第5期。

（3）民主政府必須是法治的政府，一個國家—人民的命運共同體，只有憲法是至高無上的……

（4）……只能實行間接民主即代議制。權力必須以權力來制衡，因此必須三權分立……[1]

與「民主」相聯繫的另一個概念是「啟蒙」。「什麼是啟蒙？啟蒙就是以理性的光芒照亮專制主義與蒙昧主義的黑暗。」[2]「中國傳統文化的核心就是專制主義，由專制主義又必然衍生出蒙昧主義。」[3]因此，在紀念「五四」運動八十周年的祭文中，他鮮明提出：「重新點燃啟蒙的火炬。」[4]

關於民主、啟蒙、自由主義和個人主義，李慎之認為「五四」時期的文化健將如陳獨秀、胡適、蔡元培、魯迅等人已經做了很深入的理論批判和建樹，我們今人尚未超越，因此，他主張「回歸五四」，學習五四時期的「民主啟蒙」，弘揚「自由主義」和「個人主義」，為建設現代化的民主社會服務。他不贊成離開五四的什麼「新啟蒙」。20世紀40年代中葉，陳伯達、艾思奇等共產黨人發起了區別於五四「資產階級啟蒙」的「馬克思主義啟蒙」，即「新啟蒙」。「所謂『新啟蒙』，照它的原意就是對舊啟蒙的超越，實際上則是對『五四』的『民主』與『科

1 李慎之：《中國現代化的目標是民主》，2003年2月21日在天則經濟研究所的演講提綱。張貽編《李慎之文集》。
2 李慎之：《回歸五四，學習民主》，《書屋》2001年第5期。
3 李慎之：《重新點燃啟蒙的火炬——「五四」運動八十年祭》，《開放時代》1999年11、12月號。
4 李慎之：《重新點燃啟蒙的火炬——「五四」運動八十年祭》，《開放時代》1999年11、12月號。

學』啟蒙精神的偏離。起初也許只是差以毫釐，逐漸就謬以千里了。」因此，「我們有義務告訴後人：停步、退回去，回到五四，重新起步。」[1]不過，抗戰時期黨內「新啟蒙」的教訓使他對後來什麼「新啟蒙」都懷有戒心，在這一點上，他表現出與新時期主張反思五四、超越五四的王元化不同的旨趣：「這兩年，社會上又有所謂『超越五四』之說，反正我是認定了，在『五四』定下的建立像樣的民主和在多數民眾中確立『科學』精神的目標實現以前，凡是說『超越』的都無非是蒙汗藥。」[2]這可能言重了。「五四」在今天看來確實有許多值得反思、總結的教訓，將人們出於求真、自由精神對「五四」缺陷的反思甚或批評一概斥之為「蒙汗藥」，也有違實情。實際上，在自由、獨立、民主、啟蒙的大方向方面，李慎之、王元化二人是一致的。

李慎之雖已作古，但我們看到他所呼喚的民主、自由、人權、法治正在他身後逐漸取得進步。其標誌就是2004年「人權」入憲。

7、何清漣：「為經濟學引回人類關懷」

何清漣，女，1957年生，湖南人。1988年畢業復旦大學經濟系，獲碩士學位。後供職於深圳法制報，業餘從事經濟學的研究工作。出版的專著有《人口：中國的懸劍》、《現代化的陷阱》、《經濟學與人類關懷》等。使何清漣在全國思想界產生巨大影響的是《現代化的陷阱》一書。1988年1月，這部稟以現行體制外一個自由思想家的身分撰寫的揭露中國改革開放過程中大

---

[1] 李慎之：《回歸五四，學習民主》，《書屋》2001年第5期。
[2] 李慎之：《回歸五四，學習民主》，《書屋》2001年第5期。

量觸目驚心問題而輾轉五省九家出版社的經濟學著作終於由今日
中國出版社出版，引起海內外轟動，人稱「九八中國第一書」。
有人認為，該書用「實證研究，對一些人的偽經濟學理論進行顛
覆，把他們打得七寒八落」。[1]

　　何清漣的經濟學研究充滿了強烈的人文精神。她在《現代
化的陷井‧結論》中呼籲「為經濟學引回人類關懷」。正是對當
代中國人生存環境和出路的焦慮與擔憂，對中國在經濟改革中倫
理道德和人文精神失範的痛心疾首，使她敢於對眾多改革牌理論
家大唱讚歌的中國經濟轉軌中的現實作批判性的實證研究。何清
漣經濟學研究中所堅持的獨立品格，所揭示的貧富論、公私關係
論以及造成貧富兩極分化和化公為私的根源和途徑，所呼喚的
公平、正義、民主原則，所警示的人口論，構成了她的基本人
學思想。

（1）獨立人格：學術研究的阿基米德支點

　　何清漣在《現代化的陷井》後記「追尋學者生命的真諦」
中坦言：「學者生命的意義，其實並不需要我們去創造，陳寅恪
先生早已在他為王國維立的碑文中說得很明白：『唯此獨立之精
神、自由之思想，曆千萬祀與天壤而日久，共三光而永光。』我
們重新明白這一點，是以幾代學人的生命和才華為代價。在前輩
學者留下的斑斑血跡和淚痕中，我們這一代學者應該明白什麼才
是自己治學的『阿基米德支點』。」

　　鄧小平開創的新時期中，人民有了自由說話、表達自己思

---

[1]　朱健國：《何清漣閒話隨想》，《不與水合作》，文化藝術出版社1999
　　年版，第46頁。

想的權利，然而一個無可否認的事實是，人們可以批評前任政治家及其時代的得失，卻不可以評說現任政治家及其時代的是非，而後者顯得更加重要，更有現實意義。「在中國特殊的國情下，政治和學術之間恩怨相纏的局面註定還將無休止地繼續下去，」、「留給純粹學人的立足之地無論過去還是今後，都不會讓人覺得舒展」[1]。「在我們這個制度下，人都是制度的奴隸，人如果想超越這個制度的約束幹點事，簡直是太難太難了。」[2] 在這樣的形勢下，出現了許多「曲阿附世」的「學術研究」，它們表面上為改革提供依據，實際上「與以前那些意識形態專家一樣」，是一種偽學術研究、御用學術研究，「其生命將有如朝露」[3]。何清漣認為，學術研究應以「獨立之精神、自由之思想」所構成的「獨立人格」為「阿基米德支點」。她把「知識界」分為「三種人」，「一種屬於學術界，這種人散居在國內各大學裡、研究所裡，終其一生搞純學術研究，也不關注社會問題；還有一個是理論界，熱衷於向政府提供對策之職責為主；還有一個是思想家，那麼思想家就是主要承擔社會批判責任」，並表示，她自己「更多地是以這以後一種身分出現」[4]。她還說：「我們這一代人思想的權力是因為有了胡風、遇羅克、顧準等等無數的自由思想者在前面用他們的生命和鮮血爭來的，到今天為止，我們沒有理由不珍視自己自己這份自由思想的權利，並且

---

[1] 何清漣：《現代化的陷井》，今日中國出版社1998年版，第388頁。

[2] 朱健國：《何清漣閒話隨想》，《不與水合作》，文化藝術出版社1999年版，第56頁。

[3] 何清漣：《現代化的陷井》，今日中國出版社1998年版，第388頁。

[4] 朱健國：《何清漣閒話隨想》，《不與水合作》，文化藝術出版社1999年版，第19頁。

要加以善用」[1]。「我們和顧準他們不是一個時代」，「顧準的
意義不在於他的思想，而在於他的精神」，「他在那麼一種惡劣
條件下堅持價值理念的那種精神」，卻值得「我們這一代人尊
重」。[2]

　　由此可見，何清漣是用陳寅恪、胡風、顧準、遇羅克等人
的「獨立人格」來要求學術研究、要求自己。從這種「獨立人
格」出發，她對馬克思的《資本論》以及據此構建起來的現行
「政治經濟學」、對與鄧小平提出的「勤勞致富」、「共同富
裕」恰恰背道而馳的「金權政治」（「權力尋租」）、兩極分化
等現象作了大膽的否定和真實的揭露（朱健國《何清漣閒話隨
想》引何清漣語：「我們所謂的政治經濟學，就是按照馬克思的
所謂《資本論》的構架建立出來的那些東西。那麼，這些東西倒
也用不著去挑戰了，因為改革開放以後發生的許多東西它都不能
解釋。既然不能解釋，那麼自然就給大家放在一邊了。」然而說
出真實、捍衛常識往往就得付出代價。儘管何清漣就像「《皇帝
穿新衣》裡邊的那個小孩，皇帝本來就沒穿衣服，但是大家都說
皇帝的衣服多漂亮」，而她「說了『皇帝沒有穿衣服』」[3]，她
的一些文章發表後曾被視為「反動文章」，她的《陷井》在出版
過程中曾屢遭磨難，但所有這一切，都不能動搖地堅守的「自由
思想」這個「阿基米德支點」。

---

[1]　同上書，第437頁。
[2]　同上書，第40頁。
[3]　同上書，第29頁。

(2) 貧富論：權力致富與兩極分化

鄧小平1985年曾指出：「社會主義的目的就是要全國人民共同富裕，不是兩極分化。」[1]何清漣用她的經濟學實證研究表明，中國改革開放的現實不少地方背離了鄧小平的這一理想。《現代化的陷井》在「貧富差距的形成和擴大」一章中指出：「實行改革開放以後，中國經濟發展很快，任何一個地區的絕大部分民眾的生活水準都比改革以前要高得多，」、「農村絕對貧困人口從25000萬人減少到800萬」。「在短短的10多年間，中國已由平均主義盛行的國家，變成了一個貧富差距引起社會不安的國家」，全國城鄉居民人均收入的基尼係數實際達到0.59，大大超過了西方發達國家（一般在0.3—0.4之間）。而0.4以上就屬於收於差距過大，0.6則為警戒線。這時，暴發戶和赤貧階層同時出現，社會動亂隨時可能發生。據1995年《中國市場經濟報》的一份統計資料，1994年中國最貧窮的20%家庭僅占全部收入的4.27%，最富有的20%家庭占全部收入的50.24%。這意味著，20%的富豪階層的收入已超過了60%中等收入和20%低收入者的收入總和。在中國的窮人與富豪中，又有占全國人口10%的赤貧銀行存款只有總額的3%，10%的巨富銀行存款占總額的40%（尚不包括他們的固定資產和國外存款）。並且，這種貧富懸殊正按每年10%速度在擴大。這些巨富不僅擁有花園別墅、豪華轎車，而且他們用來餵貓養狗的食物也比貧困者用來哺育後代的食物好得多。

---

[1] 《鄧小平文選》第三卷，人民出版社1994年版，第111頁。

鄧小平主張通過「勤勞致富」，「使一部分人先富裕起來」。然而，中國在改革開放中「先富起來的人」大都不是通過「勤勞」致富，而是通過金權交換、投機、化公為私等種種不正當和不法手段迅速致富的。何清漣指出：「進入90年代以後，中國出現了幾大投機行業：股票市場、房地產市場、期貨市場。這幾大投機行業的興起，使得一部分人可以依靠權力和資本的權力，進行社會財富的再分配。在這幾次資本原始積累的高潮中，中國湧現了一大批百萬、千萬乃至億萬富翁。這些人由於財富來源大多處於一種可疑的『灰色』狀態，故此對其財產的處置方式多處於隱匿狀態。而在這些人積累著巨額財富的同時，作為我國國民主要就業管道的國有企業，卻陷入了日甚一日的虧損之中。相當部分國有企業的職工長期以來只能領到40—60%的工資，基本生活都成問題。」[1]、「值得注意的是，民眾對貧富分化的不滿，實際上在很大程度上是對不正當致富的不滿。在中國人民大學社會調查中心組織的一項調查中，當問到『您認為在目前社會上的一些富人中，有多少是通過正當手段致富的』時，回答『不太多』的占48.5%，回答『幾乎沒有』的占10.7%，回答『不知道』的占20.8%……」、「90年代幾次機會中基本都是權力圈中人或和他們有關係的人獲利。一想到致富的原因是靠掌握權力，或是靠社會關係中有什麼人能弄到『條子』批地、批各類緊俏物資、批外匯額度、或搞原始股票之類，這種機會不均造成的經濟不平等就顯得特別不公平。」[2]「占中國居民家庭總數7%的富豪、富裕型家庭，其金融資產占城鎮居民家庭全部金融資產的

---

[1] 何清漣：《現代化的陷井》，今日中國出版社1998年版，第236頁。
[2] 何清漣：《現代化的陷井》，今日中國出版社1998年版，第237—238頁。

比重達到30%，是平均水準的10.5倍，是貧困型家庭的93.3倍。饒有趣味的是這些富裕、富豪型家庭，包含下列這樣幾類人：部分機關企事業單位領導人、部分股份制企業負責人、部分承包租貨者、以及少數以權謀私者。……這些富裕者的身分就充分說明了在中國這一輪積累財富的競賽中，起點的不公平起了決定性的作用。」[1]

　　作者在《現代化的陷井》一書中，重點剖析了原始財富迅速積累的幾種途徑。一是利用1985年推行價格雙軌制以後的政策空檔，「憑藉權力資本，瓜分價格雙軌制的巨大差價——僅1988年，價格雙軌制的產生的差價就達100億之巨，其中70%流入私囊」[2]。二是利用80年代末，90年代初開始的「股份制改造」，掌權者完成了「一次對國有資產的大瓜分」，使「股份制改造」、「變成了社會主義公有制的一次大規模的免費午餐」[3]。三是在稍後一點的房地產熱中，權力參與「圈地運動」，樓價的20—50%作為「買路錢」流入各個環節的權力者手中[4]。四是國有企業中「所有者（即人民）虛位」導致的「財產權利私人化」，使「國有企業的經理層對國有資產享有等同於支配私人財產的權利」，造成國有資產大量流失到企業經理層手中[5]。五是政府各職能部門利用自己把持的權力向所轄對象「尋租索貢」，大搞「權錢交易」，形成「權力經濟」[6]。總之，改革開放中人們

[1] 同上書，第194—195頁。
[2] 同上書，第20頁。
[3] 同上書，第29頁。
[4] 同上書，第49頁。
[5] 同上書，第86頁。
[6] 同上書，第118—119頁。

「致富方式」的不平等說到底是「權力市場化」的問題。作者指出：「這種忽視了公平分配法則的傳統發展戰略在中國實施，事實上已造成了災難性的後果，它引起的財富流向不是往下流入普通人民的口袋，而是往上留入權勢者的私囊，人民沒享受到經濟增長應有的好，而是被排斥在創造財富這一激動人心的過程之外，由此引起了一系列的社會政治矛盾。毫無疑問，這一忽視了公平的『先增長後分配』的戰略現在在中國正受到嚴重挑戰。因為在中國打破小農社會平均主義分配格局的不是機會均等，而恰好就是機會不均等！」[1]

何清漣的上述言論或許不無以偏概全之處，但其中的擔憂是與中央一致的，所揭示的問題也足以為政府警惕。

（3）公私論：從「大公無私」到「極端利己」

何清漣經濟學研究中體現的人學思想的另一組成部分是公私理論。在這方面，她既批判了傳統的大公無私的奉獻型經濟倫理對人性的壓抑，又揭露了這種經濟倫理的虛偽，還批判了極端自私的利己主義造成的人性的泯滅。

作為一個經濟學家，何清漣對傳統的奉獻型經濟倫理的批判是入木三發、獨具見地的。她指出，以破私立公為特徵、「強調奉獻義務而藐視個人經濟權利」[2]的「奉獻經濟倫理」，來源於馬克思的「私有制是萬惡之源」的思想。因為「私有制是萬惡之源」，所以私有財產不但不是「神聖不可侵犯」的，而且恰恰是應當加以剝奪的。於是建國初期，中國通過「剝奪剝奪者」的

---

[1] 同上書，第195頁。
[2] 何清漣：《現代化的陷井》，今日中國出版社1998年版，第202頁。

政治手段強制地對私有財產實行公有或集體所有、人民所有的轉移。既然私有制和私有財產是罪惡的，那麼私有觀念也是罪惡的[1]。事實上，人的私有觀念、「求利動機」恰恰是抹殺不了的「人性」。「奉獻型經濟倫理……完全藐視人的求利動機，從根本上違反了人性」，好比「在沙灘上苦心構築起來的倫理大廈」，註定了它「不堪一擊」的虛弱本質。只是由於「意識形態強有力的約束」和「計劃經濟體制的資源支撐」（「當人們舍政府提供的就業機會之外無法以別的方式謀生時，其行為自然也就遵循政府劃定的界限」），所以它「在社會上一度成為主流意識形態」[2]。而「所謂大公無私、公而忘私、先公後私這一類社會主義理想經濟倫理，雖然一直見諸於報刊等宣傳材料上，但有多少深入人心實在值得懷疑。不過當時對人們道德行為嚴加約束的意識形態作用相當強大，人們只能將私欲抑制在社會允許的範圍內。」[3]正因為奉獻型經濟倫理不合人性又強行實施、貌似強大，就為後來對私開禁後人們壓抑太久太深的私欲像開閘的洪水一樣猛泄出來打下了伏筆。

此外，這種奉獻型經濟倫理還有三個特徵：

一是在批判「私有財產神聖不可侵犯」、取消對私有財產的法律保護時，「實際上已將『把手伸進別人口袋裡』這種隱性經濟倫理合理化」[4]，而這是一種「流氓無產者」的倫理。「大躍進時代一些鄉幹部對共產主義的荒謬解釋，就是流氓無產者

---

[1]　同上書，第202、204頁。
[2]　同上書，第170頁。
[3]　同上書，第201頁。
[4]　同上書，第202頁。

意識對這種隱性經濟倫理觀念的一種粗鄙的直白式發揮。」薄一波《若干重大決策與事件的回顧》講過的一件事就是典型例證：「1958年10月中旬的一天，跑馬鄉黨委書記在大會上宣佈，11月7日是社會主義結束之日，11月8日是共產主義開始之日。會一開完大家就上街拿商店的東西，商店的東西拿完後，就去拿別人家的；你的雞，我可以抓來吃；這個隊種的菜，別個隊可以隨便來挖。小孩子也不分你的我的了。只保留一條，老婆還是自己的。……不過這一條，還得請示上級。」[1]、「可以想像，這種對不屬於自己的財產的覬覦心理，一旦失去了外在的強力約束，就會發生強烈的佔有衝動。」[2]改革開放後出現的一系列損公肥私、化公為私的極端利己行為，恰恰就是從前大講「破私立公」時剝奪別人私有財產有理論孕育的怪獸。

二是奉獻型經濟倫理有一個自相矛盾的地方，一方面批判剝削者，提倡「勞動光榮」、「多勞多得」，同時又用「按人頭分饅頭」的分配方式「在實踐中切斷了勞動和財富分配之間的因果鏈」，「這一切都在某種程度上模糊了人們在如何獲得財富這一問題上的認識」[3]。財富既不能通過「剝削」獲得，乘虛而入。正是由於奉獻型經濟倫理堵死了人們獲取財富的一切途徑（為個人謀取財富都是不允許的），所以才為後來掌權者捷足先登、化公為私開了方便法門。

三是奉獻型經濟倫理的虛偽。人們看到，口口聲聲宣揚公

---

[1]　薄一波：《若干重大決策與事件的回顧》（下卷），北京中央黨校出版社1993年，第754—755頁。
[2]　何清漣：《現代化的陷井》，今日中國出版社1998年版，第202頁。
[3]　同上書，第202頁。

而忘私的奉獻型經濟倫理的都是各層各級的領導人，而在要求人民「無私奉獻」的同時，一部分領導人自己卻幹著化公為私的勾當：「各級企事業單位領導人以及公有財物的具體保管者在支配單位公有財物時，有等同於支配私人財物的權力。故此所謂『公』和『私』，在中國人的心裡，實際上一直沒有明確的界限。所謂『人民』財產人人有份，而『人民』這個集體名詞在中國，恰好是被引用得最多又最容易被人將其內涵個人化的一個名詞——『我是人民中的一員，所以我代表人民』」，充分說明了中國人在「公」與「私」關係上的思維混亂[1]。

新時期撥開了奉獻型經濟倫理時期對個人利益和私有觀念的重重禁錮，允許並鼓勵人們合法追求個人利益，但在實踐上尚缺少與之配套的陷制人們在不損害別人利益和社會利益的範圍內實現個人利益的法律規範。「在充滿體制漏洞、且沒有設定任何追逐財富的遊戲規則的國度，幾億處於長期貧窮狀態中的人，其物質欲望一旦釋放出來，就形成了一種前所未有的金錢饑渴感，那種在政治壓力下被迫退縮回意識深處的『意識理性』，一旦沒有了外在約束，就以極快的速度膨脹起來」[2]。於是，原來構築在違反人性沙灘上的奉獻型經濟倫理大廈頃刻間土崩瓦解，「極端自私的利己主義，以鄰為壑，道德失範，人心浮躁，行為混亂」，「不少社會成員連起碼的道德感都喪失殆盡，為了追求利益，不少人不惜損害他人、損害整體、損害民族、損害社會」[3]。當權者幾乎不再需要什麼顧忌，就可通過價

---

[1]　同上書，第201頁。
[2]　同上書，第204頁。
[3]　同上書，第170頁。

格雙軌制、責任承包制、股份制改造、土地批租迅速「先富起來」。往日的「公僕」成了現在的「老闆」。至於普通群眾呢？「老百姓雖然知道自己所在單位的權勢者在做什麼事，但大多數人都抱著一種『這是國家的，又不是我個人的』這種『明哲保身』的態度，鮮有檢舉者」。「至於有些人因為檢舉了單位領導人的貪污腐化而受到打擊，還會有人這樣認為：這人真傻，領導拿的是『公家』的，管你什麼事？反正他不拿，那些東西也沒有歸你。」[1]、「不少人在自己沒有能力加入瓜分國有資產行為的時候，可以痛罵腐敗現象和腐敗者，但一旦自己具有了參加瓜分的『資格』和能力，便也毫不猶豫地把手伸進『國有資產』這一隻口袋裡。」[2]那些無「公家」的財產可拿的農民和「山上下來的」就只好鋌而走險了，正如民諺所說：「要想富，請上路，搶劫也有專業戶；復員哥哥組隊伍，抑了旱路搶水路，搶了公路搶鐵路，一路搶進城裡去。只要金錢真，殺了我一個，富了家中幾代人。」何清漣指出：「如果不少人在追求財富時危害國家利益，或以破壞他人生命財產安全、無視他人權利、敗壞社會風氣為手段，只能說這個社會已墮落到了『人皆可以為盜賊』的可悲境地。」[3]在她看來，人誠然不能排除求私利的動物需求，但也不能喪失區別於動物的「人文精神」，「如果喪失人文精神的支撐，追求財富的欲望最後必然淪為純利欲的衝動，導致人們動物性的膨脹、人性的泯滅、社會秩序的混亂和財富的浪費」[4]。

---

[1] 何清漣：《現代化的陷井》，今日中國出版社1998年版，第200頁。
[2] 同上書，第203頁。
[3] 同上書，第217頁。
[4] 同上書，第206頁。

（4）義利論：經濟發展呼喚人文精神

在貧富論中，何清漣批判對不正當的致富行徑，呼籲對社會底層的貧民給予生活保障；在公私論中，何清漣揭露了無私奉獻的虛偽，抨擊了化公為私的醜惡。這實際上貫穿著這樣一種思想：即在追求個人利益的經濟活動（利）中，有一個必須堅持的道義準則（義），它是經濟活動健康、持續、良性發展的支點，也是區別於動物的人性在經濟活動中的體現。

在何清漣看來，人既有自私、求利的動物性，又有懂得如何規範、約束這種自私求利本性的非動物性——「人文精神」、「道義準則」。這種「人文精神」或「道義準則」既承認人的自私、求利本性是一種客觀存在，是人們從事經濟活動的原動力，也看到它對健康的經濟發展的破壞性，從而設定在不損害他人、社會、國家利益的前提下實現個人利益的道德、法律規範，確保社會每個人的利益和權利都能得到盡可能全面的實現。這方面，西方資本主義社會做得較為成功，她希望國人有所借鑒。她指出：「對他人生命、財產、自由權利的尊重」和對個人自私本性的約束，是西方發達國家全部法律制度的「出發點」[1]。功利性確實是市場經濟的主要特徵，但西方國家經過幾百年的發展，早已建立起相當完備的法律制度，比較成功地將社會成員對功利的追求限制在不損害他人生存的範圍內[2]曾獲得1986年諾貝爾經濟學獎的美國學者布坎南指出：「擔任政府公職的是有理性的自私的人」，「只有把私人看作是無例外的最大限度的追求財富者，

---

[1] 同上書，第170頁。

[2] 何清漣：《現代化的陷井》，今日中國出版社1998年版，第171頁。

市場的法律構架——法律和憲法才能設計出來。」[1]。馬克斯‧
韋伯指出：任何社會的人都存在對財富的貪欲，和其他制度相
比，資本主義恰好更多地是對貪欲的一種抑制性或理性緩解[2]。
由於中國目前對政府職能部門的官員和經濟人的私欲缺乏有效的
控制，違規違法、損人利己的經濟活動愈演愈烈，因而何清漣呼
喚得更多的是市場經濟中的「人文精神」。這種呼喚，在《現代
化的陷井》一書中隨處可見：「經濟發展必須要有一種人文精神
作為支柱和動力，這種人文精神對經濟的發展具有規範和推動的
作用。」[3]、「只有建立了充滿人文精神的經濟倫理規範，才能
使浮躁飄蕩的人心有所依歸，使茫然無措的行為有所參照。對一
個國家來說，這是一種根本意義上的建設。」[4]、「事實證明，
缺乏人文精神的經濟發展，使人們在利益角逐中將不再受到自
製、理性、公正、博愛等精神的約束，只有對金錢赤裸裸的無恥
追逐。」[5]何清漣強調的「人文精神」，主要包括致富過程中的
「公正」（公平）原則，處理公私、人我關係時的「博愛」（利
他）精神，有利於經濟活動良性發展的「效率」原則，以及由此
所表現出來的「理性」對私利的「自製」。由此她批判了國內經
濟學界在改革中出籠的「腐敗有理論」，指出「發展是以人為中
心的發展」，如果用化公為私式的「腐敗」換來經濟發展，「這
樣的『發展』就算暫時獲得了效益，但充其量只是一種殘缺的

[1] 同上書，第7頁。
[2] 同上書，第171頁。
[3] 同上書，第207頁。
[4] 同上書，第217頁。
[5] 同上書，第375頁。

發展」[1]。

（5）人權觀：經濟保障扼殺人權

除《現代化的陷井》一書外，何清漣還寫了好多論文。在諸多論文中，《命運與夢想》中值得注意的一篇[2]。它集中體現了何清漣的人權觀。

所謂「人權」，何清漣認為，應指「生命權、財產權、平等權、言論思想的自由權」，「而不是靠政府提供經濟保障並實行平均主義分配」。「在中國，人權在很長一段時期內不是被理解為自由、平等（機會均等）、生命權、財產權，而是被理解為經濟保障」。這種平均分配勞動成果，使得「人人都有飯吃」、並體現為「社會主義餓不死人」的「優越性」的「經濟保障」，何清漣認為恰恰是扼殺真正意義上的「人權」的。

中國人有沒有「平等權」？表面上好像有，實際上卻沒有。中國人有的是「結果平等權」，而沒有「機會平等權」。而「機會平等權」才是真正的「平等權」。「機會平等」包括每個人獲取財富的機會平等、每個人有權根據自己的能力和付出的勞動獲得不同的報酬等等。而「結果平等」則抹殺人們能力、貢獻的差別和人們獲取財富的平等機會，「給弱者（懶惰者、能力低下者）剝奪強者（勤勞者和能力強的人）提供了合法的途徑」，「實際上是剝削在隱蔽形式下的繼續」。

「生命權」是基本的人權，它需要由「生產率」（或「效率」）來保障。社會主義給人們提供了「人人有飯吃、人人有衣

---

[1]　同上書，第375頁。
[2]　載《經濟學與人類關懷》，廣東教育出版社1998年12月版。

穿」的「生存保障」,其結果,「所謂有保障的收入實際上是扼
殺生產率」,最終只能是導致對人的「生命權」的危害。因為有
了「生存保障」,便無生存風險。因為「無風險」,也就「無生
機」,無「競爭」,無勞動和創造的熱情。「於是勞動者缺乏熱
情成為社會主義各國的痼疾」。「於是生活中出現了這樣的情
況:在理論上成為生產資料主人的勞動者,在實際生活中卻表現
了如此消極的勞動態度:工作不賣力,偷工減料,怠工、曠工。
一句話,平均主義經濟下出現了普遍的人力和物力資源的浪費,
整個社會經濟陷入一種萎頓局面。大躍進時期的『共產風』就是
這種道德危險的惡性發展。它很快導致社會生產力的急劇萎縮,
形成了60年代初那場導致了千萬人喪生的大饑荒」,這是「生存
保障」導致「生命權」喪失悖論的典型教訓。

　　中國人有沒有「財產權」?名義上有,實際上沒有。在公
有制下,「名義上人人佔有」、「生產資料」,「事實上誰也不
佔有,誰也無權支配」。即便是平均分配歸個人所有的起碼的生
活資料,也常常遭到別人的覬覦和掠奪。「自由和人格尊嚴的基
礎是財產所有權」,「沒有財產權就不可能有其他權利」。

　　至於「自由」(包括經濟自由和思想自由)權,它恰恰是
獲得「結果平均」的「經濟保障」必須付出的代價。「公有制的
確立使得每個社會成員的生活、工作、醫療、住房、教育統統由
國家包下來。人們交出去的是私有財產權,獲得的是從搖籃到墳
墓都有的社會保險。但這種絕對的經濟安全與自由是水火不相容
的。因為,這種生活方式只能存於嚴密組織起來的社會之中,而
這種社會主義只有憑藉強大的政治力量方能造就。」在這種嚴密
的社會組織和強大的政治控制中,個人失去了擇業的自由、發展

個性的自由、發表意見的自由，「人是工具」，是「螺絲釘」，
「在生存這種第一位壓力面前，所謂自由、意志、才能、自尊等
等都不得不一低下頭來。」

　　「經濟保障」向來被說成社會主義的一大優越性。何清漣
恰恰認為平均主義的「經濟保障」是扼殺基本「人權」的根源，
值得人們深思和研究。

（6）人口論：警惕人類葬身於生殖危機

　　1987年，何清漣的第一部著作《人口──中國的懸劍》作為
「走向未來」叢書出版。1996年，「希望書庫」叢書在建國以後
各出版社200多萬本著作中選出500本，該書是其中之一。該書探
討了人與自然的互相制約關係，表現了何清漣對人的生存環境和
未來命運的「終極關懷」。

　　何清漣在這部著作中，再次向國人發出警告：「任何社
會，養活一定數量的人口，必須有相應數量的土地。所需土地的
最低限量，就是這個社會『饑寒界線』。如果低於這個由生產力
水準決定的『饑寒界線』，即使不存在人剝削人的現象，這個社
會也只有限入貧困動亂的可悲境地。」、「在經濟建設中，我們
不應只注意改造人和人的關係（生產關係），還應注意人和自然
的關係（生產力）。要生存，人口的增長必須和資源（土地）的
增長保持適當比例。我們民族特有的天一人系統觀應演進成天一
地一人大系統觀。」歷史事實表明：「伴隨著每一次人口增長高
峰而來的必然是長期的社會饑饉，大規模流徙的移民和經久不息
的社會動亂。而一次『家給人足』的太平盛世，又往往出現在人
口銳減後的恢復期。」中國近300年的統計資料表明，人口增長

大大高於土地增長的速度，使中國近代社會不斷趨向貧困化：「從1661年到1851年這190年間，中國社會的土地總數僅由54935萬畝上升到75638萬畝，而人口卻由2106萬上升到43216萬，土地只增長了37%，人口卻增長了2052%，人均畝數由26畝下降到1.75畝。」又是150年過去了，中國人口由於建國初期批馬寅初的《新人口論》，錯過了一次控制人口膨脹的絕佳時機，如今突破13億，人均耕地資源更加岌岌可危。面對此情此景，她呼喚「全社會的人口危機意識」，並提醒人們：也許，「人類的未來不是毀於核戰爭，而是毀於人類自身的生殖機能」[1]。

8.錢理群：呼喚「精神界戰士」

錢理群，北京大學中文系教授。生於重慶，長於南京。父親錢天鶴，早年留美學農，曾任國民黨政府農林部常務次長（副部長），後隨蔣介石政府赴台任職。錢理群50年代末畢業於北京大學中文系，因「有為較系統的資產階級自由、民主、平等、博愛的觀點」（畢業鑒定），畢業後下鄉勞動，曾「在貴州流放18年」，42歲獲文學碩士，後留校任教。他是魯迅和周作人研究專家，著有《心靈的探靈》、《周作人傳》、《周作人論》等。魯迅的「立人」思想和周作人的人道主義思想給他很深影響。他的經歷和對「個體精神自由」的追求以及相對寬鬆的時代氛圍，使他將魯迅人學思想的研究推到了前所未有的高度。由於魯迅在建國以後一直被樹為精神界的一面大旗，所以錢理群在批判現實、表達其人學思想時幾乎言必稱魯迅，可說是借魯迅之酒杯、澆胸

---

[1] 以上引文，均見何清漣：《人生與歷史》，載《書林》1988年第6期。

中之壘塊。「個體精神自由」和「精神界戰士」是魯迅提出的兩個概念。錢理群正是宣導「個體精神自由」、呼喚「精神界戰士」的導師。在《絕對不能讓步》一文中，他說：「在現代化的目標上，『個體精神自由』是絕對不能讓步的。這是『作人』還是『為奴』的最後一條線。」他呼喚具有「個體精神自由」的「精神界戰士」，於是呼喚出了余杰、摩羅等等，而他自己其實也是這樣一位「精神界戰士」。

（1）人的二重性與「個性獨立自由精神」

錢理群認為，人具有物質屬性和精神屬性，物質屬性是基礎。應破除「君子固窮」、「安貧樂道」的傳統觀念，理直氣壯地爭取物質利益；同時，精神的豐富和自由更加重要，它是「作人」與「為奴」的根本區別。因此，在物質條件基本得到保證後，應有更高的精神追求。他說：「如何處理物質要求與精神要求的關係」？「我看有兩條。第一，……『生存、溫飽』是第一性的，是前提。在沒有獲得基本的生存條件、解決溫飽問題之前，談不上精神的『發展』。不能顛倒過來，為了所謂『發展』而放棄『生存、溫飽』的基本要求。每一個知識分子都要理直氣壯地起來爭取自己的物質利益，捍衛自己的生存權、溫飽權，不能信奉那些『安貧樂道』的鬼話。貪得無厭的『主子』總是『又要馬兒好，又要馬兒不吃草』的，如果我們自己以『價廉物美』沾沾自喜，那就成了魯迅所說的『萬劫不復的奴才』了。第二，在……有了物質保證以後，如果你在精神上有較高的追求，在物質上的追求就要相對減少……不能奢求物質上也是高水準，甚至超高水準，不但做不到，而且還會為物所害。從理論上、理想狀

態上說，……我們應該追求物質與精神的全面發展，充分的滿足。」[1]基於對人的二重性的這種理解，他指出：「我們民族在新的世紀裡，將在追求國家的獨立、富強、民主的同時，更加自覺地追求人的個體精神獨立與自由，這樣的『現代化』雙重目標的再度確立，是我們從失敗的歷史中獲取的積極成果，也將成為民族再奮起的新的起點。」[2]

在錢理群看來，知識分子是以讀書和思考為職業的，對知識分子而言，獨立自由的思想極為重要。中國傳統的知識分子最大的缺陷正是沒有自然的思想。「中國的傳統文化與士大夫知識分子，……就總體而言，缺乏『個體獨立自由精神』，則是其最根本、也是致命的弱點。」[3]真正意義上的現代知識分子的根本特徵即在於具自己的獨立、自由意志，是否始終堅持自己的獨立的批判立場。」[4]

不只知識分子，舉凡一切人真正意義上的人，都應當擁有獨立自由的思想。他說：「作馴服的奴隸、奴才，還是作獨立、自由的人」，每一個人都會面臨這樣的選擇與考驗，「在某種意義上，這是人性的兩個方面：獸性（動物化的奴性）與神性（對精神的獨立、尊嚴的追求）之間的搏鬥。」[5]他同時提醒：「思想要自由、激進，而行動則要穩健。」、「思想家要有想像力，要有思想的超前性，實踐家則更要有現實感，注重當下現實的可能性；理論要求徹底，實踐，則不能沒有妥協……思想家不顧條

[1] 《拒絕遺忘──錢理群文選》，汕頭大學出版社1999年版，第45頁。
[2] 同上書，第13頁。
[3] 同上書，第7頁。
[4] 同上書，第52頁。
[5] 《拒絕遺忘──錢理群文選》，汕頭大學出版社1999年版，第355頁。

件與可能，把自己的在理論形態上具有極大合理性的思想直接變為現實，就會釀成天下大亂。」[1]錢理群在總結歷史經驗教訓基礎上提出的這番忠告，既表現了思想自主的現代知識分子的要求，也體現了一個具有良知的知識分子的社會責任感。

（2）關於「革命」的反思

錢理群的人性二重論，首重人的生存權。而過去年代發動的「革命」，往往打著「鎮壓反革命」的旗號，剝奪了無辜者（假想的敵人）的生存權。錢理群在《說「食人」》一文中以對這種「革命」的吃人本質發出了公開的質疑和批判。他指出：「有一種看起來也很冠冕堂皇的理論叫『殺反革命』。凡敵人皆該殺、可殺。……革命是正義的、光明的，殺反革命也是合理的、正義的、光明的。即使把不該殺的殺了，也不過犯一點小錯誤，是可以原諒、可以理解的，因為是出於『革命義憤』。……問題的可怕之處是什麼呢？這敵人是你自己可以定的。……過去國民黨殺共產黨，就說殺的是『共匪』。後來共產黨殺國民黨，也說殺的是『蔣匪』。我要殺你，就先把你開除『人籍』。你不是人，我殺了你就沒有關係了。本來殺了人總會有心理負擔，現在殺的不是人，就心安理得了。所以總要宣佈別人是『反革命』，好像革命一到，一切反革命就得死。還有一種更可怕，它把『殺反革命』泛化為『殺非革命』，把人分兩類：『革命』與『非革命』，『非革命』也得死。……其結果就變成了什麼呢？所有異己者都該死。因為別人革命不革命，是由自命的革命者

---

[1] 同上書，第55頁。

自己定的。其實就是異己者皆該死。這是中國的一個很可怕的邏輯。中國這一個世紀就多有以『革命』的名義殺害『反革命』與『不革命』的歷史。」、「文化大革命」是典型的一例。

「文化大革命，從字面上看，應該是『文化』的『革命』，是不流血的，卻充滿了『食人』的血腥記錄。請看這些血的數字：就在我們北京大興縣，宣佈凡是四類分子及其家庭成員，都要斬草除根，一個不留。1967年12月26日，中央文革小組陳伯達在唐山一次講話時宣佈，說解放前我們黨的冀東黨組織可能有一個國共合作的黨，可能是一個叛徒黨。他這一句話就在全國範圍內大抓『叛徒』，結果受到迫害的達84000餘人，其中2955人死亡，763人致殘。還在湖南道縣，從1967年8月13日到10月17日，歷時66天大殺人，是發生在20世紀的中國的六七十年代，的確是使人震驚的。可怕的是這是在『殺反革命合理』的理論指導下，有組織、有領導、有計劃地進行的。參與殺人者的多數也是懷著神聖的、崇高的『革命』的激情與幻覺，以及『革命』的恐怖感。這樣的革命的施虐狂、嗜血狂是罕見的。」、「在文革當中……廣西地區曾經出現食人現象。據有關人員的專門調查，甚至出現了『吃人的群眾運動』。如在某縣，人們終於吃瘋了，動不動就拖出一排人批鬥，每鬥必死，每死必吃。人一倒下，不管是否斷氣，人們蜂擁而上，掣出事先準備好的菜刀匕首，拽住哪塊肉便割哪塊肉。一老太太聽說吃眼睛可補眼，他眼神而不好，便成天到處轉悠。見有『批鬥會』，便擠進人叢做好準備。被害者一被打翻在地，她便從籃子裡摸出尖刀剜去眼睛掉頭便走。有幾位老頭子則去吃人腦，每人在人腦上砸進一極鋼管，趴下就著鋼管吸食。有婦女著孩子來，見人肉已割盡，萬分

失悔。孩子體弱多病，想給孩子吃點人肉補補身子。魯迅本世紀初寫的吃人血饅頭的悲劇在70年代如此大規模地重演，除了人們仍然堅信『吃人肉可以補養身體』的原始迷信外，又多了一條『理由』：『他父親上山當土匪，弄得全村不安。是我殺了他。誰來問我都不怕。幹革命，心紅膽壯，全村人都擁護我。毛主席說：不是我們殺了他，就是他殺了我們！你死我活，階級鬥爭！』——殺人者、嗜食者越是理直氣壯，越讓人感到恐怖：這樣的既有「階級鬥爭」理論指導，又有原始習俗的支持，因而擁有一定群眾基礎的『殺人』、『食人』是中國傳統（包括『革命傳統』）中最為可怕與危險的部分。」[1]、「革命」除了要殺異己的「反革命」、「非革命」之外，還要求革命者為革命而死。「中國傳統的儒家學說將『忠』、『孝』等道德原則置於至高無上的地位，在『忠』、『孝』的至高性面前，人的生命是微不足道的，或者說人的生命應該為了至高無上的道德原則而犧牲。這個傳統觀念被現代中國所繼承了，不過它不再是『忠』和『孝』，而『革命』。為革命而死，而犧牲，這恐怕是我們一直在宣導的一個『新倫理』。我們青年時候讀老三篇，其中有一篇就講『人固有一死』，並引用司馬遷的話，說人的死或重於泰山或輕於鴻毛，為革命而死就是重於泰山。還有一句教導叫『一不怕苦，而不怕死』，這是我們年輕時候都記得很熟的。而我們今天正應該對這樣一些似乎不容置疑的前提性的倫理原則提出反省。猛一看有它的合理性，因為人畢竟不是動物，要追求人活著的意義和價值，犧牲（包括死亡在內）是免不了的……但是問題

---

[1] 《拒絕遺忘——錢理群文選》，汕頭大學出版社1999年版，第65—68頁。

在於把這種死亡、犧牲加以絕對化以後，『死』成了目的，『一不怕苦，二不怕死』最後成了『一怕不苦，二怕不死』，這就變成了荒謬。更重要的是，作為一種倫理原則（而且被宣佈為至高的倫理），它在理論上有一個很大的問題：因為它把『忠』、『孝』、『革命』這些東西放在至高無上的地位以後，還要求一種整體性的思維，即為整體性的利益必須犧牲個人的利益，包括個人的生命。個人的生命沒有價值——它的背後其實隱藏著這樣一種觀念。」

錢理群深刻指出：「革命」正如魯迅所說，「是並非教人死，而是教人活的」[1]。何況這些「教人死」的「革命」往往是主觀荒謬的！他舉例說：1958年社會主義「大躍進」的「革命」中，一向多災多難的河南省提出驚人口號：一年之內要成為「四無省」、「綠化省」，消滅文盲，實現水利化，小麥畝產7332斤，鋼鐵日產120萬噸，達到世界之最。這一年，該省上報糧食產量702億斤，而實際產量只有281億斤。上交糧食數量不夠，就翻箱倒櫃搶奪農民糧食，捆、吊、打、抓。從1959年11月到1960年2月7日，河南信陽地區為追逼糧食，由公安部門逮捕1774人，其中36人死在監獄中；拘留2720人，其中667人死在拘留所[2]。再如毛澤東時代的三大文字獄，也是莫須有的、血淋淋的：「首先發生的是胡風案件。……胡風並非政治上的反對派，並沒有從事反政府的活動，他是一個堅定的馬克思主義者，堅定擁護中國共產黨而至死不渝。他獲罪的原因，僅僅是因為他在文藝上有不同看法。這是典型的文字獄。結果是以『胡風反革命集團』為名，

---

[1] 《拒絕遺忘——錢理群文選》，汕頭大學出版社1999年版，第63—64頁。
[2] 同上書，第77頁。

410

除胡風及夫人外，逮捕92人，涉及2100多人。……第二大文字獄是發生在60年代的《劉志丹》事件。《劉志丹》這篇小說發表後落入康生手中，康生使用一種可笑然而又是可怕的邏輯給他冠以嚇人的罪名：『劉志丹是陝北革命根據地的創始人。歌頌劉志丹，不就是貶低毛澤東在江西建立根據地的作用了麼？這不是抬高在陝北根據地的反動分子高崗，要為他翻案嗎？』支持這本書的當時有習仲勳，而習為康生眼中釘，急欲除之而後快。於是在1962年北戴河會議上，康生給毛澤東遞條子，寫道：『利用小說反黨是一大發明』。毛澤東當場宣讀紙條，此從開始了對《劉志丹》一案的長期審查，涉及人之多實為驚人。首先，習仲勳被撤離了國務院副總理的職務，受審16年，關押8年。國家經委副主任賈拓夫，受株連關押6年。當時的一機部副部長因為作者提供素材，被打成『反黨集團』成員，在文革中受盡侮辱，最後批鬥至死。還有一個湖南省勞動局副局長，在文革中不分晝夜地批鬥，含冤而死。出版該書的工人出版社社長也被捕，用車輪戰術折磨至死。工人出版社一普通幹部因與此書有關係，被打成內傷，加外一位也受電刑折磨。此書責任編輯何家棟，全家被趕到農村，6口人每人每月只發5元的生活費。他的母親及兒子生病時求助無門，在病困中死去。更不可思議的是，劉錦華等兩位普通群眾因作家採訪時好心地給他們帶過路，就惹下大禍，最後含冤而死。習仲勳吃過飯的一家飯店經理也被定為習的『地下交通員』，由這個經理開始滾雪球，株連到烤鴨店經理、湖南飯店經理……，整個飲食行業被株連有59戶，被捕了19人，其中被折磨至死的5人。《劉志丹》案從1962年開始到1979年長達17年中，陝甘寧邊區被誣為『彭德懷、習仲勳、高崗黑爪』而遭迫害的有

萬人之多。第三次大文字獄是吳晗、鄧拓、廖沫沙的『三家村』
事件。名為『三家村』是因為他們曾在《前線》雜誌上三人聯名
用『三家村』的筆名寫雜文。這回是姚文元披掛上陣給他們定
罪的。如《堵塞不如開導》這篇文章，原意是強調現在幹部應避
免用鯀那樣去堵塞的辦法，而應像禹一樣用開導的方法去治水。
姚文元卻抓住文章中的一句話：『一切事物都應積極開導』，然
後，大加曲解、引申、發揮：『這豈不是反黨反社會主義的黑幫
分子也要積極開導，順利發展？身為北京市領導，你這樣說，便
是要為黨內外走資派積極帶路開導，使他們順利發展。』……結
果是全國到處抓『三家村』，其實是把文字獄擴大到全社會每一
個基層單位，全民上下從字裡行間找問題，抓反革命，製造了無
數慘案。』[1]

　　錢理群對「革命」的「吃人」本質的揭露和對「吃人」的
「革命」的批判，觸及無產階級革命乃至國際共產主義運動中的
一個重大問題，即是否可以為了某種神聖的目的就可以肆意採取
血腥、殘忍、恐怖的手段？即便在你死我活的階級鬥爭甚至戰爭
狀態中，人道主義是不是一點地位也沒有？結合中外共產主義運
動史上的教訓，這是值得我們好好反思的。

（3）權力話語、奴隸話語、奴才話語

　　錢理群人性二重論的另一重點是對個體的獨立自由思想權
利的重視。個體的獨立自由思想有一個前提，即允許人們講真
話。然而在謊話盛行的專制時代，講真話的人成了《皇帝穿新裝

---

[1]　《拒絕遺忘──錢理群文選》，汕頭大學出版社1999年版，第125─126頁。

裝》中的小孩，不是被嘲笑就是被扼殺。於是虛謊瞞騙，成為專制時代流行話語的一大特徵。錢理群對此作了深刻的揭露。他在《論「演戲」》中指出：「在中國想、說與做三者是完全分裂的……中國的語言完全游離於想和做之外，自由行動，所以中國成為『遊戲的文字國』」。說的人在「演戲」，聽的人是「看客」，整個中國就是一個「大戲場」：「中國人總是扮演兩個角色，或自己做戲，演給別人看，或看別人做戲。演戲與看戲構成中國人的基本生存方式。」、「在這種情況下，如果你真的相信他所說，……在中國你就永遠不合時宜，尤其是你……又按他所說的去做的話，在中國你就會處處碰壁。」、「大家都不相信，說的人固然不信，聽的人也不信，大家都清醒地知道語言的虛偽性，卻仍要繼續維持這個虛偽性，因為已經形成了遊戲的規則。明知是假的，也要做出相信的樣子，才能維持遊戲的規則。如果其中有一個人說出真話，指出它的假的，這人就是蠢物，就破壞了遊戲規劃，使遊戲做不下去。比如在會議上，大家都信誓旦旦地發言，每個人都明白大家在說假話，突然有個人跳出來說你們說的都是假話，大家就會至少覺得這個人很蠢……反過來要把他撲滅。」

在專制時代，話語跟權力緊密結合在一起。統治者總是要「創造出一種證明統治權力合法性的官方意識形態，並建立與之相適應的語言秩序」，這便是「官話」，亦即權力話語、霸權話語。「權力意志和語言霸權意味著體現權力者意志的官話成為唯一合法的語言存在」。事實上，權力話語的最大特點恰恰是「指鹿為馬」、「名不符實」。在現代中國，權力話語變成了「宣傳」。「中國民族是最會做宣傳的……而且中國宣傳的特點是，

413

缺什麼就講什麼。……所以看報紙看宣傳有一個辦法：『推背圖』，正面文章反面看。如果報上登了一個消息說某地打假取得偉大勝利，就知道這個地方假已嚴重到不管不行的地步了。」因此，專制統治下官方的「宣傳」的特點是虛偽失實。「問題是，宣傳中也有真，但所有人看報都正面文章反面看，以後真話也變成假話，最後就分不清真話與假話了。」

當「一元化的絕對的權力統治和語言統治的秩序被打破了，或者受到威脅」時，「官話」或「宣傳」就會出現一種「換名」的自相矛盾現象：「有力量的時候，強調達爾文、赫胥黎的進化論，沒有力量的時候，講克魯泡特金的互助論。要駁互助論的時候，用鬥爭說，要反駁鬥爭論的時候，用互助說。要反對和平論的時候，用階級鬥爭說，要反對階級鬥爭的時候，就用和平說。他同時站在幾條船上，用幾種理論、幾種語言在說話，都他一個人，忽而那樣說，忽而這樣說」，但「有一個東西不變，就是維持自己的私利」。魯迅說：「無論古今，凡是沒有一定的理論或主張，而他的變化沒有一定的線索可尋，而隨時拿了各種各派的理論來做武器的人，都可以通稱為流氓。」、「當人處於奴隸地位時，在專制體制下無自己的語言……奴隸經常的語言形態是沉默」；但專制統治「不僅剝奪人們說話的權利，也剝奪人沉默的權利」，強迫「每人必須表態」，人們「要生存又不能完全不說話」，「這時唯一的辦法就是迎合」。這種迎合作為「被迫迎合」、「奉旨表演」，「必須帶有表演特點，必然說假話」。「當被壓迫者被迫也說官話時，他們是不相信官話的。他們完全是為取得生存權利。官話就成為他們取得生存權利的藝術。於是就出現『借名』現象，即通常所的『拉大旗作虎皮』……普通老百姓是借名──借你的語言講我自己

的話。還有一種情況，異端要反抗，也只能用統治者的語言來表達反抗的意志，即通常說的『打著紅旗反紅旗』。要反抗官方意識形態必須使用官方的語言。」

　　無論是言不由衷的被迫迎合，還是以子之矛攻子之盾式的迎合，雖然「有自我保存、自我求生存的性質，也未嘗不是一種愚君政策，因為君有時也會被各種宣誓忠君所蒙蔽而昏昏然，所以這是一種互相欺騙」。比如1958年的「大躍進」就是官與民「互相欺騙」的一幕笑劇。「大躍進」的目標首先由毛澤東提出：創造奇跡，糧食、鋼鐵產量趕英超美。接著，臣民開始迎合、輿論開始宣傳、「奇跡」開始出現：新華社報導，河南遂平縣衛星農業社小麥畝產創下2105斤的記錄；一天後，湖北谷城縣東尼社宣佈，畝產2357斤；兩天後，河南衛星社又放出第二顆衛星，畝產3530斤；四天後，河北臨漳縣紅光社又宣佈，畝產2650斤；同一天，同屬湖北谷城縣的星光社宣佈，畝產4353斤；20天後，河南西平縣和平社又宣佈，畝產創下7350斤的新記錄。9月1日，河北徐水縣宣佈，畝產山藥蛋120萬斤，要創造1棵白菜500斤、小麥畝產12萬斤、皮棉畝產5000斤、全縣糧食畝產2000斤的高產奇跡，不久將進入各盡所能、各取所需的共產主義時代。出生農村的毛澤東聽了非但沒有懷疑，還興致勃勃地跑到徐水，並為糧食的「豐產」發愁地問：糧食這麼多放到哪兒去啊？肉產那麼多，怎麼吃呀？毛澤東其實受了徐水的騙和愚弄，這種騙和愚弄又是他逼出來的，他對這種騙和愚弄的認可與好感又進一步助長了騙和愚弄的盛行。[1]

---

[1]　《拒絕遺忘——錢理群文選》，汕頭大學出版社1999年版，第75—76頁。

　　錢理群在分析了專制社會統治者的語言、臣民的語言虛偽性、欺騙性之後，還入木三分地剖析了介於二者之間的奴才語言的特徵。奴才是主人的走狗，他為了自己的生存毫無廉恥地主動迎合主人，但「另一方面又有點文化知識，對形勢看得較清楚，常常看到主人也不可靠，時刻注意到主人有一天會垮臺。因此，他一方面當主人的忠實的狗，為主人人服務，壓迫奴隸，另一方面又時刻與主人保持一定距離。在舞臺上他的表演是：既扮演僕人為主人服務，又常常離開主人，跑到前臺對觀眾說：你看這公子多可笑。他準備一旦主人倒臺就與主人劃清界限。他是狗，又是不忠實的狗。因此他的語言有更大的表演性。而這種表演性是雙重表演，既演給現在的主子看……又是給現在主人的對立面看的。因為現在主人的對立面將來可能成為他的新主人」，他隨時準備「做現在的主人反對派的新奴才」。

　　錢理群還指出，專制社會製造了許多「吃人」的罪惡，時過境遷連專制統治者及其後繼者也自知理虧，羞於提起，於是使「強迫遺忘」，抹殺真實（包括真話），因而他提出「拒絕遺忘」的偉大命題，要求化苦難和恥辱為精神資源，警醒後人不要重蹈覆轍。他說：「一個『遺忘』了歷史的血腥氣的民族，是不可能從歷史的血的代價中吸取經驗教訓的。於是，人奴役人的歷史將會重演，民族和個人的奴性也將永遠存在。今天，這樣的毀書、刪書依然存在。『強迫遺忘』還有更簡便的法子：禁止回憶，禁止討論與禁止研究血的歷史，以至文化大革命的十年浩劫過去幾十年了，至今仍沒有認真的總結與反省、反思。」[1]

---

[1]　同上書，第127頁。

（4）反思毛澤東

錢理群十分強調精神的獨立自由，認為這是現代知識分子區別於傳統知識分子的根本特徵。他自己也是「個體獨立自由精神」的身體力行者。這尤其表現在他對毛澤東、共產主義等敏感話題的反思上。這種反思的深度乃至批判的力度是前所未有的。他指出：面對「一個世紀奮鬥的失敗的教訓，我們終於從失敗中懂得，必須破除將中國傳統文化、西方文化及共產主義文化理想化、絕對化的種種文化神話。歸根結底，這些已有的文化形態都不能使人徹底擺脫精神奴役。」[1]

關於毛澤東，錢理群在《談「做夢」》中指出：毛澤東是「20世紀中國最大的夢想家。之所以說他是最大的夢想家，是指他的夢的大膽與影響而言，由此開始了由他率領億萬人民實現一個又一個雄心勃勃的理想而奮鬥犧牲不惜一切代價的『毛澤東時代』。概括說，這場夢在當時是歷史的壯舉，在過後看來，既有讓人動心之處，又有太多的殘酷與荒誕，讓人後怕。」[2]、「毛澤東基本做了兩個夢，並為這些夢做了大膽的實驗。一是毛澤東認為孔孟將彼岸大同世界與此岸小康社會截然劃開，是太缺少幻想，太不敢做夢。他要在中國現實土壤上實現大同世界……本世紀初『新村運動』就做這個夢……毛澤東在湖南也在搞『新村運動』……後來，毛澤東拋棄了『新村運動』走向了革命，但是並沒有放棄『新村』理想。問題正出在這裡：毛澤東拋棄的只是『新村運動』和平改造的那一部分，要武裝奪取政權，但奪取政

---

[1] 《拒絕遺忘——錢理群文選》，汕頭大學出版社1999年版，第13頁。
[2] 同上書，第72頁。

權之後，他仍要實現他的新村思想，而且把他新村理想具體化了。他想建立一個政治上絕對平等、經濟上絕對平均、人人都獲得全面發展的共產主義大學校。他為了實現這一理想經過多番努力，到1958年宣佈找到了一個組織形式——『大躍進』，並提出具體目標：趕英超美，即在物質上，鋼鐵、糧食產量趕英超美，然後整個社會成為大同世界。這個理想在今天看起來仍相當吸引人，卻是一個夢，而且它的現實實現卻正是其反面……毛澤東第二個夢是不但要創造至善至美的社會，而且要把6億人民都變成『至善至美』的『純粹』的人。……怎樣才是純粹的人呢？他提出有兩個標準。一個標準是人的非動物化。實際否定人是動物，凡是人的動物性的欲求都應該被改造、被拋棄。他要把人的欲望，從性欲到物欲，都壓抑到最低限度，使人成為純精神、純道德的存在。……第二個標準是人的非個人化。本來人既是個體的動物，又是群體的動物。毛澤東將人的群體性誇大到極端，否定人的個人性。……這就是為什麼毛澤東要拿知識分子開刀的最基本原因。因為追求個體精神自然的欲望知識分子最強烈，毛澤東就是要把知識分子『非知識分子化』。這與人們本性是相違背的。從這裡我們可以看出：毛澤東想建立的理想之國是道德理想王國，有濃重的道德理想主義色彩，是一個烏托邦世界，有很強的空想性」[1]錢理群指出，「做夢」與「殺人」有著互為因果的關係，毛澤東也不例外：「殺人和做夢這兩個命題具有一定內在聯繫的。夢做得不好，做白日夢，也可能導致殺人，導致大規模的死亡和食人現象。這是近百年中國的教訓。回顧這100年的

---

[1] 《拒絕遺忘——錢理群文選》，汕頭大學出版社1999年版，第76—77頁。

歷史，我有這樣一個感慨：中國的歷史是在一亂一治中循環前進的。本世紀好像有這麼個規律———一亂就殺人，一治就做夢。亂了就殺人，人殺夠了，天下太平了，就講『治』；而一講『治』就做夢，不顧主客觀條件亂來一氣，又造成災難，又亂，又殺人，結果無論是做夢還是殺人，都造成大規模的人的死亡……戰爭、大躍進、文化大革命都造成大規模的死亡。」[1]

錢理群的人文思想，具有很強的現實性、深邃的理論穿透力，令人震撼。我們未必完全贊同他的觀點，但卻不得不承認很有啟發性。

9、摩羅：咀嚼恥辱

摩羅，196年出生於江西都昌縣農村，本名萬松生，1978年考入九江師專中文系，畢業後在都昌縣從事中學語文教學工作12年。1993年考進華東師大攻讀現代文學專業研究生，1997年獲得華東師大文學碩士學位後，在北京印刷學院出版系從事教學工作。2004年調入中國藝術研究院中國文化研究所從事研究工作。著述若干。給他在中國人學史上帶來地位的是他年輕時寫的兩部論著《恥辱者手記》[2]和《自由的歌謠》[3]。

摩羅來自於社會最底層。貧窮和艱辛使他對現實社會的陰暗面有著深刻的體驗，而由魯迅開闢的「五四」啟蒙文化傳統和俄國民間思想家的精神資源又促使他的體驗昇華到相當的理論高度，使他成為20世紀末自由主義思想者的代表。錢理群指出：

---

[1]　同上書，第81頁。

[2]　《恥辱者手記》，內蒙古教育出版社1998年12月版。

[3]　《自由的歌謠》，文化藝術出版社1999年版。

「魯迅所開創的精神界戰士的傳統，正是在更具有獨立性的新一代人這裡斷而複續了。在這樣的背景下，摩羅的寫作就超越了他個人的表達，而具有了某種典型性，成為新一代青年中的傑出代表。」余杰指出：「我認為，摩羅的文章是20世紀末中國最驚心動魄的文字之一。無論對偉大的心靈還是是對卑微的心靈，摩羅凝視他們的眼光都充滿了大悲憫、大悲哀、大悲痛。有大悲憫、大悲哀、大悲痛的文章才是真正的『大文章』。讀這樣的文章是一種享受，也是一種考驗。」

　　魯迅和錢理群，是摩羅思想的直接來源。魯迅曾指責我們這個民族是一個最容易忘記歷史教訓的「沒有記性」的民族，錢理群提出對於歷史上的種種荒唐事，我們應當「拒絕遺忘」，摩羅所做的一切，其主旨就是「咀嚼恥辱」，使苦難轉化為有益於人類未來的精神資源。由此出發，他搜集、批判了20世紀以來在蘇聯和中國大地上發生的種種以「革命」、「愛國」為名大規模地屠殺人的血腥罪行，反思、批判了中國文人以及國民的劣根性，並質疑「革命」、「人民」、「愛國主義」等過去視為神聖不可動搖的概念。這便使他的文字充滿了驚心動魄的批判精神。1986年，他將自己取名為「摩羅」。「摩羅」即魯迅《摩羅詩力說》中的「摩羅」，意為魔鬼，正表現了他願以正統社會視為魔鬼的「精神界戰士」形象特立獨行於世的志向。而摩羅這一切批判都貫穿著他對人性的基本理解，他對人的尊嚴和精神個體性的高度肯定、他對人的生存權利和命運的關懷與焦慮。

（1）「三重自我」、「個性主義」、「人性尊嚴」與「精神英雄」

　　關於人性，摩羅提出「三重自我」說：「一般地說，主體

人格可以分解為三重自我，一重追求吃喝拉撒等本能的滿足，曰生物自我，一重追求對特定集團特定勢力的認同以求獲得安全感，曰符號自我，一重追求自由意志的伸展和尊嚴的實現，曰精神自我。由於符號自我的目標是取消自我以求與集體意志一致，即僅僅充當集體意志的一個符號，所以它是反精神的反主體性的。生物自我既可能加強主體人格的存在感，也可能賦予它本能的衝擊與困惑，因而是一種不穩定因素。可以說，生物自我是求生的，符號自我是求勢的，精神自我是求道的。只有三重自我的均衡和諧才能產生健全的人性和健全的主體人格。」[1]

除「三重自我」外，摩羅還有一段話表述了他對人性的看法：「人是社會動物意味著人只有在社會時尚中努力掙扎才能挽救起一點點個人性。人是文化動物意味著人只有在文化觀念體系中奮力自持才能在觀念文化的趨勢中維持一點點體驗性。人的社會化和觀念化是自有文明史以來經久不衰的發展趨勢。人的個人性和體驗性正在日趨嚴重地受到擠壓、威脅，甚至暗藏著完全喪失的危險。……人作為社會動物通常以社會風尚指導自己的實踐和體驗，人作為文化動物通常以既成觀念指導自己的實踐和體驗，人作為政治動物通常以政治意識形態所塑造出的政治權威指導自己的實踐和體驗。所有這些實踐和體驗都不具有主動性和主體性，從而也不具有創造性。人的意義因此被顛覆，生命的真正價值受到根本的威脅。所謂對人的扼殺也就是對人的主動性、主體性、創造性的扼殺。而喪失了主動性、主體性、創造性的人永遠意識不到這種扼殺。我就這樣在自己所創造的社會、觀念體

───────────────

[1] 《恥辱者手記》，內蒙古教育出版社1998年12月版，第48頁。

系、政治權威中漸漸失去了自我。」[1]

由此可見，在「生物自我」、「符號自我」、「精神自我」中，摩羅最重視「精神自我」。它包含、體現著人的「主體性」、「主動性」、「創造性」，是「生命的價值」和「人的意義」之所在。他最不看好、並加以警惕的是「符號自我」，所謂人是「社會的動物」、「文化的動物」、「政治的動物」，乃是「符號自我」的不同表述。「符號自我」膨脹的必然結果是「精神自我」的喪失。當然，摩羅並未完全否定「符號自我」。他認為理想、健全的人性是「三重自我」的「均衡和諧」實現。在三者不可得兼時，則絕不能犧牲「精神自我」以服從「符號自我」。

基於對「精神自我」的重視，摩羅提出了他的人格理想——「英雄」。摩羅所說的「英雄」，即精神偉人。「首先，英雄是精神的。一個人不是靠他的地位、金錢、名聲、功勳成為英雄，而僅僅是靠他莊嚴的激情和崇高的靈魂成為英雄。」、「第二，英雄是戰勝了非同一般的精神磨難，使自己的心靈強大到足夠與整個世界相抗衡才成其為英雄的。……英雄是那胸懷大志而一時找不到用武之地的人，英雄是那見識高遠追求執著而被視為迂腐的人，英雄是那靈魂崇高，具有強大道德力量卻被誣為敗類、瘋子、流氓、國民之敵的人，英雄是那正在為世界擔當患難卻被稱為魔鬼的人。一句話，英雄都是全身心地愛這世界，造福這世界，而又一時得不到起碼的工作條件的人。這就迫使他去承受無比巨大的痛苦。如果他被這痛苦所壓垮，他還不是英雄。他

---

[1] 同上書，第82—83頁。

必須用這痛苦鑄成自己不屈的人格，頑強地為這世界工作，直至最後一息，這才是真的英雄。」、「第三、英雄是寂寞而又孤獨的。……英雄則是上帝派給人類的先知。他感覺靈敏、眼界高遠，能夠深切理解隱伏在最深層的人性的需要和歷史的需要，或者他雖不甚理解，卻能以自己的天性來感覺它們、表現它們。他們很難與大眾一拍即合。有的先知表現為時代的超前性，幾十年或幾百年後，一個稍受教育的『群眾』即可理解他的思想。有的英雄則以反文化、反倫理、反世俗的方式表現出他對人類的引導意向，這些人永遠得不到群眾的理解，即使幾百年後，也只有極少數的特殊人物能與他們心心相印。就現實生活中的命運來說，他們都是很不幸的。他們必須為自己的精神財富蒙受最嚴重的誹謗、誣陷和孤立，但他們並不戚戚惶惶，也不怨天尤人。他們正是有了對大孤獨大誹謗的驚人承受力，才把自己推進到英雄行列中的。」最後，英雄是「徹底的理想主義」者。「沒有一個英雄不是從小就對社會、人生、個人前途抱著燦爛的理想的，而且，英雄的秉性使得這些理想特別堅牢，無論遇到什麼挫折，他都會死死堅持。理想主義者對不完美的現實往往採取拒不承認的態度。理想主義愈強烈，對現實的否定也就越加徹底。現實是命運強加給我們的，未經我們的選擇和認可。接受現實不僅是對我們的理想的否定，也是對我們的精神主體性的否定。英雄是無法忍受這種否定和侮辱的，他必須以與理想結為一體的強大自我來堅決反抗現實。反抗現實就是要對現實進行合目的合理想的改造。當這種改造失去可能時，主體與客體之間就形成最緊張的對立。消除這種對立的方式無非是兩種，一種是主體堅持到底直到犧牲自身，一種是主體的退卻。走在退卻路上的是喜劇和諷刺劇角

色，犧牲者才是悲劇中的英雄，肉體的毀滅恰恰帶來精神的永生。」[1]

在對人的精神自我加以強調之外，摩羅又對「個性」和「尊嚴」作了高度肯定。他指出：「人類最偉大的文化理想就是每個個體生命的充分發展和實現，任何對個人的懷疑、壓抑、否定都是不義的、不人道的、不符合人類理想的。個人有權反抗對其生長與發展構成障礙和危害的一切因素。」、「任何生命個體，無論是植物還是動物，其至高無上的使命就是按照自己的本性發育生長，並最大限度地表現出生命的全部潛能，最大限度地實現其與世界進行能量交換的願望。人類作為動物之一種，理當在此定律之中。人的目的就是造就人自己，將自己造就成一個『為自己的人』。」、「那些壓抑個性、漠視個人、破壞個體人格之生成、阻礙個體生命之實現的非人力量，主要都來自人文事物。人文事物既是人力製造的，也是可以人為解決的。」[2]摩羅一再引用別林斯基的話：「主體、個體、個人的命運比全世界的命運以及中國皇帝的健康更重要。」

摩羅宣稱的「個人主義」或「個性主義」，並不是完全排他的。「從邏輯上講，這個世界上不可能存在單個的個人，必須所有個體都成為個人，每個個體才能成為個人。所以，成為個人……絕不是少數精英的個人活動，而是全人類全民族的、普遍而又浩大、艱難而又漫長的精神文化活動。」在這樣一場精神文化活動中，「個人主義者」必須「擔當族類之患難、族類之恥辱」。[3]

---

[1] 《恥辱者手記》，內蒙古教育出版社1998年12月版，第70—73頁。
[2] 同上書，第84—86頁。
[3] 同上書，第87頁。

在論及「個性主義」時，摩羅指出：「個性主義的核心是什麼呢？我認為是尊嚴意識。」

「如果放棄了個性主義和人性尊嚴，人類還需要什麼？還能擁有什麼？我認為，個性主義和人性尊嚴乃是人類最基本的財富，也是最根本的財富。失去了這兩者，人類的整個人文文化就失去了根基和依據，社會就處於失去人文精神的非生命狀態。」[1]這實際上表述了摩羅對「尊嚴意識」與「個性主義」關係的見解。而「恥辱感，乃是受挫的尊嚴感」[2]。於是「正視恥辱」、「咀嚼恥辱」，「通過反反復複的咀嚼，品出恥辱的真味真源和真義，然後起而反抗之」[3]，就成為摩羅的另一主張。

基於對人性「三重自我」的理解，高揚「個人主義」或「個性主義」，重視「精神自我」的獨立與自由，呼喚「精神英雄」，崇尚「尊嚴」，深味「恥辱」，是摩羅人學思想中正面提出的觀點和主張。

（2）「反叛非人」

從上述思想出發，摩羅對歷史和現實中一切「非人」的現象展開了猛烈的批判。余杰所謂的「驚心動魄」，於此可見。

摩羅在《反叛非人》一文中集中表述了對中國歷史和現實「非人」本質的思考和批判。他說：「必須確立這樣一個最高原則：人至上，人高於一切，人是直接目的，人是終極目的。為了解放人，一切有礙的事物都必須予以反叛和否定：文化、民族、

---

[1]　同上書，第157—158頁。

[2]　同上書，第162頁。

[3]　同上書，第163頁。

集體、國家……道德、風俗，以及每一個非人自身。」、「真的
人必須具有自我意識獨立人格」，「絕不是凡長著一個腦袋兩條
腿的都可以稱為人」。「中國人」、「徹底奴化毫無自我」，因
而是「非人」。「從雖為奴才卻敢於憤世疾俗的屈原，到半仕半
儒不僧不道的蘇東坡，到八面玲瓏自打自招的郭沫若，到令人嘔
斷腸胃的曲嘯李燕傑，我們不是可以痛心地看出，人是如何地一
代比一代更加卑微更加可恥更加罪惡昭彰麼。」、「當曲嘯李燕
傑和一幫缺臂少腿的非人們到處搖舌鼓噪教化國人時，這個由非
人組成的民族的一切空間，是如何地烏煙瘴氣啊！」、「幾千年
來，我們偏偏滅亡了的是人，生存著的是非人。」、「我真想生
出十一億個手指來，指著每一個中國人的塌鼻子大聲吼道：你不
是人，你是非人，你是豬玀，你是蟲豸，你是人的最醜陋的敵
人！讓我們一起滅亡吧，一切非人都應該徹底滅亡。」、「中國
人連發狂也得斯斯文文、規規矩矩。中國連狂人都是模範的順
民」——「中國社會對於人的壓抑和扼殺達到了怎樣的地步，
中國人是怎樣的醜陋和可憐，非人竟『非』到了這種地步」！
「沒有什麼比人更美麗的，如果他是真的人。也沒有什麼比人更
醜陋的，如果他已退化成了非人。」儘管「非人」、「是我的
宿命」，「然而我必須去反叛。向非人的命運反叛，向非人的恥
辱反叛……」[1]摩羅對中國人「非人」劣根性的批判不無偏激之
處，不過卻從另一側面促使我們警醒：我們雖然是人，但在精
神、人格上必須時時提防淪為「非人」。

---

[1]　《恥辱者手記》，內蒙古教育出版社1998年12月版，第229—235頁。

（3）「超越『人民』」

摩羅認為，中國人的「非人」劣根性，首先表現在曾被禮讚的「人民」身上。魯迅曾批判過中國人的民族劣根性，他所批判的「中國人」、「中國民族」或「中國農民」，乃是「人民」的近義詞。而摩羅則直接提出了「超越『人民』」的口號，並對「人民」的種種「非人」表現作了入木三分的批判。

他指出：「多年來，『人民』一直被看作上流社會與統治者的對立面，也就是被用來指稱民族成員中的……底層人。到後來，凡是識字的人大多成了地富反壞右之類，『人民』實際上成了不識字的人的代稱。五四時期，這樣的『人民』是啟蒙的對象，也就是教育對象。後來，『人民』被賦予政治上道德上的神聖性，成了教育和判斷事物的標準。」[1]對於這樣的「人民」，摩羅則不以為然。他指出：魯迅的偉大，不在於後期他對「人民」讚美，而在於早期他對「人民」的批判。「即使是那個深懷人的意識的魯迅，他曾一廂情願地頌贊過的『民族的脊樑』，又何嘗有一個是人呢？那裡所明列或暗指的，不全都是中華民族非人大譜系中愚忠愚孝的徒子徒孫嗎？非人的生命機體，其脊樑也一定是非人，就像狗有脊樑只能是狗骨一樣。」[2]、「人民這個概念應該指稱民族的全體成員而不是任意分出來的一部分。」[3]以此來看，俄羅斯人民就要比中國人更富有人性。亞歷山大一世時期，藝術院長提名阿拉克切夫伯爵為名譽院士，藝

---

[1] 《恥辱者手記》，內蒙古教育出版社1998年12月版，第126頁。

[2] 同上書，第230頁。

[3] 同上書，第127頁。

術院秘書拉勃津問這個伯爵有什麼藝術貢獻，院長勉強答道：伯爵是離皇上最近的人。拉勃津答道：「要是這個理由站得住的話，我就推薦馬車夫伊裡亞·巴依科夫，他不單是離皇上近，他還坐在皇上前面。」拉勃津為了捍衛藝術的尊嚴不惜付出被流放的代價。亞歷山大一世的弟弟尼古拉（後繼位為皇帝）一次企圖戲弄一位軍官，要抓他的衣領，這位軍官莊嚴地說：「我的佩刀在手裡呢，殿下。」一語將尼古拉擊退。十二月黨人起義失敗以後，14歲的貴族少年赫爾岑決心繼承他們的志願，推翻集權政治。他把這些離經叛道的想法向兩位老師傾訴。一位老師說：「但願這些感情在您身上成熟並且鞏固下來。」另一位總是斷言他不會有出息的老師說：「我的確認為您不會有出息，不過您那高尚的感情會挽救您。」青年赫爾岑被政府逮捕以後，負責偵訊工作的莫斯科要塞司令斯塔阿爾將軍認為他清白無罪，乃向皇上直陳己見：「陛下，請顧惜我滿頭的白髮吧……這件事關係到我的榮譽──委員會裡做的事情是違反我的良心的。」他憤然退出偵訊委員會，事後還上書要求釋放這些無罪的人。最後再看俄羅斯君王，且不說支持並資助狄德羅出版百科全書的葉卡特琳娜二世和具有革命氣魄的彼得大帝，只須看看那個政治上極為反動刻板的亞歷山大一世的片言隻語。他當政的後期，俄國軍界和文界有許多祕密團體，他們提出了推翻君主制、建立共和制的政治主張。大臣們不斷要求皇上收拾這些革命者，皇上一直按兵不動。當臣子們力陳形勢之嚴峻，再三要求採取行動時，亞歷山大一世用法語對他的部屬說：也許這些東西都是幻想和錯誤，可這都是我年輕時贊同過、信奉過的東西，不應由我來進行懲罰。在他逝世前幾個月，許多官員都來報告那些祕密團體正在策劃政治行

動。他派人調查時，吩咐這些調查者不可肆意妄為，要將調查限制在必要和謹慎的限度內。在沙皇的寬厚態度底下，隱伏著他對於歷史要求的洞悉和對民族集體意志的理解與尊重。「上列諸人，不管是藝術院秘書還是禁衛軍軍官，不管是教師還是要塞司令還是沙皇本人，他們都是構成人民的一分子，一部分，他們無不表現出濃郁的人文氣和堅定明確的歷史良知。」[1]正是有這樣的「人民」，才有了赫爾岑、車爾尼雪夫斯基這樣的精神巨人的誕生。而在中國，情形則遠不是這樣。「陳天華、秋瑾、徐錫麟這樣的人，既沒有赫爾岑那樣豐厚的精神資源，更沒有特魯別茨卡雅公爵和車爾尼雪夫斯基式的安慰和幸福。他們永遠遇不到老布肖那樣的老師、要塞司令那樣的辦案者、少校典獄長那樣的官員、特魯別茨卡雅夫人那樣的家屬、馬車夫那樣的老百姓等。秋瑾的叔父就是她的告密者，她死後不但沒有得到鮮花，而且被老百姓吃了她的鮮血。徐錫麟更是給辦案者分吃了心肝。1978年，當李九蓮那顆絕不放棄思考的頭顱倒在血泊中時，她的同時代人都在準備著高考，甚至沒有一個人聽見槍聲。在她漫長的囚徒生涯中，家裡沒有一個人來看過她一次，沒有一個人送過一次飯、一次衣。而她的厄運最初的起因，竟是她的男朋友的出賣。……一位因在廬山講了幾句大白話而丟官的政治人物，很快就被自己的妻子從家裡開除了出去。在中國想做一條好漢，確實比別國更難。對於一位優秀人物來說，中國生活的千萬個環節中，每個環節都殺機四伏。中國社會對於優秀人物懷著本能的仇恨和恐懼。顧準的遭遇很能說明問題。顧準受到迫害後，他的妻子絕望自殺

---

[1]　《恥辱者手記》，內蒙古教育出版社1998年12月版，第127─128頁。

了。子女宣佈與他斷絕親緣關係，還逼著顧準簽字同意。他的老
母親住在妹妹家裡，可因為妹婿是官場中人，為了照顧官員的前
途，這對同住一城近在咫尺的母子終生不得相見。」[1]、「由於
良知的徹底喪失，人們在行駛制度所賦予的權力時，分寸感也徹
底喪失了」。「這些苦難深重的人不但不願意抵消制度的殘酷，
而且常常沿著制度慘無人道的一面勇往直前，一任內心的惡毒與
下流無限度地發洩，走得比制度本身更遠。」、「制度並沒有規
定必須割去政治『犯』的喉管，張志新的喉管卻被割去了。制度
沒有規定對女政治『犯』必須施行強姦之刑，監獄當局卻命令眾
多刑事囚徒肆意輪奸張志新，並給輪奸者以獎賞。制度沒有規定
必須對劉少奇施行人格侮辱，可是他們卻將飯菜吐上唾沫倒在地
上，讓那個連政治『犯』也稱不上、而只能含含糊糊地稱之為
『走資派』的老人像狗一樣趴在地上吃飯，並拍下錄影，送給另
一位元更老的政治老人欣賞。制度沒有規定必須挨家挨戶地屠殺
守法的公民，可是在北京一個名叫大興縣的地方，卻突然之間被
殺絕了二十戶，連剛出生的孩子也沒有放過一個。這類事件在這
個名叫中國的廣袤土地上，不知道發生過多少。制度沒有規定必
須將政治『犯』的遺體吃掉，而那些勇敢的官兵卻將徐錫麟的臟
腑炒吃了。60年後，這樣的事在政治領袖們的鼓動下，成百成千
地出現在這個美麗的『神州』大地上，而且吃得更加乾淨，連腳
板也不捨棄。制度沒有規定必須把教授變為職業挨鬥者、把書籍
變成灰燼、把圖書館變成批判會場，可是這一切都曾經非常堂皇
地存在過。制度沒有規度『壞』人不能治病，可在文革時期，有

---

[1] 同上書，第6—7頁。

那麼多的危重病人，僅僅因為階級成分不好，所有的醫院都拒絕接納他們，任他們不治而亡。制度沒有規定一位女性必須捏造自己情人的罪過，可有一位女性就曾指控她的情人羅隆基是地主的兒子（在那個時代這本身就是罪過），而且可能是國民黨特務，以便通過出賣情人而解脫自己。」[1]、「中國至少從秦代起，就基本上告別了分封制的國家模式，而開始吸收下層士民參與國家事務。漢以後，歷代開國君王都是來自底層的草莽英雄。在他們建立政權以後，又以選舉或科舉之途，從底層人中培養官僚。也就是說，中國社會一直存在著上層與下層的能量流通，在道德觀念上、精神氣質上、社會理想上，很難說存在著上與下、官與民的絕對對立。每一個農民都想著發財，每一個地主都想著當官。地主不過是發了財的農民，皇帝不過是進了宮的地主。農民、地主、皇帝三者按著同樣的精神信念和行為方式進行著走馬燈式的交替和循環，就文化素質（價值層）而言，他們乃是 一個統一的整體。僅僅因為他們的政治境遇的不同，而給予不同的情感評價和道德評價，就難免忽略他們共有的劣根性所應該作的文化批判。……當代知識分子……一面對劉邦、朱元璋及其類似者的暴力傾向和兇殘行為進行道德控訴，一面卻對那些在文化上與他們站在同一立場上、在政治上構成他們的社會基礎的『人民』進行道德奉承，這種奉承一度達到了完全失去分寸的地步。」[2]

摩羅對中國歷史和現實中「人民」的種種所作所為的批判，是魯迅對國民劣根性批判的繼續和深化。他對「人民」概念內涵的重新確立，頗為耐人尋思。

---

[1]　《恥辱者手記》，內蒙古教育出版社1998年12月版，第16—17頁。

[2]　同上書，第130頁。

（4）「醜陋的中國文人」

魯迅、錢理群分別針砭過中國文人的人性弱點，摩羅步塵此旨，將中國文人劣根性的批判推到了一個新的高度。

按照對人性「三重自我」的理解，摩羅認為一個真正的人絕不能為了「生物自我」、「符號自我」而犧牲「精神自我」，犧牲獨立人格和尊嚴意識。「知識分子由於是從事知識產品的生產的特殊勞動者，往往具有最豐富最勁屬的精神生活，所以他們是精神自我特別強大、特別堅韌的人，甚至常常是不惜犧牲生物自我和符號自我以捍衛精神自我尊嚴的人。」[1]然而中國的知識分子卻不是這樣，「所謂奴格的典型代表，無疑就是中國文人。」[2]歷史地看，中國知識分子經歷了一個從朝廷到廣場、從廣場到戰場、從戰場到「集中營」（幹校）、從「集中營」到商場這樣轉變。中國古代，文人依附於朝廷，沒有獨立人格可言。以康有為、梁啟超為代表的近代知識分子在西學影響之下希圖一展個人變革社會之抱負，然而他們選擇的活動舞臺──朝廷恰恰是不能容忍個人獨立精神的。於是朝廷的主人無情地把他們趕了出來。有鑑於此，以陳獨秀、胡適、周作人、魯迅為代表的現代知識分子來到了廣場──這是一個「民眾為了共同的利益和要求而聚集的地方」，中國現代知識分子以中國文人從未有過的獨立意識和勃勃生氣，開始了對大眾的啟蒙事業。然而曇花一現，好景不長，「五四以後一連幾十年的漫長戰爭，使廣場變成了戰場。……曾經以民眾導師自居的知識分子夾雜在流離者中東奔西逃，啟蒙者的豪氣頓然消盡……為了拯救自卑，

---

[1]　同上書，第48頁。
[2]　同上書，第213頁。

獲得『有用』的名分，他們放棄了弘揚個性的企圖和啟蒙主義的立場，急於成為『文化戰士』或形形色色的吹鼓手，以求與衝鋒陷陣的民眾達成平等。」、「戰爭結束後，知識分子們以為終於擺脫了尷尬境地，可以承繼著五四時代的夢想，順利地建設現代化的國家和社會。但是，一切行使言論權利和創造職能的現代意識都在新的環境裡受到嚴重挫敗。凡是仍在內心認為自己是知識分子的人，都先後被戴上了各種各樣的政治帽子，被定性為人民的敵人。1966年以後，他們一群一群地被趕進了名叫幹校的地方——那實際上就是政治集中營，接受人民的改造。在漫長而又殘酷的迫害中，只有極少數人為了捍衛尊嚴而以身相抗，其他人則一律為了求得生存而放棄了知識分子立場……他們已經像他們以前所要改造的愚民一樣沒有自我沒有個性。這是中國現代知識分子的全軍覆沒。」、「近十幾年來，知識分子的個性意識在頑強滋長，……知識分子群體的規模也日趨擴大。他們中的一部分萌蘇了古老的『朝廷情結』，更多的人則像五四前輩那樣發展起『廣場情節』。但是，事實證明這兩種思路都難於展開，……正在他們進退維谷、茫然無措時，商品經濟的大潮洶湧而至，……廣場已在一夜之間變成了商場」，當知識分子「走出集中營，企圖重返廣場延續舊夢時，猛然發現昔日需要啟蒙的民眾分別扮作商人和主顧，昂首闊步地占滿了廣場，在這裡神采飛揚地討價還價，誰也無暇注意書生的行跡和聲音。他們回顧茫然，無所適從。他們終於以不為民眾和社會所需要的方式，又一次面臨全軍覆沒的危險。」[1]

　　要之，中國古代文人是「尊君從勢」、恪守「奴道主義」

---

[1]　《恥辱者手記》，內蒙古教育出版社1998年12月版，第74—77、44—45頁。

的;中國文人的獨立人格在本世紀初的「五四」廣場上曾發出過最強音;而自那以後以迄今日,中國文人的獨立精神不斷萎縮,「他們不但從個人主義的立場上向後退,從啟蒙主義的立場上向後退,更從對知識分子的獨立價值的自信上,大踏步地向後退了。」(借用王曉明語)儘管有社會的歷史的原因,摩羅還是對中國當代知識分子的「從勢心態」——「麻木症」、「恐懼症」、「工具欲」作了毫不留情的批判[1]。在《醜陋的中國文人》一文中,他批判說:「在我和朋友們的交談中,用來指稱最醜惡最下流的事物的概念便常常是『中國文人』,這是因為中國文化中最醜惡的東西總是在文人身上得到集中表現。」他補充說明:「我這『中國文人』,並不是指所有的『中國的文人』,而是指全面地繼承了中國舊文化(奴道主義),而沒有在西方文化薰陶下更新自我人格的那種文化人」,不過這種文人在中國總是極多極多。摩羅不僅對雖有思想和骨氣,但骨子裡充滿工具欲的胡風表示過不滿,而且對哪怕在高壓下寫過溫和的批判胡風文章的巴金也表示過遺憾,對艾青、丁玲、楊朔之流,則批判得更尖刻:「艾青和丁玲是飽經憂患備受尊敬的人。可當中國文壇剛剛輸進一點新的藝術方法時,他們扮演了什麼角色呢?當他們無力將其剿滅時,竟然玩起了政治手腕,企圖借當權者來懲惡除邪,一旦精神污染掃除淨盡,他們便可欣欣然地照當名作家,照當權威泰斗。……為了自己能做最受寵的走狗,不惜張開狼一樣的獠牙,將別的狗們一概咬死,40年來這樣的醜劇哪一天停演過?又有幾個中國文人不是在爭媚奪寵的傾軋中被咬死或咬

---

[1] 《恥辱者手記》,內蒙古教育出版社1998年12月版,第46—60頁。

傷的呢！」、「最最可悲的例子也許是那名噪一時、為整整30年的中國文壇提供了完美無缺的散文模式（至今仍占統治地位）的楊朔。這個人把中國文人的醜陋和中國文體的醜陋都發展到了極致。那樣地不敢正視現實，在屍骨遍野的一片死氣中，竟一次又一次地看到了勝過天堂的蓬萊仙島……每一個文字都充滿了叭兒狗的媚笑和媚笑後的沾沾自喜。」、「像楊朔的所作所為，不應解釋為迫於外部壓力，實在是出於奴才的本性。這種人一旦晉升為奴隸主，他所製造的悲劇和罪惡，絕不遜色於我們已經認清了面目的那些奴隸主們。」[1]

摩羅對中國文人奴性弱點的批判，足以令當下的知識分子自鑒。

（5）「犧牲人民的『革命邏輯』」

在批判了中國「人民」和「中國文人」身上種種「非人」的奴道主義劣根性之外，摩羅還對中外「革命家」、「政治家」所發動的種種「革命」的非人罪惡和荒誕邏輯作出了大膽揭露和深刻反思。

關於「革命」，魯迅有句名言：「革命是教人活，而不是教人死的。」錢理群曾深刻揭露過中國現代「革命」的「吃人」本質。摩羅本此，一方面注意收羅造成非人罪惡的「革命」實例，提醒人們「記憶罪惡」，勿忘歷史，另一方面從理論上對這種「革命邏輯」作了質疑和清算，從而又一次發生「驚心動魄」的震撼力量。

---

[1] 同上書，第210—213頁。

摩羅注意在他的著作中收羅「革命」扼殺人的生命和尊嚴的實例。於是，過去被視為崇高、神聖的那些「革命」一下子露出了猙獰面目。如20年代的「農民運動」：「20年代，在中國廣東的農民運動中，那些領導農民運動的政治家們也親手寫下這樣的文字：『十六、凡暴動勝利後，各級農會，及武裝組織，皆應佈告准予革命民眾自由殺戮反革命，以資鼓勵。』『二十八、如萬不得已退走某地時，必威嚇當地民眾，搬遷一空，俟敵人到後，無從覓食，同時並在敵人宿營附近地方潛入，夜間可任意放火，焚燒居民房屋……』『十四、敵人到來時，我們應將廟宇庵堂等……乘機拆毀焚燒，使人民懷疑是敵人所幹，因而討厭敵人，並設法在敵人範圍內，隨時殺戮人民，使人民人人自危，而含恨敵人不分皂白亂殺，而圖報復，同時使敵人無地方可駐紮。』、『十八，凡暴動勝利所得地方……各種書店，及圖書館、或人家所藏書籍，純系養成反革命之知識分子者，應即儘量焚燒之。』」[1]如「文化大革命」：在1968年「三查」運動中，江西瑞金縣的「一個公社，將預先選定的『三查』對象集中起來，要他們去山上挖樹洞。橫多少米，寬多少米，均有嚴格要求。可樹洞不挨在一起，疏疏朗朗，以至誰也看不見誰。挖好洞後，便向看押者報告。未等講完，報告者便被一頓鐵鋤砸死，推進洞裡埋掉了事。事後，公社『三查』領導小組負責人說：『偉大領袖毛主席教導我們：階級敵人總是搬起石頭砸自己的腳，我們活學活用了，階級敵人也得給自己準備墳墓。』」頃刻間，此縣殺人達三百多名。此間相鄰的興國縣也不落後。革命幹

---

[1] 《恥辱者手記》，內蒙古教育出版社1998年12月版，第28頁。

部奮勇殺人達二百七十餘名。其中十九個人死得特別可悲可歎。某公社抓來十幾位階級敵人，他們分別是五類分子的子女，反革命組織的司令、副司令、參謀長、組織部長等。不難想見，所有這些職務決是革命幹部出於鎮壓階級敵人的需要予以任命的。這十幾個人被結結實實地捆在公社大院的樹上，準備殺掉。這時縣裡來人通知說，必須停止隨意殺人的風氣。公社的小人物正準備給這些階級敵人鬆綁。公社「三查」領導小組負責人此時「端杯茶水，慢悠悠地從屋裡蕩出來，環視了一下現場，又慢悠悠地說：『既然綁來了，放也麻煩。反正明天就不殺了，今天還是殺了吧。』」這十幾條人命就這樣斷送了。正是在這樣的時代氛圍中，正是在這樣的精神背景下，出現了李九蓮、鐘海源、黎蓮、遇羅克、張志新、林昭等等許許政治「犯」的悲劇。

再看看史達林所搞的那些「社會主義革命」：為了證明革命具有非凡的創造力，為了使共產主義的許諾不至於永遠是一句空話，史達林定下了一個雄心勃勃的目標——在蘇聯儘快實行全面的集體化和工業化。為了調動廣大農民實現集體化的積極性，蘇聯官方把所有富農都趕出自己的莊園和土地，遷徙到最偏僻最貧窮的地方去。共有40萬戶富農約合200萬人口因此而流離失所，無家可歸。在強制實行了集體化後，官方大肆掠奪農民的糧食。農民盡了最大的努力，生產了足夠多的糧食，卻無法養活自己和子女，而是成批成批地死於大饑荒之中。在30年代初期，蘇聯總共餓死了大約500萬至800萬人口。可就在大量餓死人的同時，官方卻將掠奪來的糧食大量出口到歐洲各國。據統計，1930年，蘇聯出口了4800萬普特糧食，1931年出口了5100萬普特。即使是饑荒最為嚴重的1933年也還出口了1000萬普特糧食。史達林

以這些糧食換取外匯，以便推進工業化進程，建造他的革命通天塔。500萬屈死冤魂，大約相當於當時蘇聯人口的5%，即每20個人中，就得有一個人去殉他的革命。

俄國歷史學家拉津斯基在《史達林秘聞》中這樣總結史達林對列寧主義的理解：「一天不搞恐怖危險，兩天不搞恐怖黨滅亡。」也就是說，在史達林看來，革命與恐怖幾乎是同一概念，革命就是恐怖，恐怖就是革命。既然革命是神聖的，恐怖也就自然具有神聖性。既然革命時代要求人民付出血肉和自由是天經地義的，那麼現在要求人民為恐怖貢獻自由、權利和生命也就同樣是天經地義的，是神聖光榮的。這種恐怖理論，可以說是革命邏輯在史達林時代的新發展。一系列恐怖事件，在這種理論背景下頻頻出現，構成了史達林時代的基本氛圍和現實狀況。頓巴斯煤礦工程師案件和迫害知識分子的工業黨案件，即是其中較為著名的兩個案件。1928年，蘇年當局突然逮捕了頓巴斯煤礦的53名工程師。在逮捕之前，契卡人員已經經過了長達兩年的策劃。他們對被捕者說，對他們的指控是國家的需要，含有崇高的政治目的和革命意義。目前全國正在搞社會主義建設，如果他們承認自己蓄意破壞建設，就會激起人民對於資產階級和資本主義的義憤，提高人民對敵人的警惕，煥發起人民內在的革命熱情，並提高勞動生產率。當局向他們保證絕不判他們死刑。這些無辜的被指控者只好配合官方完成這一幕醜劇。在有許多外國記者光臨旁聽的法庭上，被起訴者全都起勁地痛斥自己，甚至還請求撤掉辯護人，因為他們認為辯護人為他們所作的辯護太過頭了。他們好像有意在同檢察長克雷連柯比賽，看誰提出的罪名更重，似乎定罪越重，對革命就貢獻越大。檢察長假戲真做，越審越進入角色，

帶著滿腔的革命義憤要求對其中的22人判處死刑，最後為了感謝他們認罪態度好，下令只處死了5人。史達林像檢察長一樣容易進入角色，他給蘇聯人民作了如下告誡：「階級鬥爭顯然在加劇……不用說，這類案子還會發生……」他先是親自製造一次恐怖事件，然後以這次恐怖事件作為製造無數其他恐怖事件的理由。在這個意義上，也許僅僅在這個意義上，歷史才成為一個具有因果聯繫的整體。兩年以後，史達林政權對知識分子的迫害全面展開。他們突然宣佈查出了一個龐大的恐怖分子組織。這個組織有大約20萬成員。他們將這個組織命名為祕密的工業黨，指控工業黨恐怖分子懷著對社會主義的刻骨仇恨，正在勾結境外帝國主義，企圖促成帝國主義對蘇聯進行武裝干涉，並在他們的幫助下篡奪政權。一位著名的科技專家，莫斯科工藝研究所所長拉姆津被指控為這個組織的領袖之一。史達林親自設計了對拉姆津的審訊，同時還為拉姆津設計好了供詞。對於拉姆津初審時供詞中不完善之處，史達林還親自補充了細節。秉承史達林的旨意，辦案人員開誠佈公地對拉姆津說：如果被告承認自己參與了帝國主義國家武裝干涉蘇維埃政權的準備工作，就是搶先粉碎了帝國主義的干涉，就是拯救了祖國，拯救了社會主義政權。他們要拉姆津他們帶著真正的愛國主義熱情給自己栽贓國家所指控的一切罪行。拉姆津忠實地配合了史達林導演的這出鬧劇，承認了官方指控的一切罪行。甚至比官方的要求還做得更多，他供出了自己在策動外國武裝干涉時，還成立了一個未來政府。拉姆津本人被判死刑，但改為有期徒刑。由於認罪有功很快獲釋，官復原職。後來，還獲得了史達林獎金。可是由於他的招供認罪，史達林政權對知識分子的迫害具有了更多的理由。就在審判工業黨的同時，

對各個經濟領域的知識分子的審判緊鑼密鼓地全面鋪開。幾名細菌學家被指控造成牲畜死亡，審判後槍決。明明是史達林政權對農民的掠奪和糧食出口導致了餓殍遍野，可是他們卻指控一批食品工業幹部造成了全國饑荒，48人被無辜槍決。[1]

根據這些「革命」事實，摩羅對「革命邏輯」的荒誕作了非常深刻的批判。在〈犧牲人民的「革命邏輯」〉一文（收入《恥辱者手記》）中，他指出：

> 多少年來，我們對於革命的想像，一直是那麼高貴，那麼輝煌。多少年來，我們一直以為自己是革命成果的消費者，從而對革命抱著格外的崇仰。直到我們發現，我們生活深處的許多痛苦和恥辱，跟那些所謂革命理論和實踐有著割不斷的聯繫的時候，我們這才想到，應該去追索一下革命究竟是什麼東西，革命的理論究竟是什麼東西。只稍加思索，我們就不難發現，革命比我們所想像的要複雜得多，或者乾脆說，革命本身就是一個十分奇怪的東西。革命不但在實踐的層面上比那些借革命以顯赫天下的倖存者的回憶錄所描述的血腥一千倍，縱使是在理論形態上，也比今天流行的教科書的闡釋複雜一千倍。
>
> 沒有哪次革命不是以人民的名義發起和舉行的。人民的生存、權利、解放、幸福總是被清清楚楚地寫在每一次革命的旗幟上，而且給反反復複地加上了著重號。正因為有了這樣的旗幟，每一次革命都獲得了無可質疑的正義性

---

[1]　《恥辱者手記》，第26—31頁。

和崇高性。我們追懷和禮贊的動力都來自對革命的正義性和崇高性的嚮往。可是革命與人民的關係究竟如何，革命旗幟上所書寫的那些口號，在實踐的層面上究竟落實得怎樣，革命究竟是給人民帶來了解放，還是帶來了壓制，帶來了幸福還是帶來了苦難，帶來了光榮還是帶來了恥辱，這一切都不能簡單地信奉教科書上的說教，而需要我們去追索，去思考，去發現。甚至需要我們去重新命名。

戰爭年代是如何地血雨腥風，姑且不去談它。單是中國60年代的文化大革命和蘇聯30年代的大清洗就足夠令人恐怖。它們與革命旗幟上所標榜的人民的解放和幸福相去甚遠，甚至是背道而馳。這些以革命的名義公然流行的罪惡並不是一天之間突然產生的，而是有深厚的歷史淵源。從革命的最初一天起，這些罪惡可能就在滋長，甚至在革命的理論中就已經蘊含著這些罪惡的萌芽。也許可以說，一切罪惡都是以某種奇怪的邏輯從那些革命理論中生長出理的。這些奇怪的邏輯我們可以命名為革命邏輯。

早在普列漢諾夫和列寧以前，那些優秀的俄羅斯人就在設計著革命的道路，尋找著革命的契機。彼得‧特卡喬夫和涅恰耶夫都是其中有代表性的人物。他們都是重要的民粹主義思想家和革命家。特卡喬夫發表過許多革命見解。他曾設想靠少數革命家從事祕密活動，取得政權，然後這些革命家利用革命的政權去改造奴隸般的人民。為了讓俄國人民更好地奔向社會主義的未來，他們認為必須將大多數居民消滅。因為這些人是無法改造好的，無法奔向社會主義天堂的——為了社會主義，必須將大多數居民置

於死地。以這個地球上的大多數生命,去殉那個輝煌的主義,在歷代革命者看來,這一切都是如此天經地義,順理成章。涅恰耶夫在《革命教義問答》一書中所提出的設想與此極為相近。他說,必須千方百計加重人民的苦難,使人民在苦難中忍無可忍,這樣他們就可以最早最快地投身革命,參加起義,從而幫助那些職業革命家奪取政權。這兩位帶有最強烈的正義感和道德感的革命家,為什麼最公然地號召糟蹋人民的利益甚至殘害人民的生命呢?此間有一個極為奇怪的邏輯轉換:既然革命家們發起革命目的在於尋求人民的解放和幸福,那麼革命家就有權要求人民參與這種革命並為革命貢獻一切。回顧歷史,我們看得最多的事實就是:這種以人民利益為標榜的革命,最後無不逼使人民向這革命交出一切權利、利益、自由和生命。因為神聖的並不真的是勞工、人民等等,而是革命本身,是革命家所瞄準的革命政權。革命還在革命家的筆下以最空靈、最純潔、最熱烈的理論形態存在時,就不由自主地沿著這樣奇怪的邏輯走到了它的反面。

本來,人民的解放和幸福,這是人類社會所共同信奉的至高無上的倫理價值。革命只是一種社會運動,它本身不是價值,也無法以人民的自由和生命為原料生產出價值。革命的是與非,革命的合理與不合理,是要由別的價值標準來作核對總和評判的。可是,經過革命家的邏輯轉換,革命本身成了價值,它可以凌駕於一切之上。「為了革命」常常成為至高無上的道德律令,所有其他事物都失去了自足的價值。包括人民的解放和幸福這樣的神聖事物

也必須成為革命的奴婢甚或犧牲，要由革命隨意驅使、處置與評判。在這種革命邏輯的指導下，革命不僅在理論上走向它的反面，更在實踐上走向反人民、迫害人民、殘殺人民的荒唐境地。「文革」和大清洗只不過是離我們時間最近的兩個例子而已。人民的幸福，人民的基本利益，根本沒有受到革命的尊重和保護。事實恰好相反，「革命」正在以革命的名義對這一切實行著踐踏和戕害。我們痛心地看到，革命已經走到了人民利益的反面。人民從來就是革命的犧牲者。一切革命成果都是由人民的血肉和生命堆砌成的。也許有人會說，這些犧牲是極為必要和極為神聖的。一旦革命成功，人民的一切利益都可以得到保證。可是，事實上，革命的成功也很難兌現它用來掩蓋血雨腥風所承諾的利益和幸福，而往往需要倖存的人民繼續付出更加慘重的代價，包括基本權利、自由、幸福和生命。革命邏輯往往會在革命成功之後，長驅直入地滲透到一切領域，按照它自身的需要，無拘無忌地、如瘋如魔地生長、膨脹。革命邏輯的生長與膨脹，需要人類的血肉和自由作為最有效的肥料。人民既然從一開始已經認同了革命邏輯並且促成了它的生長，往後便不得不付出更大的犧牲以維持它的膨脹。最後，人類社會一切高貴的東西都失去了存在的權利和理由，而不得不為那個無限膨脹的革命邏輯所吞沒。

一面是高舉為人民謀幸福的旗幟，一面是將人民驅趕到絕望的深淵。面對如此奇怪的事實，革命一刻也不曾感到自身的矛盾和荒唐，而是按著革命邏輯一路高歌猛進。

在革命初期的暴風驟雨中，人民也許確實體驗到了反抗與
復仇的痛快感，體驗到了以暴力方式表達自己的願望，表
現自己的存在的滿足感。這也正是一切受壓迫的人民渴望
革命並且常常美化革命的心理原因。可是革命並不能廣泛
而又深入地改變人民的命運。革命是一台巨型機器，它一
旦發動，就無法停止。而為了維持它的轉動，就必須以人
民作犧牲，因為革命這台機器所需要的燃料不是煤炭或石
油，而是人民的鮮血和屍體。只有少數革命家通過革命改
變了自己的命運——他們有幸成為了革命機器的操作者。
為了滿足機器手們的權欲、利益與光榮，必須源源不斷
地、最大量地向這機器投入鮮血和屍體。在將人民加工為
鮮血和屍體的過程中，機器手們不是體驗到罪惡與恐懼，
而是體驗到光榮與神聖，因為他們的一切努力都是——為
了革命。

這些言論，對過去通行的神聖不可侵犯的「暴力革命」邏
輯重新加以追問，雄辯而富有深度，奠定了摩羅作為二十世紀末
傑出的年輕思想家的地位。

10、余杰：「精神鬥士」

余杰，1973年10月生於四川省成都市蒲江縣。13歲開始寫
作，中學時代發表文學作品十余萬字，並多次獲獎。1992年考入
北京大學中文系，其間創作了近兩百萬字的文化評論和思想隨
筆。1997年畢業並保送研究生，跟隨陳平原、夏曉虹教授攻讀近
代文學方向的碩士研究生。1998年，部分作品結集為《火與冰》

出版，以對北大現狀和中國社會、文化、教育等領域的尖銳批判，在讀者和學界引起巨大反響，短短兩年間印行上百萬冊，被席殊讀書俱樂部評為1998年「十大好書」（文學類）之一。另出版《鐵屋中的吶喊》[1]、《說，還是不說》[2]並引起廣泛注意。余杰本人被評為1998年度十大新銳作家，被視為90年代以來知識分子自由主義批評立場回歸的標誌之一。傅國湧在《脊樑：中國三代自由主義知識分子評傳》一書中指出：「少年余杰為橫空出世，在整個二十世紀恐怕只有五四時期的胡適先生、臺灣六十年的李敖庶幾可以比擬。短短幾年，余杰給沉悶已久的中國思想界帶來了一股清新的空氣。他的文字創新、尖銳，甚至不無稚嫩，但卻說出了我們這個時代的真相。他說為一切無甚高論，無非是一些常識而已，可是在那麼多德高望重、聲名顯赫的事先者都不敢說真話、不敢承認常識的時候，少年余杰直言皇帝無衣當改打動了千萬讀者的心靈。」2012年1月出走美國。

余杰的寫作的最大特點，是自由和真率。為此，寧可不發表，為抽屜而寫作，所以又自稱「抽屜文學」他曾說：「作品能夠走出狹小的抽屜，當然是一件好事。但我仍將堅持為抽屜而寫作的方式，這一寫作方式由三隻鼎立之足來支撐：懷疑的精神、批判的立場和邊緣的姿態。為抽屜而寫作，也就在極度的不自由中為自由而寫作。」[3]、「寫作絕對與發表無關，與傳媒無關，為發表而進行的寫作和為傳媒而進行的寫作是可恥的寫作，

---

[1] 《鐵屋中的吶喊》，中國工商聯合出版社1998年9月版。
[2] 《說，還是不說》，文化藝術出版社1999年版。
[3] 《鐵屋中的吶喊·後記》，中國工商聯合出版社1998年9月版。

也是當下絕大多數的寫作。」[1]、「『說』的自由，即言論的自由，是現代人權理念的重要組成部分。」[2]為了堅持「自由的言說」，他願意付出任何代價：「言說是自由的。這是我唯一的信賴。我用我的紙上王國來對抗邪惡、對抗虛偽、對抗暴力。每個方塊字都是我不屈服的士兵。作為統帥的我，願意為捍衛言說的自由付出任何代價。」[3]他因此被人稱為「精神鬥士」。

（1）人性本惡

　　余杰所處的年代，既是改革開放帶來了巨大成就的年代，也是在轉型時期各種醜惡現象沉滓泛起的年代，因而「余杰和他的同學們，似乎在走著與父輩相似的路，悲慨多於沖淡，孤苦大於欣然」[4]。余杰在承認、肯定人的正常食色欲求和精神自由的同時，對人性的弱點和醜惡之處作了不懈的揭露和批判。他指出：「是人，便有人的弱點；是人，便有人的陰暗面。我們用不著去苛責誰。我們一定要警惕：千萬別把人當神！」[5]、「研究人性，與其在哲學系裡聽教授高談闊論，不如到動物園裡去看禽獸張牙舞爪。」[6]、「弱者的影子是善良，因為弱者沒有作惡的條件。這與弱者的本性無關。」[7]、「中國的道德是以不承認人

---

[1] 《說，還是不說》，文化藝術出版社1999年版，第3頁。

[2] 同上書，第281頁。

[3] 同上書，第3頁。

[4] 孫郁：《另一種聲音》，載餘傑：《鐵屋中的吶喊》，中國工商聯合出版社1998年9月版。

[5] 《火與冰》，《經濟日報》出版社1998年4月版，第13頁。

[6] 同上書，第79頁。

[7] 同上書，第81頁。

的弱點為前提的。這樣的道德最終成為殺人的利器。」[1]、「中國人相信人性是善的，所以惡能夠在這個國度裡肆虐。」[2]

用人性本惡的觀點觀照歷史和現實，就會發現向來滿口仁義道德、滿身道貌岸然的正人君子，骨子裡都有許多見不得人的醜惡：「所謂名教世界，無非是給那些終身為教者『正名』而已。說什麼文忠公、文正公，戴什麼紫金冠、白玉佩，寫什麼策對文、詩詞賦，統統掩蓋不了『大盜』的真面目。『文起八代之衰』的韓愈，不過是貪酷的匹夫；乾嘉學派宗師的王先謙，不過是頑劣的庸人。這些『滿口仁義道德、滿肚男盜女娼』的傢伙，居然成了中國歷史的主角，那麼中國歷史比《水滸傳》還要糟糕得多。」、「近來，從報上時不時談到類似的報導，小偷將某某官員家中財物洗劫一番，而官員不敢報案。直到小偷被抓，才將官員牽扯其中，順藤摸瓜，最後挖出一個大貪污犯來。我想，反貪局是無甚大用的，不如招安一幫神偷組成一個反貪組織，所到之處哪個貪官不入法網呢？」[3]

余杰在講人性本惡時，並未將惡的人性與人的自然屬性、生理屬性簡單等同起來。相反，對於人正常的生理欲求，余杰是大加肯定的：「學生屬於最窮的那一類人，與下崗工人、民工並列。一些老先生看不慣青年學生跑出校園去掙錢，指責說不安心學習。殊不知，衣食不足，安能做學問？」、「對於金錢能否正確認識，可以判定此人是否虛偽。契訶夫不到而立之年寫出名作《草原》，獲得1000盧布，他大大改善了自己的生活。契訶夫深

---

[1] 同上書，第107頁。

[2] 《火與冰》，《經濟日報》出版社1998年4月版，第58頁。

[3] 同上書，第95頁。

知清貧的味道不好受，在努力掙錢的同時，一直為改變青年作家
的物質境況不遺餘力地奔走。他直接了當地說不喜歡托爾斯泰。
托爾斯泰年輕時花天酒地，到老來倒擺出道德家的面孔說『擁
有財富等於盜竊』。契訶夫卻說，自己很高興有別墅和大片土
地。『倘在辛苦之後，一覺醒來，突然變成資本家，應是人間樂
事。』」、「誰否定人的正常欲求，不管他的調子有多高，我都
十二分的警惕他，如同警惕法西斯分子。」[1]、「軍訓的時候，
每逢週六下午⋯⋯只好聽讀報紙，讀的偏偏又是最枯燥無味的文
章。唯一的解脫之道是睜著眼睛養神⋯⋯養神的時候，把中學時
代漂亮的女同學都想像成自己的女朋友，便覺得幸福觸手可及。
後來一問戰友們，十有八九以此法渡過難關。看來，在食色二字
上，大家都一樣。」[2]

余杰不僅肯定人的正常生理欲求，而且肯定人的精神自由
的權利。他十分讚賞茨威格的話：「對我說來，腦力勞動是最純
粹的快樂，個人自由是這個世界上最崇高的財富。」[3]並對毫無
獨立人格和自由精神的人嗤之以鼻：「思想是危險的，尤其是在
思想家沒有人格獨立的時候；思想家是軟弱的，尤其是在思想為
專制服務的時候。」[4]

余杰還論述到人的生物屬性與精神屬性的關係。它們既有
統一的一面：「衣食不足，安能做學問？」又有矛盾的一面：
「食物與（精神）自由既相對立又相似。食物既可以使人感到肚

---

[1]　同上書，第103—104頁。

[2]　同上書，第29頁。

[3]　同上書，第10頁。

[4]　《火與冰》，《經濟日報》出版社1998年4月版，第14頁。

子飽，又可以使人感到精神上不滿足。因此，『拿起碗來吃肉，放下筷子罵娘』是正常的現象。」[1]、「飯碗就是那種毀滅人的創造力、想像力，吞噬人的自尊、自信，卻又讓人活下去的東西。」[2]

（2）抨擊「獨裁」

余杰十分注重人的精神屬性的自由和獨立，而政治家、統治者的專制恰好是對自由和獨立的摧殘，因而對政治家、統治者身上的獨裁專制進行抨擊，就成為余杰人性惡思想的邏輯展開。

余杰的筆下批判過獨裁者希特勒、史達林、波爾布特，中國古代的帝王專制和中國現代民主——社會主義革命中的獨裁現象。他對德國納粹、中國帝王專制等獨裁的批判，都隱寓著強烈的現實意義。如對納粹德國的批判：

> 納粹德國。這個謀求全面統治的國家並不滿足於佔有官方的權力部門，而是從一開始起就追求這一目標：使各階層人民都服從領袖的絕對權力，不僅在物質上，而且在思想上把他們納入這個制度。內政部長弗裡克宣稱：「必須是一個意志，必須由一個意志來領導」，並把必須盲目服從的黨說成是唯領袖馬首是瞻的組織體制的基礎。黨通過街道和支部組織，深入到每一個家庭，企圖控制人民生活的每一個方面。
>
> 放逐與效忠同時上演了。

---

[1] 同上書，第105頁。
[2] 同上書，第27頁。

戈培爾說，德文化應該「保持純潔，擺脫一切有害的和不受歡迎的作品」。焚書公開化了，一大批作家被放逐。

更多的人選擇了效忠。學者胡貝爾說：「不存在國家必須尊重的、先於國家或離開國家的個人自由。」物理學家恩斯特、萊納德、約翰內斯、施塔克等人，寫信辱罵愛因斯坦，聲稱存在著純粹的「德意志物理學」。1933年5月27日，海德格爾就任弗萊堡大學校長，建議把勞役、兵役、腦力勞動結合起來，革新大學精神。他指出：「大加稱頌的『學術自由』應該遭到德國大學的唾棄……領袖本人而且他一個人就是活生生的、本來的德國現實及法律。」1933年11月，700多名教授在效忠希特勒的聲明書上簽字。[1]

再如對中國古代專制的批判：

在專制時代，「存天理、滅人欲」那是說給老百姓聽的，與統治者絕對無關。從阿房宮到故宮，統治者們住得好吃得好，從來沒有想過滅自己的人欲。而他們之所以口口聲聲滅百姓的人欲，根本原因在於：只有老百姓滅了自己的人欲，才能保證統治者自己人欲的不滅。[2]

……中國的帝王中，明君實在少得可憐。退一萬步說，即便稱得上昏君的也不多，因為有半數以上的皇帝不是嬰兒就是老朽，他們根本就不具備治國的能力……嬰兒

---

[1] 《火與冰》，《經濟日報》出版社1998年4月版，第245—246頁。
[2] 同上書，第305頁。

治國，嬰兒是沒有罪過的。老人治國，老人卻會幹無數的
荒唐事。中國歷史上，治國的老人雖不如嬰兒多，卻也不
乏其人，如清代的乾隆帝弘曆，掌權一直到80多歲。年輕
時代，乾隆確有不少文治武功，可是到了自封為「十全老
人」的時候，他就成為不可雕的朽木，將國事搞得一塌
糊塗。

　　老人的心理是陰暗的，多疑的，尤其是大權在握的老
人。他的思維已經停滯，不可能作出任何正確的判斷；他
的心靈已經枯涸，不可能擁有任何溫暖的感情。可以設
想，整日與一大群小太監為伍的八旬老人，縮在陰森森的
大殿的盡頭，日子長了，不成為偏執狂才怪呢。……於
是，弘曆大興文字獄，他晚年所興的文字獄是他在位前的
40年的幾倍。……老人治國比嬰兒治國更加可怕，破壞力
也更加巨大。老人時不時會有瘋狂舉措，而嬰兒卻不能主
動幹壞事[1]。

（3）「主義」殺人

　　余杰人學思想的批判鋒芒，在對準剝奪人的自由獨立權利
的專制獨裁之外，還對準扼殺人的生命的「紅色恐怖」。這與錢
理群、摩羅的「食人」、「殺人」的「革命」批判一脈相承。他
寫道：

---

[1]　同上書，第231—232頁。

1931年，「紅色」恐怖籠罩閩西地區。2月21日，閩西蘇維埃政府發出第二十號通告。通告指示：「在整個反動政黨——國際社會民主黨沒有全部破獲以前，各級政府應集中火力進行這一肅反工作。」該區先後捕獲原紅軍一團政委林海汀為首的『社黨分子』60多人，許多人被即時槍殺。閩西紅軍連以上、地方區以上幹部被殺者占十之八九，閩西蘇維埃政府35名執委和候補執委，被殺者占半數以上。中共中央要求採取「最嚴厲的手段來鎮壓」。

這就是「主義」殺人。「紅色恐怖」一點也不亞於「白色恐怖」，同志殺同志的效率，往往比敵人殺同志要高得多。[1]

作者對「殺人『主義』」、「紅色恐怖」的憎惡，使他對一切與之相關的材料特別敏感，一有可能，他就抓住這樣的醜惡加以展示和批判：

沒有憐憫的世界與地獄無異，甚至還有過之。《二十一世紀》雜誌曾經發表過一篇研究文革時期的年輕人打老師情況的文章，讀完之後，我這個沒有經歷過文革的年輕人震驚得一連幾夜被惡夢驚醒。文章寫道，1966年8月5日下午，北師大女子附中高一年級發起「鬥黑幫」，那天打鬥了5名校領導。在戴高帽子，往身上潑黑墨，敲簸箕遊街，掛黑牌子，強迫下跪，挑重擔子之後，又用帶釘的木棍打，用開水燙。經過大約3個小時的折磨之後，第一副校長下仲耘失去知覺，倒在學生宿舍樓門口的臺階上。儘

---

[1]　《火與冰》，《經濟日報》出版社1998年4月版，第96頁。

管醫院就在學校對門，但兩個小時都沒有人送她去醫院。後來抬進醫院時，人已死了。卞仲耘是北京第一個被學生活活打死的老師，死時50歲，在這所學校工作了17年。

在北師大二附中，學生打死了黨支書姜培良，打的時候強迫他14歲的兒子打父親，還有人大叫「拿鹽撒在他的傷口上」。校長高雲的額頭上被按進一排圖釘，站在烈日下被學生潑開水。甚至小學生也參加了暴行。在北京禮士胡同小學，一位班主任被學生逼迫吃下大頭針和屎球。北京寬街小學的校長郭文玉被一群不到13歲的小學生打死。[1]

（4）中國文人的「太監化」

余杰人學思想的另一批判指向集中在中國文人的奴性弱點上。「奴性」即沒有獨立人格，尤其是獨立精神。余杰謂之「太監化」，可謂入木三分。他指出：「『太監化』是中國的知識者最大的弱點。」、「如果說閹割陽具是太監入宮的通行證，那麼閹割精神則是士人入仕的通行證。」、「帝王需要充當『守護床鋪的人』的太監，更需要一大批守護一整套綱常理論的太監。前者是顯形的太監，後者是隱形的太監，亦即『知識太監』。如果說『刀子匠』們的閹割手術只能一個個地做，那麼『知識太監』們則能按自己的模式批量生產成千上萬的太監。那些狀元們、學士們、道士們、和尚們都是清一色的『知識太監』。」、「知識太監」所創造的知識便只能是『太監知識』。先秦子學、兩漢經

---

[1] 同上書，第150頁。

學、魏晉玄學、隋唐佛學、宋明理學、清代樸學，無不是圍繞皇權作向心運動，僅僅是有的軌道離中心近，有些略遠些罷了，沒有質的區別。無論學術內容怎麼變，士人的終極理想仍未超越升官發財、為帝王師的模式。」[1]從古代文人的「太監化」，余杰批判了現當代知識分子的奴性特徵。如對胡適的批判：「胡適留美歸來，相信改造社會必須從改造文化入手，因此有『二十年不談政治』的自我約束。他的一班談政治的朋友調侃地說：『適之是處女，我們是妓女。』然而，不久胡適就大談政治，參與實際運作，處女之身也就破了。想當處女又不甘心，想當妓女又覺得可恥，這是20世紀中國知識分子的尷尬。」[2]再如對當代知識分子弱點的批判：「過去對權力奴顏卑膝，現在又轉而向財神爺媚態十足，以這種方式在社會上為自己爭奪一席之地的同時，人格要求、終極理想都儼然不復存在，而喪失自我恰恰是人類最大的悲哀。」、「『作家賣身』的奇觀」、「在一片掌聲中粉墨登場」，「白衣天使開刀前堅持索取千元紅包，著名歷史學家編寫算命手冊，青年科學家幫鄉鎮製造假藥，共青團幹部貪污希望工程捐款」[3]，這些都是當下中國文人成為金錢奴隸的典型例證。

（5）對「愛國主義」說不

「五四」以來，「愛國主義」成為一切偽善的現代獨裁者用以保護自己、鎮壓民主運動和思想解放的擋箭牌與剎手鐧。余

---

[1] 同上書，第215—218頁。按：余杰對中國古代文化的批判並不符合實際，有簡單化之嫌。

[2] 《火與冰》，《經濟日報》出版社1998年4月版，第31頁。

[3] 《鐵屋中的吶喊》，中國工商聯合出版社，1998年9月版，第195頁。

杰勇敢地站出來，公開地對這種偽「愛國主義」說不。

愛國主義是「五四」精神的重要組成部分，但絕不是全部。周策縱先生認為：「『五四』的真精神不僅是單純的愛國主義，而是基於民意至上、民權至上和思想覺醒的信念。」

在「五四」時期，這兩種精神是水乳交融、互為因果的狀態。二十年代之後，隨著現實政治鬥爭的白熱化，兩者產生了越來越大的裂隙。政治集團為了實現意識形態的一元化，往往需要高揚「愛國主義」的旗幟，誘惑深受儒家「先天下之憂而憂」傳統浸染的知識者參與其中。在整合社會思想的同時，「德先生」自然是眼中釘、肉中刺。「愛國主義」對這個世紀的中國人來說是個極其神聖的字眼，誰敢對它發生疑問，誰就與「五四」中舉國聲討的賣國賊無異。因此，「愛國主義」使一切不合理都變得合理了。美國麻省理工學院政治學教授白魯恂就曾尖銳地批評說，中國知識分子最大的毛病就是偽「愛國主義」。在其名義下盲從家長、崇拜權威，思想有許多條條框框，不敢越雷池半步。如此類刻的批評，我們不得不承認是事實。[1]

在我的心目中，與「真理」相比，「國家無足輕重。當左拉被宣佈為叛國者的時候，他皈依了真理；當湯瑪斯・曼被宣佈為叛國者的時候，他皈依了真理——他們的國家，是「不義」的國家。

斯賓諾莎說：「國家的目的確實應該是自由。」卡萊爾說：「我們的國家只有在不損害我們的思想觀念時才是可愛的。」中國人一向「太愛國」，看見「愛國主義」的幌子便兩腿

---

[1] 《火與冰》，《經濟日報》出版社1998年4月版，第186頁。

發軟，沒有信心去觀察打著這個幌子的是什麼人。中國知識分子最怕的便是被指認為「不愛國」，為了表明自己的「愛國心」，犧牲理想、犧牲真理、犧牲親人、犧牲生命是在所不惜的。

「說不」是應該的，關鍵是對誰說不。中國一向鮮有說不的勇氣。……陳獨秀早就說過：「我們愛的是人民拿出愛國心抵抗被人壓迫的國家，不是政府利用人民的愛國心壓迫別人的國家。我們愛的是為人民謀幸福的國家，而不是人民為國家做犧牲的國家。」這才是真正的說不，對「愛國主義」說不。[1]

在獨裁者當政時，「朕即國家」。所以，為了維護自己的專制統治，獨裁者無一例外地要求人民「愛國」。當年的蔣介石也是如此。毛澤東當時就說：我們只愛人民自己的民主國家，而不愛獨裁者的專制國家。當前，我們在宣傳愛國主義的時候，一方面要不斷加強社會主義民主建設，同時還要加強世界公民教育，使我們的愛國情懷和世界心胸結合在一起，既不做賣國賊，也不做愛國賊。

五、談性色不變

新時期的人學研究除了在人的精神屬性領域大張旗鼓地追求「個體精神獨立」和民主自由的主題，形成了一股自由主義思想的巨大聲浪之外，還在人的生物屬性領域對過去噤若寒蟬的性學問題作了大膽、科學的研究。從20世紀人學的發展脈絡來看，性學研究恰恰與民主自由的追求一樣，走過了一個「之」字形。

---

[1] 《火與冰》，《經濟日報》出版社1998年4月版，第52—53頁。

20世紀上葉以張競生為標誌，性學研究突破封建禁欲主義的樊籬，驚動全國上下。毛澤東時代生物屬性作為「人性」的對立面遭到扼殺，「無性」的文化時代不允許有性學的立足之地。新時期認為生物屬性是人性的一部分，於是由性學切入人學研究成為比張競生時代更為壯觀的一種思潮。

新時期的性學研究熱潮最初是在醫學領域掀起的，其標誌是1982年出版的中國醫學科學院院長吳階平教授編譯的《性醫學》，1985年出版的北京醫科大學副教授阮芳斌主編的《性知識手冊》。嗣後，社會學和文化哲學工作者大量介入性學領域，使性學研究熱潮迅速蔓延，鋪天蓋地，蔚為壯觀。一份不完全的統計資料顯示，至1992年10月，這類書籍（文藝作品除外）已有273種之多。值得一提的是，20世紀初，前清狀元葉德輝痛恨西學東漸，為揚中國威，將隋唐時傳到日本的房中書抄回中國出版（1914年），結果1927年被暴動的農民槍斃。而黃一九等編撰的《房中術》則在90年代的中國一版再版[1]而安然無恙，許多包含「性技巧」章節的性學專著（如本書下面重點介紹的三位學者的論著）也堂堂正正地在八、九十個年代出版而未遭禁忌。人們再不必羞於談性了。1985年3月，上海大學文學院《社會》編輯部舉辦了上海全市性的「現代社會中的性問題」系列講座，聽眾達一萬多人次。7至8月，《社會》編輯部、上海中醫學院、上海市計劃生育宣傳教育中心聯合舉辦了第一屆全國性教育講習班，來自全國18個地區的80多位元學員參加了講習班。1986年6月，全國第一個性科學、性教育學術團體──上海性教育研究會成立。

---

[1] 《房中術》，海南出版社1993年第1版，1995年第2版。

1988年12月，上海性社會學研究中心成立。1986年到1990年，全國部分地區性學組織相繼成立，如黑龍江省性科學研究會、性學研究所，深圳市性教育研究會，安徽省性學會，廣東省計劃生育與性教育研究會，新疆石河子市性教育研究會，江西宜春南方性學研究所。上海出版（1988年）了中國第一份《性教育》雜誌，廣東出版了中國第一份公開發行的性教育雜誌《人之分》（1989年）。到80年代末，中國的性學研究初步形成了一個較為完整的組織體系。在這樣的基礎上，中國性學會（籌）於1987年宣告成立。比較成體系的性社會學研究專著在80年代末到90年代末相繼完成、出版。其中，上海大學劉達臨教授的性文化研究、中國人民大學潘綏銘教授的性學研究、中國社會科學院李銀河研究員的性文化研究尤其引人注目。

1、劉達臨：中國當代性文化研究

　　劉達臨，上海大學文學院社會學系教授，曾擔任上海性社會學研究中心主任。劉達臨曾支援過影響巨大的「中國兩萬例『性文明』調查報告」。該報告記載了從1989年2月至1990年4月歷時一年零三個月在全國各地所進行的當代中國性文明調查的基本狀況和基本分析。該報告1992年8月以《中國當代性文化──全國兩萬例「性文明」調查報告》為題由上海三聯書店出版以後，在國內外引起廣泛反響。美國《時代》週刊及其他一些報刊稱這部書為「中國的金西報告」，香港《大公報》以《一本中國性科學的奠基之作》為題發表評論。全國人大副委員長吳階平教授在給他的信中說：「翻閱了尊著，我認為是一部很有價值的著作」，「這部奠定我國性文化研究的巨著出版了，不僅是我國的

需要，也有全球的意義。」全書100多萬字，出版後兩年中幾次印刷，仍然脫銷，1995年出版了20多萬字的普及性精華本。這部調查報告使他於1994年8月在柏林獲得「赫希菲爾德國際性學大獎」。

中國向來是一個談性色變的國家，即便到了開放的20世紀80年代末，性仍然是人們不願公開談論的隱私。劉達臨領導的課題組利用中國社會組織嚴密的優點與特點，通過各級政府的計劃生育、婦聯、工會、學校、公安局、勞改局、社科院、雜誌聯絡網等系統，從省到市到縣和區，層層分配任務，以集體填寫問卷的方式為主，獲得了大量第一手性文明資料。調查對象包括中學生、大學生、城鄉夫妻和性犯罪分子，調查範圍包括性生理、性心理、性觀念、性知識、性行為、性教育等內容。與20年代張競生主編的《性史》相比，劉達臨的調查顯然更有組織性、科學性和嚴密性，為整個調查建立了細緻的、科學的量化標準，也為讀者和研究者提供了科學認識和分析可以依據的詳細資料，顯示了調查者在性科學方面的知識積累和充分準備。在精心組織、周密準備、科學量化的調查統計基礎上，報告對這些統計資料作了初步分析，從而反映出20世紀80年代末中國性文化的特徵和走向。試舉第三章第六節第二小節「性交的目的」的調查分析為例。「我們在問卷中設置了六個性交目的，即『尋求感官快樂』、『發展愛情』、『組織家庭』、『生育後代』、『排除孤獨』、『滿足對方要求』……從統計結果看來，排列在『第一肯定』和『第二肯定』順序的，都是所列六個目的中的前三個。但是除了第一肯定中以『發展愛情』的人數最多之外，從第二肯定到第四肯定中都以『組織家庭』為首位，如果把每次評價的得分相加，

總分最高的是『組織家庭』，其次是『發展愛情』，第三位是『尋求感官快樂』，第四位是『滿足對方要求』，第五位是『排除孤獨』，第六位是『生育後代』。因此，以生育作為性交目的，在大學生那裡已經是微不足道了。」再如第四章《夫妻關係和夫妻性生活》第四節「女子的性權利」第三小節「貞操觀」中關於「對被強姦女人的看法」的分析：「在這次調查中，我們設置了這樣一個問題以測定城鄉夫妻受貞操觀念影響的大小。即如果一個女人被人強姦過，你會抱什麼態度。……從調查資料看來，對於這樣一個不幸的女性，抱嫌棄、疏遠態度的，城鄉夫妻都約占11%左右，而抱著同情、諒解、幫助態度的占86%左右，這是正確的、開明的。」如此等等。這些都反映了中國當代性文化的特點。

　　「中國當代性文化」調查研究大獲成功後，劉達臨又開始了中國古代、世界古代性文化的研究。1993年8月，寧夏人民出版社出版了他的70萬字的《中國古代性文化》，兩年內銷售近10萬冊。1995年8月，50多萬字的《縱橫華夏性史》一書在臺灣性林文化公司出版。1998年，上海三聯出版社又出版了他45萬字的《世界古代性文化》。這些專著配以大量實物圖片，提供了相關的實證知識。與此同時，他盡可能大規模地收集中國古代性文物，到1996年底收集達900件左右。從1993年底到1994年7月，他先後在上海、瀋陽、無錫、大連公開組織了中國古代性文化展覽，受到熱烈歡迎。1994年12月至1996年初，這個展覽又在臺灣、柏林、橫濱、墨爾本等地展出，其受歡迎的程度更加強烈。臺灣稱之為「五千年來第一展」。柏林則「掀起了一股中國性文化熱」。1995年，他在上海建成中國第一個中國古代性文化博物館。

2、潘綏銘：性學研究與啟蒙

潘綏銘，男，1950年生。1984年東北師大歷史系研究生畢業。現為中國人民大學教授，性社會學研究所所長。1982年開始涉足性學領域，1985年在中國人民大學給本科生開《外國性觀念發展史》課，後來擴展為研究生課程《對於性存在的社會學研究》。1988年河南人民出版社出版了他的《神祕的聖火──性的社會史》，1993年3月在《社會學研究》上發表《當前中國的性存在》一文，正式提出了「性存在」這一概念。1995年，光明日報出版社出版了他的性學論文集《中國性現狀》。此外還翻譯過《金西報告──人類男性性行為》，《女性性行為──金西報告續篇》。從1986年起，陸續在中國城市裡做過10次性社會學調查，其中6篇論文在國內發表，4篇在國外用英文發表。

潘綏銘的研究路徑與劉達臨差不多，都是從社會學的角度研究性學，都對中國當代性文化作過調查，並對西方性文化和中國古代性文化作過專門研究[1]。如果說劉達臨的貢獻，主要在中國當代性文明的兩萬例調查報告和中國、世界性文化的系統研究，那麼潘綏銘的特色，主要在狹義的性學（不像性文化外延那麼寬泛）研究和性學知識的普及上。他的《中國性現狀》，就是一系列曾在全國報刊上發表的性知識啟蒙文章的彙編。在這方面，不僅劉達臨，而且李銀河也不能與之相比。以《中國性現狀》為例。作者在《性的知識》中闡述了如下幾個問題：「為什麼要講性的社會知識？」、「性是個人私事」；「性，要靠自己

---

[1] 潘的西方性文化研究，見《神祕的聖火》；中國性文化研究，見《中國性現狀》「性的歷史」。

解釋」;「性用品有什麼用」;「最起碼的性常識是什麼」;
「你理解性夢的含義嗎」;「何必害怕『手淫』」。在《家庭性
教育》中闡述的問題是:「性教育是一種家庭建設」;「性教
育先從夫妻開始」;「打預防針,還是補充營養」;「性,天
生就有」;「性教育要從幼兒開始」;「正確看待兒女的性遊
戲」;「禁止對兒童性虐待和性濫用」;「男女之別在家庭中造
就」;「無聲的性教育」;「請注意兒子的性成熟」;「請引
導女兒的性心理」;「不要輕易說孩子『早戀』」。在《青春
期的性準備》中闡述的問題有:「青春,請正視自己的性」;
「戀愛,請擴大心理空間」;「戀愛,請懂點性心理」;「戀
愛,請協調男女差異」;「戀愛,請重視性選擇」;「少女也有
性權利」。在《婚姻中的愛與性》中闡述的話題有:「婚姻,最
應該重視什麼」;「說給准新郎的悄悄話」;「女性結婚的性準
備」;「新婚需要灑脫」;「妻子眼裡的婚姻與性」。在《夫妻
性愛的協調藝術》中談論的話題有:「性,夫妻的相互學習」;
「在婚後的性生活中,你尋求什麼」;「丈夫性觀念的誤區」;
「夫妻性愛,無『髒』可言」;「請別上『性別神話』的當」;
「性,承擔不了那麼多」、「夫妻之間的性誤解」;「性生活不
和諧的深層心理原因」;「性,也需要浪漫」;「讓臥室也浪漫
些」;「用音樂為性愛伴奏」;「性生活計畫」;「小別勝新
婚」;「如何看待丈夫的性與愛」;「避免丈夫『外遇』的秘
訣」。在《性愛「技巧」》中談論的話題是:「性生活的脫敏訓
練」;「提高性能力的想像訓練」;「性幻想的訓練與適用」;
「如何提高性的敏銳度」、「夫妻性愛按摩」;「不可崇拜『性
技巧』」。在《性生活的延續》中涉及的話題有:「人到中年,

陰盛陽衰」；「老年性生活的另一番滋味」；「中老年女性不是『無性人』」；等等。

由此可見，從一般的性常識，到一個人從少年至老年的不同時期的性知識，潘綏銘都作了系統的研究與闡釋。這當中包含著他的觀念與態度，對於讀者有啟蒙、指導意義。如在《性是個人私事》一文中說：「在人類歷史上，性與社會應該處於何種相互關係中，一直是人們關注和爭論的重要問題。……一般說來，社會通過三條途徑分別控制個人性活動的三個方面：宗教挖別人的性心理與性觀念，國家機器（政府、法律等）控制人的性關係和在公眾場合中的性活動；家庭則控制人的性行為，包括夫妻的或非婚的性生活。為了實現這些控制，社會就要求並產生了相應的思想理論，總結為簡單一句話就是：『性是公共事務；性時時處處關係到社會整體利益。』但是自從本世紀之初起，實際生活和人們的認識都發生了巨大變化，『性是個人私事』的觀念在西方普及深入，它直接形成並推動了性革命的歷史進程。。」最早向傳統觀念挑戰人之一是馬克思。德國工人自學協會倫敦分會，曾委託馬克思編寫一本解疑問答書。他在其中寫道：「我們對於男女間個人的關係，只要它不破壞新的社會制度，是不會干涉的。倍倍爾在其《婦女與社會》一書中宣告：『愛欲的滿足與其他一切自然欲望的滿足一樣，是個人的私事。在這一點上，任何人都沒有必要替他人負責，而且任何人也沒有干涉它的權利。我怎樣吃、喝、睡、穿，是我的私事；正因如此，我和異性的關係也是我的私事。』其他一些共產主義思想家也都有這方面的論述。「在他們推動下，19世紀後半期到20世紀20年代，西方各國思想界和學術界掀起了論述和宣傳『性是私事』的持續高

潮。英國性學家靄理士說：『不是什麼東西進入子宮，而是什麼從子宮裡出來，才與社會有關。』著名哲學家羅素，1925年在《我的信仰》中寫道：『應當承認，只要不生孩子，性關係便純屬私事，與政府或鄰里都沒關係。某些不會導致生孩子的性行方式目前還要受到刑法的處罰，這完全是迷信。』」、「1890年英國法庭以宣揚色情罪審判著名作家王爾德時，一位女證人在法庭上坦然而言：『誰都無權反對任何別人的性生活，只要別人沒在大街上性交，沒驚著路過的馬匹。』20—30年代私事論的興起，進一步動搖了這些性法律。當時最著名並一直流傳下來的口號是：『我們的身體屬於我們自己。』美國大學生諷刺道：『我們不是用在投票站裡性交的方式來選舉政府的，那麼政府幹嘛干涉我們的性生活？』20年代蘇聯法學界也認為：政府對性的管理主要是結婚登記，而這只是為了統計婚姻狀況，不是審批。私事論的呼聲在1948年的《金西報告》中達到頂峰。金西根據調查成果提出：既然人口中95%的人都曾有過不符合傳統性法律的性行為，難道應該尤其餘5%的人來審判和懲罰他們嗎？」、「時至60年代初，性革命第二次高潮來臨之際，激進派覺得私事論不夠用了，因為它本質上是一種乞求社會寬容的理論，強調的是性解放與資本主義社會共存，這不可能帶來真正的性革命。他們根據佛洛德的基本理論，認為性是最個性化的人類活動，要求最徹底的獨立個人權利；而現代資本主義制度是最異化的人類活動，要求最徹底的獨立個人權利；而現代資本主義制度是最異化的體制，抹煞人性和個人權利，因此兩者不共戴天。他們認為，資本主義制度就是鎮壓或管束個人的性活動，因此性解放就是要徹底摧垮專制統治的根基，就是要破壞資本主義制度。性解放就是個

人的解放和社會的解放，最終使人類從異化的歷史解放出來。這些基本認識由瑪律庫塞總結發揮，集中反映在其著作《愛欲與文明》之中。」、「60年代正是青少年造反、反對越南戰爭、新女權主義興起、反對種族岐視的動盪年代；這種把私事論擴大為社會造反論的思潮，當然得到人們的廣泛信奉和支援。除了群居公社、交換配偶等活動具有這種反叛目標外，大多數只是未婚同居的人也認為，他們這樣做就是為了向政府的婚姻管理制度挑戰。直到1985年，英國激進女權主義者還在倫敦舉行示威遊行，要求使妓女合法化，因為『女性擁有支配自己肉體和性活動的個人權利。』」、「這種急風暴雨式的運動到80年代初開始消退，一方面由於性解放運動所要求的東西大部分已經實現，另一方面也由於人們重新趨向私事論，認為性就是性，把它硬與社會革命扯在一起太勉強了，而且也無法用性解放來衝垮現行社會制度。人們主張自然地對待性問題，不要把性工具化；性既不是社會鎮壓的工具，也不是革命造反的工具。但是，60—70年代的激進運動畢竟從矯枉過正的角度推動了法律與社會的變化，使得傳播了幾十年的性是私事的理想，最終得以在80年代受到法律與社會的承認，而且最終成為全西方社會的現實。」、「在西方法理概念和人民的普遍意識中，私事不受干涉的前提，一是不損害他人與社會，二是個人對自己的選擇負責。私事論並沒有帶來社會的無法無天或個人的為所欲為，強姦、遺棄、教唆、破壞公共場所秩序等個人行為，仍舊受到法律制裁。西方人說的『性是私事』至少包括四點：雙方自願，不涉及他人利益，承擔由此產生的責任與義務，保護未成年人。因此，我們不應該曲解私事，更不應該由此曲解性革命的全貌。無論對反對它還是不反對它的人，這種客

觀態度都不可缺少。」

在對西方「性是私事」觀念的出現和西方近世紀以來三次性革命浪潮中的述評中，作者的觀點和態度也一目了然。應當說，20世紀末葉中國性學啟蒙與性知識的研究與普及，潘綏銘是功不可沒的。

3、李銀河：性的亞文化研究和性立法思想

李銀河，女，1952年生於北京，美國匹茲堡大學社會學博士，中國社會科學院研究員。她致力於性社會學的調查、翻譯與研究，90年代出版了「性社會學系列」叢書，其中包括《中國人的性愛與婚姻》[1]、《生育與中國村落文化》[2]、《性社會學》[3]、《中國婚姻家庭及變遷》[4]、《女性權力的崛起》[5]、《性的問題》[6]、《中國女性的感情與性》[7]、《同性戀亞文化》[8]、《虐戀亞文化》[9]等。

李銀河精通英文，對西方性學資料特別熟悉，著述中引用西方性學材料如數家珍。她的《虐戀亞文化》就是依據西文資料展示的「西洋景」。這就使她的研究具有相當的前沿性和國際性。她充分發揮自己是女性，與女性更容易接的特點，根據對女

---

[1]　《中國人的性愛與婚姻》，河南人民出版社1991年版。
[2]　《生育與中國村落文化》，香港牛津大學出版社1994年版。
[3]　《性社會學》，河南人民出版社1994年版。
[4]　《中國婚姻家庭及變遷》，黑龍江人民出版1995年版。
[5]　《女性權力的崛起》，中國社會科學出版社1997年版。
[6]　《性的問題》，中國青年出版社1999年版。
[7]　《中國女性的感情與性》，今日中國出版社1998年版。
[8]　《同性戀亞文化》，今日中國出版社1998年版。
[9]　《虐戀亞文化》，今日中國出版社1998年版。

性性隱私的個別採訪寫成了《中國女性的感情與性》。不僅如此，男性似乎也比女性更樂於向異性坦露自己的性隱私。李銀河憑藉性別優勢，進行了120個個案採訪，完成了以分折男同性戀為特徵的《同性戀亞文化》一書。

李銀河的性文化研究稍後於劉達臨、潘綏銘，這就迫使她必須在前人的基礎上有所深化、與其他人的研究成果有所不同。同性戀、虐戀問題，劉、潘的著作均有所論及，而專門以此成書者則是李銀河。女性的性心理及性生活，新時期泛泛而談者也很多，而單獨以此為專題並研究成書[1]者也推李銀河為第一人。因而，李銀河在新時期性學領域的最大貢獻是關於性學的亞文化研究。

李銀河在性觀念、性思想方面也有所深化。潘綏銘雖然論及性與社會的聯繫，但對性的善惡屬性卻未予回答。李銀河在《性的問題》中設「性的規範」和「違法的性」、「違規的性」三章，本身昭示了作者的見解：性無所謂善惡本性，規範之內的性是善，違規的性為惡，違法的性為罪。「哲人羅素說過：罪惡因地理位置而異。巴特勒也說過：道德是一個國家的風俗習慣以及人對周圍人群當下的感覺。在食人族的國家，吃人就是道德的。在不同的社會、不同的文化和不同的時代，性有不同的意義，而不同的性規範會因性的意義不同而不同。例如，如果某人持有性的意義應在於生殖這一觀點，他就會把為了快樂的性活動視為越軌的行為，否定他、批判它、制裁它；而如果某人認為性的意義根本就在於感官的愉悅，他對同樣的行為就會做出不

---

[1]　即《中國女性的感情與性》，今日中國出版社1998年版。

同的評價，他會肯定它、贊同它，認為僅僅為了快樂的性行為是
符合性規範的。」、「即使是在同一種文化中，對性也會有不
同的觀點，不同的做法，使人很難對它做出簡單的概括，下結論
說某種文化、某個社會對性是絕對肯定的或絕對否定的。……
因此，我仍很難對如此複雜的對象做出簡單的概括，更不能對
它們做出先進或落後、正確或錯誤、正面或反面一類的簡單評
判。」[1]《中國女性的感情與性》中設「性美感」一節，表述了
她對這個問題的思考：「大概只有在少數幾個像中國文化這樣我
願稱之為『文明過度』的文化中，才會提出有關性是還是醜這樣
的問題——由於教化過多、過久，我們離開人的自然狀態（動物
或畜生的狀態）越來越遠。在我們的文化中，最嚴重最頻繁被使
用的罵人話是說某人像『畜生』；第一性徵（生殖器官）、第二
性徵（肉體性別特徵，如鬍鬚、乳房）及第三性徵（裝飾性別特
徵，如髮式、服飾）都要加以掩飾，至少不能加以強調，因為它
們容易暴露出或強調了人的動物性徵。性行為在中國文化中因此
處於一種特別尷尬的地位。說得不好聽一點，中國人在性的問題
上相當『變態』，也就是沒有平常心。由於我們是文明的人，道
德深厚，所以應儘量遠離各種動物性的活動。性活動就是這種很
接近動物性的活動。可是人又有這種動物本能（中國人特別不願
承認這一點），社會和家庭又要通過這一活動來繁衍（中國人特
別願意強調這一點，好像這才是為性活動『正名』）。於是就很
尷尬，於是就很變態，於是就沒有了平常心。這種文明過度使我
們感到性活動或性活動中的某種形式、姿態是醜的；不喜歡這種

---

[1] 李銀河：《性的問題》，中國青年出版社1999年版，第8頁。

活動的人有一種道德優越感；喜歡這種活動的人有一種自甘墮落的放蕩感。兩種感覺都不正常，都缺少對一種人類自然活動的自然的美感。」[1]李銀河關於性立法的獨立思考很有發人深省的意義。她認為，「我國有關犯罪的法律中，關於有受害者的犯罪的法律條文問題較小，而關於無受害者的犯罪的條文問題較大。」[2]、「無受害者的違法性行為」，包括「製造、販賣、傳播淫穢物品罪」、「聚眾淫亂罪」等。「我國的禁毀淫穢品主要是出於道德懲戒的原因，因為製造出售淫穢品和購買觀看淫穢品是一種雙方自願的商業行為，所以這是一種沒有直接受害者的交易行為。……如果說這種沒有盈利目的純屬娛樂性質的行為要受到有罪判決，全國就有相當大比例的公民都應受到有罪判決。……一項法律，如果嚴格執行，則涉及人口中占很大比例的一批公民，如不嚴格執行，則形同虛設，那麼很明顯，這項法律條文是有弊病的。弊病的關鍵在於，此類行為不像強姦、盜竊、搶劫等犯罪那樣，擁有身體或個人財產受到傷害的當事人，而是由國家按照某種道德標準來制裁違反了這一道德標準的自願行為及行為人。」[3]在中國所有的與性有關的犯罪判決中，李銀河認為問題最大的是「聚眾淫亂」罪。這種罪量刑最重，有的要判死刑。她指出：「所謂『群奸群宿、聚眾淫亂』不過是西方社會正常生活中屢見不鮮的『性聚會』而已。……如果他們知道在中國，他們這類活動的舉辦者要判死刑，參與者要判死緩和15年徒刑，一定會大驚失色。如此判決實屬駭人聽聞。」、「在此類活

---

[1] 李銀河：《性的問題》，中國青年出版社1999年版，第104—105頁。

[2] 同上書，第44頁。

[3] 同上書，第66頁。

動的參與者全部是自願參與的這一前提之下，法律絕不應當認定為有罪。因為公民對自己的身體擁有所有權，他擁有按自己的意願使用、處置自己身體的權利。……國家法律干涉這種私人場所的活動，就好像當事人的身體不歸當事人自己所有，而是歸國家所有……這種立法思想本身就是錯的，錯誤就出在個人身體的所有權歸屬的問題上。」[1]、「難道20世紀末的今天，他們還像中世紀的人那樣沒有處置自己身體的權利？難道作為一個成年人，他們還沒有自主決定自己性行為方式的權利？」[2]在中國「有受害者的違法性行為」如「強姦罪」、「姦淫幼女罪」中，雖然「問題較小」，但不是「沒問題」，這問題主要就要將性器官的地位置於人體其他一切器官（包括頭部）之上，因而懲處性犯罪比懲處其他人身傷害罪要重得多。李銀河贊同福柯的思想，認為定罪量刑不應單獨以性為對象，而應以人身權利為對象。將強姦罪、姦淫幼女罪作為人身傷害罪判處量刑更為合適。

六、21世紀的人學走向

進入21世紀以來，中國的人學界呈現出什麼新的動向？我以為有三件事件值得注意：一是針對改革開放以來信仰迷茫、道德失範、情欲氾濫的惡俗社會現象，錢中文先生起而宣導「新理性主義」與之抗衡，贏得廣泛的社會反響。二是夏中義先生主編、出版的《大學人文讀本》獲得巨大成功，引發了出版界、讀書界的人文旋風，各種各樣的人文讀物競相問世，標誌著整個社會對

---

[1]　同上書，第88—89頁。
[2]　同上書，第97頁。

精神家園的追尋和價值回歸的渴望。三是2004年3月「人權」入憲，標誌著中國的政治民主進程躍上了一個新的臺階，也為「人權」、「人道主義」等人學問題的研究提供了法律依據。

1、錢中文：「新理性精神」

　　錢中文（1932—），江蘇無錫人，1955年中國人民大學俄語系畢業，1959年莫斯科大學俄羅斯語文系研究生肄業同年入中國科學院[1]文學研究所出事研究工作至今。1979年評為副研究員，1985年評為研究員，1986年聘為研究生院教授，博士生導師。現為中國社會科學院學術委員會委員，中國中外文藝理論學會會長，國際文學理論學會副主席。主要著作有《現實主義和現代主義》[2]，《文學原理——發展論》[3]，《民族文化精神和文學理論流派》[4]，《文學理論：走向交往對話的時代》[5]，《新理性精神文學論》[6]等，另主編文學理論文集、叢書若干。

　　錢中文先生的「新理性精神」是在文學領域中提出來的，旨在糾正世紀之交前後文藝創作中人物描寫的動物化、鄙俗化傾向，他由此回應現實挑戰，呼喚堅守道德底線，表現了一位人文知識分子的良知、操守和責任感。

---

[1]　1978年後為中國社會科學院。
[2]　《現實主義和現代主義》，人民文學出版社1987年。
[3]　《文學原理——發展論》，社會科學文獻出版社1989年。
[4]　《民族文化精神和文學理論流派》，吉林教育出版社1989年。
[5]　《文學理論：走向交往對話的時代》，北京大學出版社1999年。
[6]　《新理性精神文學論》，華中師範大學出版社2000年。

（1）現實批判：「非理性」的惡俗傾向

「新理性精神」的提出有著鮮明的現實批判指向。這就是文藝創作和社會現實中理性崩潰、情欲橫流的淫爛傾向。

歷史總是在否定之否定中前行的。思想史的發展歷程亦莫能外。建國以後直至「文革」時期我們一直偏尊理性、扼殺感性，偏尊思想、扼殺情欲，以至於人類維持生命生存和繁衍的兩大生物功能——食欲與性欲的滿足都成了問題，人淪為非人。經過鄧小平宣導的思想解放運動，人們終於明白，理性與感性，思想與情欲並不一定是對立的，合理的道德乃是為人的情欲滿足服務的，是人類實現生命欲求的規範。於是出現了以李澤厚為代表的「感性與理性」、「個性與社會性」相「統一」的人性學說和人道主張。然而，隨著計劃經濟體制的逐步瓦解，市場經濟體制的不斷確立與擴張，商業利潤這只無形的手日益成為操縱人們社會生活的主宰。消費社會「絕沒有絲毫性欲發生區遭荒廢」[1]。於是，社會上賣淫之風死灰復燃，文藝創作中出現了以描寫性行為、暴露性經驗為特徵的「身體寫作」、「胸口寫作」、甚至「下半身寫作」。這種現象發端於二十世紀九十年代，世紀之交以來大有愈演愈烈之勢。1993年，賈平凹出版《廢都》，首涉赤裸裸的性行為描寫[2]，獲得巨大的市場效益。後來的女作家如衛慧、棉棉、九丹、木子美之流則不甘示弱。她們利用自身的性

---

[1] 波里德亞語。轉引自蔡運桂《文藝怎麼能是這樣？》，《文藝報》2005年3月8日。

[2] 見賈平凹《廢都》，北京出版社1993年版，第121—122頁、第139頁、第311—312頁、第327—328頁。

別優勢，把自己打扮成「美女作家」，並打破賈平凹「作者刪去
××字」的最後一點矜持，極盡暴露之能事，差不多達到竭斯
底裡的地步[1]。女作家趙凝在推出新作《夜妝》時提出「胸口寫
作」口號：胸口寫作的魅力在於胸口發脹，並有「想做點什麼的
衝動」。

　　小說中的性描寫這裡難言其詳，不妨來看一看這一時期的
詩。在「詩歌從肉體開始到肉體為止」[2]綱領的指導下，我們看
到這樣聳人聽聞的詩集：《我要在與你作愛時死去》、、《我要
在拜祭梅豔芳時奸屍》、《木子美：竹影青瞳我要強姦你》。我
們看到這樣觸目驚心的詩句：

　　找一個男人來折磨
　　長虎牙的美女在微笑」（唐亞平《黑色石頭》）

　　女人發情的步履浪蕩黑夜
　　只有欲望腥紅
　　……
　　在女人的洞穴裡澆鑄石鐘乳（唐亞平《黑色沙漠》）

　　廣場上的噴泉
　　噴射一陣

---

[1] 參見衛慧《衛慧經典作品集》，遠方出版社2000年版；棉棉：《糖》，
　中國戲劇出版社2000年版；九丹：《烏鴉》，長江文藝出版社2001年
　版，等。
[2] 轉引自蔡運桂《文藝怎麼能是這樣？》，《文藝報》2005年3月8日。

根據一定的間隔

又噴射一陣

我們看看表

掐算著時間

就像來自窮鄉僻壤的嫖客[1]

開會

母親遲到了

半個多小時過去

還沒有來

我們應該等一等

把紀律的矛彎下來些

她是母親

有兩個乳房[2]

　　在九十年代出現的「先鋒戲劇」如《我愛×××》中，則有這樣令人目瞪口呆的獨白：「我愛你的臀部你美麗的半圓，我愛你的睪丸你美麗的陽物，我愛你的陰毛你美麗的陰道，我愛你的陰唇你美麗的子宮」。在另一部先鋒戲劇《戀愛的犀牛》（1999年）中，不但有「帶著嗆著人的精液的澀味」、「我那玩意有一尺長」、「遠近聞名的大波妹」、「一騷、二媚、三純潔」等娼妓流氓式的道白，而且有不堪入目的體外射精之類的

---

[1] 作者為一媒體評出的「2003年中國傑出詩人」。轉引自蔡運桂《文藝怎麼能是這樣？》，《文藝報》2005年3月8日。
[2] 同上。

細節表演。2005年張廣天導演的「先鋒戲劇」《左岸》則更進一步，不僅在劇中大談偉哥、避孕藥和性高潮，甚至在眾目睽睽之下設計了兩個場景：一是眾人壓著左岸，防止他出現性高潮；另一個場景是幾個女人躲在沙發後面，模擬做愛的動作，並配有女人在性高潮時的呻吟聲。[1]於是，戲劇表演變成了當眾賣淫。在這裡，人完全退化為兩腳動物，毫無廉恥、理性、道德可言。

又有甚者，打者「行為藝術」的旗號，搞「街頭裸奔」，在街頭撕女人衣服搞「假強姦」，甚至「鑽牛腹」、「吃死嬰」、「街頭有人拉屎，有人吃屎」。[2]粗鄙、骯髒得比動物都有過之而無不及。

儘管這裡已毫無「人性」可言，可他們還振振有辭。主張「下本身寫作」的詩歌界代表人物說：寫詩「是一種充滿感性的寫作，一種從肉體出發、貼肉切膚的寫作，一種人性的、充滿野性的寫作。」[3]在他們看來，「人性」與「肉欲」、「野性」（即動物性）是可以劃等號的。朱文在小說《我愛美元》中，設計了「父親」與「兒子」的一段對話：

> 「生活中除了性就沒有其他東西了嗎？我真搞不懂！」父親把那疊稿紙扔到了一邊，頻頻搖頭。他被我的性惱怒了。
>
> 「我倒是要問你，你怎麼從我的小說中就只看到性呢？」

---

[1] 據陳吉德《招搖過市的偽先鋒》，《文藝報》2005年8月18日。

[2] 據蔡運桂《文藝怎麼能是這樣？》，《文藝報》2005年3月8日。

[3] 轉引自蔡運桂《文藝怎麼能是這樣？》，《文藝報》2005年3月8日。

「一個作家應該給人帶來一些積極向上的東西，理想、追求、民主、自由等等、等等。」

「我說爸爸，你說的這些玩藝，我的性裡都有。」

請不要忽略「兒子」的這段調侃，它實際上揭示了子輩與父輩及其所處的不同時代對「人性」以及「理性」與「欲望」關係的不同看法。在父輩所處的改革開放之前的十年「文革」中，「人性」就等於「神性」，食、色之欲都包容、消解在「革命」、「理性」中。在子輩所處的時代，「人性」就等於「獸性」，「理想、民主」等道德「理性」都囊括在色欲之「性」中。而事實正如周作人早在「五四」時期就指出的那樣，「神性」與「獸性」，合起來便是「人性」。將「獸性」視為「人性」的全部，是走入了人性認識的另一誤區，它必然帶來種種社會問題。正是在這種歷史背景下，錢中文先生舉起了「新理性精神」的大纛。

（2）在包容感性的基礎上回歸理性

「新理性精神」是1995年錢中文先生在《文學藝術價值、精神的重建：新理性精神》[1]一文中首先提出來的。這是一篇大氣磅礡、酣暢漓淋的理論長文！它是一份向非理性主開戰的宣言：「新理性精神主張以新的人文精神來對抗人的精神墮落與平庸」，「新理性精神不認可把非理性絕對化，使其走向反理性主義，反對用反理性主義闡釋人生，解釋世界」。「當今一些文

---

[1]　《文學評論》1995年第4期，收入錢中文《新理性精神文學論》，華中師範大學出版社2000年版。

藝作品的寫作，已使人嚴重地失去了羞恥感，失去了良知與同情，已丟失了血性與公正。」、「更有一些人大肆製作污穢的東西」。而「同情與憐憫，血性與良知，誠實與公正」以及「羞恥感」，正是「使人所以為人」的「人文精神」。2004年，在《軀體的表現、描寫與消費主義》一文中[1]，錢中文先生對九十年代以來文藝創作中愈演愈烈的道德淪喪、寡廉鮮恥傾向作了更具體、深入的揭露和批判：「當今不少涉及性描寫的一些小說，不過是一種滿足低俗趣味的時尚，一種散發著黴爛氣味的而被欣賞的時尚，一種摻和著令人作嘔的毒品氣味、但被奉為當今青年時尚的時尚，一種有如佛洛德說的力比度的過量釋放、隨時隨地發洩性欲狂的興奮敘事的時尚，一種在公共場所、廁所隨時交接射精、陰液流淌，由於性快感而發出刺耳尖叫的欣賞的時尚！也許我們從這類作品中，可以瞭解到當今社會的倫理不斷被撕裂，道德敗落到何等程度，但是它們本身則是惡俗不堪的東西。」他指出導致這種傾向的根源是市場經濟中以趨利為追求的「消費主義」：

　　當今一種消費主義正在文化市場流行開來……滿足廣大人群的正常的消費，自然是極端必要的，但是我要不無遺憾地說，消費一旦變為主義，它的消極一面也就不可避免，而且有如出鞘的劍，殘害生靈的美。某些所謂圖像藝術的惡俗形象展覽，以所謂當今中國青年生活時尚為標榜的嫖妓賣淫的招貼廣告的示範，和文學中的人體下部描

---

[1]　《社會科學報》2004年6月10日。按：原文發表時有刪節，較完整的版本收入錢中文：《文學理論：求索與反思》，中國社會科學出版社2013年版。

寫，漸漸變成了人們獲得肉體快感的消費方式的追求；身
體的肉欲的需求與由此而引起的快感，要求在文學寫作中
獲得進一步滿足，於是人體本身也早就變成了一種商品消
費了，早就在文學裡經歷了一個自上而下的運動，由原來
的形而上的期盼，變為形而下的身體性感的需求，由思想
的嚮往，而變成肉欲的追求，由主要描寫的頭部，滑向人
體下身的描寫，而下身描寫，主要是對男女生殖器官的描
寫與愛撫，性交的欣賞，進而是性濫交的快感的彌散。靈
魂出竅，肉欲無限膨脹，顯示了物質不斷的豐富而精神不
斷地走向萎靡、匱乏的時代徵兆。於是在媒體上就有了
「美女寫作」的說法，接著是「下身寫作」的說法，為了
使這些說法顯得文雅一些，具有文化意味一些，於是就炒
作成了「身體寫作」。

　　文學是現實的產物。文學創作中的粗鄙化，實際上是現實
生活惡俗化的反映。身為文藝理論家的錢中文在文藝理論領域宣
導「新理性精神」，實際上包含著對現實的憂慮、深思和回應。
2003年2月28日，人民網以《以「新理性精神」回應現實挑戰》
為題發表了記者對錢中文的訪談。錢中文指出：「中國自上個世
紀八十年代改革開放以來，生產力獲得了空前的解放，國家在實
現社會主義市場經濟之後，經濟獲得了空前的活力，人民的生活
有了很大的提高，城鄉的面貌日新月異。但是伴隨著經濟的發展
也出現了許多社會問題，其中最嚴重的是拜物主義、拜金主義和
金權結合的流行，正是這拜物主義和拜金主義增加了多種社會的
弊端。……正是在這種現實背景下，我希望以『新理性精神』回

應現實，以健康的人的理想來燭照現實。」在《軀體的表現、描寫與消費主義》一文中，錢中文將對文學中惡俗描寫的批判轉向對現實的批判：「我們從這類作品中，可以瞭解到當今社會的倫理不斷被撕裂，道德敗落到何等程度。」、「在風景優美、人跡罕至、戒備森嚴的山區高級度假村裡，那些大款、高級白領們，以相互交換配偶為新鮮和時尚，過後興奮地暢談新的性體驗；或是男大款揀選應召女名模、女大款專挑體育學院孔武有力、帥氣十足的運動員，在豪華的密室裡，將性本能發洩得淋漓盡致，並聲言走漏此中消息，當心小命。」如此看來，「新理性精神」的現實批判意義，已超越文學領域，廣及當下社會風氣，是現實社會中力挽道德崩潰的一面旗幟。

　　「新理性精神」反對「非理性」，但並不贊成回歸過去扼殺感性欲望的舊理性、假道學。舊理性唯理性至上，排斥一切非理性的情感欲望，將理性神化、絕對化。關於舊理性、假道學造成的危害和災難，飽受其苦的錢中文記憶猶新：「理性主義的絕對化，不僅主使人主宰自然，而且掠奪自然，製造形形色色絕對化的準則與規律，使之異化為『絕對觀念』、『絕對意志』，企圖導致對社會的絕對統治。被唯理性主義化的絕對意志，曾給一百多年來的近代社會帶來無數混亂與災難，它同樣使人陷於失去理想和信仰崩潰的痛苦之中。」[1]但是「新理性精神」反對「唯理性主義」，並不拋棄「理性」，正如它反對「非理性主義」，又包容「非理性」一樣。錢中文先生說：

---

[1]　錢中文：《文學藝術價值、精神的重建：新理性精神》。《新理性精神文學論》，華中師範大學出版社2000年，第13頁。

> 「新理性精神」……的針對性首先在於，它密切關注
> 人的現實生存狀態，努力從當前我們的社會、文化和文藝
> 發展的現實需要出發，呼喚一種關懷人的價值與精神的新
> 的人文精神，同時也包含在先進文化光照下的人的無處不
> 在的感性需求。這實際上是對文藝學作為人文學科本質屬
> 性的提升，也是對各種不重視人的感性、感性需求的從概
> 念到概念的冷冰冰的本質主義文學觀的反撥，對無限張揚
> 人的感性需求、追求自然本能的低俗的文學觀的抵制。[1]

這種「新理性精神」不僅體現了對中國當下經過經濟改革
和思想解放人們的基本感性生活權利得到實現的肯定，而且體現
了對中國目前由於理想價值缺失和自由經濟體制所造成的感性欲
望過度膨脹的墮落偏向的矯正，體現了對中國和世界範圍內先進
的人文觀念的吸收、包容與創造，是在更高的層面上對理性與感
性相統一的人學主張的復歸。

由於錢中文的學術地位和人格魅力，加之「新理性精神」
恰好擊中了當下中國社會的軟肋，所以一經提出便獲得了廣泛的
應和和反響。如北京師範大學教授童慶炳發表《新理性精神與
文化詩學》、浙江大學教授王元驤發表《「新理性精神」之我
見》、徐岱發表《從唯理主義到新理性精神》，[2]復旦大學教授
朱立元發表《試論「新理性精神」文論的內在結構》[3]，等等。

---

[1] 人民網訪談：《以「新理性精神」回應現實挑戰》，2003年2月28日。
[2] 以上三文見金元浦編：《多元對話時代的文藝學建設——新理性精神與
錢中文文藝理論研究》，軍事誼文出版社2002年版。
[3] 見《學術月刊》2003年第4期。

「新理性精神」是一杆風向標，它預示著中國社會在情欲狂歡之後向理性回歸的走向。

2、夏中義：「大學人文讀本」

夏中義（1949—），上海人，1977年恢復高考後考入華東師範大學中文系，畢業後留校任教，任副教授、教授、博士生導師，現為上海交通大學文學研究所所長。代表著作有《藝術鏈》（上海文藝出版社1988年）、《世紀初的苦魂》（上海文藝出版社1995年版）、《新潮學案》（三聯書店1996年）、《九謁先哲書》（上海文化出版社2000年）、《王元化襟懷解讀》（文匯出版社2004年），主編有《大學人文讀本》（廣西師範大學出版社2002年）、《大學新語文》（北京大學出版社2005年）等。

（1）三維度、三理念、三思潮

夏中義先生主要從事文藝理論教學和研究，旁涉中國現代思想史。由於「文學是人學」，研究文藝理論的學人總離不開對人性、人道的拷問，因而從文藝研究走向人文研究常常成為有血性、有良知的文藝理論家的必然選擇。劉再復是如此，夏中義也是如此。早在《世紀初的苦魂》、《九謁先哲書》、《新潮學案》、《王元化襟懷解讀》中，夏中義就通過對王國維、陳寅恪、吳宓、胡適、聞一多、馮友蘭、王瑤、王元化等人的個案研究走進了現代民主與啟蒙思想的領域。這一切為他後來成功主編《大學人文讀本》提供了學術和思想積累。新世紀伊始，作為長期在高校工作的大學教員，他深感改革開放以來整個社會尤其是青年大學生人文精神的種種缺失，在廣西師範大學出版社的支持

與促動下，聯合全國人文思想的研究專家，主編了《大學人文讀本》三卷本。該讀本共140萬字，分別由《人與自我》、《人與國家》、《人與世界》組成。圍繞這「人」這一人文精神的核心，編者設立了「人與自我」、「人與國家」、「人與世界」三個維度，分別寓含「主體角色」、「現代國民」、「世界公民」三大理念，以匡正、拯治的當下的三大思潮，即「無邊的消費主義」、「歷史虛無主義」和「狹隘的民族主義」，從而為大學生「精神成人」提供思想養料。所謂「主體角色」，指在處理「人與自我」的關係、認識人自身的本質時，不要只看到人是物質的自我、生物的自我，而更應看到人是精神的自我、文化的自我，從而抵禦由刺激感官的商品經濟、挑逗欲望的商業廣告所造成的超過基本需求的「無邊消費主義」思潮，在精神的、文化的、理想的層面不斷提升自己。所謂「現代國民」，指在處理「人與國家」的關係時，要做現代意義上的共和國的獨立、自主的國民，而不要做匍匐在獨裁專制下的卑微子民，敢於繼承中外歷史上尤其是近百年來民主思想的資源，敢於直面中外近百年來共產主義運動史上尤其是「大躍進」、「大饑荒」、「文化大革命」的慘痛教訓，從而應對和抵禦由抹殺歷史所造成的「歷史虛無主義」思潮。所謂「世界公民」，指在處理「人與世界」的關係時，以地球為自己的共同家園，以自己為世界大家庭中的一員，以同等的價值標準去評判國內與國外的事件，既不做「賣國賊」，也不做「愛國賊」，從而應對和抵禦由片面的愛國主義宣傳所引發的「狹隘民族主義」思潮。夏中義在《總序》中指出：

中國高校人文教育缺失久矣。

《讀本》旨在為當下中國大學生的「精神成人」提供系統的優質思想資源。

至於「精神成人」，則是強調一個普通的大學生在本科期間初具「獨立精神、自由思想」之潛質。其鑒別尺度，當是看其在學業之餘，能否認真且持續地向自己追問「如何做人」這一終極命題，以及在何種價值水準上思索乃至踐履此命題。而《讀本》的創意正在於，欲引導讀者從如下三個維度，展開對上述命題的思考：

第一、與自我——你將如何為自身的日常生存注入意義，從而使生物學層面的個體生命真正轉化為文化學層面的「主體角色」；

第二、人與國家——你將如何面對故土的百年滄桑及其社會——文化轉型，以期將自己塑造成迥異於卑微子民的「現代國民」；

第三、人與世界——你將如何置身於新世紀的「全球化」格局，嘗試用全人類而非狹隘族國的眼光，來關注我們這顆星球所發生的宏大敘事與國際難題，諸如生態、種族、戰爭、宗教、人權……而無愧為「世界公民」。

在選文標準上，編者堅持「思想性」、「可讀性」與「經典性」相結合。在選文範圍上，不僅包括20世紀世界文化星空思想巨人的名作，而且尤其珍視以下三類中華英傑所貢獻的思想瑰寶：一是1840年以降為祖國的獨立、富強與進步而鞠躬盡瘁的仁人志士；二是1916—1919年間為中國文化的現代轉型而疾呼「民

主與科學」的「五四」先驅；三是晚近20餘年來為當代中國「改革開放」而不懈奮鬥的社會精英。從華盛頓到克林頓，從哈耶克到哈威爾、從甘地到安南、從馬克思到陳獨秀、從胡適到儲安平、從顧準到李銳，從《世界人權宣言》到《全球倫理普世宣言》……一連串思想的強音匯成震撼人心的交響。《大學人文讀本》「通過對人類共同的普世價值譜系的縱深勘探暨合理配方」，為大學生精神成人「提供全方位、幾近全息型的思想營養」。[1]

（2）《大學人文讀本》引發人文讀物熱

在理想迷茫、價值缺失的當下中國，以弘揚普世價值和民主理想為己任的《大學人文讀本》的問世，不啻給久旱的大地播撒甘霖，加之編者編排方式的睿智和相得益彰、相映生輝的申發，使她理所當然地受到急需精神補養的廣大讀者——不僅是青年大學生讀者的喜愛。從2002年8月投放市場至今，該書已重印若干次，銷量達數十萬冊，創造了嚴肅讀物出版市場的一個奇跡。海內外學界和思想界好評如潮，不少高校增設了「大學人文」課。據廣西師範大學出版社「大學人文工作室」2004年的一份問卷調查，至2004年底，全國高校使用該教材開課者已有27家。不僅如此，《大學人文讀本》的成功還引發、帶動了出版界的「人文」熱。廣西師範大學出版社相繼推出了夏中義、丁東主編的《大學人文》叢刊，何光滬等主編的《大學精神檔案》（2004年8月版），張汝倫主編的《大學思想讀本》（2004年6月

---

[1] 夏中義：《大學人文讀本》總序，分別見《人與自我》、《人與國家》、《人與世界》卷首，廣西師範大學出版社2002年版。

版），吳國盛主編的《大學科學讀本》（2004年6月版）。此外還出現了各種各樣的人文讀本，如任定成主編的《科學人文高級讀本》（北京大學出版社2005年版）、曹文軒主編的《新人文讀本》小學卷、初中卷（北京大學出版社2005年）、張民生、於漪任總主編的《教師人文讀本》（上海辭書出版社2005年版）、彭長城主編的《讀者人文讀本》（甘肅人民出版社2004年版），甚至出現了鄉土人文讀本如《四川人文讀本》、《貴州人文讀本》等。夏中義本人後來又接受北京大學出版社之邀，重編《大學新語文》（北京大學出版社2005年版）。可以說，全國圖書市場人文旋風，夏中義之功不可沒也。這個現象說明，人既有形而下的物質欲求，又有形而上的精神欲求。儘管近十年來整個社會有沉湎於感官刺激和物質享受的傾向，但在人們的心靈深處，仍然渴望著精神寄託，渴望著回歸崇高，渴望著切實可行、科學合理的價值尺度和道德法則。從這個意義上說，夏中義不僅開給緊俏的思想市場雪中送炭風氣之先，而且對全社會呼喚理性回歸、重塑道德信仰，並使本民族的價值譜系與世界通則接軌立下了汗馬功勞。

3、全國人大：批准「人權」入憲

　　2004年3月14日，第十屆全國人民代表大會第二次會議通過了憲法修正案，首次將「人權」概念寫入憲法，明確規定「國家尊重和保障人權」。這是中國人權發展的一個重要里程碑，是中國民主憲政和政治文明建設的一件大事。[1]

─────────

[1]　參中國人權研究會副會長兼秘書長董雲虎《「人權」入憲：中國人權發展的重要里程碑》，《人民日報》2004年3月15日。

（1）「人權」與憲法

將人權原則寫入憲法，是中國尋求實行憲政以來的第一次，是當代中國民主憲政和政治文明的最新發展。

新中國的民主憲政建設曾經歷了一個曲折的發展過程。1954年，在全民討論的基礎上制定了第一部《中華人民共和國憲法》，規定了人民民主的國家性質、政治制度和國家機構的職能，並以「公民基本權利和義務」專章規定了公民在政治、經濟、社會、文化、人身等方面的權利，但並沒有將「人權」概念寫進憲法。在後來的一系列政治運動特別是十年「文革」中，國家陷入內亂，憲法與法治被摒棄，人權遭到摧殘，民主憲政建設發生嚴重倒退。1975年通過的新中國第二部《憲法》，刪掉了民主憲政的大量內容，把「公民的基本權利和義務」一章由19條減成4條，縮小了公民基本權利的範圍，而且一反常規，先規定義務後規定權利。1978年在剛剛結束「文革」的背景下通過的新中國第三部《憲法》，雖然取消了1975年《憲法》中的某些錯誤規定，增加了對公民基本權利的保障，但在民主憲政方面仍未完全擺脫「文革」的影響，存在很大不足。1982年12月4日，在總結歷史經驗的基礎上修改通過的新中國第四部《憲法》即現行《憲法》，突出了民主與法治兩大憲政原則。在此基礎上，1999年在修憲時進一步明確將法治原則作為國家的基本治國方略和建設目標寫入了《憲法》。但由於對「人權」認識仍存有疑慮，仍然沒有旗幟鮮明地將「人權」寫入憲法。此次修憲在民主憲政建設方面的最大「亮點」是，徹底打破了過去在「人權」認識上的誤區，明確確立了人權原則，突出了人本精神。憲政通常包含三個

原則：一是法治原則，憲政是憲法和法律至上的政治，其特點是
以憲法和法律而不是個人為最高政治權威；二是民主原則，憲政
就是民主政治，其實質是用憲法確立民主制度，確保人民主權和
國家權力運用的民主化；三是人權原則，尊重和保障人權是憲政
的根本目的和最高原則，是憲法和憲政得以存在和發展的前提、
基礎和歸宿，是衡量是否真正實行憲政的根本標準。本次修訂的
《憲法》恰恰在這三方面取得進展：一是將以「執政為民」為本
質的「三個代表」重要思想載入憲法，從指導思想上強化了憲法
的民主精神；二是將「推動物質文明、政治文明和精神文明協調
發展」作為國家根本任務的內容寫入憲法，突出了政治文明建設
在國家發展中的地位；三是規定了「國家尊重和保障人權」的原
則，體現了重視人權的基本精神。

　　要之，新中國成立以來先後頒佈實施的四部《憲法》都沒
有使用「人權」概念，而只使用「公民的基本權利」概念。雖然
從實際內容來看公民權利與「人權」概念並無二致，但是，由於
憲法中沒有「人權」概念和原則，使得中國的人權法律保障和人
民民主憲政建設顯得不夠完整。此次修憲引入「人權」概念，用
「國家尊重和保障人權」的原則來概括、提升和統籌憲法關於
「公民基本權利」的規定，突出了人權原則，並使人權、民主、
法治三項原則名副其實地結合起來，從而完善了人民民主憲政的
內涵。[1]

1　參中國人權研究會副會長兼秘書長董雲虎《「人權」入憲：中國人權發
　展的重要里程碑》，《人民日報》2004年3月15日。

（2）新時期「人權」認識的逐步深化

「人權」曾經是一個禁區。從國際共產主義運動的實踐來看，各社會主義國家在建設過程中都曾長期簡單地將「人權」概念作為資產階級的東西予以排斥。在新中國成立以後的相當長時期內，我們不僅在憲法和法律上不使用「人權」概念，而且在思想理論上將人權問題視為禁區。特別是「文革」時期，受極「左」思潮的影響，「人權」被當成資產階級的東西加以批判，在實踐中也導致了對人權的漠視和侵犯。直到改革開放初期，一些重要報刊還以「人權是哪家的口號？」、「人權是資產階級的口號」、「人權不是無產階級的口號」、「人權口號是虛偽的」等為題，發表過一大批文章，把人權看作資產階級的「專利」，強調「無產階級歷來對人權口號持批判的態度」。

在改革開放以後與世界接軌的過程中，中國共產黨對社會主義及其價值理念進行了再認識。1989年，江澤民等中央領導明確提出，要從思想上解決「如何用馬克思主義觀點來看待『民主、自由、人權』問題」，「要說明我們的民主是最廣泛的人民民主，說明社會主義中國最尊重人權」。

1991年11月1日，國務院新聞辦公室發表《中國的人權狀況》白皮書，這是中國政府向世界公佈的第一份以人權為主題的官方文件。此後，人權成為中國對外宣傳的一個重要主題，每年國務院總理政府工作報告都在闡述對外政策時，闡明中國在人權問題上的基本立場。

1997年9月，黨的十五大召開，首次將「人權」概念寫入黨的全國代表大會的主題報告。江澤民在黨的十五大主題報告中明

確指出：「共產黨執政就是領導和支持人民掌握管理國家的權
力，實行民主選舉、民主決策、民主管理和民主監督，保證人民
依法享有廣泛的權利和自由，尊重和保障人權。」2002年11月，
黨的十六大再次在主題報告中將「尊重和保障人權」確立為新世
紀新階段黨和國家發展的重要目標，重申要「健全民主制度，
豐富民主形式，擴大公民有序的政治參與，保證人民實行民主選
舉、民主決策、民主管理、民主監督，享有廣泛的權利和自由，
尊重和保障人權」。[1]

與此同時，中華人民共和國政府分別於1997年10月27日和
1998年10月5日簽署加入聯合國大會1966年12月16日通過的《經
濟、社會及文化權利國際公約》、《公民權利和政治權利國際公
約》。值得說明的是，中華人民共和國於1971年7月取代臺灣成
為聯合國成員國而且是常任理事國之後，由於對「人權」認識存
在誤區，一直沒有在這兩項聯合國大會早已通過的國際公約上
簽字。而早在1948年12月10日，聯合國大會就通過了《世界人權
宣言》。1942年1月1日聯合國創立時，中國作為創始國，國共兩
黨代表曾聯合簽字。作為聯合國的創始國和成員國，中華人民
共和國理應在《經濟、社會及文化權利國際公約》、《公民權
利和政治權利國際公約》這兩項最重要的聯合國人權公約上簽
字。[2]1997年、1998年遲到的簽字，預示著執政的中國共產黨對

---

[1] 參吳中希：《中國人權思想史略》第四章《鄧小平關於人權的思想》、
    《江澤民關於人權的思想》節，學林出版社2004年版。

[2] 吳中希：《中國人權思想史略》（學林出版社2004年）附錄《中國已加
    入的主要國際人權公約簡介》：「到目前為止，中國已經批准加入了18
    個國際人權公約，其中主要有：《1949年8月12日日內瓦四公約》及其
    兩個《附加議定書》、《防止及懲治滅絕種族罪公約》、《禁止並懲治

「人權」認識的進步和對普世價值標準的認同，也為「人權」入
憲作了最重要的鋪墊。[1]

　　此次修憲將「國家尊重和保障人權」寫入憲法，首次將
「人權」由一個政治概念提升為法律概念，將尊重和保障人權的
主體由黨和政府提升為「國家」，從而使尊重和保障人權由黨和
政府的意志上升為人民和國家的意志，由黨和政府執政行政的政
治理念和價值上升為國家建設和發展的政治理念和價值，由黨和
政府文件的政策性規定上升為國家根本大法的一項原則。

（3）「人權」入憲的現實意義和理論意義

　　「人權」入憲具有重大的現實意義和理論意義。來自外交
學院的劉文宗教授認為，人權入憲將對中國人的思想觀念、社會
生活、國家制度、立法司法、對外關係發展產生深遠影響。[2]中
國人權研究會副會長兼秘書長董雲虎教授指出，將「國家尊重和

種族隔離罪行國際公約》、《消除對婦女一切形式歧視公約》、《消除
一切形式種族歧視國際公約》、《關於難民地位的國際公約》、《關於
難民地位的議定書》、《禁止殘酷和其他殘忍、不人道或有辱人格的待
遇或處罰公約》、《兒童權利公約》、《男女工人同工同酬公約》、
《經濟、社會及文化權利國際公約》、《公民權利和政治權利國際公
約》。」李肇星在2006年10月25日《人民日報》上發表的紀念中華人民
共和國恢復聯合國合法席位35周年文章說，中國已加入22項國際人權公
約，認真履行國際人權義務，並廣泛開展國際人權領域的交流與合作。
2008年2月28日中國國務院新聞辦公室發表《中國的法治建設》白皮書，
白皮書說，中國已參加了22項國際人權公約。

[1]　《經濟、社會及文化權利國際公約》、《公民權利和政治權利國際公
　　約》，可見楊宇冠：《人權法──〈公民權利和政治權利國際公約〉研
　　究》附錄，中國人民公安大學出版社2003年版。

[2]　轉引自薑知如：《專家評說人權入憲：內促政治文明外樹國際形象》，
　　中國新聞網2004年3月16日。

保障人權」寫入憲法，在中國民主憲政和人權發展史上是第一次，對於促進中國政治文明建設和人權發展、樹立中國尊重和保障人權的國際形象，具有重大的現實意義。[1]國務院新聞辦公室主任趙啟正在2004年12月24日舉行的「人權入憲與人權法制保障」理論研討會上指出，「國家尊重和保障人權」作為憲法原則，將有效地指導並約束國家機關及其工作人員行使權力，防止其濫用權力侵犯公民的正當權益。[2]中國人權研究會理事陳為典指出：人權入法從憲法開始，覆蓋到部門法、專門法、法規條例甚至民族自治區的條例，能更好地保障人權。[3]最高人民法院院長肖揚對《人權》雜誌記者發表談話指出，人權入憲標誌著中國通過憲法和法律保障人權的認識進一步得到深化對法院的審判工作提出了新的更高的要求。一是要求法院堅持貫徹「法律面前人人平等」的法治原則，努力實現「法庭面前人人平等」；二是要求法院在刑事訴訟中更加嚴格貫徹「罪行法定」原則和「罪行相適應」原則，堅決反對「有罪推定」；三是要求法院在民事訴訟中堅決貫徹當事人平等原則，防止司法領域的地方保護主義問題；四是要求法院把保護公民權利不受行政機關的違法侵害作為行政審判的根本宗旨，堅決反對「官官相護」。[4]

依照我對人性二重性（感性與理性、物質屬性與精神屬

---

[1] 轉引自薑知然：《專家評說人權入憲：內促政治文明外樹國際形象》，中國新聞網2004年3月16日。

[2] 轉引自全曉書、許林貴：《中國人權學者指出：人權已成為公權的「制衡器」》，新華網2004年12月24日。

[3] 轉引自許林貴、孟娜：《「國家尊重和保障人權」人權保障從立法開始》，新華網2004年12月10日。

[4] 《肖揚談加強司法領域的人權保障》，新華網2005年2月22日。

性）的理解，「人權」的最根本的涵義是人的生存權和思想權。
「尊重和保護人權」最主要的就是要「尊重和保護」人的生存權
和思想權。

　　生存權保證人的生命存在和繁衍，是人的天賦物質欲求。
《世界人權宣言》第三條規定：「人人有權享有生命、自由和人
身安全。」、「人人有權享受為維持他本人和家屬的健康和福利
所需的生活水準，包括食物、衣著、住房、醫療和必要的社會服
務；在遭到失業、疾病、殘廢、守寡、衰老或在其他不能控制的
情況下喪失謀生能力時，有權享受保障。」[1]《公民權利和政治
權利國際公約》第六條規定：「人人有固有的生命權。這個權利
應受法律保護。不得任意剝奪入黨生命權。」[2]中國是一個人口
大國，解決十三億人的吃飯問題是中國人權的大問題。改革開放
以來，中國政府在這方面作了最大努力，全民的溫飽問題基本得
到解決，在沿海發達地區，人們不僅吃得飽、吃得好，而且相當
一部分人有了富餘的錢去旅遊、購房、買車。然而，在全社會經
濟生活水準普遍提高的局面下，我們還要看到城市下崗職工和弱
勢群體的生活、醫療保障問題，看到嚴重的「三農」問題尤其是
相當一部分內地農民的生存困境。

　　思想權是指人作為精神的動物天然地喜歡自由自在地思
想，人應當擁有自由思想的權利。《世界人權宣言》第十八條規
定：「人人有思想、良心和宗教自由的權利。」第十九條規定：

---

[1]　楊宇冠：《人權法——〈公民權利和政治權利國際公約〉研究》附錄，
　　第398頁、第401頁。中國人民公安大學出版社2003年版。
[2]　楊宇冠：《人權法——〈公民權利和政治權利國際公約〉研究》附錄，
　　第405頁。中國人民公安大學出版社2003年版。

「人人有權享有主張和發表意見的自由；此項權利包括持有主張
而不受干涉的自由，和通過任何媒介和不論國界尋求、接受和傳
遞消息和思想的自由。」[1]《公民權利和政治權利國際公約》第
十八條規定：「人人有權享受思想、良心和宗教自由。」第十九
條規定：「一、人人有權持有主張，不受干涉。二、人人有自由
發表意見的權利；此項權利包括尋求、接受和傳遞各種消息和思
想的自由，而不論國界，也不論口頭的、書寫的、印刷的、採取
藝術形式的、或通過他所選擇的其他媒介。」但必須以「尊重他
人的權利或名譽」，「保障國家安全或公共秩序或公共衛生或道
德」為前提。[2]早在新時期鄧小平的講話中，就反復強調過「解
放思想」、「言論自由」。改革開放以來尤其是新世紀以來，我
們在思想解放、言論自由、理論創新方面取得了長足的進展，但
無庸諱言，我們在這方面還存在著理論與實踐脫節的現象，還有
大量工作要做。

　　其實，廣開言路，允許和而不同，是中國古代政治文明的
一貫傳統和優秀遺產。《左傳》卷四《襄公三一年》記載子產不
毀鄉校事：「鄭人游於鄉校，以論執政。然明謂子產曰：毀鄉
校，何如？子產曰：何為？夫人朝夕退而遊焉，以議執政之善
否。其所善者，吾則行之；其所惡者，吾則改之。是吾師也，若
之何毀之？我聞忠善以損怨，不聞作威以防怨，豈不遽止？然猶
防川，大決所犯，傷人必多，吾不克救也。不如小決使道，不如

---

[1] 楊宇冠：《人權法——〈公民權利和政治權利國際公約〉研究》附錄，
　　第400頁。中國人民公安大學出版社2003年版。
[2] 楊宇冠：《人權法——〈公民權利和政治權利國際公約〉研究》附錄，
　　第410頁。中國人民公安大學出版社2003年版。

吾聞而藥之也。」

　　《左傳》卷四九《昭公二0年》對齊王解釋「和」的大義：「和」不是「同」，即不是什麼都贊同，應當是在大方向一致的前提下對失察之處提出不同的補救意見：「君所謂可而有否焉，臣獻其否以成其可；君所謂否而有可焉，臣獻其可以去其否。」《國語》卷一《周語上》中載周厲王時執政官邵公的進諫：「防民之口，甚於防川。川壅而潰，傷人必多。民亦如之。是故為川者決之使導，為民者宣之使言。」周厲王不聽邵公的進諫，繼續對人民實行言論箝制政策，於是國人暴動，最終周厲王被流放。而齊威王採納鄒忌的建議，不僅虛心聽取不同意見，而且獎勵群下提出不同意見，下令：「群臣吏民能面刺寡人之過者，受上賞；上書諫寡人者，受中賞；能謗譏於市朝，聞寡人之耳者，受下賞。」[1]並且能從善改過，結果是人們能提的意見愈來愈少，燕、趙、韓、魏等國「皆朝於齊」。清代的思想家顧炎武在《日知錄》卷一九《直言》中指出：「天下有道，則庶人不議；然則政教風俗苟非盡善，即許庶人之議。」中國政治史和外國憲政史上成功和失敗的大量事實說明：只要堅持實事求是和不訴諸暴力兩項原則，同時兼顧「尊重他人的權利或名譽」與「保障國家安全或公共秩序或公共衛生或道德」兩項前提，允許並鼓勵人們自由思想、暢所欲言，我們的社會就會更加和諧與穩定，更加富有創造活力，因而更加強大。從這個意義上說，人權入憲為人們獲取思想言論的自由、深入人權、人學、人道主義的研究提供了有力的法律依據。

---

[1]　《戰國策》卷八《齊一》。劉向編訂《戰國策》校點本，上海古籍出版社1978年版。

　　孫中山說：「世界潮流，浩浩蕩蕩；順之者昌，逆之者亡。」當今世界，民主與自由、和平與發展正成為主要潮流。中國自上世紀八十年代開始改革開放後，便日益融入全球化的世界進程中。思想的民主化是經濟的自由化的基礎。中國不可能只在經濟發展上與世界融為一體，而在價值形態上與世隔絕、自我封閉。社會主義核心價值觀包含著對中外古今一切優秀精神資源的廣采博取和綜合繼承。只要我們牢牢把握以人為本、立黨為公、執政為民的宗旨，堅持對內民主自由、對外和平發展的發展方向，我們的民族就會更加壯大，我們的國家就會更加強盛，我們的生活就會更加安康，我們的人民就會更加幸福！

後記

  2006年底，筆者曾在上海學林出版社出版過《中國現當代人學史》。這一次屬於老書新出，書名一仍其舊，但內容有所變化。一是更換了前言和緒論，修改了正文的部分表述，它們反映了我對於相關問題的最新思考和認識；二是上編和下編中補充了幾個章節，增加了幾萬字的篇幅。可見，本書準確地說是《中國現當代人學史》的修訂版。

  其次，本書是筆者在臺灣地區出版的首部著作，這是令人欣慰的。此書所以能夠在臺灣出版，因緣於原來在上海財經大學人文學院工作期間的同事裴毅然教授的引薦，得力於臺灣秀威資訊科技有限公司審稿專家的認可，責編妘甄女士、李冠慶先生、羿珊女士克盡厥職，兢兢業業，做了許多具體的編輯服務工作，在此一併鳴謝。

  本書原稿引文注釋方式為隨文簡注。為便於讀者閱讀查考，也為了更加符合學術規範要求，本次出版統一更改為頁末注，並儘量用詳注。同時，本書修訂時有一些文字需要補充輸入。這個注釋轉換和補充打字的事務，是由上海政法學院碩士研究生施靜豔同學幫助完成的。為了減少文字差錯，本書還邀請她通讀了一遍。特向她付出的勞動表示感謝。

  當代滬上著名思想家王元化先生健在時，本書曾有幸獲允題簽。王先生的墨蹟，遒勁而有力。先生離開我們已有多年。如

今他題字的《中國現當代人學史》在臺灣出版修訂本，或許是對
王先生最好的回報與懷念。

祁志祥

2015年8月1日，上海世紀同樂城

Do觀點55　PC0546

中國現當代人學史
——思想演變的時代特徵及其歷史軌跡

作　　者／祁志祥
責任編輯／李冠慶、盧羿珊
圖文排版／周政緯
封面設計／蔡瑋筠

出版策劃／獨立作家
發 行 人／宋政坤
法律顧問／毛國樑　律師
製作發行／秀威資訊科技股份有限公司
　　　　　地址：114 台北市內湖區瑞光路76巷65號1樓
　　　　　電話：+886-2-2796-3638　傳真：+886-2-2796-1377
　　　　　服務信箱：service@showwe.com.tw
展售門市／國家書店【松江門市】
　　　　　地址：104 台北市中山區松江路209號1樓
　　　　　電話：+886-2-2518-0207　傳真：+886-2-2518-0778
網路訂購／秀威網路書店：https://store.showwe.tw
　　　　　國家網路書店：https://www.govbooks.com.tw

出版日期／2016年5月　BOD一版　定價／610元

|獨立|作家|
Independent Author

寫自己的故事，唱自己的歌

中國現當代人學史：思想演變的時代特徵及其歷史軌
跡 / 祁志祥著. -- 一版. -- 臺北市：獨立作家,
2016.05
　　面；　公分. -- (Do觀點；55)
BOD版
ISBN 978-986-92449-2-3(平裝)

1. 人學　2. 中國

119   104024989

國家圖書館出版品預行編目

讀者回函卡

感謝您購買本書，為提升服務品質，請填妥以下資料，將讀者回函卡直接寄回或傳真本公司，收到您的寶貴意見後，我們會收藏記錄及檢討，謝謝！
如您需要了解本公司最新出版書目、購書優惠或企劃活動，歡迎您上網查詢或下載相關資料：http:// www.showwe.com.tw

您購買的書名：＿＿＿＿＿＿＿＿＿＿＿＿＿＿＿＿＿＿＿＿＿＿＿＿＿

出生日期：＿＿＿＿＿年＿＿＿＿＿月＿＿＿＿日

學歷：□高中 (含) 以下　　□大專　　□研究所 (含) 以上

職業：□製造業　□金融業　□資訊業　□軍警　□傳播業　□自由業
　　　□服務業　□公務員　□教職　　□學生　□家管　　□其它＿＿＿

購書地點：□網路書店　□實體書店　□書展　□郵購　□贈閱　□其他

您從何得知本書的消息？

　□網路書店　□實體書店　□網路搜尋　□電子報　□書訊　□雜誌
　□傳播媒體　□親友推薦　□網站推薦　□部落格　□其他＿＿＿＿＿

您對本書的評價：(請填代號　1.非常滿意　2.滿意　3.尚可　4.再改進)

　封面設計＿＿＿　版面編排＿＿＿　內容＿＿＿　文／譯筆＿＿＿　價格＿＿＿

讀完書後您覺得：

　□很有收穫　□有收穫　□收穫不多　□沒收穫

對我們的建議：＿＿＿＿＿＿＿＿＿＿＿＿＿＿＿＿＿＿＿＿＿＿＿＿

＿＿＿＿＿＿＿＿＿＿＿＿＿＿＿＿＿＿＿＿＿＿＿＿＿＿＿＿＿＿＿＿

＿＿＿＿＿＿＿＿＿＿＿＿＿＿＿＿＿＿＿＿＿＿＿＿＿＿＿＿＿＿＿＿

＿＿＿＿＿＿＿＿＿＿＿＿＿＿＿＿＿＿＿＿＿＿＿＿＿＿＿＿＿＿＿＿

11466
台北市內湖區瑞光路 76 巷 65 號 1 樓
獨立作家讀者服務部 　　　　收

....
（請沿線對折寄回，謝謝！）

姓　　　名：＿＿＿＿＿＿＿＿＿　　年齡：＿＿＿＿＿　　性別：□女　□男

郵遞區號：□□□□□

地　　　址：＿＿＿＿＿＿＿＿＿＿＿＿＿＿＿＿＿＿＿

聯絡電話：(日)＿＿＿＿＿＿＿＿＿ (夜)＿＿＿＿＿＿＿＿＿

E-mail：＿＿＿＿＿＿＿＿＿＿＿＿＿＿＿＿＿＿＿